本书为国家社会科学基金项目

（项目名称：高危行业监督过失犯罪研究　编号10BFX037）

『学者文库』

高危行业
监督过失犯罪研究

刘期湘　刘练军◎著

中国社会出版社

国家一级出版社·全国百佳图书出版单位

图书在版编目（CIP）数据

高危行业监督过失犯罪研究 / 刘期湘，刘练军著.
--北京：中国社会出版社，2020.10
ISBN 978-7-5087-6403-0

Ⅰ.①高…　Ⅱ.①刘…②刘…　Ⅲ.①监管制度—过
失（法律）—研究—中国　Ⅳ.①D924.114

中国版本图书馆 CIP 数据核字（2020）第 169707 号

书　　名：高危行业监督过失犯罪研究
著　　者：刘期湘　刘练军

出 版 人：浦善新
终 审 人：尤永弘
责任编辑：陈贵红

出版发行：中国社会出版社　　　　　邮政编码：100032
通联方式：北京市西城区二龙路甲 33 号
电　　话：编辑部：（010）58124828
　　　　　邮购部：（010）58124848
　　　　　销售部：（010）58124845
　　　　　传　真：（010）58124856
网　　址：www.shcbs.com.cm
　　　　　shcbs.mca.gov.cn
　　　　　　　　　　　　　　　　中国社会出版社天猫旗舰店
经　　销：各地新华书店

印刷装订：三河市华东印刷有限公司
开　　本：170mm×240mm　1/16
印　　张：18
字　　数：323 千字
版　　次：2020 年 10 月第 1 版
印　　次：2020 年 10 月第 1 次印刷
定　　价：95.00 元
　　　　　　　　　　　　　　　　中国社会出版社微信公众号

中文摘要

　　近年来，矿难、食品药品、医疗卫生、火灾爆炸、工程建设等各种公共安全责任事故频繁发生。这些高危行业的作业活动，通常由多数人甚至一个企业组织体共同完成，从业人员内部往往具有层级、隶属关系，直接责任人的行为通常与上级的监督和决策有很大关系，因而与事故发生具有间接关系的领导者和监督者的刑事责任问题日渐成为人们关注的焦点，对监督过失的研究应运而生。在我国迅猛的工业现代化进程中，高危行业的安全运营对于人民群众的生命财产、社会的和谐稳定都至关重要。而监督过失理论既是高危行业在动态的守法领域的延伸、拓展和应用，又是对风险社会高危行业的呼应、落实和证成。本书以矿山生产安全、食品安全两大高危行业为典型，从理论、立法与司法实践三个层面全面分析论证监督过失理论在高危行业领域运用的可行性和迫切性，全面梳理了国内外监督过失理论及监管模式，以全球视角分别对国际、区域、国家刑法三层次立法与司法实践进行宏观的横向系统研究，有针对性地提出了高危行业监管过失犯罪的具体对策：

　　1. 高危行业监督过失犯罪责任主体分为纵向范围主体和横向范围主体。监督过失责任主体的纵向范围，包括业务领域和公务领域的上下级之间从属性监督关系的监督者。监督关系是监督过失犯罪存在的前提条件，在确定监督过失责任主体时，首先确认事故的直接责任人，以他们为起点，"回追"其上级的管理责任。具体包括以下几个层次：对物具有监督管理义务的直接作业人员；直接作业人员的直接监督者；直接作业人员的间接监督者；国家监督者。高危行业监督过失犯罪主体横向范围是指处于同一地位但拥有不同业务水平的人之间因行业规范和社会道德约束而产生的指导与被指导、监督与被监督的关系。如老工人与其带领的新工人之间的关系，医生与护士之间的关系，食品原料商、制造商与销售商之间的关系。

　　2. 在刑法典中增设"矿山安全监督失职罪"。在立法层面抓住重点价值目标，完善立法技术，完善刑事立法，并采取一定程度的"重刑主义"；设置罚金刑以及将该罪规定为过失危险犯，在司法层面通过制定统一的渎职犯罪定罪量刑指导意见以及在矿山生产事故中实行举证责任倒置来实现司法中的监督过失制度的重构；在行政执法层面健全矿山安全生产领域的安全监察制度，理顺矿产资源产权法律关系以及建立完善的矿山行业准入制度来弥补行政执法领域矿山安全生产中监督过失责任的漏洞。

3. 食品安全监督关系主体包括纵向监督关系主体和平行监督关系主体，主要包括原料商、制造商、销售商和消费者。其中制造商在与以原料商为代表的上游分工者交往过程中，制造商负有对原料质量的安全独立控制义务，这种独立义务与传统义务相比，在责任划归上有所不同，而且不适用信赖原则。制造商与销售商等下游分工者交往关系中负有特殊提示义务，应承认信赖原则对制造商监督义务的缓和与限定。制造商与消费者的交往关系中，售前、售中、售后三个阶段均有出现相关注意义务，认定较为复杂。

4. 建立食品安全信息共享网络平台。提出我国食品安全监督过失犯罪移送执法创新模式，创制刑事执法与行政执法的无缝对接机制，建立集案件线索信息共享，行政处罚结果信息共享，法律文件、数据规定共享，案件处理程序信息共享机制为一体的食品安全信息共享网络平台，并建立配套的不移送案件责任追究制度，真正做到有责必究，有罪必罚。

5. 创制"网链法律控制"目标模式。"网链法律控制"目标模式包括食品生产链、食品加工链、食品运输链、食品销售链、食品安全管理链、食品安全科技链、食品安全信息网七大要素。其中，"网—链"是食品安全的整体，模式成功的关键在于设计出一套能有效消除或减少食品生产与经营过程中的信息不对称和激励性功能的"从农田到餐桌"的整体法律控制体系。

6. 制定风险刑法典。提出制定风险刑法典以应对当今风险社会的特征，采用传统刑法与风险刑法并存的方式，弥补传统刑法在功能上的不足和责任追究上的漏洞，以传统刑法为轴心创建刑法规范体系：传统刑法作为核心部分，具有稳定的核心内涵；风险刑法则作为补充并以传统刑法的内涵为基础，各自有不同的任务与功能，两者相互支持，共同达成维护社会秩序和安全的目标。

ABSTRACT

In recent years, mine accident, food and drug, health care, fire and explosion, construction and other public safety accidents have occurred frequently. Operating activities of these high – risk industries are usually completed together by most people even by an enterprise organization. Employees often have internal relationships of hierarchy and administrative subordination, as strong links between the behavior of direct parties and the supervision and decision – making of higher levels, so the issue of criminal responsibility of leaders and supervisors who have indirect relationships with the happening of the accidents is becoming the focus of attention, and researches on the supervisory negligence come to page. In our rapid industrial modernization process, the safe operation of high – risk industries is essential for people' s lives and property, social harmony and stability. The theory of supervisory negligence is both the extension, development and application in the field of dynamic law – abiding and the echo, implementation and justification of high – risk industries in the risk society. This report takes the safety of underground mining and food, the two high – risk industries for typical cases. From three levels as theoretical, legislative and judicial practice, the report gives us a comprehensive analysis which argues for the feasibility and urgency of application of the supervisory negligence theory, and thoroughly arranged and analyzed the supervisory negligence theories and modes at home and abroad. By systematically and transversal research oninternational, regional, domestic criminal law in a global perspective, the report proposed specific measures to criminal supervisory negligence in high – risk industries:

1. In the high – risk industry, the subjects of liabilities in the supervision of criminal negligence are divided into vertical and horizontal scope subject. The vertical includes the areas of business and public property supervision relations between higher

and lower in the field of supervisors. Supervision relationship is to monitor the premise condition for the existence of criminal negligence. When determining supervision negligence liability subject, first of all it is to confirm the one who is directly responsible for the accident, as a starting point, after which "back" to its superior management responsibility. In specific, these following several levels are included. First, the direct operating person who has the obligation of supervision and management to the material. Second, the direct supervisor of the direct operating person. Third, the indirect supervisors of the direct operating person. Forth, the national regulators. The horizontal is to point to people who are in the same position but with different levels of business. They have supervision relationship due to industry norms and the social moral constraints. Such as skilled workers and his new workers, the relationship between the doctors and nurses and the relationship between the food raw materials producer, manufacturers and sellers.

2. Add "mine safety supervision of negligence" in the penal code. At the legislative level, it is important to focuse value target, improve legislation technology, perfect the criminal legislation, and apply the "supermax" to a certain degree. Sets the fine punishment. Define the crime in the provisions as the negligent dangerous crimes. In the judicial level, the judicial supervision and fault in the system reconstruction can be realized through formulating unified malfeasance crime conviction sentencing guidelines and implement in mine production accident onus probandi inversion. In the field of administrative law enforcement level, it is indisputed to improve the mine safety in production safety supervision system and the relationship between mineral resources property law as well as the coal industry admittance system, which should be established in order to make up for mine safety production supervision and fault liability in administrative law enforcement field.

3. The subjects of liabilities in the supervision of food safety include vertical supervision relationship and parallel supervision relationship. The subjects mainly include raw materials producers, manufacturers, distributors and consumers. Manufacturers shall have the obligation to independently control the safety of the raw material quality in the process of interacting with upstream businessmen represented by raw material producers. The independent obligation is different from the traditional duty on allocating, and the principle of trust doesnot apply to the former. Manufacturers shall provide special tips when interacting with the distributors downstream. That trust principle

can moderate and restrain the supervision obligation of the manufacturers shall be admitted. It is more complicated to define the relevant duty of care in the pre – sale, sale, after – sale stages when the manufacturers interact with the consumers.

4. Establish a network platform for sharing informations of food safety. To put forward the innovation mode of food safety supervision negligence crime to law enforcement in China can create the seamless joint between criminal law and administrative law enforcement mechanism, establish food safety information sharing network platform which includes case clue information sharing, administrative penalty results, information sharing, legal documents, data sharing, case handler information sharing mechanism and build supporting not transferring case responsibility system. Truly we can make it come true that a guilty shall be punished.

5. Build the goal model: law control over nets and chains. The model includes seven key elements: the food production chain, the food processing chain, the food transport chain, the food sales chain, the chain of food safety management, the chain of food safety technology, and the network of food safety information. These nets and chains constitute the entirety of food safety. The key to the success of the model is to design a overall law control system, from farmland to dining table, which could effectively eliminate or reduce the incentive function and the inequality of the informations in the process of food production and in the process of food operation.

6. Establish the penal code of risks. Put forward to establish the penal code of risks in response to the characteristic of risk society. Apply the traditional way of criminal law and risk coexist. Make up for the inadequacy of traditional criminal law on the function and responsibility investigated for loopholes. As to create system norms of criminal law to the axis of the traditional criminal law: the traditional criminal law acts as the core with the stable core connotation. Risk of criminal law, as a supplement and on the basis of the connotation of the traditional criminal law, has their own different tasks and functions. They both support each other, together to achieve the goal of maintaining social order and security.

目 录
CONTENTS

引　言

随着经济增长方式的转变与体制改革的深入，我国已进入一个经济社会发展的全面转型时期。高度发展的工业化生产、应用广泛的现代化科技为我们提供了更多的日常所需，带来了诸多的便利。然利之所在，弊之所存：人们在享受物质文明和精神文明所带来的方便与舒适的同时，也承担着日趋增加的安全风险。

21 世纪以来，风险逐渐成为现代社会的重要特征，其规模、性质和程度远远超过以往任何时代，更超越了地域、民族、国家、阶级和意识形态的界限，成为一种新型的、全球性的危险，逐步改变着现代社会运行逻辑与规则架构，人类社会的价值理念、行为方式正处于被系统化地重构之中。① 正如德国社会学家鲁曼所说：我们生活在一个"除了冒险别无选择的社会"，风险已经成为我们生活的组成部分，无处不在、无时不在。② "风险社会"的概念是由德国著名社会学家乌尔里希·贝克首次提出的，一经提出便获得广泛的响应，特别是近些年来煤矿、非煤矿山、民用爆破、烟花爆竹、食品药品、医疗卫生等高危行业安全生产事故层出不穷。构成风险因素的条件越多，发生损失的可能性就越大，损失就会越严重。各种风险因素不断增加和变化，如何加强风险管理，保障经济社会稳定运行，迫在眉睫。而综观社会学对风险转化为现实危害的原因分析，风险的增加与科技的发展、现代化进程有密不可分的关系，人为因素成为风险转化为现实的核心要素。这些高危行业的作业活动，通常由多数人甚至一个企业组织体共同完成，从业人员内部往往具有层级、隶属关系，直接责任人的行为通常与上级的监督和决策有很大关系，因而与事故发生具有间接关系

---

① 范如国. "全球风险社会" 治理：复杂范式与中国参与 [J]. 中国社会科学，2017 (2)：65.

② 杨雪冬. 风险社会与秩序重建 [M]. 北京：社会科学文献出版社，2006：9.

的领导者和监督者的刑事责任问题日渐成为人们关注的焦点，对高危行业监督过失的研究应运而生。正如学者大卫·C. 麦恩特尔所言，疏忽懈怠造成的灾难性事故，仍非常不幸地在各地重演，随着人口的日益膨胀，技术的进步在推动社会发展的同时也给人类留下了许多危险性的物质与设施，重大灾难性事故爆发的隐患与日俱增。① 学者赛特也指出，一件重大灾难性事故的发生往往会使事发地区遭受严重的经济损失，当地的财政可能会因此而迅速亏空，法院要求追究当事人责任的诉讼率及相关成本势必会不断攀升，保险公司对于理赔的请求也会面临不堪的窘境。显而易见，这样一件事故的发生会把整个地区都带入难以想象的经济危机中。②

　　本书以监督过失注意义务的基本理论及其价值为基础，并以监督过失犯罪为主，以导致重大责任事故频频发生的矿山生产安全、食品安全领域为视角，从理论、立法与司法实践三个层面全面分析论证监督过失理论在高危行业领域运用的可行性和迫切性。全面梳理了国内外监督过失理论及监管模式，以全球视角分别对国际、区域、国家刑法三层次立法与司法实践进行宏观的横向系统研究，同时也对各层次立法与司法实践进行微观的纵向对比定量分析研究，进一步深化我国过失犯罪理论体系，有利于进一步严密法网，正确厘清罪与非罪的界限，从而有效化解我国经济社会发展进程中各种高危行业的风险与矛盾，使人们能最大限度地享受高新技术带来的先进成果，同时又能有效遏制重大安全事故风险的发生。

① Mcintyre D C. Tortfeasor liability for disaster response costs［J］. Fordham Law Review, 1987.

② Settle A K. Financing disastermitigation, preparedness, response and recovery［J］. Public Administration Review, 1985（Special）, 101.

第1章

高危行业界定

1.1 高危行业内涵

德国学者 Schiinemann 将概念分为四大类：数的概念、分类概念（记述的构成要件要素）、机能概念（规范的构成要件要素）、纯粹的价值概念。高危行业的概念应属于分类概念。"当你从一定距离来观察法律时，你看到的是一个规则的迷宫，如果那些规则过于复杂、过于含糊，以至于人们无法理解，那么，这种法律制度就是在不人道地驱使人们陷入自己都不知道是否会犯违规之罪的不安和焦虑中。"① 不可否认，法律具有抽象性，但作为一种社会规范，过于复杂烦琐的法律往往容易使公民陷入未来无法预测的恐慌局面，特别是高危行业的法律内涵更需以审慎态度视之。

1.1.1 狭义的高危行业

狭义的高危行业包括煤矿开采行业、非煤矿山行业、烟花爆竹行业、危险化学品行业、民用爆破行业、建筑行业、交通行业这七大行业，其在法律中的规定始见于 1987 年 1 月 1 日起施行的《中华人民共和国民法通则》。该通则第一百二十三条规定："从事高空、高压、易燃、易爆、剧毒、放射性、高速运输工具等对周围环境有高度危险的作业造成他人损害的，应当承担民事责任；如果能够证明是由受害人故意造成的，不承担民事责任。"2002 年 11 月 1 日起施行的《中华人民共和国安全生产法》第二条规定："在中华人民共和国领域内从

---

① （美）Fletcher G P. 刑法的基本概念 [M]. 王世洲，等译. 北京：中国政法大学出版社，2004：6.

事生产经营活动的单位的安全生产，适用本法；有关法律、行政法规对消防安全和道路交通安全、铁路交通安全、水上交通安全、民用航空安全另有规定的，适用其规定。"2004 年 1 月 13 日，国务院颁布《安全生产许可证条例》，对矿山企业、建筑施工企业、危险化学品、烟花爆竹和民用爆破器材实行许可制度；此后，又从高危行业的生产准入角度接连颁布了《煤矿企业安全生产许可证实施办法》《非煤矿矿山企业安全生产许可证实施办法》《危险化学品生产企业安全生产许可证实施办法》和《烟花爆竹生产企业安全生产许可证实施办法》。

2004 年国务院颁布《关于进一步加强安全生产工作的决定》指出：坚持把矿山、道路和水上交通运输、危险化学品、民用爆破器材和烟花爆竹、人员密集场所消防安全等方面的安全生产专项整治，作为整顿和规范社会主义市场经济秩序的一项重要任务，持续不懈地抓下去。"为强化生产经营单位的安全生产责任，各地区可结合实际，依法对矿山、道路交通运输、建筑施工、危险化学品、烟花爆竹等领域从事生产经营活动的企业，收取一定数额的安全生产风险抵押金。"2006 年 8 月 1 日起施行的《企业安全生产风险抵押金管理暂行办法》规定："矿山（煤矿除外）、交通运输、建筑施工、危险化学品和烟花爆竹等行业或领域从事生产经营活动的企业须存储风险抵押金，以保证生产安全事故抢险救灾工作的顺利进行。"煤矿企业应按照《煤矿企业安全生产风险抵押金管理暂行办法》的相关规定执行。2007 年 1 月 1 日起施行的《高危行业企业安全生产费用财务管理暂行规定》首次正式提出了"高危行业"一词，其中第二条规定："在中华人民共和国境内从事矿山开采、建筑施工、危险品生产以及道路交通运输的企业以及其他经济组织适用本办法。国家对煤炭开采企业和烟花爆竹生产企业另有规定的，从其规定。地热、温泉、矿泉水、卤盐开采矿山和河道采砂、采金船作业、小型砖瓦黏土矿等危险性较小的非煤矿山，不适用本办法。"第五条规定："本办法下列用语的含义是：矿山开采是指石油和天然气、金属矿、非金属矿及其他矿产资源的勘探和生产、闭坑及有关活动。建筑施工是指土木工程、建筑工程、井巷工程、线路管道和设备安装及装修工程的新建、扩建、改建以及矿山建设。"而在 2012 年 2 月 14 日施行的《企业安全生产费用提取和使用管理办法》又将"冶金""机械制造""武器装备"纳入高危行业范围，目前，高危行业法律内涵已经包含九大类。另外，前文中提到的危险品，也有细化规定，"是指列入国家标准《危险货物品名表》（GB12268）和国家有关部门确定并公布的《剧毒化学品目录》的物品，包括军工生产危险品和民用爆炸物品等。道路交通运输是指以机动车为交通工具的旅客和货物运输。"①

1.1.2　广义的高危行业

广义的高危行业是指除了狭义的高危行业外，食品药品安全事故、环境污染事故、医疗卫生安全事故等危险系数较高、事故发生率较高，财产损失较大、短时间难以恢复或无法恢复的行业。

以食品安全为例，报业大亨诺斯·克里夫勋爵曾告诉记者，报道有关犯罪、金钱、爱情和食物这四个题材是绝对符合公众利益的，而最后一个题材是放之四海而皆准的。② 食物完全有资格成为世界上最重要的物质，而民以食为天的说法是体现食品安全重要性最贴切的表述。烹饪发明的时候，就是人类与其他生物区分开来的时刻，也是社会变革的开始。接下来就是食物超越生存的意义——食物的制作、准备、分配和消费过程中产生了各种仪式，为进食蒙上了超自然的面纱。食品从出现到消亡的这些流程中提供食品的主体和消费食品的主体的行为以及他们之间的关系就构成整个食品行业的内容。③ 工业革命之后，在市场扩大和集中的背景下，食品自身开始了工业化。④ 今天以及大约半个多世纪以前，已有人设论"工业化饮食"。⑤ 因而食品带来的风险往往不是针对个人的风险，而是对整个人类的威胁。随着科技日新月异的发展，对食品安全的检测已不能单独靠人类的直接感知能力，而必须借助于有资格的专家来加以认定。例如，各种添加剂的发明，虽然不同程度地提升了食物的口感，延长了食物的保质期，扩大了食物的种类，但同时也增加了食品污染的可能性。因为除了食品及其原料本身存在的有害物质，在其后的生产、加工、运输、包装、储存、销售、烹调等环节中，都有可能受到农药、废水、污水、病虫害、霉菌毒素、食品添加剂等因素的污染，甚至有掺杂《剧毒化学品目录》中的危险品的可能，从而产生有害人类生命健康的危险。也就是说，"我们经历了一次这样的

---

① 乔卫兵，陈光. 高危行业安全生产责任保险研究 [M]. 北京：中国财政经济出版社，2009：1－2.
② 刘恒. 典型行业政府规制研究 [M]. 北京大学出版社，2007：131.
③ 刘恒. 典型行业政府规制研究 [M]. 北京大学出版社，2007：132.
④ （英）菲利普·费尔南德斯·阿莫斯图. 食物的历史 [M]. 何舒平，译. 北京：中信出版社，2005：230.
⑤ （英）菲利普·费尔南德斯·阿莫斯图. 食物的历史 [M]. 何舒平，译. 北京：中信出版社，2005：231.

革命，那就是识别随科技而来的副作用并努力去控制它们。"① 食品安全事故属于突发性公共卫生事件范畴，其是一项重大的社会问题，关系到人民群众的健康水平和生活质量，关系到经济的发展和社会的安定，并日益成为社会普遍关注的焦点、热点问题。② 目前，我国已有涉及食品安全的法律近二十部，行政法规十余部，部门规章上百件，食品安全标准近 500 个。③ 2009 年 2 月在原有《中华人民共和国食品卫生法》的基础上修订通过并于 6 月 1 日生效的《中华人民共和国食品安全法》（以下简称《食品安全法》），将之前的"食品卫生"升华为"食品安全"。而 2011 年 2 月正式通过的《刑法修正案（八）》更是为了与《食品安全法》相衔接，专门在《刑法》第四百零八条"环境监管失职罪"之后增加一款"食品监管渎职罪"，作为第四百零八条之一。到 2018 年，《食品安全法》构建起新的监管机制，扩大了监管范围，增设了食品安全犯罪从业终身禁止的刑事责任，三十倍货值罚款，多次重复处罚的行政责任，十倍食品价款或三倍损失金赔偿的民事责任，被称为"史上最严食品安全法"。这不仅在食品行业体现了立法理念的转变，而且在对高危行业风险防控、保障民生方面的里程碑式意义更是可见一斑。

笔者认为，狭义说不适用于追究复杂的现实社会中安全事故背后犯罪者的刑事责任，故本书采用广义的高危行业说，对广义的高危行业监督过失犯罪进行研究，将研究成果全面适用于社会各高危行业之中。

1.2　高危行业类型

我国现行的高危行业依据不同的划分标准存在不同的分类，根据我国现行相关法律法规以及高危行业的特征，可知煤矿开采行业、非煤矿山行业、烟花爆竹行业、危险化学品行业、民用爆破行业、建筑行业、交通行业、食品行业等行业属于高危行业。④

---

① （英）巴鲁克·费斯科霍夫. 人类可接受风险［M］. 王红漫，译. 北京大学出版社，2009：2.

② 张永伟. 食品安全行政执法办案指南——54 种食品安全违法行为认定与处罚［M］. 北京：中国法制出版社，2010：309.

③ 刘恒. 典型行业政府规制研究［M］. 北京大学出版社，2007：145.

④ 乔卫兵，陈光. 高危行业安全生产责任保险研究［M］. 北京：中国财政经济出版社，2009：4 - 5.

1.2.1 煤矿开采行业

煤矿开采行业包括大中型煤矿和小型煤矿。其中大中型煤矿包括高瓦斯、煤与瓦斯突出、自然发火严重和涌水量大的矿井，低瓦斯矿井，露天矿。

1.2.2 非煤矿山行业

非煤矿山行业包括石油、天然气、金属矿山、非金属矿山、核工业矿山以及小型露天采石场。但是，地热、温泉、矿泉水、卤盐开采矿山和河道采砂、采金船作业、小型砖瓦黏土矿等危险系数小的非煤矿山企业不包括在内。

1.2.3 烟花爆竹行业

烟花爆竹行业包括烟花爆竹生产企业和烟花爆竹经营企业。其中经营企业包括烟花爆竹批发（含进出口）经营企业和烟花爆竹零售企业。

1.2.4 危险化学品行业

危险化学品行业包括危险化学品生产企业和危险化学品经营企业。

1.2.5 民用爆破行业

民用爆破行业包括民用爆破器材生产企业、民用爆破器材经营企业和民用爆破工程服务企业。

1.2.6 建筑行业

建筑行业分为"狭义建筑业"和"广义建筑业"。狭义建筑业主要包括建筑产品的生产（即施工）企业；广义建筑业则涵盖了建筑产品的生产以及与建筑生产有关的所有服务行业，包括规划、勘察、设计、建筑材料与成品及半成品的生产、施工及安装，简称环境的运营、维护及管理等企业。本书采用广义的建筑行业概念。

1.2.7 交通行业

交通行业是指以机动车为交通工具的客运及货运行业。

1.2.8 食品行业

食品行业包括食品生产和加工（即食品生产），食品流通和餐饮服务（即食品经营），食品添加剂的生产经营，用于食品的包装材料、容器、洗涤剂、消毒剂和用于食品生产经营的工具、设备（即食品相关产品）的生产经营，食品生产经营者使用食品添加剂、食品相关产品，对于食品、食品添加剂和食品相关产品的安全管理。

1.3　高危行业与监督过失

监督过失理论的探讨，缘于交通、医疗、环保等公害事件的频繁发生。监督过失运用于实际，其适用范围相当广泛，但由于高危行业中过失犯罪具有间接性、科学上的难以认知性和多元参与性，[①] 导致查处率不高。具体而言主要有厂、矿事故，食品药品事故和交通事故几类。

1.3.1　厂、矿事故

厂、矿事故是指工厂、矿山、建筑企业或其他企业作业活动中所发生的事故。其中，煤矿始终是安全生产领域的高危行业、重点领域，是安全生产工作的重中之重，新中国成立以来的70年间，在10多个行业领域中发生一次死亡30人以上的特别重大事故，煤矿占了40%，其中百人以上的事故煤矿占了30%。

2019年11月18日，位于山西省晋中市平遥县的峰岩煤焦集团二亩沟煤矿发生重大瓦斯爆炸事故，造成15人死亡、9人受伤，直接经济损失2183.41万元。发生原因是，二亩沟煤矿违规布置炮采工作面开采区段煤柱、导通采空区，导致采空区瓦斯大量溢出；违章放炮产生明火引起瓦斯爆炸，波及与之相邻的正规回采工作面。

1.3.2　食品药品事故

食品药品事故是指在食品药品中混入有毒有害物质，导致使用了该食品、药品的人发生伤亡结果的事故。[②] 就食品安全风险而言，在"从农场到餐桌"中任何经营环节都可能产生安全威胁因素，在向下游传导到消费者部分则可能

---

①　李兰英. 公害犯罪研究［M］. 北京：法律出版社，2016：19.
②　宋丹. 监督过失研究［D］. 武汉大学，2004：28.

在传递中消解、中断到达消费者的是食物链上的剩余风险。① 其中最有名的，也是对战后的过失论影响最大的是森永奶粉砒霜中毒事件。

1955 年 8 月，在日本关西一带，因为森永奶业公司所卖的森永奶粉中含有大量砒霜，以致多数幼儿中毒，有 100 多名因此死亡，1 万名以上因而患病。经有关当局派员调查其中毒原因，发现森永奶业德岛工厂为使奶粉的溶解度及安定性提高，须加入磷酸氢二钠，于是在 1953 年向该地药商"协和产业"购买磷酸氢二钠，协和产业最初交付"木山化学工业"所制的正常产品。1955 年 4 月至 7 月，协和产业经"松野制药"向其他业者购买制造"矾土"而产生的废物，经脱色及再结晶后，冒充磷酸氢二钠交付于森永，该制剂的结晶外形与磷酸氢二钠颇似，但因此种制剂含有大量砒霜，并非磷酸氢二钠的特殊化合物。森永收受后误以为是正常的磷酸氢二钠制剂，没有怀疑其是冒用同一名称的其他制品，未经检查，即将松野制剂掺入奶粉，致食用的幼儿发生上述死伤结果。案发后，德岛工厂厂长和研究使用磷酸氢二钠制剂的制造课长，依业务过失致死罪被起诉，一审德岛地方法院于 1958 年 10 月 25 日依森永乳业公司信赖协和产业向其交付的是同样品质之物，对协和产业将粗劣的松野制剂作为磷酸氢二钠交付的可能性或危险性不具有预见可能性，因而否定被告的过失责任，宣告二被告无罪。检察官上诉后，二审高松高等法院于 1966 年 3 月撤销原判决，发回德岛地方法院，其理由是：(1) 工业用磷酸氢二钠制造者并无对其制品予以如药局处方或试药相同之规格或品质之保证，所以收受使用之时，仍不能认为无以非磷酸氢二钠冒用磷酸氢二钠出售的可能性。(2) 此种可能性虽微小，但关于食品制造不能漠视不洁物或有毒物万一掺入食品的不安感，因而有预见可能性存在的意义。(3) 由此，所谓身为食品制造者的森永从业员，应订购药局处方药品或试验药品，或于收受时，即有就其制品予以化学检查之注意义务。(4) 被告怠于注意义务。德岛地方法院以此判决要旨，而作有罪认定，判处制造课长 3 年禁锢之刑，厂长无罪。②

1.3.3 交通事故

狭义的交通事故是指车辆在道路上因过错或者意外造成人身伤亡或者财产损失的事件，广义的交通事故还包括铁路事故、空中事故、海上事故以及航天

---

① 肖峰. 我国食品安全制度与责任保险制度的冲突及协调 [J]. 法学，2017 (8)：127.
② （日）藤木英雄. 食品中毒事件之过失与信赖原则——关于森永奶粉中毒案件 [J]. 洪复青，译. （台湾）刑事法杂志，20 (2)：5.

事故。

1989 年 6 月 3 日，苏联乌拉尔乌法市以东几十千米的铁路线上，211 次客车与 212 次客车凌晨 2 时两车接近时，发生爆炸事故。死难者达 400 多人，受伤 600 多人，查明这次车祸并非火车自身的问题，而是离铁路线 1300 米的输气管道爆炸引起。一般来说，输气管道铺在铁路沿线是危险的，列车通过时的强烈震动可能损伤管线焊接口，必须安装缓冲装置来减小管道张力。苏联不能生产这种装置，又舍不得拿外汇购买，心存侥幸，以致发生这起千人伤亡的恶性事故。①

矿难、食品药品安全事故、交通运输事故等高危行业重大责任事故的发生，与监督者的监督过失存在着难以分割的联系。

首先，监督者的监督过失行为是高危行业重大安全事故发生的一个重要原因。导致高危行业重大安全事故发生的原因有很多种，有条件复杂的自然原因，有直接作业人员安全生产意识不强的个人原因，有高危行业企业生产设施落后的原因，但负责监督高危行业生产经营的监督者的监督过失是高危行业重大安全事故发生的最重要原因。随着社会的发展，我国的高危行业主管部门在总结国内外高危行业重大安全事故经验教训的基础上，制定了科学合理的高危行业作业规章制度，如果高危行业企业严格按照规章制度进行生产作业，就会极大限度地减少事故的发生。但是，好的制度不一定会得到认真贯彻执行。一些高危行业的监督者受利益驱动，不认真执行监督职责，无视高危行业企业的违规生产，更有甚者，为高危行业企业的违规生产提供便利，助纣为虐，致使我国的高危行业安全事故接二连三地发生。其次，监督过失是高危行业中监督者犯罪的主观罪过形式。从目前高危行业事故案件的处理情况来看，监督者大多是过失犯罪。监督者基于他的职责和地位，他不希望高危行业安全事故的发生。因为如果发生事故，他就可能被追究监督责任，要么被追究行政责任，要么被追究民事和刑事责任，导致名利两空，其代价较大，因此监督者大多存在侥幸心理，认为即使自己不履行职责，也不会发生安全事故。基于监督者的监督地位，其过失犯罪的主观方面是监督过失，是一种特殊过失犯罪。

---

① http：//www. zainanlu. com/a/jiaotongshigu/chehuoshigu/tieluchehuo/685. html.

第 2 章

高危行业监督过失犯罪现状

2.1　高危行业监督过失犯罪实证分析

2.1.1　高危行业现状

由于生产作业的特殊性，高危行业更容易对参与生产过程中的劳动者、相关第三者及环境等造成损害，因此被人们形象地称为"行走在刀尖上的行业"。

2.1.1.1　高危行业风险因素难以消除

人类经历每一次重大技术革命都使其肢体或心智在摆脱自然束缚上进行一次飞跃。[①] 而每一次重大技术革命都要求我们用一个新的角度去理解社会规则的运作，迫使我们超越传统法学家的视野去观察——超越法律，甚至超越社群规范[②]。在步入互联网、大数据、人工智能的智慧社会，"风险"一词又具备了新的内涵，风险因素是指可能引起或增加不确定事件演变成为损失事实的机会或扩大损失幅度的内在原因。高危行业的风险主要来源于两方面，一方面是自然界的威胁与危险，以煤矿开采行业为例：煤矿井下地质情况复杂，开采技术条件各异，生产过程中会不断出现水、火、瓦斯、煤尘或冲击地压等自然灾害威胁，再加上有害气体、粉尘、噪声、井下涌水和淋水等大量存在，容易造成

---

① 何明升. 中国网络治理的定位及现实路径 [J]. 中国社会科学, 2016 (7).
② （美）劳伦斯·莱斯格. 代码 2.0 网络空间中的法律 [M]. 李旭, 沈伟伟, 译. 北京：清华大学出版社, 2018：5.

煤矿事故发生。① 特别需要注意的是，瓦斯是以甲烷为主要成分的有害气体的混合体，在煤体内的赋存状态有游离和吸附两种，在进行掘进或采煤时，煤体内部吸附状态的瓦斯因受采掘作业动力影响解析为游离状态而释放出来。当矿井生产过程中出现通风异常或瓦斯涌出异常时，就会出现风量减少或无风的情况，不能有效地稀释和排除生产过程中产生的瓦斯，从而造成瓦斯气体的局部聚积而引发瓦斯灾害。此外，由于瓦斯无色无味，所以当作业人员吸入一定量的瓦斯、空气混合体时，就可能造成人员的窒息死亡。这些导致煤矿事故的发生的风险因素，一方面是由行业生产的本质及其特定的生产方式所决定，是高危行业危险事故发生的内因，一般很难消除。另一方面是人为风险，"我们所面对的最令人不安的威胁是那种'人造风险'，它们来源于科学与技术不受限制的推进。科学已经造成新的不确定——其中许多具有全球性，对这些捉摸不定的因素，我们基本上无法用以往的经验来消除"。②

高危行业的风险具有以下特征：第一，集中性。在所有行业中，高危行业安全生产事故所占比例最高，2019 年全国发生生产安全事故 4.16 万起，死亡29519 人，高危行业生产安全事故占 90% 以上，具体如图 2－1 所示。

第二，突发性和意外性。偶然因素在高危行业生产事故发生的过程中起着很大的作用，这就要求事故发生后必然要在极短的时间内作出反应，而人们无法获得足够的考虑时间。

第三，一定的可控性。高危行业的风险虽然脱离了人的直接感知能力，且其风险后果具有不可估算性，也更加难以把握风险和危害后果之间的因果关系，但正因为其风险因素难以消除，因此问题的关键不在于风险是否发生，而在于我们如何能将各种风险控制在大众所能承受的范围之内。

2.1.1.2 高危行业事故频发

近年来，矿难、食品药品、医疗卫生、火灾爆炸、工程建设等高危领域的事故频发，例如 2018 年 7 月发生的吉林长春长生公司问题疫苗事件，暴露出疫苗生产企业趋利枉法，地方政府和市场监管部门的失职失察，也反映出疫苗生产流通使用等各方面存在的制度缺陷。随后，2019 年 6 月作为中国首部疫苗法的《中华人民共和国疫苗管理法》首次出台，明确提出"疫苗实行最严格的监

---

① 乔卫兵，陈光．高危行业安全生产责任保险研究［M］．北京：中国财政经济出版社，2009：3.

② （德）乌尔里希·贝克．自反性现代化——现代社会秩序中的政治、传统与美学［M］．赵文书，译．北京：商务印书馆，2001：119－120.

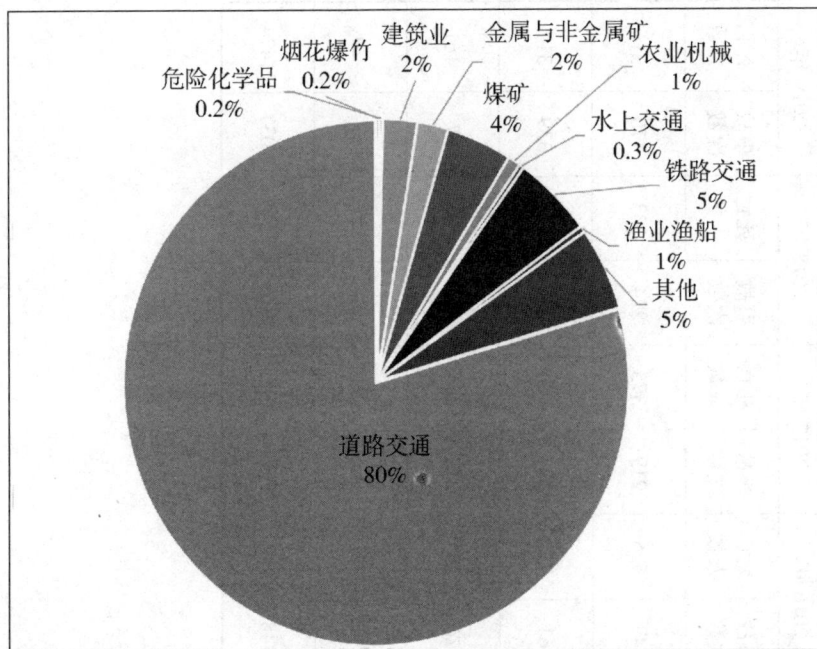

图 2 - 1　2019 年全国各主要行业领域事故比重①

管"，用最严厉的法规，守住疫苗安全的底线。据中华人民共和国应急管理部
（简称应急管理部）统计，2019 年全国发生各类事故约 4.16 万起，死亡 29519
人，工矿商贸企业事故总量为 1368 起，煤矿事故起数和死亡人数分别为 170 起、
死亡 316 人，金属与非煤矿山事故起数和死亡人数分别为 407 起、513 人。具体
如表 2 - 1 所示：②

---

① 数据来源：中国统计年鉴。
② 数据来源：原国家安全生产监管总局网站，http：www. chinasafety. gov. cn/newpage. 现
中华人民共和国应急管理部，https：//www. mem. gov. cn/.

表 2 - 1　2013—2019 年全国高危行业事故及死亡情况①

类别	2013 年		2014 年		2015 年		2016 年		2017 年		2018 年		2019 年	
	事故次数	死亡人数	事故次数	死亡人数	事故次数	死亡人数	事故次数	死亡人数	事故次数	死亡人数	事故次数	死亡人数	事故次数	死亡人数
煤矿	604	1067	509	931	352	598	249	526	219	375	224	333	170	316
金属与非煤矿山	658	790	534	640	435	573	461	525	497	484	452	341	339	317
危险化学品	34	70	114	166	23	45	226	234	219	266	176	233	97	161
烟花爆竹	55	112	43	100	39	79	34	60	33	55	28	35	13	29
工矿商贸总计	6486	8039	5774	7199	4854	5982	3148	3219	3131	2983	1368	1547	1037	1474

① 数据来源：国家应急管理部网站，https://www. mem. gov. cn.

2.1.1.3　高危行业事故危害性大

（1）人身伤亡及财产损失严重

高危行业一旦发生风险事故，便会造成严重的人身伤亡及财产损失。

表 2 - 2　2013—2019 年全国非煤矿山安全生产事故情况

年份	非煤矿山矿难发生数量（起）	死亡人数（人）	较大事故数量（起）	较大事故死亡人数（人）	重大事故数量（起）	重大事故死亡人数（人）	特别重大事故数量（起）	特别重大事故死亡人数（人）
2013 年	658	790	19	74	3	30	1	62
2014 年	534	640	13	51	1	13	2	143
2015 年	435	573	12	46	2	28	1	41
2016 年	461	525	7	30	1	12	0	0
2017 年	407	484	15	63	0	0	0	0
2018 年	452	341	17	69	2	34	0	0
2019 年	339	317	14	57	2	35	0	0

表 2 - 3　2013—2019 年全国煤矿安全生产事故情况

年份	煤矿矿难发生数量（起）	死亡人数（人）	顶板原因（死亡人数）	瓦斯原因（死亡人数）	火灾（死亡人数）	水灾（死亡人数）	运输原因（死亡人数）	其他原因（死亡人数）
2013 年	619	1356	325	348	89	16	124	454
2014 年	508	927	292	263	4	79	103	186
2015 年	350	575	181	171	23	64	68	68
2016 年	249	538	129	140	15	54	60	140
2017 年	219	375	92	110	4	17	62	90
2018 年	224	333	113	63	0	17	77	63
2019 年	170	316	69	87	3	9	46	102

从表 2 - 2 和表 2 - 3 的统计数据①来看，从 2013 年到 2019 年，安全事故发

---

① 数据来源：国家应急管理部网站，https：//www. mem. gov. cn.

生数量和死亡人数双减少。根据数据显示，煤矿安全事故呈递减趋势，但此类安全事故造成的后果也极其严重，例如 2019 年 11 月 18 日，位于山西省晋中市平遥县的峰岩煤焦集团二亩沟煤矿发生重大瓦斯爆炸事故，造成 15 人死亡、9 人受伤，直接经济损失 2183.41 万元。而非煤矿山安全生产事故情况和煤矿的大致趋势相同，例如 2019 年 2 月 23 日，内蒙古自治区西乌珠穆沁旗银漫矿业有限责任公司发生井下车辆伤害重大生产安全事故，造成 22 人死亡，28 人受伤的惨痛后果。

（2）严重损害国家和集体利益

高危行业是我国国民经济收入的重要来源之一，它在我国国民经济生产总值中占有相当大的比重。每次高危行业安全事故发生，国家都要对高危行业进行整治，影响了高危行业的运营，同时国外借机打击中国形象，削弱中国的国际竞争力，影响我国的国家利益。我国每年因生产安全事故造成的损失高达 2500 亿元，相当于当年 GDP 的 2.5% 左右，其危害性不亚于印度洋深海地震引发的海啸造成的损失。

（3）严重威胁了社会稳定

高危行业事故的发生，不仅仅是生命、财物的损失，它更对我国的社会稳定构成极大的威胁。矿难、食品药品安全事故、环境污染事故等高危行业安全事故发生后，国家都要对其进行整顿，造成能源方面的紧张、出口标准提高，影响了市场经济的稳定。而一些高危行业事故的受害者及其家属因没有得到合理的赔偿，组织群众上访，增加了社会的不稳定因素。可见，高危行业责任事故的发生，在政治和经济上都威胁了社会稳定。

2.1.1.4　高危行业事故损失超出企业承受能力

在我国高危行业中，许多中小企业的风险承担能力较差，加之其监督、安全意识较差，一旦发生风险事故便超出其承受能力，使企业面临着破产的危险。对于大型企业而言，即使其安全生产制度相对健全，遭遇大的事故意味着企业除了要面临生产成本和利润的损失，还要承担受害人的医疗费用和其他费用、环境污染的清除费用等民事赔偿责任，甚至企业法人代表等高管负责人要承担相应的刑事责任。　2019 年 12 月 4 日 7 时 32 分，浏阳市碧溪烟花制造有限公司 13 号工房发生重大爆炸事故，造成 13 人死亡、13 人受伤（另有 4 人轻微伤，未住院治疗），直接经济损失 1944.6 万元。在浏阳市烟花厂重大爆炸事故和谎报事件中负有直接责任、监管责任、领导责任的有关人员被湖南省有关部门依规依纪依法给予了严肃追责和惩处。其中，29 名公职人员被追责问责，10 名企业工作人员被采取刑事强制措施。

2.1.1.5　高危行业社会影响广泛

高危行业因其行业地位的特殊性，当危险事故发生时，常常会引起广泛的社会影响。2019年3月21日14时48分，位于江苏省盐城市响水县生态化工园区的天嘉宜化工有限公司发生特别重大爆炸事故，造成78人死亡、76人重伤、640人住院治疗，直接经济损失198635.07万元。

2.1.2　高危行业重大责任事故发生原因

从图2-2可以看出，高危行业重大责任事故发生的原因主要包括经济利益的原因、政府监管以及企业监管方面的原因。经济利益因素所占比例为12%，政府监管因素所占比例为32%，而企业监管因素所占比例为56%，其中企业培训方面的原因占8%，企业装备技术方面的原因占28%，企业安全责任制度方面的原因占20%，可见企业自身监管不力等内因是关键。

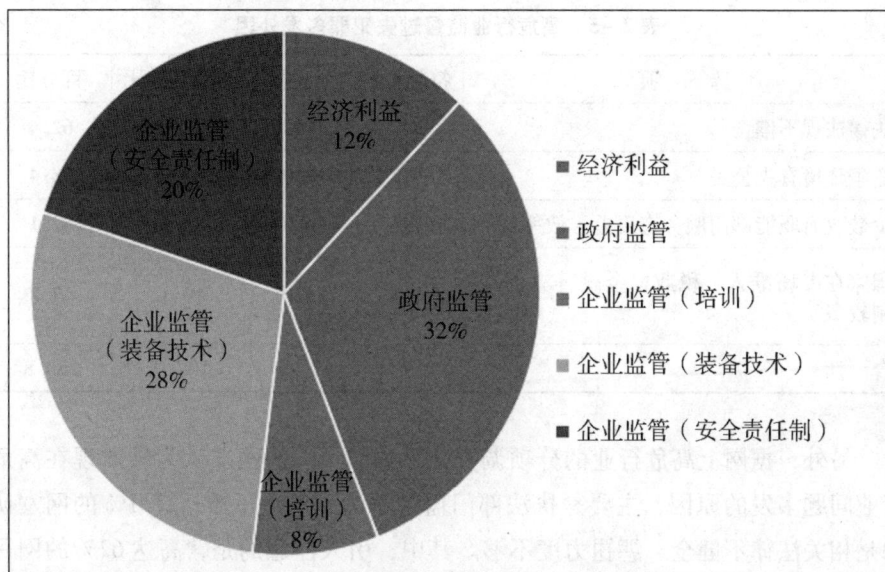

图2-2　事故原因分析饼图

2.1.2.1　内因

分析高危行业监督过失案件多发频发的内因，最主要的原因是"监督过失犯罪违法行为的机会成本较小"，依次是企业追求短期利益、公职人员待遇不高、企业缺乏核心技术和产品竞争力。

表2-4　高危行业监督过失犯罪多发内因

选　项	符号说明	计数	调整百分比	百分比
监督过失犯罪违法行为的机会成本较小	X5	768	31.2	70.2
公职人员待遇不高	X6	601	24.4	54.9
企业缺乏核心技术和产品竞争力	X7	443	18.0	40.5
企业追求短期利益	X8	652	26.5	59.6
合　计	—	2464	100.0	225.2

2.1.2.2　外因

分析高危行业监督过失犯罪案件多发频发的外因，最主要的原因是"竞争环境有失公平"；其次是法律法规不健全、少数政府职能部门服务态度差、效率低；最后是国家在市场准入、税收、金融、保险、进口等方面对企业限制较多。

表2-5　高危行业监督过失犯罪多发外因

选　项	符号说明	计数	调整百分比	百分比
法律法规不健全	X1	692	24.9	62.4
竞争环境有失公平	X2	870	31.3	78.4
少数政府职能部门服务态度差、效率低	X3	689	24.8	62.1
国家在市场准入、税收、金融等方面限制较多	X4	530	19.1	47.8
合　计	—	2781	100.0	250.8

另外，据网上高危行业的分项调查显示，53.4%的网友认为导致现在高危行业问题多发的原因，主要是执法部门监管不力、执法不严；27.1%的网友认为是相关法律不健全、惩罚力度不够。其中，引人注意的是，高达62%的网民表示，遇到了问题，不知道到哪里投诉，最终选择忍耐；3.2%的网民表示无所谓；只有35%的网友表示投诉。

2.1.3　高危行业监督过失犯罪溯源

笔者通过裁判文书网、翻阅年鉴以及调研法院等方式，对2017—2019年高危行业重大责任事故犯罪刑事责任构成进行调查统计分析。调查结果显示，高危行业重大责任事故犯罪主要由"重大责任事故罪""重大劳动安全事故罪"

"玩忽职守罪""滥用职权罪""受贿罪"以及其他罪名构成。其中有42%的以重大责任事故罪定罪，有6%的以重大劳动安全事故罪定罪，玩忽职守罪占23%，滥用职权罪占15%，受贿罪占9%，其他罪名占5%。其中过失犯罪占整体犯罪构成的80%，说明高危行业重大责任事故中多是过失导致。

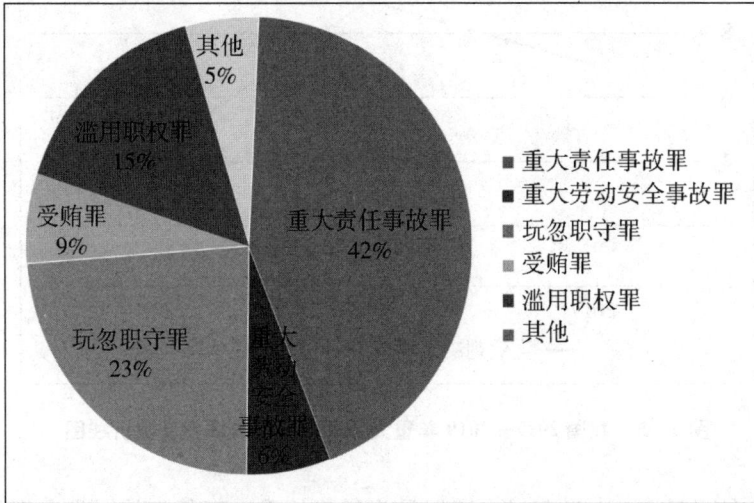

图2－3　事故刑事责任构成图

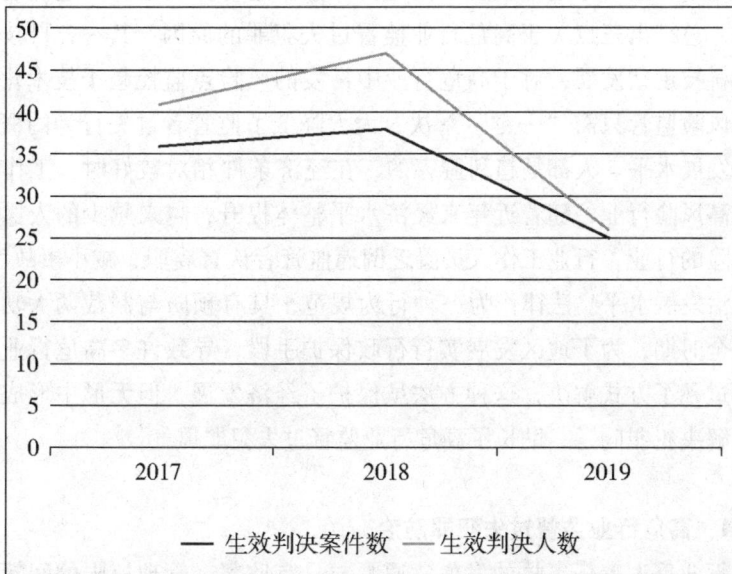

图2－4　我国2017—2019年重大责任事故罪案件数折线图

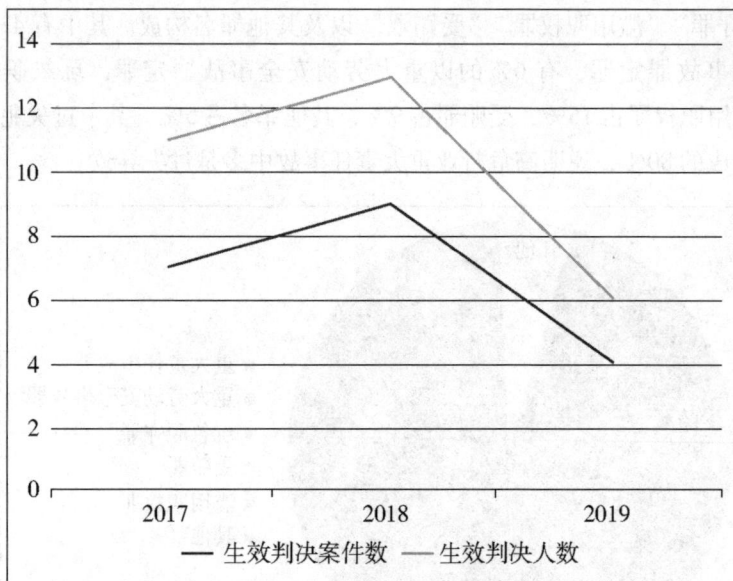

图 2-5　我国 2017—2019 年重大劳动安全事故罪案件数折线图

　　调查结果显示，与监督过失犯罪最为相似的重大责任事故罪发案率呈先增后减态势，但与之对应的生效判决人数有所减少，而重大劳动安全事故罪案件数和判决人数在近三年呈大幅度下降趋势。基于这种发展态势，笔者通过查阅相关资料，总结出三点关于高危行业监督过失犯罪的原因：其一，科技发展水平。当下科技迅猛发展，对于高危行业中易发的风险点监控趋于技术化、自动化，很多风险监管只需"一键"解决，大大降低了监管者过失行为的概率；其二，经济发展水平。人都是趋利避害的，在经济条件相对较好时，工作人员会尽量避免高风险行业，随着近年来经济水平整体提升，越来越少的人愿意从事带有高风险的行业，行业工作人员匮乏倒逼监管者认真履职，减小事故发生率；其三，法治发展水平。法律作为一种行为规范，具有预防与制裁两大功能，在法治不健全时期，为了地区发展实行行政保护手段，导致许多高危行业监督过失犯罪通过私了方式解决，这种方法虽保护了经济发展，但无形中形成了以花钱的方式解决犯罪问题，助长了高危行业监督过失犯罪风气。

2.1.4　高危行业监督过失犯罪防治

　　高危行业重大责任事故的发生，通常与具有监督、管理权限的间接责任人员过失责任有很大关系，高危行业监督过失犯罪出现并迅速渗透到社会各个领域，严重影响市场正常经济秩序，以及公众对政府机关的信任，因此治理高危行业监督过失犯罪刻不容缓。基于以上目的，高危行业监督过失犯罪课题组采用问卷调查的方式，针对政府部门和公检法工作人员，从各类人群对高危行业监督过失犯罪的认识、高危行业监督过失犯罪的多发频发的原因、高危行业监督过失犯罪的惩处与防治的情况进行调查，本次调查共发出问卷 1200 份，实际收回有效问卷 1135 份，回收率为 94.58%，其中针对政府部门和公检法工作人员发出的问卷有 500 份，实际收回有效问卷 493 份，针对公众发出的问卷有 700 份，实际收回有效问卷 642 份。

2.1.4.1　高危行业监督过失犯罪与非罪的认识

从图 2-6 中可以看出，有 43.4% 的人不能分辨高危行业监督过失犯罪与非罪；有 48.6% 的人基本能分辨；仅有 8.0% 的人能分辨。即基本能识别高危行业监督过失犯罪的人，仅占总人数的 57.0%，说明还有将近一半的人不懂得分辨高危行业监督过失犯罪与非罪的区别界限。

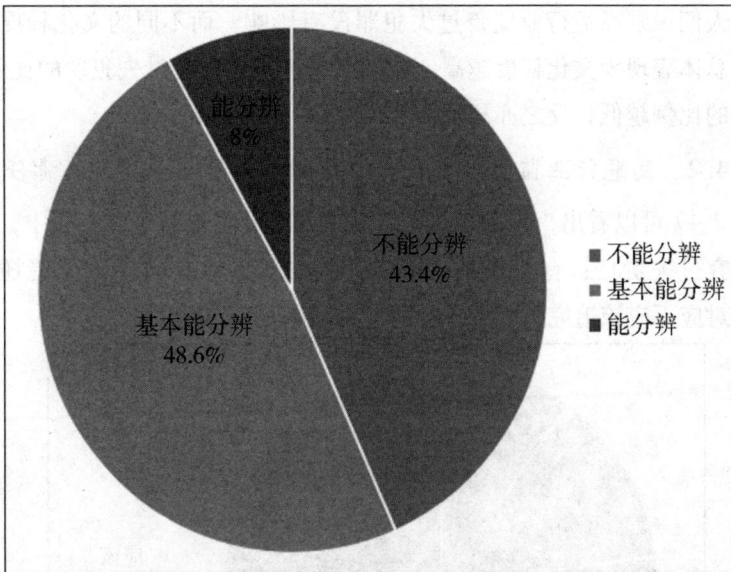

图 2-6　高危行业监督过失犯罪与非罪的认识

交叉列表分析法是指同时将两个或两个以上有一定联系的变量及其变量值按照一定的顺序交叉排列在一张统计表内，使各变量值成为不同变量的结点，从中分析变量之间的相关关系。本书将性别、文化程度、工作年限与能否分辨高危行业监督过失犯罪与非罪的界限分别做交叉列表分析，分析结果见表 2-6。

表 2−6　能否分辨高危行业监督过失犯罪与文化程度交叉表

	文化程度					合计
	博士	硕士	大学本科	大学专科	其他	
能分辨	365	68	53	0	0	486
基本能分辨	369	85	55	14	18	541
不能分辨	3	5	20	62	0	90
合计	737	158	128	76	18	1117

分析表中数据，文化程度为博士的 99.6% 能基本识别，为硕士的 96.9% 能基本识别，为大学本科的 68.4% 能基本识别，为大学专科的 18.4% 能基本识别。

分析性别、文化程度、工作年限等因素对识别高危行业监督过失犯罪的影响，其中性别、工作年限两因素存在的差异性较小，即不同的性别或不同的工作年限对人们识别高危行业监督过失犯罪没有影响；而不同的文化程度存在较大差异，总体表现为文化程度越高，能识别高危行业监督过失犯罪的比例越高，不能识别的比例越低；反之亦相反。

2.1.4.2　高危行业监督过失犯罪中监督者是否应承担过失责任

从图 2−7 可以看出，有 77% 的人认为在高危行业监督过失犯罪中，应该对监督者追究过失责任；有 13% 的人认为不应该追究监督者的过失责任；仅有 10% 的人对应不应该追究监督者过失责任的问题还不清楚。

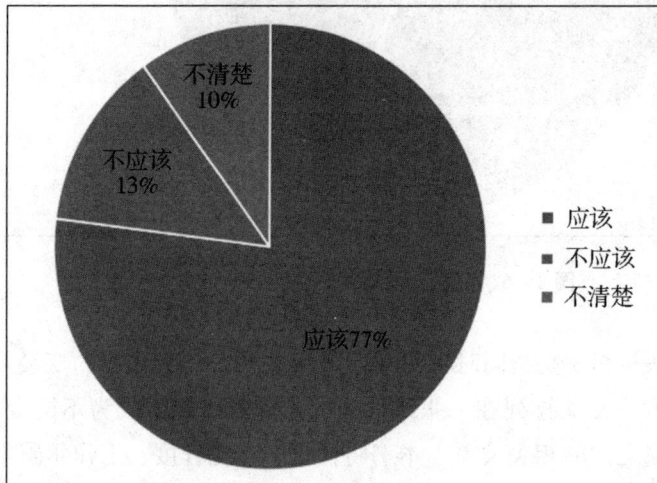

图 2−7　应该对领导者追究过失责任吗

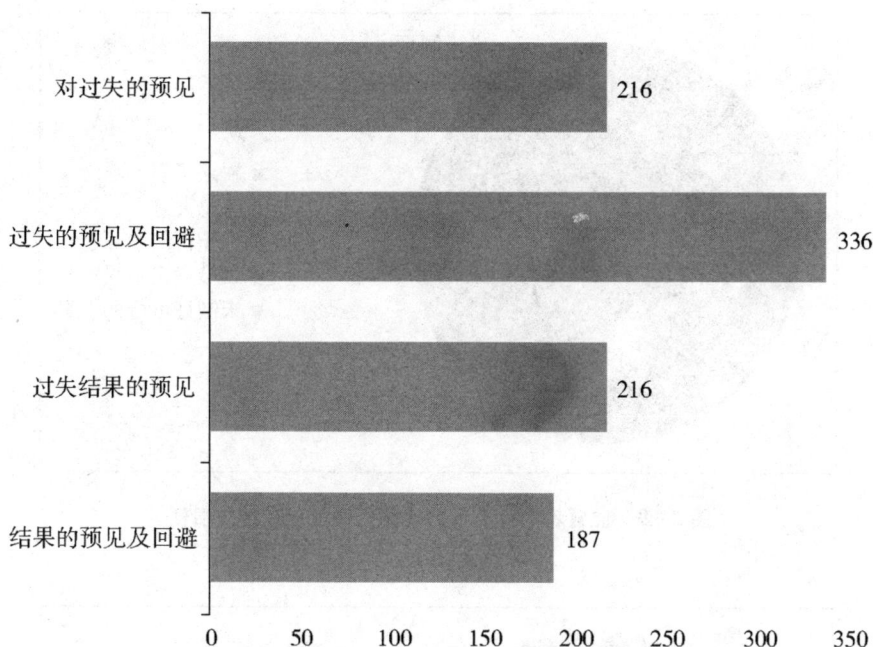

图2-8 监督者应尽的责任

2.1.4.3 监督者存在过失责任的认定标准

调查结果显示，政府部门和公检法工作人员认为监督者应尽的责任包括结果预见及回避义务、过失结果的预见义务、过失的预见及回避义务以及对过失的预见义务。其中有187人认为监督者应尽结果预见及回避义务，有216人认为监督者应尽过失结果的预见义务以及对过失的预见义务，有336人认为监督者应尽过失的预见及回避义务。

调查结果显示，公众认为监督者存在过失责任的行为包括缺乏了解、疏忽大意、过于自信、风险意识不强、技术设备更新的忽略以及未制订可行方案。其中有28%的人认为因对被监督对象缺乏了解或者对技术、设备更新的忽略而导致重大责任事故发生的，监督者对此存在过失责任；有26%的人认为因疏忽大意过失而导致重大责任事故发生的，监督者对此应负过失责任；有15%的人认为因过于自信的过失而导致重大责任事故发生的，监督者对此存在过失责任；仅有3%的人认为因未制订可行方案而导致重大责任事故发生的，监督者对此应负过失责任。

调查结果显示，有60%的人认为监督者的素质问题造成过失而导致重大安全事故发生的可以追究其刑事责任，有30%的人认为应根据监督者的自觉程度

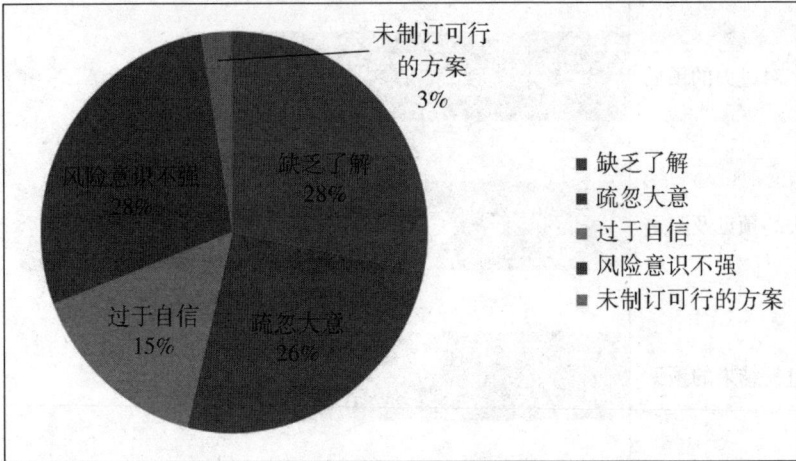

图 2 - 9　监督者的什么行为让你觉得他存在过失责任

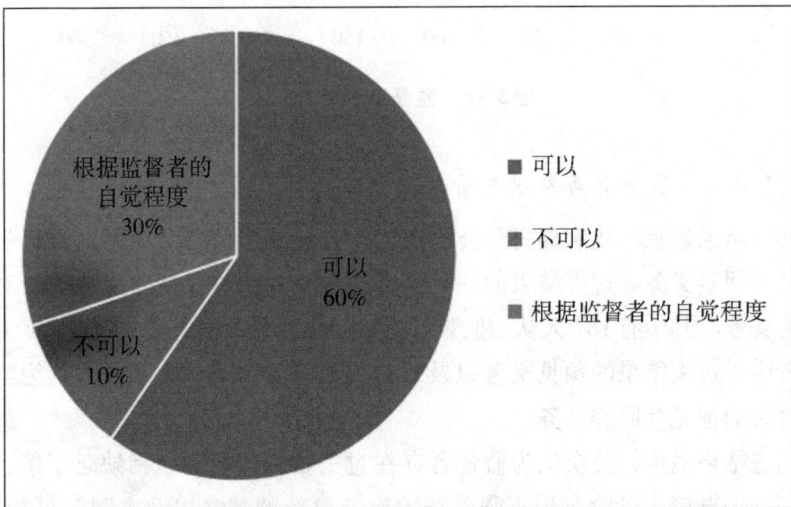

图 2 - 10　由于监督者素质问题造成过失能否追究其刑事责任

来判断是否可以追究其刑事责任，仅有 10% 的人认为不可以因为监督者素质造成的过失问题来追究其刑事责任。

2.1.4.4　高危行业监督过失责任主体的范围认识

调查结果显示，大部分人对于高危行业监督过失犯罪主体认识模糊不清。1135 名被调查者中有 1073 人认为，高危行业监督过失犯罪责任主体包括直接监

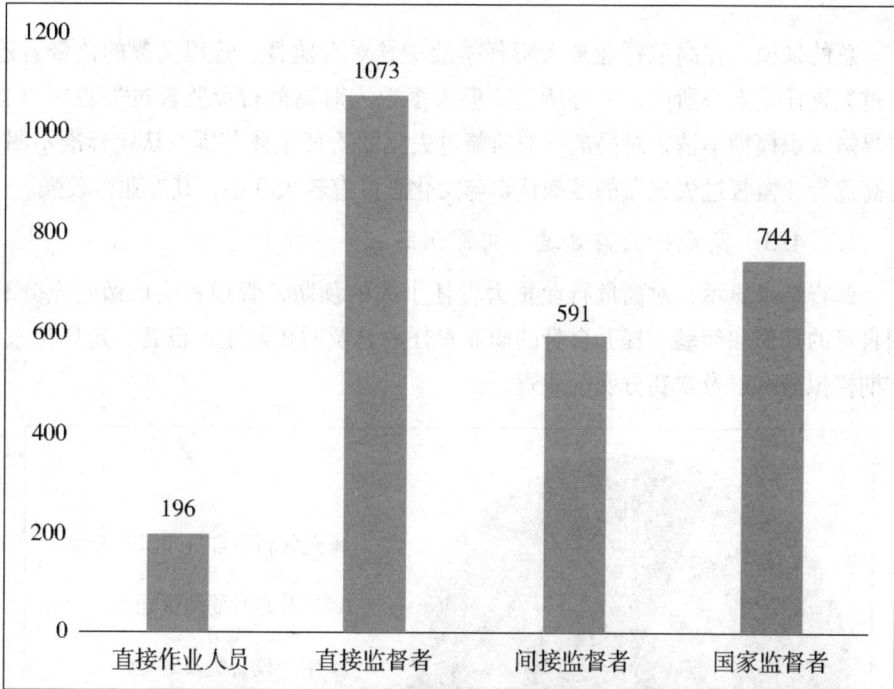

图2-11 高危行业监督过失犯罪责任主体

督者；有744人认为国家监督者应对高危行业监督过失犯罪承担刑事责任；有591人认为高危行业监督过失犯罪主体还包括间接监督者；仅有196人认为直接作业人员也属于高危行业监督过失犯罪责任主体之一。换句话说94.5%的人认为，直接监督者应对高危行业监督过失犯罪承担刑事责任；65.6%的人认为国家监督者对其因疏忽大意或过于自信的过失造成的重大危害结果应负刑事责任；有52.1%的人认为间接监督者应对高危行业监督过失犯罪承担刑事责任；仅有17.3%的人认为直接作业人员应对监督过失犯罪承担刑事责任。

表2-7 高危行业监督过失犯罪责任主体

主体	频率	调整百分比（%）	百分比（%）
直接作业人员	196	7.5	17.3
直接监督者	1073	41.2	94.5
间接监督者	591	22.7	52.1
国家监督者	744	28.6	65.6
合计	2604	100.0	

　　总的来说，在高危行业重大责任事故中，对有监督、管理义务的监督者追究过失责任是人心所向，大势所趋。但大多数人对高危行业监督过失犯罪与非罪界限认识模糊不清，对高危行业监督过失犯罪责任主体范围及认定标准不明，对高危行业监督过失犯罪的准确认识与文化程度有较大联系，其专业性较强。

2.1.4.5　高危行业监督过失犯罪预防

　　调查结果显示，对高危行业重大责任事故的预防，管理者应该做到充分利用自身的知识和经验、提升自身的职业责任心、及时更新生产设备、定期检查、定期模拟演练以及赏罚分明等职责。

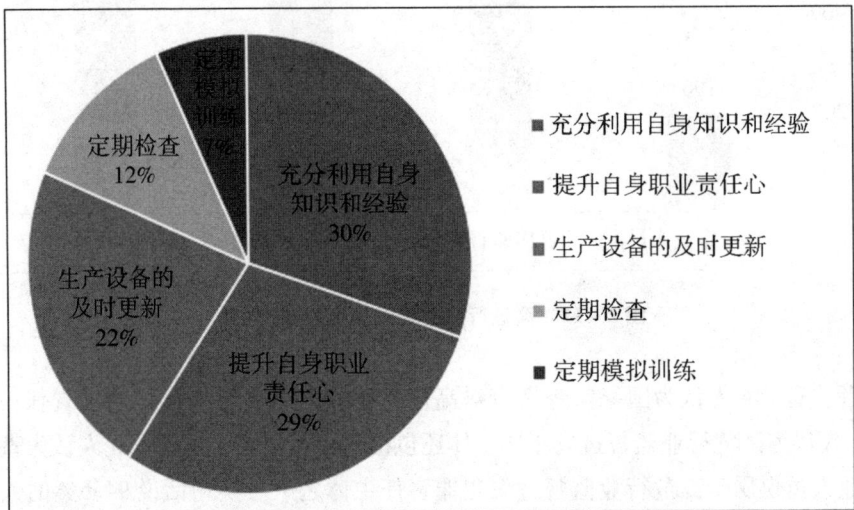

图 2 - 12　对于事故的预防，管理者应做些什么

　　调查结果显示，公众认为为防止高危行业重大责任事故发生施加注意义务而所需的成本包括专项资金、从业人员的福利保障、监督者的认真负责、设备的维修及更新费用以及其他可能要支出的费用。

　　调查结果显示，90% 的人认为对监督者应该定期进行风险评估，仅有 10% 的人认为应视情况而定，无人认为没必要进行定期风险评估。

　　调查结果显示，关于监督者对从业人员的监督是否可以根据员工工作年限而定，60% 的人认为对老员工可以降低注意义务，30% 的人认为不论年限都应保持高度警惕，仅有 10% 的人认为仅需对新成员保持高度警惕。

　　总的来说，对高危行业重大责任事故的预防，其实就是对高危行业监督过失犯罪的预防，而预防高危行业重大责任事故还需要一定的成本，怎样将违法

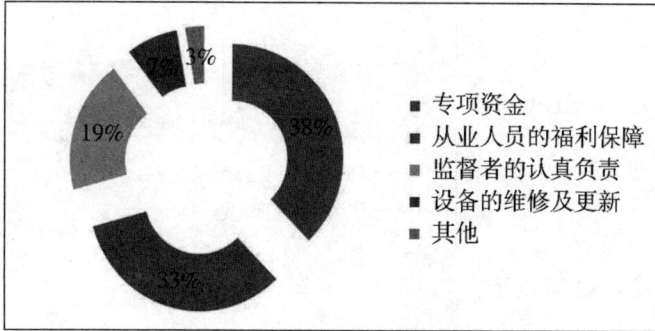

图 2 – 13 为防止事故发生施加注意义务而所需的成本

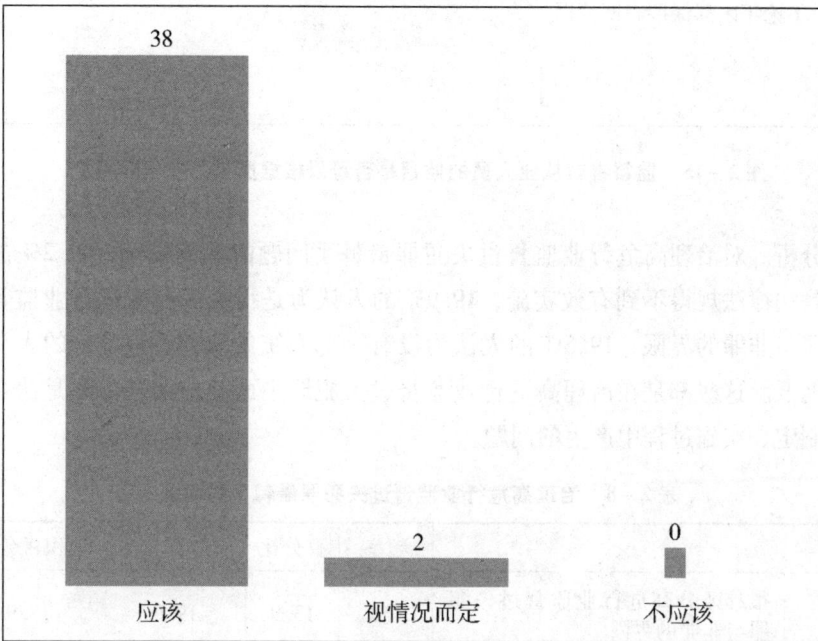

图 2 – 14 对于食品药品行业，监督者是否应定期进行风险评估

成本设置成远远大于守法成本，是预防高危行业监督过失犯罪的关键。

2.1.4.6 高危行业监督过失犯罪的治理

（1）高危行业监督过失犯罪治理中最棘手的问题

调查结果显示，存在较多缺失值。分析原因发现有少部分人未回答；有部分人，选择了两种或两种以上的问题。所以，本题仅针对选择一种方式的人群

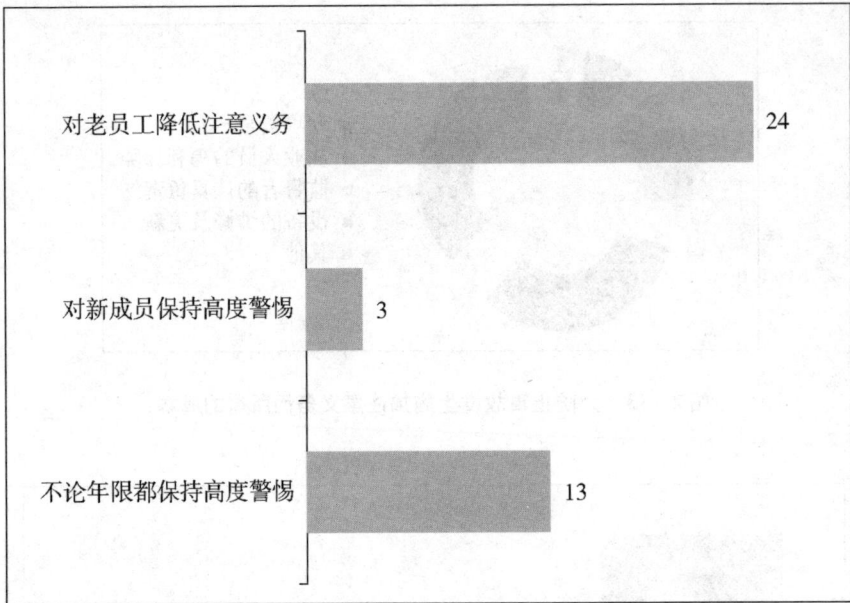

图 2 - 15   监督者对从业人员的监督是否可以根据员工工作年限而定

进行分析。对治理高危行业监督过失犯罪最棘手问题的调查发现，49.2%的人认为是法律法规得不到有效实施；19.9%的人认为是很难区分高危行业监督过失犯罪与非罪的界限；19.5%的人认为没有一部系统的法律；11.3%的人认为罚金刑低。这些都是在治理高危行业监督过失犯罪中面临的问题，都是法律法规在制定、实施过程中产生的问题。

表 2 - 8   治理高危行业监督过失犯罪最棘手的问题

		频率	百分比	有效百分比	累积百分比
有效	很难区分高危行业监督过失犯罪与非罪的界限	158	13.9	19.9	19.9
	罚金低	90	7.9	11.3	31.2
	没有一部系统的法律	155	13.7	19.5	50.8
	法律法规得不到有效实施	391	34.4	49.2	100.0
	合计	794	70.0	100.0	
缺失		341	30.0		
合计		1135	100.0		

注：表中"有效"是指被调查者对问卷中问题进行了回答，缺失是指没有回答。

（2）高危行业监督过失犯罪专门立法的必要性

针对法律法规问题，有14.6%的人认为应该对高危行业监督过失犯罪进行专门立法；53.9%的人认为可以立于不同的法律中，而对于高危行业监督过失责任涉嫌犯罪问题应明确立于刑法典中；有31.5%的人认为没必要立法，现有法律法规较充分。总的来说，应该在刑法典中明确高危行业监督过失犯罪。同时，一般认为对于治理高危行业监督过失犯罪最棘手的问题是法律法规得不到有效实施，应对高危行业监督过失犯罪在刑法典中明确规定。

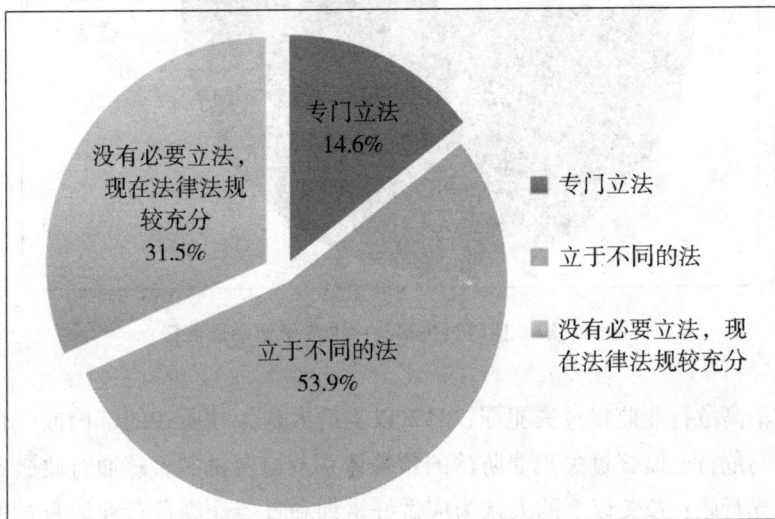

图2-16 高危行业监督过失犯罪专门立法

（3）防治高危行业监督过失犯罪建议

调查结果显示，在监督过失犯罪中，75%的人认为应由监督者承担举证责任，20%的人认为应由受害者承担对重大安全事故的举证责任，5%的人认为应由员工承担举证责任。

表2-9 防治高危行业的建议措施

选　　项	计数	调整百分比	百分比
做好培训宣传，让高危行业监督过失犯罪的危害深入人心	762	22.8	72.6
建立高危行业监督过失犯罪的预警体系及追责机制	885	26.5	84.4
疏通行政服务体系，构建阳光行政	889	26.7	84.7
完善投诉渠道	799	24.0	76.2
总计	3335	100.0	317.9

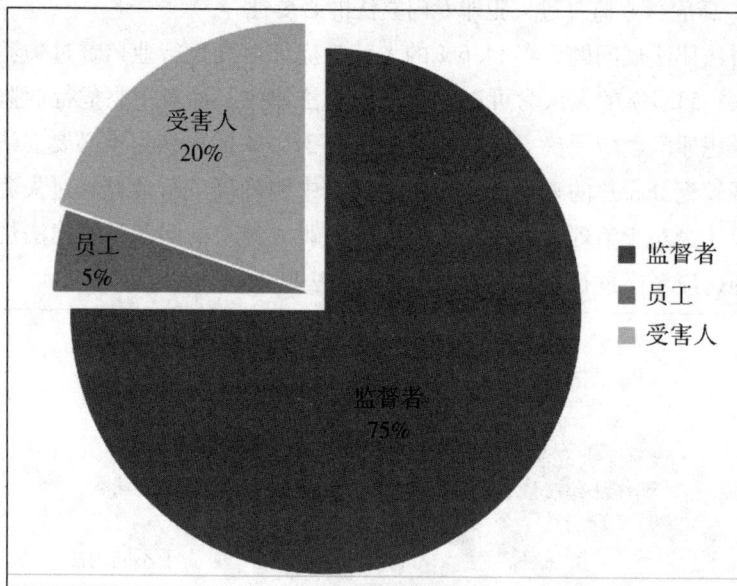

图2-17 监督过失事故中谁应承担举证责任

防治高危行业监督过失犯罪，84%以上的人认为其所在的部门或分管领域应建立高危行业监督过失犯罪防治的预警体系及追责机制，疏通行政服务体系构建阳光行政；72%以上的人认为应做好培训和宣传让高危行业监督过失犯罪的危害深入人心，完善投诉渠道。

表2-10 防治高危行业监督过失犯罪建议措施

选 项	计数	调整百分比	百分比
在公共领域获得防治高危行业监督过失犯罪的培训教材	473	19.1	47.2
专家提供防治高危行业监督过失犯罪的对策建议	507	20.5	50.5
社会创造防治高危行业监督过失犯罪的良好环境	861	34.8	85.8
行政部门间分享防治高危行业监督过失犯罪的信息和经验	635	25.6	63.3
总计	2476	100.0	246.9

85.8%的人希望社会创造防治高危行业监督过失犯罪的良好环境；63.3%的人希望行政部门间分享防治高危行业监督过失犯罪的信息和经验；50.5%的人希望专家提供防治高危行业监督过失犯罪的对策建议；47.2%的人希望在公共领域获得防治高危行业监督过失犯罪的培训教材。关于如何保证高危行业安

全，48.3%的网友表示应健全法律，加大惩处力度，有36.2%的网友表示执法部门应加强监管，严把质量关。

总的来说，调查显示，自律性和制度建设应是防治高危行业监督过失犯罪的重点。政府应该努力创造一个良好的防治高危行业监督过失犯罪的社会环境，并建立有效的预警机制。

2.2　高危行业监督过失犯罪

通过实证研究分析不难发现，现实生活中，重大责任事故的屡屡发生与某些管理者疏于或怠慢监督管理的义务是分不开的。监督过失责任为了适应如今高度工业化的社会公害事件频频发生的现状，在适用范围上呈扩张趋势，涵盖了矿山事故、食品安全事故、医疗事故以及交通运输事故等高危行业的重大责任事故。而这些事故的共同特点是：第一，是由行为人主观上的过失所导致的；第二，是行为人在生产、作业管理活动中发生的，换句话说，是由于行为人的职责活动而非意外事件或不可抗力所导致的；第三，危害结果达到相当的程度，一般以事故中实际人员伤亡的数量与经济损失价值的大小来衡量或判断。

监督过失是一类过失犯罪，而不是刑法分则规定的具体过失犯罪。日本刑法不存在这一类罪名，我国刑法也同样不存在这一类罪名。日本刑法中适用监督过失责任对监督者处以刑罚适用的罪名只有一个，即业务上致死或伤罪。在我国刑法中，则包括职务失职罪与业务失职罪。属于职务上的过失行为造成严重事故所涉及的罪名主要存在于渎职罪一章，具体有：第397条玩忽职守罪、第408条环境监管失职罪、第408条之一的食品监管渎职罪、第409条传染病防治失职罪、第412条第2款商检失职罪、第413条第2款动植物检疫失职罪。依据行业标准来划分责任事故类犯罪，属于业务上的责任事故类的罪名主要存在于刑法第二章危害公共安全罪，具体有：第131条重大飞行事故罪，第132条铁路运营安全事故罪，第133条交通肇事罪，第134条重大责任事故罪，第135条重大劳动安全事故罪，第136条危险物品肇事罪，第137条工程重大安全事故罪，第138条教育设施重大安全事故罪，第334条第2款采集、供应血液、制作、供应血液制品事故罪，第335条医疗事故罪，第338条污染环境罪。①

其中，有些明文规定了"直接负责的主管人员"，这可以看作是明确地表示该种犯罪在确认过失责任时，应同时考虑追究领导者、管理者的刑事责任，如刑法第135条规定的重大劳动安全事故罪。但并不是所有过失犯罪都明文规定追究管理者的监督过失责任，有些条文只是规定追究"直接责任人员"责任，而未规定"直接负责的主管人员"，如刑法第137条工程重大安全事故罪、第138条规定的教育设施重大安全事故罪。还有些条文对上述两种主体都没有明文规定，如第131条规定的重大飞行事故罪、第132条规定的铁路运营安全事故罪、第133条规定的交通肇事罪甚至第134条规定的重大责任事故罪等。那么，是否可以说条文中没有涉及"直接负责的主管人员"的过失犯罪，就不存在追究监督者过失责任的可能？刑法学界对此问题大多围绕交通事故、医疗事故、环境污染事故等公害事故展开论述，而对于近年来频频发生的、社会危害性大的矿山安全生产事故、食品安全事故这两大高危行业重大责任事故的研究甚少。且矿山安全生产、食品安全两大行业的重大责任事故多是由于监督管理人员的过失行为引起的，而我国法律法规以及司法实践中对这一类型的犯罪规定的空白与漏洞，纵容了监督者的侥幸心理，不利于有效地抑制和预防过失犯罪。

故本书以高危行业中的矿山生产安全事故、食品安全事故为例，以司法实践中发生的有影响的案例为切入点，对矿山生产安全事故、食品安全事故两大高危行业监督过失犯罪进行类型化判断。对作为风险决定因素的注意程度、注意成本、注意水平、行为水平及与确定过失有关的因素采用经济分析论证，重点分析矿山生产安全事故和食品安全事故监督过失犯罪规制的重构，从而杜绝监督者的侥幸心理，从根本上规避高危行业重大责任事故的发生。

---

① 由于2011年2月25日通过的《中华人民共和国刑法修正案（八）》对本罪进行了修改，最高人民法院、最高人民检察院2011年4月27日发布的《关于执行〈中华人民共和国刑法〉确定罪名的补充规定（五）》将本罪的罪名修改为"污染环境罪"，取消了"重大环境污染事故罪"的罪名。

第 3 章

高危行业监督过失犯罪基础理论

在刑法理论上对监督过失研究比较深入的国家主要是德国、日本等国，而我国刑法学界对监督过失的关注程度不够。国外对于监督过失犯罪研究主要集中在以下方面：第一，监督过失犯罪中注意义务的研究路径。日本对监督过失责任的研究是在过失犯罪理论基础上，以企业事故的判例为中心而展开，著名的"森永奶粉中毒案"就是首次提出监督过失理论的经典案例，案件发生后，日本刑法学家藤木英雄根据其最终判决结果总结出了危惧感说，监督过失理论随即被提出，日本法学界开始对监督过失理论广泛探讨，并在 1986 年、1992 年以及 1993 年都曾经召开过专门的研究议题讨论监督过失问题；德国对于该理论的研究以不作为犯罪为视角，并以医疗事故、对危险物的管理责任为研究重点；英国起初并不追究监督人员的责任，直到后来将法人自身作为监督管理人时，才开始对此类犯罪追究责任；美国对企业上层监督管理人员责任的研究则肇始于"福特汽车事件"，需要指出的是美国的监督过失理论仅存在于业务过失领域中。第二，对监督过失预见可能性的研究主要有：预见可能性的判断标准、预见的对象及程度、预见可能性的判断方法。日本学者野村稔、大塚仁等各自从不同理论视角进行论证。例如关于监督过失的预见对象，大塚仁教授认为监督过失中预见的对象是自己的行为引起被监督者的过失行为，从而发生犯罪结果这一因果过程。而野村稔教授则主张"中间项理论"，认为监督过失中的预见对象是被监督者的过失行为，通过这个中间项，就应当预见到最终的危害结果。第三，关于监督过失犯罪中注意义务的判断标准，在刑法理论上分歧较大。英美法系存在着客观说与主客观统一说之分，大陆法系存在着主观说、客观说、折中说之分。第四，关于允许危险、危险分配、信赖原则与监督过失注意义务的限制关系问题，德国学者罗克辛，日本学者大家裕史、川端博、大塚仁等从不同角度对上述问题在监督过失犯罪领域是否适用，有肯定说、否定说、限定说等观点。上述分析表明，德、日对监督过失的认识较为深入，对注意义务的研究比较成熟，取得了比较丰富的理论成果。但是其研究也存在如下缺陷：过度侧重概念、结构及定性研究；研究关注的焦点集中于违反监督义务是否为监督过失的本质，而对监督过失存在的范围及违反注意义务的程度缺乏深入探讨。

在我国，对监督过失理论最早的研究是张明楷教授于 1992 年发表的《监督过失探讨》，此后近二十年的时间里，我国理论界对监督过失犯罪问题的研究不断加强，也形成了一些成果。对监督过失犯罪中的注意义务研究主要集中在如下几个方面：第一，监督过失注意义务的内容（侯艳芳，2016；陈兴良，2012；谭淦，2012；程皓，2009；肖冬梅，2009；刘丁炳，2008；赵秉志，2002；马克昌，2002；林亚刚，2000；周光权，1998；贾宇，1998；顾肖荣，1988）。第二，监督管理者注意能力判断标准（陈兴良，2015；钱叶六，2010；周光权，1998；李希慧，2006；张小虎，2006；王安异，2005；刘志伟，2004；张凌，1995；胡鹰，1995）。第三，监督过失领域是否适用信赖原则（易益典，2014；谢雄伟，2012；王海涛，2011；韩玉胜，2007；张明楷，2001；胡鹰，1995）。第四，我国刑事立法应不应该追究监督管理人员的刑事责任（易益典，2018；王钰，2016；刘丁炳，2008；李兰英，2005；刘志伟，2004；黎宏，2001；陈兴良，2000；李洁，1994）。

目前，我国专门论述监督过失的教材和专著仅有几本。与其理论密切相关的专著主要有：《注意义务研究》（周光权，1998）、《监督管理过失犯罪研究》（刘丁炳，2009）、《论过失犯罪中的监督过失责任》（张凌，1995）、《监督过失犯罪研究》（肖冬梅，2009）、《过失犯中的违反注意义务研究》（刘期湘，2009）、《注意义务比较研究——以德日刑法理论和刑事判例为中心》（程皓，2009）、《我国公务员监督过失刑事责任研究》（王冠，2011）、《过失犯罪中信赖原则的适用及界限》（王海涛，2011）、《管理监督过失研究：多角度的审视与重构》（曹菲，2013）、《客观归责下的监督、管理过失》（吕英杰，2013）、《风险社会中监督过失犯罪的刑法治理》（易益典，2014）、《共同过失犯罪研究》（李世阳，2019）。在中国知网检索从 1995 年至今发表在较高级别刊物上的、专门论述监督过失注意义务发表的论文仅有 23 篇，其余大多发表的刊物级别较低，这导致国内学界对该问题的研究难以对高危行业过失犯罪频发作出理论上的回应。笔者认为还存在以下不足和有待深入研究的地方：（1）监督过失注意义务与一般过失注意义务的关系、监督过失注意义务的程度判断、监督管理者责任如何担负及其责任的范围等；（2）在研究注意义务的方式上，未能将民商法规范与刑事法规范结合研究，没有融合经济学、心理学等学科理论，规范研究缺乏系统性、整体性。

3.1 高危行业监督过失犯罪含义

刑法学属于社会科学的门类，每一个刑法条文的制定和修改必然要体现社会发展的需要和规律，每一个刑法理论的形成和发展也必须深刻地理解其所赖以生存的社会土壤。监督过失是过失的一种特殊类型，是刑法学研究中的重要理论之一。监督过失行为的结构具有双层次性。这种双层次性决定了其有别于传统上仅追究直接实施危害行为者的刑事责任的原则，在监督过失行为致使危害结果发生的情况下，追究监督过失行为的刑事责任成为一个较为复杂的问题。

3.1.1 监督过失理论缘起

监督过失理论是日本过失犯罪理论的一个重要组成部分，它的产生与过失犯罪一般理论的发展有不可分割的联系。高危行业监督过失犯罪作为司法实务的存在，有必要追寻其理论依据。

3.1.1.1 旧过失论

旧过失论又称传统过失论，产生于古典刑法时代，主要以费尔巴哈（Feuerbach）、贝林格（Berlinguer）等人为代表。其中心观点是：过失和故意都是犯罪心理的主观要素，即值得非难的意思状态；过失的本质在于违反预见义务；行为人既有预见的可能性，就应加以防止，违反其预见义务，以致危害结果发生，就应负过失责任。① 根据这种旧过失论，过失犯与故意犯只是责任上的不同，在构成要件与非法性上并无本质差别。旧过失论的着重点在于行为时的注意义务，过失的责任依据在于行为人违反了预见义务，以致发生了危害结果。违反预见义务是指应当预见、能够预见，但因为心理上缺乏意识的紧张和集中而没有预见。这种预见的可能性是具体的，而非抽象的。危害结果的发生，是因为行为人能够预见具体的结果但因为不注意没有预见，而不论是否采取了避免结果发生的措施。可见，旧过失论的特点是重视结果预见义务，过失与违法性无关，只是一种心理事实。

旧过失理论是在当时经济技术尚不十分发达的社会背景下提出的，过失犯罪无论是在质的方面，即事实关系的复杂性，还是在量的方面，即发生的频度

---

① 胡鹰. 过失犯罪研究 [M]. 北京：中国政法大学出版社，1995：30.

上都比较单一，可以用此理论来确定预见可能性，所以，以结果预见义务为中心的旧过失论相当于离开了结果回避义务来讨论过失犯的成立，它对注意义务的内涵实质上只停留在结果预见义务上。① 但是在产业革命后，社会的高度工业化，过失犯罪日益复杂，例如，某种添加剂或某种物质在当下的科学技术条件下认为是安全的，但随着科技的进步，可能在将来会发现这些原本被认为安全的添加剂或物质是有高度风险的。而对于有高度危险性的行业，按照旧过失理论，危险性行为都不得以实施，而经济的发展又离不开矿山、食品、交通等具有危险性的行业，显然这种理论已不能解决社会经济价值与生命财产价值的矛盾，已不适应现代社会的高速发展。

3.1.1.2 新过失论

二战之后，新的社会条件需要重新确定过失犯的范围，过失理论也有了新动向，总体而言，在违法性层面，过失犯与故意犯有所不同的是，将结果预见可能性为核心的过失概念转变为结果回避义务为核心。② 新过失论主要以德国的歌德·谢密特、日本的本村龟二等人为代表。支撑新过失论的实质理由是：过失不仅是责任的要素，还是违法的要素，不是所有的不注意都能成为过失责任的原因，必须是违法的即为社会所不容许的不注意才能成为过失责任的原因。过失的根据，不在于过失这种心理事实，而在于行为人违反回避结果义务。③ 新过失论的核心在于行为人是否已尽避免结果发生的义务，过失的责任根据在于行为人违反了结果回避义务。注意义务虽然也包括了对结果发生的一般性的认识和预见，但仅预见到结果不能表明注意义务的完成。重点在于注意是否采取了结果回避措施。判断违反结果回避义务，应该根据行为当时的具体情况，行为人是否已经履行在通常情况下可以并且应该履行的具体行为基准。换言之，新过失论将"从基准行为的逾越"作为了过失犯的成立条件，④ 另外，传统过失一般理解为过失犯中的责任要素与责任形式，而新过失论重视结果的无价值和行为的无价值，过失同时是构成要件和违法性的问题，注意义务内容不仅包括认识、预见的义务，而且还必须有一定的外部行为即在认识、预见的基础上为避免结果发生而采取相应的行为。⑤

---

① 刘艳红. 实质犯罪论 [M]. 北京：中国人民大学出版社，2014：185.
② （日）前田亚英. 刑法总论讲义 [M]. 曾文科，译. 北京大学出版社，2018：180 – 181.
③ 胡鹰. 过失犯罪研究 [M]. 北京：中国政法大学出版社，1995：32.
④ （日）山口厚. 刑法总论 [M]. 付立庆，译. 北京：中国人民大学出版社，2017：240.
⑤ 宋丹. 监督过失研究 [D]. 武汉大学，2004：2 – 4.

20 世纪 70 年代后刑法学又迎来了客观归责理论。① 客观归责理论站在新过失论的立场上，在实质化、规范化、精细化的方向上改造、发展了传统过失犯理论。对于客观归责理论框架下的过失不法，在违反注意义务的判断上，应侧重于行为无价值，站在事前的立场，参考行政规则、交往规范等因素，以"一般人＋特别人"的能力为标准进行考察；在危险实现的判断上，应侧重于结果无价值，站在事后的立场，考察结果回避可能性、规范保护目的以及介入其他因素时对于归责的影响。

不可否认，新过失论摒弃了旧过失论的不足，促进了科技的发展，给社会生活带来极大的方便，但是新过失理论却忽略了高科技高危险行业所带来的高危险性，矿山事故、食品安全事故的频频发生，给人们生活带来极大的灾难，给社会造成极大损失，这些事故的发生常与监督部门中具有指挥、监督职责义务人的疏忽、懈怠有关，而新过失理论却无法成为追究监督者过失责任的依据。

3.1.1.3　新新过失论

随着科技日新月异，监督管理方式复杂多样，社会风险巨大的致伤致亡可能性让普通民众有了深深的畏惧感，而新过失理论强调对具体结果预见可能性是阻止结果发生义务的前提，为了消弭新过失理论在科技发展中的理论弊端，新新过失论应运而生。② 日本昭和四十年代的公害案件是迫使社会大众面对现代社会中的未知风险而提出该理论的基本出发点。③ 新新过失论是指行为人对危害结果的发生虽无具体预见的可能性，但只要行为人对危害结果的发生有一般的不安感即危惧感就应认为仍有结果的预见可能性，有此预见的可能性行为人就产生了避免结果发生的义务，行为人不积极履行此义务致使结果发生，理所当然也就应当承担过失责任。④ 日本的藤木英雄博士就主张："责任主义应从生活关系出发，让其适应社会生活的要求。面对现今社会企业组织的日益扩大而其组织活动产生的事故以及其对大众生命健康造成的严重威胁，对于行为人应依据其在组织中的层次，对结果预见的可能性的程度来合理确定其结果避免

---

① 为了区分的方便，Roxin 将客观归责理论之前的过失犯称为"传统的过失论"，客观归责理论架构起注意规范与法益侵害结果之间的关联性桥梁，彰显其规范论、目的论的刑法学立场，具有理论独创性。参见（德）ROXIN. 客观归责理论［C］（日）山中敬一，译//关西大学法学论集. 第44卷第3号：264.

② 马涛. 监督过失责任限制论要——基于新过失论的耦合式架构［J］. 石河子大学学报（哲学社会科学版），2017（3）：21.

③ 马克昌. 比较刑法原理［M］. 武汉大学出版社，2002：253.

④ （日）藤木英雄. 公害犯罪［M］. 东京大学出版社，1997：20.

义务的内容，只有这样才能充分发挥刑法的功能，进而提高对大众的保护。"而对新新过失理论持否定态度者认为，这种将结果预见义务抽象化的做法，放宽了预见义务的范围，容易导致过失的犯罪圈扩大，不利于科技与经济的发展。①新新过失论的核心内容是注意义务，即行为人作为时应当注意其行为是否使某种法益受到侵害，不作为时应当注意其行为有无违反某种特定的法律义务的责任。注意义务表现为预见义务和结果回避义务。预见义务是指对行为可能发生危害结果的认识义务。结果回避义务是指行为人基于危险的认识，应当采取适当的措施，以避免发生特定的危害结果。

旧过失论、新过失论以及新新过失论三者之间在有联系的同时更多的是区别。首先，在要求可以预见会有何种具体结果的发生的部分，旧过失理论与新过失理论均要求要可以预见会有何种具体结果的发生，但新新过失理论则无此要求。新过失理论，是以结果回避义务为中心的过失理论，相对于旧过失理论同样需要发生了危害结果且具有因果关系，但在认定过失责任时由结果预见义务转向了结果回避义务，即当事人即使对结果有预见可能性，但如果履行了结果回避义务就不成立过失犯。因此在这种情况下新新过失理论较旧过失理论和新过失理论就能更好地适用于高危行业领域进行追究责任。尤其是在高危行业领域往往有些直接行为人造成的结果是监督者间接造成的，而此时监督者往往因为缺乏具体预见的可能性而被免责时，适用新新过失理论显得更为奏效。其次，在追究过失责任时行为人是否履行了结果回避义务，新过失理论认为如果尽了结果回避义务则可对行为人免于追究责任。但是从另外一个角度分析，一方面行为人虽履行了结果回避义务但危害结果已经发生，伤害已经造成。另一方面，结果回避义务是否已经全面履行也难以给出准确的评价，并且在某些情况下还会成为行为人推卸责任的依据。再次，结果回避义务以预见为前提，一旦构成无法预见也就不存在回避义务。因此新过失理论由于预见义务的局限，无法达到最初的规制目的从而无法有效减少危害结果的发生。最后，新新过失理论最主要区别于其他两者的是其所独有的特色即危惧感说，其危惧感主要有两个方面的特征：其一，其预见可能性以具有危惧感形态的预见可能性即可，不需要有具体的结果预见。这一特点一方面有利于解决高危行业领域因技术落后而无法预见到其具体的危害结果从而无法对行为人追究责任的问题；另一方面对于在高危行业中出现的往往只追究直接行为人的责任，而无法对造成危害结果的监督者追责的问题得到了很好的解决，扩大了追究过失责任的主体范围。

---

① 李兰英. 公害犯罪研究［M］. 北京：法律出版社，2016：79.

其二，危惧感产生的结果回避义务只要求有一般的预见性即可①，解决了新过失理论中责任者以缺乏具体预见为基础的结果回避义务逃避责任的问题。而且由于其只要求有危惧感即可，也就提高了对行为人的要求从而更好地防止了高危行业危害的发生。

新新过失理论是在公害事故频频发生的风险社会背景下提出的，该理论通过对追责主体的扩大以及追责内容的充实，完善了高危行业领域在解决重大责任事故问题中的追责缺陷，对新过失论的预见可能性的内容予以部分修正，对结果回避义务的要求更严格，把对过失犯的非难更多地放在行为人对避免结果发生义务的违反上。主张根据行为人在高危行业领域中处于监督、领导地位，确定其避免结果义务，采取灵活的策略，以解决当代生活中的公害事件问题。其出发点和方法论均具有积极意义，② 有助于预防高危行业重大责任事故的发生，有助于明确高危行业重大责任事故监督者责任的问题，为监督过失犯罪化提供了理论依据。本书所研究的高危行业监督过失理论正是衍生于新新过失理论：一方面，监督过失理论要求监督者对其预见或因疏忽大意而未预见的结果同样承担避免义务，否则将承担过失责任，而不仅仅只是对可预见的结果承担回避义务。另一方面，监督过失责任为一种间接的过失责任，即危害结果的发生不是由监督者的过失直接引起的，必须有监督者与被监督者这一连带关系，由于监督者的过失引起了被监督者的不当行为，从而最终导致危害结果。③ 而该项责任的认定正是来源于危惧感说，因为该责任中过失的成立只需要对危害结果的预见可能性有模糊的"不安感"就可以了。

3.1.2 监督过失概念学说分歧

经济基础决定上层建筑，任何一种理论的产生都同它所产生时的经济状况存在着莫大的关系。新新过失论发端于 20 世纪 60 年代，在日本已有 50 多年的历史了，当时世界经济一片繁荣，日本走向了复兴之路，大规模的工业化生产，高科技的普遍投入和运用充斥着整个日本，给日本带来了经济繁荣，给日本人民带来了生活便利；但另一方面，在这背后的社会问题也异常严峻，食品安全事故、厂矿事故层出不穷。④ 一般而言，确定过失责任只是从现场直接作业人

---

① 刘期湘. 论食品安全监督过失责任 [J]. 法学杂志，2012 (2)：38.
② 陈旭. 监督过失犯罪化研究 [D]. 济南：山东大学，2009：11.
③ 董芳. 监督过失的刑事责任及主体的确定 [M]. 北京：中国政法大学出版社，2009.
④ 陈旭. 监督过失犯罪化研究 [D]. 济南：山东大学，2009：11.

员中查明是否违反注意义务，从而追究其责任。而在高危行业重大责任事故中，监督管理者对于重大损害结果的发生距离较远，为什么在追究了直接责任人员的责任之外，还要追究他们的刑事责任呢？其实，我们若运用监督过失来解释，该问题就会迎刃而解。实际上，对监督者追究刑事责任的必要性在现时期更为凸显，正如日本学者土本武司所言："然因现实社会中，企业之经营，常因监督者之指导或行为致引发重大侵害之后果，其实际行为之从业人员（即被监督者）仅能依循监督者之指示或提供之条件为其行为。如仅令被监督者之下级干部负其责任，而经营者或监督者逍遥法外，则有实际上由脑部发号施令，而手足依其指令动作，但头部无罪而手脚有罪之讥。"① 在此背景下，学者们提出了监督过失理论。监督过失理论既是高危行业在动态的守法领域的延伸、拓展和应用，又是对风险社会高危行业的呼应、落实和证成，实现了监督过失动态理论向实践跃升的理论自觉。

3.1.2.1　狭义的监督过失

对监督过失的研究，日本刑法理论发端于 20 世纪 60 年代末期，理论上已有一定深度。就监督过失的概念而言，存在两种理解：狭义上的监督过失、广义上的监督过失。

所谓狭义的监督过失，是指与实施直接使结果发生的过失的行为人（直接行为人）相应，处于指挥、监督直接行为人的立场的人（监督人）怠于应当防止该过失的义务的情况。② 狭义说将监督过失的成立范围限定于人与人之间，将被监督者作为联结监督者与危害结果的桥梁。③ 可见，狭义的监督过失是指对人的指挥、监督等的不适当构成过失。例如，在企业事故中，对于部下的失误行为不进行指导、安全教育而致人死亡的经营者的过失责任是"监督过失"。日本西原春夫教授、板仓宏教授、佐藤裁判官等均持狭义上的监督过失说。但日本佐藤先生的观点略有差异，他将监督过失定义为："无论第三者之过失与结果发生是否有直接关系，注意义务之内容乃监督被监督者之义务，而其懈怠与结果发生有其因果关系之情形。并且，与从来之狭义监督过失相当之间接防卫型，亦即以直接过之监督措施，却怠忽此注意义务，其怠忽与结果之产生相关

---

① 廖正豪．监督过失责任之研究［C］//现代刑事法与刑事责任——蔡教授墩铭先生六秩晋五寿诞祝寿论文集．1997：374.

② 马克昌．比较刑法原理（外国刑法学总论）［M］．武汉大学出版社，2002：269.

③ 韩勖．监督过失犯罪研究［D］．北京：中国人民公安大学，2009：3.

联之场合，皆构成监督过失之样态。"① 我国也有论者认为，对监督过失应作狭义理解。监督过失，"是指二人以上有从属关系的行为人，即监督者与被监督者之间，由于被监督者在监督者的懈怠监督下而故意或过失地实施犯罪，而相应地追究监督者的过失责任。"② 须注意，就监督过失的事例而言，由于行为人直接引起了结果，且结果的发生是由该行为人的过失行为所导致，所以对于处在监督直接行为人立场的监督者来说，为了肯定其对于结果的预见可能性，就必须要求其可能预见到直接行为人的过失行为。③

3.1.2.2 广义的监督过失——监督过失与管理过失

广义上的监督过失，包括狭义上的监督过失和管理过失。一般而言，在普通过失背景下成立监督过失的可能性相对较小，在业务过失范畴内成立监督过失的概率就比较大了，④ 管理过失区别于狭义的监督过失，指由于管理人等的物的设备、机构、人的体制等的不完备本身与结果发生有直接联系的直接过失。在管理过失的事例中，不是要追究因未对直接导致结果的（过失）行为人进行适当监督而最终（间接地）造成结果的过失责任（监督过失），而是在因对直接行为人没有监督关系而追究监督过失存在困难的场合，或者说在监督关系的框架之外要求其独立采取结果回避措施的场合，转而要追究由于结果回避措施（防灾体制）不健全而（直接）产生了结果，对此所应承担的过失责任。⑤ 之所以强调管理过失，其理由在于：在监督过失中，比如对被监督人的指挥、监督的不适当，更重要的是不实施为了避免结果的适当管理的作为义务特别是因为确定安全体制的义务，所以真正不作为犯的成立要件，特别是根据能否认为管理人等处于保障人地位的见地，必须把握管理过失。我国大多数学者也是从广义上来理解监督过失的概念的。有论者认为，监督过失是指"负有监督责任而不履行监督义务的人本应认识且能认识到不履行监督义务有可能发生严重危害社会的结果，但因疏忽大意而没有认识到，或者虽已认识到但轻信能够避免，

---

① （日）前田雅英. 监督过失 [J]. 吴昌龄，译. 刑事法杂志，36（2）：41.
② 赵瑞罡，杨庆玖. 监督过失论 [J]. 政治与法律，2001（4）：41.
③ （日）山口厚. 刑法总论：第三版 [M]. 付立庆，译. 北京：中国人民大学出版社，2018：256.
④ 高星. 监督过失犯罪研究——以食品监管渎职罪为视角 [D]. 大连海事大学，2013：25.
⑤ （日）山口厚. 刑法总论：第三版 [M]. 付立庆，译. 北京：中国人民大学出版社，2018：258.

终致危害结果发生的过失"。① 也有论者认为，监督过失是指"生产经营的组织领导和管理者，由于管理或监督不力而对被监督者的不适当行为负担的刑事责任"。② 还有论者说得更为直接："监督过失就是监督者违反监督与管理义务的一种过失心理状态。"③

我国学者王安异博士认为，对监督过失作狭义上的理解是值得怀疑的。其理由在于："其一，如果被监督者故意地实施了犯罪行为，即使监督者恪尽监督之责任，也无法防止危害结果的发生。其二，在一般情况下，监督者为了调动被监督者的工作积极性，可以适当地放宽其制约，如果被监督者因此实施故意犯罪并进而处罚监督者，显然对监督者不公，不符合刑法谦抑性原则。所以，在被监督者实施故意犯罪时，应中断监督者的过失，从而不成立监督过失。"④ 笔者也不赞成狭义上的监督过失说，认为对监督过失的概念应该从广义上去理解，当然与上述广义上的监督过失概念存在具体内容和价值取向上的差异。目前在刑法理论上，称"监督过失"时，通常是指"管理监督过失"。⑤ 严格地说，监督过失和管理过失存在差异，监督主要是指对人的监督，管理主要侧重于对物的管理，但两者事实上也存在交叉，不仅监督可以延伸到物的场合，管理本身也就包含对人的管理的含义。因此，监督过失和管理过失在一定程度上是密切联系的，将其绝对加以区分是不现实的，广义的监督过失就是监督管理过失，其成立范围既包含了人对人的监督，也包含了人对事项的管理。⑥ 另外，监督过失中的介入行为是否包括故意行为，学界存在肯定说与否定说两种观点。⑦ 笔者认为，监督过失中被监督者的行为只能是过失。因为在被监督者的介入行为为故意行为的场合，由于该行为是被监督者自由意志的体现，该行为结果理应由本人承担。作为监督者而言，由于该被监督者的故意行为超出了自身监督责任的范围，对于其所导致的结果自然无法预见，也无法采取措施避免该结果发生，因此不应承担过失责任。⑧

---

① 侯国云. 过失犯罪论 [M]. 北京：人民出版社，1992：244.
② 孙国祥，余向栋，张晓陵. 过失犯罪导论 [M]. 南京大学出版社，1991：36.
③ 张明楷. 监督过失探讨 [J]. 中南政法学院学报，1992（3）：1.
④ 王安异. 刑法中的行为无价值与结果无价值研究 [M]. 北京：中国人民公安大学出版社，2005：191 - 192.
⑤ 林亚刚. 犯罪过失研究 [M]. 武汉大学出版社，2000：247.
⑥ （日）大塚仁. 刑法概说（总论）[M]. 冯军译. 北京：中国人民大学出版社，2003：563.
⑦ 赵慧. 刑法上信赖原则研究 [D]. 武汉大学，2005：137 - 138.
⑧ 刘期湘. 监督过失的概念界定 [J]. 文史博览（理论），2008（6）.

3.1.3　高危行业监督过失犯罪的合理界定

从以上各位学者总结的监督过失犯罪的概念来看，有从广义上界定的，有从狭义上界定的，也有直接套用监督过失概念的，每种观点也都有其不同的出发点和侧重点，也有其各自的优越性，笔者认为，要合理界定高危行业监督过失犯罪，我们应合理界定对事故发生负有领导、监督职责的领导者、监督者的范围，这是确认监督过失的前提。

就监督关系而言，目前存在横向监督关系与纵向监督关系两种观点，在横向监督关系中，行为人之间不存在隶属关系，也不是领导者与被领导者关系，而纵向监督关系则强调监督者与被监督者地位存在差异性，属于上下级监督范畴。① 笔者认为，横向监督关系中的监督义务本源是相互提醒、协作的配合关系，不应扩张至监督过失犯罪范围，而应对监督过失责任进行探讨。② 我国有论者认为，"监督过失责任的问题，实质上就是领导责任的问题。按照我国刑法规定的精神，负刑事责任者必须是直接责任人员；具体到监督者，则必须是直接负责的主管人员。只有当直接负责的主管人员由于未履行其监督、主管的责任，或履行职责不当，致使下属人员实施不适当的危害行为，导致严重结果发生时，才会产生所谓'监督过失'责任即直接领导责任的问题。这里'直接负责'是从事发当时监督人员的工作性质，工作职责范围来讲的。"③ 我国学者林亚刚教授进一步指出，从原则上讲，只要是涉及业务过失犯罪的，都存在应当考虑"监督过失"的问题，例如，《刑法修正案》（八）新增加的食品监管渎职罪，条文中虽然对犯罪主体没有明文规定"直接负责的主管人员"，但并不意味着在确认过失责任时不应考虑处于监督、领导、管理地位人员有无过失责任的问题。④ 例如，被监督者已提出矿难事故隐患，而主管负责人员违背监督、领导职责，不予理睬而发生事故的，则应当追究主管负责人员的重大责任事故罪的刑事责任。笔者赞同林亚刚教授对于监督过失存在范围的具体分析，但笔者认为，虽然领导责任是监督责任的主要表现形式，监督过失并不仅限于领导责任，在业务领域范围内的协作性关系中，处于监督、管理地位的人懈怠履行其监督、管理义务也可以肯定监督过失的成立，如原料商、制造商、销售商和消

---

① 易益典. 监督过失犯罪论［D］. 上海：华东政法大学，2012：25.
② 此处笔者主张的是认可纵向监督关系而不认同横向监督关系。
③ 胡鹰. 过失犯罪研究［M］. 北京：中国政法大学出版社，1995：253.
④ 刘期湘. 论食品安全监督过失责任［J］. 法学杂志，2012（2）.

费者之间。可见，高危行业监督过失犯罪主体既包括纵向监督过失关系主体，也包括横向监督过失关系主体。①

因此，狭义说的观点在实践操作中存在很大难度，而且不利于追究现代社会中安全事故背后复杂的监督过失犯罪者的刑事责任。整个现代社会是由人、物、机构、体制等构成的一个复杂有机整体，物的生产需要人的劳动，设备的管理需要人的参与，机构的运行需要人的监督，安全体制的建立需要人的设计，现代意义上的监督或者管理很难将人和物的因素彻底分开。因此，广义的监督过失射程范围既包含狭义监督过失，又包含管理过失，所谓管理过失则是指由于管理人因物的设备、机构、人的体制等的不完备本身与结果发生有直接联系的直接的过失。② 即人和物都是被监督的对象，因物的因素而导致危害结果的发生很大程度上也包含了一定的人为因素，当然纯自然因素导致的危害结果发生不在我们讨论范围之内。各要素只是在具体操作中的内容和方式上存在差异，但是不影响被监督对象这一性质的认定。具体到刑法中所说的监督过失，既包含了对人的行为，又包含了对物或安全体制的整体监管管理，这样不仅与社会实际生活相契，也有利于全面打击各种监督过失犯罪行为。③

综上所述，本书所称监督过失是取其广义而言的。笔者将高危行业监督过失犯罪定义为：在高危行业领域中，处于领导或业务领域范围内的协作性关系地位的人违反监督、管理义务，对其应当避免的危害结果因疏忽大意或过于自信的过失导致结果发生而应承担刑事责任的犯罪。

3.1.4 高危行业监督过失犯罪的性质认定

3.1.4.1 高危行业监督过失犯罪与过失共同犯罪

学界对过失行为能否构成共同犯罪存在肯定说、否定说、限定说三种观点。肯定说认为，不仅两人以上过失行为可以成立共同犯罪，而且故意犯与过失犯之间也可以成立共同正犯；否定说则不承认过失行为成立共同正犯，也不承认故意犯与过失犯的共同正犯，认为监督过失共同过失，监督者与被监督者也没有共同的注意义务④；限定的肯定说则认为，"从过失犯的性质上看，对二人以

---

① 此处笔者主张的又是横向与纵向相结合，与上面观点相悖。
② 谢雄伟. 论监督过失的限缩：以被允许的危险为视角 [J]. 社会科学，2016（10）：116.
③ 梁凌. 监督过失犯罪研究 [D]. 上海：华东政法大学，2012：4.
④ 易益典. 共同过失视域下的监督过失犯罪 [J]. 江西社会科学，2016（7）：156.

44

上的过失行为导致结果的，通常不能认为是共同正犯，但当法律对共同行为人规定了共同的注意义务，共同行为人共同违反了该注意义务时，就应当肯定过失的共同正犯。"① 笔者认为过失共同犯罪限定的肯定说更具有现实意义。正如张明楷教授所言：当法律对各行为人科以共同的注意义务时，各行为人不仅自己要遵守义务，而且要使其他行为人遵守义务。共同违反这种注意义务时，就不只是违反了自己的注意义务，对其他行为人违反注意义务的行为也应当承担过失责任。这里就产生了共同的实行意思。而且，在因果关系不能查明的场合，如果不承认过失的共同正犯，就显然不合理。②

在高危行业监督过失犯罪的场合中，从表面上看其监督过失犯罪似乎是过失的共同犯罪，日本学者佐久间修认为监督过失可以构成共同过失犯罪，"在各个能够采取避免结果措施的责任者不同时，应当不限于其背后人（监督者）单独成立过失犯，而有必要确认不同共同正犯类型，以根据各人不同作用科处相应刑罚。"③ 但深入分析，二者还是有本质的差别的。首先，监督者的预见义务并非是对结果发生可能性的预见，而是对因自己的行为与被监督者的过失行为引起结果发生的两行为之间的可能性的预见。其次，监督者的结果回避义务也不是对最终发生的结果的回避义务，而是对与结果发生直接联系者的被监督者的行为的防止义务。④ 监督过失不能成立共同过失犯罪。

3.1.4.2 高危行业监督过失犯罪与过失竞合

过失竞合是从广义的过失共同中分离出来的概念，指对一个构成要件的结果的发生，存在复数过失的情况。⑤ 一般认为，过失竞合是过失犯罪中的一果多因现象，不成立共同犯罪。日本学者西原春夫将过失竞合分为对向的竞合与并行的竞合，对向的竞合是加害者与被加害者的过失竞合，多表现于交通事故中；并行的竞合是加害者与加害者之间过失行为的竞合。在并行的竞合中又分为很多种：首先，依据过失行为发生时间的异同可区分为纵的竞合与横的竞合。纵的竞合是指数人的过失行为发生在不同时间的情况，横的竞合则是数人之过失行为同时发生的情况。其次，依据过失行为的依存性分为并存的竞合与重叠

---

① 郑延谱. 试论过失共同正犯——立法论而非解释论之肯定 [J]. 中国刑事法杂志，2009
(7)：25.
② 张明楷. 外国刑法纲要 [M]. 北京：清华大学出版社，2007：302.
③ （日）佐久间修. 共同过失与共犯 [M]. 林亚刚，译//马克昌，莫洪宪. 中日共同犯罪比较研究. 武汉大学出版社，2003：54.
④ 赵瑞是，杨庆玖. 监督过失论 [J]. 政治与法律，2001 (4)：42.
⑤ 马克昌. 比较刑法原理（外国刑法学总论）[M]. 武汉大学出版社，2002：268.

的竞合。并存的竞合是指行为人的过失行为各自都是结果发生的独立性原因；重叠的竞合是指各个过失行为中，仅一方的过失对结果的发生有独立性且其可防止他方对结果的发生。最后，依照过失行为与危害结果之间的因果关系可以分为协力型竞合、促进型竞合与共存型竞合。协力型竞合是指多个行为人都实施了过失行为，多个行为共同造成了危害结果，但假如有一人有效地履行了注意义务，就不会发生危害结果。促进型竞合是指一个过失行为诱发或强化了另一行为人的过失，最终导致了危害结果。共存型竞合又叫"同时犯"，是指两个以上过失行为偶然地竞合于一起，导致危害结果发生的情况。

笔者认为，高危行业监督过失犯罪是过失竞合的一种。具体而言，监督者与被监督者行为是一种重叠的竞合，因为监督者如果为适当的行为，被监督者相应地就不会有过失行为，而监督者也就没有监督过失可言。从过失行为与危害结果的因果关系看，监督者行为对被监督者行为起到的是一种诱发、强化或放纵的作用，所以监督过失是一种促进型的过失竞合。①

3.1.4.3 普通过失与业务过失

以行为人违反注意义务的种类为标准，可以将过失区分为普通过失和业务过失。普通过失是没有被设立特别限定的一般过失。普通过失在刑法理论中已发展较为成熟，而业务过失是顺应现代社会的工业化进程而产生的一种别于传统过失的新型过失。② 业务过失是指行为人"由于懈怠了业务上必要的注意"③，使犯罪事实发生的情形。准确界定"业务"是正确把握二者分类的关键环节。

学界对"业务"的内涵定义不尽一致，主要有狭义说、广义说和限制说。狭义说主张，"业务"是指行为人为进行社会活动所从事的某一合法职业，并在业务活动权限范围内所实行的行为。④ 广义说认为"业务"是行为人基于自身社会地位反复执行的同种类事务。⑤ 限制说则主张业务是在社会生活中具有较大危险性，并且持续、反复从事的活动。⑥ 狭义说将业务限定于合法职业活动，将未取得驾驶证长期从事交通运输之类的活动，排除在业务活动的范围之外，失之过窄。广义说又过于扩大了业务活动的范围，将生活中的大量不具刑法评

① 冯卉. 论监督过失的刑事责任 [D]. 济南：山东大学，2011：13－14.
② 姜伟. 论普通过失与业务过失 [J]. 中国人民大学学报，1993 (3).
③ （日）大塚仁. 刑法概说 [M]. 冯军，译. 北京：中国人民大学出版社，2003：209.
④ 顾肖荣. 我国刑法中业务过失犯罪的特征 [J]. 法学，1986 (4).
⑤ 林亚刚. 犯罪过失的理论分类中若干问题的探讨 [J]. 法学评论，1999 (3)：36.
⑥ 林亚刚. 犯罪过失的理论分类中若干问题的探讨 [J]. 法学评论，1999 (3)：36.

价意义的活动纳入刑法视野，背离了区分普通过失与业务过失的初衷。限制说则强调只有具有危险性的业务活动才具有刑法意义，进而将刑法上的"业务"与社会生活观念中的"业务"区分开来。

有学者认为，刑法意义上的"业务"应当具备危险性的特征，否则该行为导致危害结果时只能认定为普通过失。因为如果该项业务本身不具备危险性，那么在实质上也就不能导致危害结果发生，也就是说只有业务本身具有危险性时才有可能导致危害结果的发生，才能认定有业务过失存在。高危行业监督过失以被监督者的业务行为对公共安全存在重大的危险为前提，主要适用于煤矿开采行业、非煤矿山行业、食品行业、烟花爆竹行业、危险化学品行业、民用爆破行业、建筑行业、交通行业等高危行业中，是监督者因为没有积极履行职责——及时预见被监督者的行为可能造成的社会危害，而在危害结果发生时对社会承担的过失责任，将这种过失归于一种业务过失应当没有争议。

3.1.4.4　轻过失抑或重过失

轻过失与重过失早期是普通刑法从民法借用的概念，在刑法不同的构成要件中要求轻率性（diligentia quam suis）作定。① 所谓轻过失是相对于重过失而言的，主要是指违反注意义务程度轻微的情形。注意义务在不同情境下程度并不相同，比如由于工人技术不成熟、疲劳工作导致过失与因机器故障出现的问题在过失程度便存在差异，② 轻过失在预见可能性与回避可能性上都相对较弱，重过失则是指行为人稍加注意就能尽到注意义务，却由于过失而违反该注意义务，因而刑法对其给予更为严重的评价。通常重过失是指危险性较大的事态中行为人的过失，因为此时行为人的不注意的社会危险性更大。③ 如前所述，高危行业监督过失责任是在煤矿开采行业、非煤矿山行业、食品行业、烟花爆竹行业、危险化学品行业、民用爆破行业、建筑行业、交通行业中，所导致的结果较一般过失更严重，承担的注意义务也较一般过失的程度更深，因此，将监督过失认定为重过失是合理的。至于高危行业监督过失为何较普通过失犯罪受到更为严厉的评价，是由于监督者的预见能力一般较普通过失者更高，同时也承担了更重的结果避免义务，相对地，当其违反注意义务时，违法性也较一般违法者程度更深。

---

① （德）汉斯·海因里希·耶赛克. 德国刑法教科书［M］. 徐久生，译. 北京：中国法制出版社，2017：764.
② （日）山口厚. 刑法总论［M］. 付立庆，译. 北京：中国人民大学出版社，2017：257.
③ 林亚刚. 犯罪过失的理论分类中若干问题的探讨［J］. 法学评论，1999（3）：36.

3.1.4.5 危险过失抑或实害过失

根据刑法对成立过失犯罪所要求的危害事实的具体形态,可以将过失区分为危险过失和实害过失。危险过失是指只要行为人违反注意义务,导致特定的危险状态发生时,就满足刑法有关过失犯罪成立所要求的情形,如我国刑法第330条第1款妨害传染病防治罪规定,行为人只要"引起甲类传染病传播或者有传播危险"就构成犯罪。学者认为,危险状态还可以分为抽象的危险状态和具体的危险状态。在抽象的危险状态下,行为人只要在特定的条件下,针对特定对象实施某种行为,就可以认定危险状态存在(抽象危险犯),而具体的危险状态还要求行为所引起的危险必须达到法律规定的程度(具体危险犯)。① 有学者认为这一点观点有值得商榷之处:对举动犯而言,行为人同样只实施了特定危害行为,不问危险程度,就可成立相应的犯罪,抽象危险犯的规定,使危险犯和举动犯的成立界限变得模糊,解决这一问题,有待进一步思考。

从行为无价值与结果无价值角度来看,危险过失与实害过失分别代表着两个不同的理论,② 危险过失的探讨立足于行为所导致的危险状态,无论是抽象危险犯还是具体危险犯都是在对行为本身进行评价,是所谓的行为无价值。而实害过失则立足于危害结果作为构成要件必要条件,无结果则无罪过,是所谓的结果无价值。区分危险过失与实害过失的主要意义在于,对法益的关注程度不同。由于危险过失不要求损害结果的实际发生,仅要求存在某种危险,因而其所保护的法益往往比实害过失更为重大,法律的保护力度也更为强硬。高危行业监督过失构成犯罪的前提,是处于领导或业务领域范围内的协作性关系地位的人违反监督、管理义务,对其应当避免的危害结果因疏忽大意或过于自信而导致危害结果发生,仅仅是存在某种危险,不能成为要求监督主体承担刑事责任的客观依据,因而监督过失是一种实害过失,即没有被监督者的危害后果也就无须追究监督者的刑事责任。③

3.2 高危行业监督过失犯罪的学理类型

对于高危行业监督过失犯罪的分类,学者们根据自身对监督过失含义的不

---

① 林亚刚. 犯罪过失的理论分类中若干问题的探讨 [J]. 法学评论, 1999 (3): 38.
② 陈兴良. 刑法哲学: 第六版 [M]. 北京: 中国人民大学出版社, 2017: 236.
③ 邓超群. 刑法上的监督过失责任及其立法探讨 [D]. 北京: 中国政法大学, 2007: 8 - 10.

同理解，依照不同的标准，可以划分为以下几种不同的学理类型：

3.2.1　疏忽大意的监督过失和过于自信的监督过失

我们通常以行为主体对危害结果的认识程度为标准，将过失划分为疏忽大意的过失和过于自信的过失，大陆法系国家的刑法学中也称为"没有认识的过失"和"有认识的过失"①。疏忽大意的过失，是指行为人应当预见自己的行为可能发生的危害社会的结果，由于疏忽大意而没有预见的心理态度。即行为人由于违反注意要求，没有考虑到实现否定构成要件的可能性，最终导致危害结果的发生。② 它的主要特征在于行为人有预见义务和预见能力，但由于疏忽大意对可能发生的危害结果没有预见导致危害结果的发生。过于自信的过失是指行为人已经预见自己的行为可能有危害社会的危险，但轻信能够避免的心理态度。所谓"轻信"是指行为人希望并且相信能够避免结果的发生或者行为人没有确实可靠的客观根据而轻率相信可以避免危害结果的发生。疏忽大意的过失和过于自信的过失的相同之处在于，对危害结果都具有的预见义务和避免义务，并且对之发生都持排斥态度，不同点在于前者没有预见危害结果的发生，而后者已经预见危害结果的发生可能性。那么高危行业监督过失属于两者中的哪一类呢？

由于监督过失的注意义务内容较一般过失更为严格，日本学者大谷实、三井诚认为，危惧感说对危害结果的认识程度仅以产生危惧感或不安感为要求，事实上使得过失犯罪的心理要素和结果要素之间的关系变得稀薄。③ 危惧感说在最大程度上提高了行为人结果回避义务的程度，事实上使危惧感或不安感的产生与否成为一个纯客观的标准。因为行为人的主观心理态度只能通过行为的外在行为表现加以推定，而监督过失主体以不作为而不履行注意义务使这种推论缺乏必要的前提。从这一点上说，监督过失与疏忽大意的过失和过于自信的过失都不相同，应属于一个独立的类别。但对危惧感说这一提法持怀疑态度的学者也指出，危惧感说并没有脱离新过失论以结果避免义务为中心的范畴，只是将其结果回避义务适用到最大化，扩大过失犯的成立范围，仍应当属于新过

---

① （日）大塚仁. 刑法概说 [M]. 冯军，译. 北京：中国人民大学出版社，2003：207.
② （德）汉斯·海因里希·耶赛克. 德国刑法教科书 [M]. 徐久生，译. 北京：中国法制出版社，2017：763.
③ 郝守才，任彦君. 论监督过失及其在我国刑法中的运用 [J]. 中国刑事法杂志，2001（2）：36.

失论的一部分。①

依此理论为指导，高危行业监督过失也可以分为疏忽大意的监督过失和过于自信的监督过失两种。疏忽大意的监督过失是指监督管理者应当预见未合理履行监督管理义务的行为可能发生危害社会的结果，因为疏忽大意而没有预见，以致发生危害结果的心理态度。过于自信的监督过失是指监督管理者已经预见到自己未合理履行监督管理义务的行为可能发生危害社会的结果，但是轻信能够避免，以致发生危害结果的心理态度。二者的区别在于监督者是否对被监督者的行为可能造成的危害后果产生了应有的不安和恐惧感。

3.2.2　业务监督过失和公务监督过失

根据发生领域可将监督过失划分为业务监督过失和公务监督过失。业务监督过失是指除国家机关工作人员外在企业或者其他组织中具有监管职责的人员在业务活动中未履行监督管理注意义务而发生危害结果的过失。公务监督管理过失是指国家机关工作人员未履行监督管理行政职能而发生危害结果的过失。公务过失中"公务"是在《全国法院审理经济犯罪案件工作座谈会纪要》："从事公务，是指代表国家机关、国有公司、企业、事业单位、人民团体等履行组织、领导、监督、管理等职责。公务主要表现为与职权相联系的公共事务以及监督、管理国有财产的职务活动。如国家机关工作人员依法履行职责，国有公司的董事、经理、监事、会计、出纳人员等管理、监督国有财产等活动，属于从事公务。"② 我国刑法典并没有明确使用业务过失、国家公务过失这样的用语，但有学者认为可以把交通过失、重大责任事故等发生在生产、作业等业务活动过程中的过失作为业务过失来把握，而把发生在国家行政管理过程中的渎职过失犯罪等的过失作为国家公务过失来把握。二者的区别在于监督管理主体是否属于国家工作人员。相同点是都具备对被监督者行为进行监管的特定的职务这一客观前提。

3.2.3　监督过失和管理过失

广义的监督过失包括狭义的监督过失和管理过失。监督过失，是指与实施直接使危害结果发生的过失行为的直接行为人相应，处于指挥、监督直接行为

---

① 黄丁全.过失犯罪理论的现代课题［M］//陈兴良.刑事法评论：第七卷.北京：中国政法大学出版社，2000：476－477.
② 谢雄伟.论监督过失的体系定位、本质与类型［J］.广西社会科学，2015（1）：224.

人地位的监督者,因没有履行或者没有正确履行其防止直接行为人过失行为的义务的情况。管理过失,是指由于管理者没有建立相应的安全管理体制或者建立的安全管理体制不完备,或者对自己管理、支配范围内的危险源管理不善而直接导致危害结果发生的情况。关于二者的联系与区别在监督过失的概念界定中已详细阐述,此不赘述。

3.2.4 危险制造型监督过失、危险促进型监督过失和危险未防止型监督过失

学者刘丁炳指出:在业务上的监督过失范围内,根据监督过失行为对危害结果发生所起作用的大小又将监督过失行为分为危险制造型监督过失、危险促进型监督过失和危险未防止型监督过失。危险制造型监督过失是指被监督者从事生产、作业本身并没有违反安全管理规定,但监督者却命令或者指示被监督者违反安全管理规定进行生产、作业,因而发生重大事故的情况。监督者的认识存在两个阶段,第一阶段认识到被监督者从事生产、作业本身并没有违反安全管理规定,第二阶段是当监督者命令或者指示被监督者违反安全管理规定进行生产、作业时,依据监督者和被监督者的能力和当时的具体情况,轻信不会造成危害结果。危险促进型监督过失是指监督者在发现被监督者正在实施违反安全管理规定的行为,不但不加以制止和纠正,反而指使被监督者继续实施违反安全管理规定的行为,由此导致危害结果发生的情况。危险未防止型监督过失是指监督者发现被监督者正在实施违反安全管理规定的行为后,应该命令、指示被监督者停止实施而不加以制止和纠正,由此导致危害结果发生,以及在事故发生后,应当积极采取有效措施组织施救,防止危害结果进一步扩大,但却不积极采取有效措施组织施救,导致危害结果进一步扩大的情况。危险未防止型监督过失具有以下特征:第一,存在监督者对于被监督者违反安全管理规定的行为或者欲进入危险状态的行为没有给予适当的命令和指示,从而没有阻止被监督者实施违反安全管理规定的行为;第二,从被监督者违反安全管理规定到危害结果的发生,监督者的不作为在继续;第三,仅有被监督者的过失行为也可能导致危害结果的发生,但如果监督者对被监督者履行了监督义务的话,就能防止危害结果的发生。三者的区别就在于监督者有没有作出适当的指示和命令。①

---

① 刘丁炳. 监督管理过失犯罪研究 [M]. 北京:中国人民公安大学出版社,2009:35,64.

3.3　高危行业监督过失犯罪主体

3.3.1　高危行业监督过失犯罪主体界定

关于监督过失犯罪主体的概念林林总总，但也大同小异。在德国刑法理论中，将监督者与被监督者及其所管理的相关事项之间的监督管理关系称为"基于权威关系、指挥关系的监督管理责任"。① 通常，监督过失犯罪主体是指生产、作业中，没有履行必要的监督义务，致使国家和公众利益遭受重大损失而承担刑事责任的人员，包括负有监督职责的国家工作人员和从事生产、作业单位负有监督职责的人员。② 学者刘丁炳认为，监督管理过失犯罪主体，是指没有履行或者没有正确履行监督管理义务，造成危害社会结果，依法应负刑事责任的监督管理者。简单地说就是对被监督者负有特定监督义务的监督者，其存在于监督关系之中。从本文对高危行业监督过失的定义就可以看出监督过失存在的前提，就是监督者与被监督者之间在职务或业务上形成的特殊关系，没有这个特殊身份，监督者对危害结果就没有注意义务，监督过失责任也就无从谈起。因此，笔者认为，高危行业监督过失犯罪主体，是指因疏忽大意或过于自信的过失，没有履行或者没有正确履行应当履行的监督管理义务而导致危害结果发生，在高危行业中处于领导或业务领域范围内的协作性关系地位的监督管理者。

3.3.2　高危行业监督过失犯罪主体范围及认定标准

监督过失理论的出现，是为了解决在现代工业化进程中不时涌现的大型严重危害事故过程中出现的"地位越高，离现场越远，越没有责任"而使上层领导者、监管者逃脱法律的制裁这样一种不公正、不合理的尴尬局面。确定高危行业监督过失犯罪责任主体的范围，统一监督过失犯罪主体承担刑事责任的认定标准，对于司法实践准确追究高危行业监督过失责任有重要意义。③

---

① 李薇宏. 监督过失理论研究 [J]. 刑事法评论, 2008（2）: 392 – 432.
② 肖冬梅. 监督过失犯罪研究 [D]. 长春: 吉林大学, 2009: 106.
③ 赵丽娜. 监督过失犯罪探究 [D]. 郑州大学, 2011: 13.

3.3.2.1 高危行业监督过失犯罪责任主体纵向范围

监督过失责任主体的纵向范围，包括业务领域和公务领域中上下级之间从属性监督关系的监督者。监督关系，是由于业务及其他社会生活上的关系，在特定的人与人之间，人与事项之间形成的监督与被监督的关系。① 监督关系是监督过失犯罪存在的前提条件，在确定监督过失责任主体时，首要确认事故的直接责任人，再以他们为起点，"回追"其上级的管理责任。在广义监督过失范畴内，主要包含对直接行为人监督、管理物质配备、人事制度等主体，② 具体包括以下几个层次：

第一，对物具有管理监督义务的直接作业人员。广义的监督过失包括狭义的监督过失与管理过失。对物具有管理监督义务的直接作业人员便是具有管理过失的监督者。其对业务设备具有维护和保养的监督义务，因此由于其疏忽大意或过于自信的过失导致实害结果的发生时，就应当负监督过失责任。第二，直接作业人员的直接监督者。包括对作业人员具有直接监督、管理义务的上层领导、实际指挥、控制人，也称为对物的间接监督者。第三，直接作业人员的间接监督者。对直接责任人有监管义务和权限的分管领导以及其他上级领导，这类监督者往往不亲临现场或不经常亲临现场进行监督管理，而是负责制定、组织和落实安全管理制度。第四，国家监督者。国家监督者包括国家机关和负监督、管理职责的国家机关工作人员。这类监督过失属于玩忽职守类为代表的渎职型监督过失，如在安全事故责任追究方面，《国务院关于特大安全事故行政责任追究的规定》中就有规定："地方人民政府和政府有关部门对特大安全事故的防范、发生直接负责的主管人员和其他责任人员，比照本规定给予行政处分；构成玩忽职守罪或者其他罪的，依法追究刑事责任。"此条文中的主管人员就包括负监督管理责任的国家工作人员。

3.3.2.2 高危行业监督过失犯罪责任主体横向范围

实践中监督关系是十分复杂的，除了通常意义上讲的纵向监督关系，即上级领导与被领导者之间之外，一些处于平行地位、没有上下级之分、处于同一等级的主体之间也能存在着事实上的监督关系。横向的监督关系是指监督者与被监督者之间虽不是上下级的领导、从属关系，但相互之间负有协防、提醒、

---

① 张明楷. 刑法学［M］. 北京：法律出版社，2016：96.
② 陈兴良. 教义刑法学［M］. 北京：中国人民大学出版社，2017：532.

监督的义务。① 有学者将这种事实上的监督关系具体分为三种：

（1）处于同一地位但拥有不同业务水平的人之间因行业规范和社会道德约束而产生的指导与被指导、监督与被监督的关系。如食品原料商、制造商和销售商之间、新老工人之间、技术熟练与不熟练工人之间的关系。

（2）处于同一地位且拥有同一业务水平的工作人员之间的监督关系。如飞机上的机组人员、处于同一安全生产环节的数个工人、处于同一医疗行为中的数个医生，他们之间也广泛存在着相互提醒、相互监督的关系。

（3）高危行业企业组织体之间因承包、分包、联合等法律行为形成的相互监督的横向监督关系。尤其是一些单独企业不可能完成的大型工程建设项目，多个企业参与合作的过程中，企业监督者不仅对本企业内的被监督者负指挥、领导的职责，还要对协作企业里的被监督者进行监督，这种监督关系有学者称之为"交叉的监督关系"，一旦发生重大责任事故，所有相关企业的监督者都可能被追究监督过失责任。平行的监督关系中，被监督者行为造成严重的危害结果，对于没有正当履行监督义务的另一方能否追究监督过失责任，理论上有不同的看法。

肯定者认为，"监督过失是从属监督关系和平行监督关系的一体化，法律、法规、条例以及生产或生活的义务性要求都会使行为人一方对另一方进行必要的监督、提醒，监督者一方的注意义务要比被监督者更广，无论两者地位悬殊还是平等，只要因被监督者的过失行为而造成危害结果，未正当履行监督义务的监督者都应承担责任。"② 持否定观点的学者认为，监督过失责任中的监督关系不应包括平行的监督关系，监督过失责任是为改变"地位越高，离现场越远，越没有责任"的不合理现象而出现的，它的实质是领导责任，即当直接行为人的行为造成严重危害后果时，处于监督、领导、管理地位的人员是否应承担刑事责任，如何承担刑事责任的问题。笔者认为，监督过失并不等同于领导责任，在特殊情况下横向的监督关系也可以成为追究其监督责任的缘由，但这种监督关系必须有规范性文件中存在监督管理职责为依据，体现为组织或人身的从属、指挥关系，如老工人与其带领的新工人之间的关系、医生与护士之间的关系、师傅与学徒之间的关系。而处于完全相同层级的业务人员由于社会道德或行业非约束性规则形成的平行的监督关系，如处于同一层级业务水平相同的数个医

---

① 陈伟. 监督过失理论及其对过失主体的限定——以法释［2007］5 号为中心［J］. 中国刑事法杂志，2007（5）.

② 陈伟. 监督过失理论及其对过失主体的限定——以法释［2007］5 号为中心［J］. 中国刑事法杂志，2007（5）.

生之间，则不宜纳入高危行业监督过失犯罪主体的范围。如果将横向监督关系主体纳入监督过失犯罪主体的讨论范围，不仅会违背该理论追究领导者责任的初衷，也与自该理论被提出以来实践中存在的判例规则不符。

通过以上对高危行业监督过失犯罪主体所存在的横向范围和纵向范围的论述，可以认识到，这里的高危行业监督过失犯罪并不是具体的罪名，而是过失犯罪的特殊种类，我们不能像研究具体的犯罪那样准确概括出其主体的特点，研究高危行业监督过失犯罪的主体不仅仅是理论上的问题，更重要的是与司法实践中的法条相结合来加以正确认定。但是，实践中的监督关系复杂多样，法律也既不能以偏概全，又不可能面面俱到，把所有可能涉及监督过失的情况都罗列到法条中，而只能通过对监督过失责任的存在范围及监督关系的种类的论述来抽象出监督过失责任主体的一般标准。李兰英教授提出界定责任主体的三个原则：第一，以法律法规为依据；第二，按照行业规则及劳动分工，具有相应的监督、管理职责；第三，在具体的工作中，掌握实质的监督、管理权限。[①]肖冬梅博士提出认定监督过失犯罪主体应遵循相关性、独立性和追溯性原则。[②]刘丁炳博士提出认定监督管理过失犯罪主体的四个方法：第一，根据界定主体的两重标准来确定，即按照监督管理义务标准和监督管理权限标准来认定；第二，按照"危险源支配"的原则来确定；第三，按照"以直接行为人为起点向上追查"的原则来确定；第四，按照"谁主管、谁负责"的原则来确定。[③]三位学者的观点都各有千秋，笔者在参考学界对监督过失主体的认定标准讨论基础上，来界定高危行业监督过失犯罪责任主体的一般认定标准。

首先，根据监督过失主体存在范围的纵向标准和横向标准，参考具体事故中相关单位的内部规章制度、行业惯例以及国家规章制度等事项，结合判断行为人在实际工作中管理、监督权限的有无来初步确定具体的监督过失主体范围。高危行业以及国家机关的管理体制中或多或少地带有等级制、专业化、技术化、规则化的特点，行业内部普遍存在各种形式的分工协作。在发生危害后果的单位内部制度中寻找对该事项有管理、监督权限的人往往比较方便，因为规章制度往往制定得比较详细清楚，找出这个有监督、管理职责的人，再具体分析其监督、管理的权限，看其对危害后果的发生有没有阻止的权限，是否尽了应尽

① 李英兰，马文. 监督过失的提倡及其司法认定 [J]. 中国刑事法杂志，2005（5）.

② 肖冬梅. 监督过失犯罪研究 [D]. 长春：吉林大学，2009：104-106.

③ 刘丁炳. 监督管理过失犯罪研究 [M]. 北京：中国人民公安大学出版社，2009：93-94.

的处理权，就能够很清楚地分析其是不是该事故的监督过失责任主体。行业管理也可以很迅速地找出对具体行为人有事实上监督、管理权限的人。①

其次，判断行为人是否履行其应尽的监督、管理义务。我们上面总结的横向、纵向范围中包含的管理、监督者在具体案例中并不一定就承担刑事责任，还要看具体案件中管理、监督者的监督、管理权限。有的监督、管理者在管理层级上可能恰恰在直接行为人的上层，但是他具有的管理、监督权限并不能自行解决问题，比如在采矿工作中的井下小组长，在发现问题的时候，他只有向上级汇报的权力，并没有自行决定继续开采还是停止开采的权力，虽然他对具体矿工是有着确定的监督、管理权的，但是他的监督、管理权却不能有效地阻止危害结果的发生，因此，如果发生事故之时，该小组长已经向上级机关如实反映问题，行使了其所有的管理权，那么他就不用就此危害后果承担监督过失责任。

最后，结合法律法规规定确定具体案件监督过失主体应承担的监督过失责任。我国各项法律法规中明确规定，对安全事项享有管理、监督权限的人肯定就是监督过失主体的责任人，他不能再以不具有监督权限为理由不承担责任，因为法律明文规定的事项一般都是比较明确的。如《国务院关于预防煤矿生产安全事故安全的特别规定》《国务院关于特大安全事故行政责任追究的规定》《煤炭工业安全检查暂行规定》等行政规章中都含有关于监督主体责任的具体规定。

通过以上三个方面的具体分析我们就更加明晰了监督过失主体的确定标准，在实践的具体案件中就能够比较清楚地找出监督过失责任的主体。具体思路见下图：

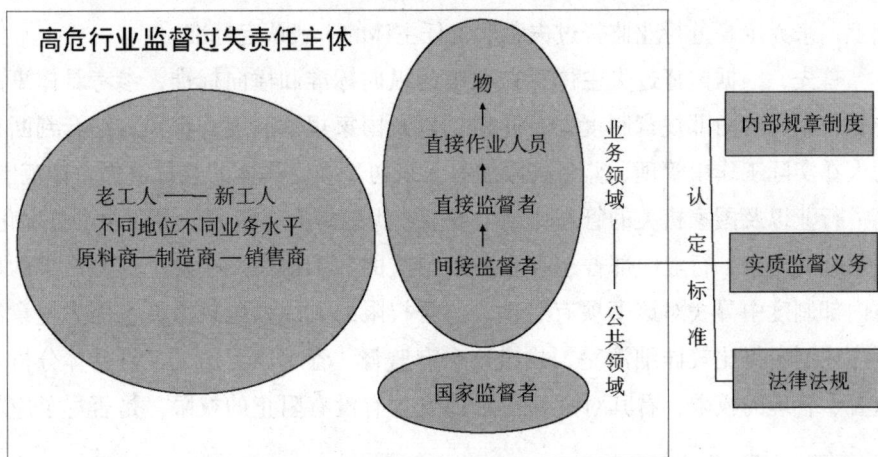

图 3 - 1　高危行业监督过失责任主体

---

①　朱艳梅. 监督过失犯罪研究［D］. 烟台大学，2012：25 - 26.

3.4 高危行业监督过失犯罪实行行为

3.4.1 高危行业监督过失犯罪实行行为的内涵阐释

高危行业监督过失犯罪是行为人在过失心态支配下实施的新型过失犯罪，高危行业监督过失行为本身限定在过失行为之中。我国学者对过失实行行为的研究不多，主要存在以下几种观点：

3.4.1.1 故意与过失实行行为一致说

与行政法规中的义务违反不同，过失实行行为与故意实行行为结果回避义务几乎完全相同，比如，妻子以谋杀丈夫的故意将毒药混入酒中，暂时放在橱柜中，打算等丈夫回家给他喝，但丈夫提前到家并自己打开橱柜饮下毒酒而中毒死亡。究竟是以故意杀人预备行为还是过失致人死亡来定存在诸多争议，但能肯定的是丈夫的死亡与妻子的投毒行为存在相当因果关系，争议在于妻子并无实行行为可否认定其故意的成分，因此，无论是故意抑或者是过失，在实行行为上是一致的。① 这也是我国刑法理论的通说。这种观点认为，故意犯、过失犯只是主观要件内容不同，在客观行为方面并无分别，界定过失实行行为没有必要。②

3.4.1.2 过失实行行为事后成立说

该观点认为，过失行为实行性的成立仅仅取决于危害结果发生与否，过失实行行为无法脱离危害结果而单独界定。③

3.4.1.3 过失实行行为不存在说

该观点将过失行为完全排除于实行行为的范畴，否认过失犯有实行行为。提出否定过失实行行为的存在并不意味着对过失犯无法归责，只要行为人行为给社会造成了危害结果，并且行为人对危害结果的发生具有主观过错，就足以令其对危害结果承担刑事责任。因而，研究过失实行行为没有实质意义。④

---

① （日）西田典之. 日本刑法总论 [M]. 刘明祥，王昭武，译. 北京：中国人民大学出版社，2007：212.

② 张明楷. 刑法学：第四版 [M]. 北京：法律出版社，2011：149.

③ 范德繁. 犯罪实行行为论 [M]. 北京：中国检察出版社，2005：125 – 143.

④ 周铭川，黄丽琴. 论实行行为的存在范围和归责原则的修正 [J]. 中国刑事法杂志，2005 (5).

3.4.1.4 过失实行行为特定说

这种观点借鉴德日等国刑法理论，将过失实行行为引入我国刑法理论体系之中。认为过失实行行为是指行为人违反注意义务实施的，具有导致危害结果发生的现实危险的行为。该观点又分成两派，一派认为：注意义务的违反是过失实行行为的本质和核心，主张行为无价值，强调行为的反规范性；① 另一派认为，过失实行行为是实质上不被允许的危险的行为，倾向于结果无价值，将导致结果发生的危险作为评定过失行为实行性的标准。②

有学者结合结果无价值的过失实行行为特定说，将监督过失实行行为表述为：在生产、作业过程中，位于监督管理地位的行为人违反法律规范要求的特别注意义务，实施具有社会危险性，引起被监督者行为及由此产生构成要件结果的行为。③ 刘丁炳指出，这种具有社会危害性的行为只有在危险性转化为现实性，即在导致危害结果发生的时候或者导致危害结果进一步扩大的时候才具有刑法品格，才是刑法评价的实行行为，才实际成为监督过失实行行为。④ 这也是笔者所赞同的观点。综上所述，笔者将高危行业监督过失犯罪实行行为界定为：在高危行业领域，处于领导或业务领域范围内的协作性关系地位的监督者因疏忽大意或过于自信的过失违反监督、管理义务，实施具有社会危险性，引起构成要件实害结果发生的行为。

3.4.2 高危行业监督过失犯罪实行行为的特性

高危行业监督过失犯罪作为过失犯罪的一种特殊形式，首先应当符合过失犯罪的一般行为特征，比如行为人实际认识和认识的能力不一致、主观愿望和实际结果相矛盾等等，除此之外，他还有一些独特的特性使其成为过失犯罪的一种特别类型，以区别其他过失犯罪，具体表现为：

3.4.2.1 高危行业监督过失犯罪的实行行为与危害结果之间具有间接性

虽然过失犯的构成要件该当行为（客观的注意义务违反）必须是使相应犯罪结果产生的实质的危险行为。⑤ 但高危行业监督过失犯罪的实行行为和危害结果之间并不是直接相连的，中间还有一项被监督者的行为，事故的最终发生是由于被监督者作为直接行为人，对事件的发生有过失行为，而监督者的过失

---

① 赵俊甫. 过失实行行为研究 [J]. 中国刑事法杂志，2004（6）.
② 黎宏. 过失犯研究 [M] //赵秉志. 刑法评论：第二卷. 北京：法律出版社，2006：114.
③ 肖冬梅. 监督过失犯罪研究 [D]. 长春：吉林大学，2009：63 - 64.
④ 刘丁炳. 监督管理过失犯罪研究 [M]. 北京：中国人民公安大学出版社，2009：115 - 116.
⑤ （日）前田雅英. 刑法总论讲义 [M]. 曾文科，译. 北京大学出版社，2018：185.

是由于在被监督者实施过失行为时，本该有义务监督直接行为人避免发生此过失行为，监督者却没有进行相应的监督或监督不力。在监督过失的实行行为与危害后果之间还有直接行为人的行为这一中间项，将监督过失与最后的危害后果隔离开来，使中间直接行为人的行为直接导致危害结果，监督过失行为人由于怠于行使其监督义务而间接造成了危害结果。根据以上分析我们可以得出以下结论，即监督过失犯罪中监督过失行为与危害结果之间具有间接性，没有直接的因果关系。①

3.4.2.2 高危行业监督过失犯罪实行行为的危险性弱于一般过失犯罪

在我们一般的认知中，都明白故意犯罪的危害性要远远大于过失犯罪，这是由于过失犯罪的主观恶性较小，行为人在行为之时并没有任何恶性，没有邪念，只是由于自身的疏忽或者不注意导致危害后果的发生，因此，尽管有时候过失犯罪的危害后果相当严重，但其刑事责任要较故意犯罪轻很多，这也是被广大群众接受的。而在监督过失中，其危险性又弱于一般的过失犯罪，不仅是因为监督过失与危害后果具有间接关系，还因为监督过失的行为者毕竟不在工作现场，对现场的掌控不可能和直接行为者一样多、一样重要，其主观恶性更小，甚至有时候都是被动地承受危害后果的刑事责任。监督过失的情况下，危害后果并不是监督者直接引起的，他的行为与危害结果之间还有直接行为人的行为这一中间项，由于他不直接导致危害后果，也不希望危害后果发生，因此，行为危险性和主观恶性都比一般过失犯罪更轻。② 我国刑法虽未明确提出高危行业监督过失概念，但对于重大责任事故罪、违反危险物品管理规定肇事罪等罪名均以轻于一般过失的刑罚，③ 也从侧面反映出立法者对于高危行业主体的过失行为危险性评价低于一般过失的。

3.4.2.3 高危行业监督过失犯罪的实行行为之间具有一定的依附性

第一个依附性的表现是危害结果的发生与被监督者的行为的依附关系：监督者的过失行为并不能直接导致危害结果的发生，其发生实际上是取决于被监督者的行为，因而监督过失行为是否间接导致危害结果是由被监督者的行为决定的，如果被监督者的行为没有产生危害后果，那么就不存在监督过失行为人（即监督者）的危害结果；第二个依附性表现在监督过失行为人的刑事责任承担依附于被监督者的行为：出现危害结果是过失行为承担刑事责任的前提条件，

---

① 朱艳梅．监督过失犯罪研究［M］．烟台大学，2012：28.

② 王会宾．监督过失成立犯罪研究［M］．石家庄：河北师范大学，2009：24.

③ 陈兴良．刑法哲学：第六版［M］．北京：中国人民大学出版社，2017：233.

监督过失作为过失犯罪的一种当然也不例外，但是监督者的行为是否出现危害后果又必须要取决于被监督者的直接行为，因此，如果被监督者没有实施相应的危害行为，监督者就无所谓监督过失责任。①

3.4.2.4　高危行业监督过失实行行为具有侵害法益的现实危险

过失实行行为的本质在于对法益侵害具有现实危险，高危行业监督过失实行行为亦如此。高危行业监督过失实行行为对法益具有侵害性。高危行业监督过失犯罪场合，其行为并不直接导致危害结果发生，但要求其承担刑事责任，主要原因在于其行为中隐含了巨大的危险。高危行业监督过失实行行为由于其对监督管理注意义务的违反而体现出侵害法益的危险性。正是由于对注意义务的违反，使得法所保护的公众安全这一法益处于危险之中。② 高危行业监督过失实行行为对法益侵害的现实性表现并不如故意行为那样明显，这种危险一方面体现在对被监督人行为选择的不良影响，使被监督人容易产生怠惰心理，而不认真履行其职务行为，即为被监督人可能实施导致危害结果行为提供了极大可能性；另一方面，监督人行为的危险性并不仅表现在对被监督人行为的影响，其实质意义在于其行为会为最终严重危害社会结果提供可能。③

3.4.3　高危行业监督过失犯罪实行行为的表现形式

对于犯罪实行行为的形式，理论上可以分为作为和不作为，这已经是各国刑法学界的共识。监督管理过失实行行为的形式理论上存在以下几种观点：（1）不作为说。该观点认为监督过失只能存在于不作为中，认为监督管理过失行为之所以构成过失犯罪，是因为监督者或者管理者没有履行或者不认真履行监督管理义务。④ 而监督管理义务是一种作为义务，没有履行这种义务就是不作为。（2）作为说。监督者没有正确行使监督职责和权限的行为。（3）折中说。监督者行为有时是作为，有时是不作为，如监督者的不当命令、指挥、指示等属于作为；监督者应当指示、指挥、命令而没有作出命令、指挥、指示等属于不作为。⑤

在监督过失成为问题的场合，成为刑法上评价对象的实行行为究竟是作为形式还是不作为形式，在日本刑法理论中存在一定争议，日本司法实务在认定监督过失责任时，有意地回避了此问题。一般从怠于履行安全体制确立义务的

---

①　董芳. 监督过失的刑事责任及主体的确定 [D]. 北京：中国政法大学，2009：5.

②　易益典. 监督过失型渎职犯罪的因果关系判断 [J]. 法学，2018 (4)：174 – 175.

③　肖冬梅. 监督过失犯罪研究 [D]. 长春：吉林大学，2009：65.

④　王冠. 我国公务员监督过失刑事责任研究 [M]. 北京：中国检察出版社，2011：2.

⑤　陈茵茵. 监督过失责任的认定及适用限制 [J]. 知识经济，2012 (4)：54 – 55.

立场出发，直接认定处于上级的监督者的过失责任，而没有对监督过失的行为结构进行特别的分析。而且学说上也有学者，如西原春夫、板仓宏等在对有关监督过失的判例评论上表示了对判例这一判断方法的支持。① 但是，理论上一般还是主张首先要论及这种场合中的实行行为究竟是作为形式还是不作为形式。因为，对这一问题的回答，直接影响实行行为与结果之间因果关系的判断。② 与普通过失领域中观点的鲜明对比不同，③ 在监督过失的场合，绝大多数学者，包括修正的旧过失论学者都主张将监督过失以不作为犯或者说是不真正不作为犯的形式来把握。关于以不作为的形式来把握监督过失的原因，日本学者也提出了各自的见解。④

观点一：危险衡量说。此观点主要是从危险衡量的角度来论证的。即认为违反建立安全体制义务的行为具有较大的侵害结果发生的危险性。芝原邦尔、内藤谦持这一观点。

观点二：利益衡量说。针对上述危险衡量说，林干人教授提出了批判。他认为，从与结果发生的关系上看，高危行业生产作业的行为离结果的发生较近；而违反安全体制确立义务的行为离结果的发生较远。根据常理，前者的危险性更大，但是该说反而认为离结果的发生较远的不作为具有更大的危险性，不能不说是有疑问的。进而主张，之所以以违反确立安全体制义务的行为来作为实行行为，主要是因为与违反安全体制确立义务的行为相比，高危行业生产作业的行为具有较大的社会有用性。因为，安全体制确立义务的违反本身仅仅给行为者带来了经济利益，但是与此相对，高危行业生产作业的行为，既给监督者本身带来经济利益，还给不特定多数人带来了多种便利等利益。虽然事后所造成的多数人的死伤结果，无论根据怎样的衡量也不能使之正当化，但是在事前，因为这种具体的有用性，是不能对管理者科处停止生产作业行为的义务的。⑤

---

① （日）西原春夫. 监督过失（1）——白石中央病院事件 [M] //平野龙一，等. 刑法判例百选 I 总论：第三版. 有斐阁，1991：118 – 119；板仓宏. 监督过失（4）——千日デバト事件 [M] //平野龙一，等. 刑法判例百选 I 总论：第三版. 有斐阁，1991：125.

② （日）井田良. 犯罪论の现在と目的的行为论 [M]. 成文堂，1995：207 注释（15），205 – 206.

③ 在普通过失犯的领域，新过失论着眼于行为人的行为对作为规范要素的客观注意义务的违反，因此从逻辑上一般主张过失犯表现为不作为犯；而与此相对，以平野龙一为代表的修正的旧过失论着眼于实行行为的实质的不被允许的危险性，因此从逻辑上一般主张过失犯表现为作为犯。

④ （日）大塚仁，等. 大コンメンタル刑法（第二版）：第3卷 [M]. 青林书院，1999：338，330 – 332.

⑤ （日）林干人. 刑法の现代的课题 [M]. 有斐阁，1991：5 – 6.

　　再次是井田良教授的观点。针对上述危险衡量和利益衡量的两种观点，井田良教授也给予批判。认为，违反确立安全体制义务的行为与在安全体制不完备的情况下生产作业的行为是表里关系。认定一种行为的危险性较大而另一种行为危险性较小，或者认定一种的社会有用性较大而另一种的社会有用性较小，在逻辑上都是矛盾的。进而主张，之所以以违反确立安全体制义务的行为来作为实行行为，主要是为了从高危行业全体生产作业活动本身区别出其背后的监督者的个人责任。也就是说，如果将高危行业全体生产作业活动本身视为监督者的个人行为，并将其认定为作为犯的话，就是一种团体责任，或者至少是民事法的理论，因而与植根于个人责任的刑事法是不吻合的。所以，在与全体的经营活动的关系上，为了明确个人的责任，有必要对该全体中的某个人"应当做什么且能够做什么，却没有做"进行特定。①

　　无论如何，多数学者都承认在大多数监督过失的场合，应当以不作为形式认定实行行为。当然，另一方面学者们也承认存在作为形式的监督过失。例如在监督者为了赶工而强令作业员违反安全制度作业时，强令作业员违章作业的作为本身也应该被评价为实行行为。

　　综上所述，在监督过失的场合，究竟应当以作为还是不作为来认定实行行为，应当根据具体案件的具体情况来定。有的场合需要以行为人的作为来认定，例如在上述学者所承认的作为形式的监督过失的场合，因为行为人强令违章作业的行为本身就是危险创设行为，当然应当以这种作为形式来认定实行行为。而有的场合则应当以不作为来认定，例如在未完善安全体制的情况下生产作业的场合，生产作业的行为本身并不是创设危险，只有违反安全体制确立义务的行为才是创设危险。虽然在有的情况下需要高危行业停业整顿，以完善防火防灾体制，但是，这是作为主管消防、建筑安全的相关行政部门的责任，不能指望经营者停止经营。因为，生产作业行为一般都是被社会允许的，而所不允许的只是不确立相应的安全体制。因此，在这种场合中，应当以经营者没有完善相应的安全体制这一不作为来认定实行行为。当然，也有作为与不作为形式混合的监督过失，例如，在安全生产设备有缺陷、对作业员也没有进行安全操作的良好教育的状态下仍指令作业员超常规作业以致发生重大结果的场合，就是这种混合形式。

　　笔者比较赞同第三种观点，即将高危行业监督过失实行行为分为作为和不

---

① （日）井田良. 犯罪論の現在と目的的行為論［M］. 成文堂, 1995: 207 注释（15），
　　205－206.

作为。高危行业监督过失的作为实行行为是指监督者实施了违反法律规定的禁止性行为，这种作为过失实行行为主要存在于监督部门为生产经营单位颁发相关资格证书阶段，例如，矿山安全监督者对不符合矿山法定安全生产条件的事项予以批准或者验收通过。高危行业监督过失的不作为实行行为是指监督者在应当履行自己义务的情况下不履行自己义务的行为，这种行为主要存在监督部门对于生产经营单位生产作业过程进行监督的阶段，例如，矿山安全监督者对于未依法取得批准、验收的矿山生产经营单位擅自从事生产经营活动不依法予以处理；对于已经依法取得批准的矿山生产经营单位不再具有安全生产条件而不撤销原批准或者发现违反安全生产法律法规的行为不予以查处的。①

3.4.4　高危行业监督过失实行行为的限制

从客观方面分类来看，作为犯罪必须是通过一定的身体外部动作表现出来，无论表现形式如何，都离不开犯罪人的动作，② 对于有形行为予以刑法规范评价并不困难，所以在作为形式的监督过失中，实行行为的认定一般没有什么问题。但是在不作为形式的监督过失中，学者们提出即使以不作为来认定实行行为，无限制地追溯到离结果很远的安全体制确立义务的违反的做法，也是不妥当的，因此，有必要进行某种限定。例如，神山敏雄教授严格区别行政法上的义务和刑法上的注意义务，认为在高危行业重大责任事故发生以前，对行政法规的违反并不必然引起刑法上的过失责任。因为此时尚不具有刑法上所要求的实质的危险，而且行为人也没有达到刑法上所要求的对结果发生预见可能性的程度。所以，不能以重大责任事故发生之前的不作为认定监督过失的实行行为，而应当将重大责任事故发生之后的不作为，例如，不指挥部下进行避难诱导等措施的行为认定为实行行为。③ 中山敬一教授也大致持这种主张，所不同的是，他认为在危险发生之前，应当以创出危险的作为来认定实行行为，而在危险发生之后才可以以不作为来认定实行行为。④ 还有学者主张应当尽可能地将接近结果发生时点的不作为认定为实行行为，这样可以避免将实行行为追溯到无限远的不作为而导致的过失犯构成要件的不明确。因此，在重大责任事故发生的危险迫在眉睫的时候，不阻止其后会发生的危险的不作为才是监督过失的实行

---

① 王帅锋. 矿难中监督过失刑事责任研究 [D]. 开封：河南大学，2011：33.

② 陈兴良. 刑法哲学：第六版 [M]. 北京：中国人民大学出版社，2017：252.

③ （日）大塚仁，等. 大コンメンタル刑法（第二版）：第3卷 [M]. 青林书院，1999：338，330－332.

④ 中山敬一. 刑法总论 [M]. 成文堂，1999：370.

行为。① 上述学者的限定方式可以归纳为两种，一种是仍然在重大责任事故发生之前认定实行行为，但是尽可能地限定在与结果的发生相近时点上的不作为；另一种则主张在重大责任事故发生之后再认定不作为的实行行为，这样可以明确区分行政法上的注意义务违反与刑法上的注意义务违反。笔者认为，两种限制方式都没有充分的理由。虽然从表面上看，监督者在重大责任事故发生之前的违反安全体制确立义务的行为似乎离结果较远，但从实质上看，违反义务的行为所创设的潜在危险状态是持续存在的。也就是说，在没有确立相应安全体制的情况下进行生产作业活动，作为立于监督者立场的经营者，其应当负有完善安全体制的作为义务，而且是从开始生产作业到结果发生前的全部阶段都负有这样的义务。而上述将实行行为限定在与结果相近的时点上的做法，其前提必须是监督者明确知道某一个时点上有重大责任事故发生的现实危险。但是从大多数重大责任事件来看，这一点是应当否定的。既然监督者无法预知某个时点会发生事故，那么如何能将不作为的实行行为限定在某一时点呢？仅仅以结果发生之后，回溯性地要求监督者在结果发生的跟前某个时点承担作为义务，是缺乏充分理由的。② 不仅如此，将不作为的实行行为限定在重大责任事故发生之后的观点更为不妥。首先，行政法上的注意义务与刑法上的注意义务确实应当加以区分，但并不是以危险的发生前后为标准，而是应当以造成的危害大小、注意义务的违反程度，以及注意义务违反与结果的因果关联等因素来加以区分。仅仅将危险发生之后的不作为认定为刑法上的实行行为，缺乏充分理由。其次，如果在发现危险的时点上已经没有回避结果的可能性，那么根据上述观点，则无法以危险发生后的不作为认定实行行为，因而也就无法认定业务上的过失致死伤罪。但是在完全没有确立安全体制的高危行业内，由于某种原因发生重大责任事故，以致多人死伤结果的场合，不追究立于监督立场的经营者或者其他相关责任人员的刑事责任是不妥当的。因为，如果事先确立了安全体制，即使由于某种原因发生事故，也可以通过安全措施及时避免灾害，至少可以减轻损害后果。

综上所述，笔者认为，在不作为的监督过失的场合，应当将事前没有履行确立安全体制义务的行为认定为实行行为。没有必要将其限定在与结果相近的时点或者危害发生之后的时点。

① （日）大塚裕史. 企业灾害和过失论［M］//高铭暄、赵秉志. 过失犯罪的基础理论. 北京：法律出版社，2002：96.
② 程皓. 注意义务比较研究［D］. 武汉大学，2007：162 - 165.

第4章

高危行业监督过失犯罪注意义务

4.1　监督过失犯罪注意义务与一般注意义务

注意义务又称为认识能力，它是构成过失犯罪的主观前提之一，无论是哪种过失都离不开注意能力，[①] 注意能力内涵相对较为丰富，例如在不同身份地位上，注意能力差别较大，监督过失犯罪的注意义务是基于监督者所具有的某种职业或监督职务等特殊身份所产生的注意义务，只有当行为人进行与此相关的活动时才负担相应的特殊注意义务。而在相关职业、业务领域活动之外，则不负担此种特殊注意义务。而一般的注意义务即是指人们在一般社会生活领域中所要求的注意义务。这类注意义务都是针对社会生活中的一般危险行为以及大部分情况是针对直接责任人提出来的注意要求，而不是基于特殊监督身份、职责等特殊领域而产生的注意义务。但这两种注意义务之间存在联系的同时也同样存在区别，因此，笔者将从以下几个方面予以阐述它们之间的联系和区别：

4.1.1　监督过失犯罪注意义务与一般注意义务的联系

首先，在注意义务的义务来源方面，两者存在重叠部分，即都存在源于法律法规规定的注意义务。在监督过失犯罪注意义务中，在我国《刑法》某些条文中也有所体现。例如我国《刑法》第131条重大飞行事故罪中的"违反规章制度"，第132条铁路运营安全事故罪中的"违反交通运输管理法规"，第134条第1款重大责任事故中的"违反有关安全管理的规定"。因为监督过失犯罪的注意义务通常是由法律法规、部门规章加以规定的，责任事故犯罪罪状的空白

---

① 陈兴良．刑法哲学：第六版［M］．北京：中国人民大学出版社，2017：224.

部分的填充依据都是国家制定的规范性文件。因而刑法所表述的违反上述法规，实际上是指违反上述法规所规定的客观注意义务。而在一般注意义务中法律一般预先设定的或常见的危险，要求行为人实施各种避免危害结果的行为。各种行为避免危害结果的发生。例如《道路交通管理条例》便为避免交通肇事设定各种注意义务。又如刑法第 138 条教育设施重大责任事故罪：明知校舍或者教育教学设施有危险，而不采取措施或者不及时报告，致使发生重大伤亡事故的，对直接责任人员处 3 年以下有期徒刑或者拘役；后果特别严重的，处 3 年以上 7 年以下有期徒刑。在该罪中，刑法对负责学校或教育教学设施安全的直接责任人员注意义务的设定极为明确：预见教育教学设施发生危险的可能性，及时报告或采取措施以避免危险的发生。一般说来，法律明示的注意义务具体、明确，容易被人们理解。

其次，在义务的履行方面监督过失犯罪注意义务与一般注意义务的履行，都应当以行为人负有注意义务和具备注意能力为前提。新过失论强调以结果预见可能性为前提，以结果回避行为为要件，虽然将过失认定放在构成要件符合性、违法性层面有待商榷，[①] 但也反映出了一般注意义务与监督过失犯罪注意义务的联系。注意能力即行为人具有认识、预见危害结果可能发生的能力，并且在认识预见到危害结果可能发生的基础上采取措施，以避免危害结果发生。行为人虽负有注意义务，但不具备主观上的注意能力，则刑法上也缺乏对行为人进行谴责的可能性。如刑法第 16 条："行为人在客观上虽然造成了损害结果，但是，不是出于故意或者过失，而是由于不能抗拒或不能预见的原因所引起的，不是犯罪。"此即刑法上所称的意外事件。这一规定表明，在意外事件的情形下，行为人不具备预见或避免危害结果发生的能力，其行为自然不构成犯罪。显然，它是对注意能力在罪过中重要地位的肯定。

最后，在两种注意义务中行为人都应当只履行自己应该履行的注意义务。注意义务不仅限制注意的范围和内容，还使注意主体特定化。普通公民只履行一般注意义务，不履行监督过失犯罪的注意义务；而作为监督过失犯罪的主体则要除了应履行一般注意义务的同时还要履行属于其监督管理范围内的注意义务。监督过失犯罪主体的注意义务与其职业、职务、业务活动紧密联系在一起，随着业务活动的存在与否而产生或消失。不从事该职业或者业务活动的人，自然不必履行该注意义务。行为人只履行与自己的实际活动有关的注意义务，不履行与自己的实际活动无关的注意义务。例如，医药员的注意义务是根据处方

---

① （日）山口厚. 刑法总论 ［M］. 付立庆，译. 北京：中国人民大学出版社，2017：248.

付药，不得发错，但无审查药方是否正确的义务。如果医生开错药方，医药员依错方付药致人死亡，那么医药员就没有违反注意义务，对于产生的危害后果不承担过失责任。

4.1.2　监督过失犯罪注意义务与一般注意义务的区别

注意义务本质上属于一种法律义务，是指在行为人在作为时应当注意是否侵害某种法益，或者在不作为时是否导致某种法益消极受损的责任。① 但监督过失犯罪的注意义务与一般过失犯罪的注意义务内涵有所不同。学术界对于注意义务的内涵，主要存在三种学说：第一，结果预见义务说。即认为注意义务是行为人主观上预见结果发生可能性的义务。这一理论指出，如果行为人有结果预见可能性，当然就应当承担为规避结果而采取行动的义务。第二，结果回避义务说。日本学者藤木英雄即持此观点，他认为："所谓注意义务，从客观上来看，能不能说这种行为是有过失的一个标准，具体地说，为了规避结果，不仅要把必须做些什么作为结果发生之后的结论加以考虑，而且还要把行为的时间作为标准时间来加以考虑。这种注意义务就叫作结果回避义务。"第三，结果预见义务与结果回避义务说。即注意义务是法律法令及社会日常生活所要求的为一定行为或不为一定行为时应当慎重留心以避免危害社会结果发生的责任。笔者认为，一般注意义务应该仅包括结果预见义务或结果回避义务中的一个方面。一般注意义务是指行为人作为时应当注意有无侵害某种权益，不作为时应当注意有无违反某种特定的法律义务的责任。也就是说，要求行为人首先应预见行为的危害结果，预见的目的是要避免危害结果的发生。如果行为人没有预见危害结果，当然无法避免，属于未履行注意义务；如果行为人已预见危害结果，但没有避免，也是未履行注意义务。前者适用于疏忽大意的过失，后者适用于过于自信的过失。

而监督过失犯罪注意义务，在监督过失中，最终的危害结果并非监督者直接造成的，而是被监督者的行为或者第三人的行为造成的，对于监督过失犯罪注意义务，由于在监督过失中，最终的危害结果的发生是由监督者的行为或是第三人的行为造成的，并非由监督者直接造成。因此，监督过失犯罪中的注意义务有别于一般过失中的注意义务。监督过失犯罪中行为人的注意义务究竟是什么，由于各国在历史文化、法律传统、民族性格等方面存在差异，相应地，各国学者在有关此注意义务的一些重要问题上认识不一，歧见甚多。日本学者

---

① 陈兴良. 刑法哲学：第六版 [M]. 北京：中国人民大学出版社，2017：226.

大塚仁认为："监督过失中的注意义务，其特点不是预见自己的行为直接导致犯罪结果的发生，而是预见自己的行为引起被监督者的过失行为造成犯罪结果的发生，并为避免该结果而采取行动。这一点上，和一般过失有别。"① 日本学者野村稔认为："监督者对于担当者的过失行为的客观预见性是不可缺少的。"我国的刑法学家张明楷教授认为，预见的内容应该区分对人的监督过失和对物的监督过失。在对人的监督过失场合，预见的内容是监督者自己的不当行为可能引起被监督者的过失行为，进而预见到最终危害结果的发生。在对物的监督过失的场合，监督者应当预见自己疏于确立安全管理体制，可能通过第三者的行为或自然因素导致危害结果的发生。

其次，两者产生义务的根据不同。就理论逻辑而言，过失犯罪中的注意义务来源于规范，但对于规范之间并非完全独立，非此即彼那样泾渭分明，监督过失的注意义务旨在维系社会同一性的社会角色期待，② 对于监督过失犯罪注意义务的来源，笔者认为，除了来源于法律法规规定的注意义务，还来源于其所独有的两个方面：第一，单位规章制度规定的注意义务。即企业、事业单位及其上级管理机关制定的反映安全生产客观规律的各种规章制度，包括工艺技术、生产操作、技术监督、安全管理等方面的规则。在从事生产、作业的直接行为人违反有关规章制度导致危害结果发生时，监督者一般对危害结果及其因果过程具有预见可能性，只要监督者没有按期进行安全检查即可确定其具有预见可能性。因此，要求监督者必须配备符合国家规定的安全生产设施，具备符合国家规定的安全生产条件和管理制度，对直接从业人员进行安全教育和培训，对从业人员的生产、作业进行安全检查。监督者如果没有履行这些监督管理职责，就应对危害结果的发生承担责任。第二，操作习惯体现的注意义务。习惯要求的注意义务是指虽无明文规定，但却反映了生产、科研、设计、施工中安全操作的客观规律和要求，在实践中被从业者公认为行之有效的操作习惯和惯例等。但操作习惯具有不明确性和易变性，它可以因人、因事、因时、因地而异，在判断标准上存在着极大的模糊性，但是操作习惯因人、因事、因时、因地而异的特征，使得其不明确性和易变性在判断标准上存在着极大的模糊性。所以，在实践中，只有经常发生于同类事故报告中的习惯或者经验，或者监督者有存在这种特别情况而发生过事故的经验，或者知晓有关人员发现了异常现

---

① （日）大塚仁. 刑法概说（总论）［M］. 冯军，译. 北京：中国人民大学出版社，2003：212.

② 陈璇. 注意义务的规范本质与判断标准［J］. 法学研究，2019（1）：147.

象的报告，而不采取有效措施防止事故发生的，才能认定监督者对危害结果的
发生具有预见可能性。

　　而一般注意义务的来源主要是：第一，常识要求的注意义务。这类注意义
务是根据社会共同生活准则形成的。当从事某项职业或处于某种环境时，行为
人的身份、能力及生活或工作常识自然产生某种注意义务。如普通车辆、行人
对救护车有自动避让的义务。日本的判例指出："执行业务之人，除履行取缔规
则规定外，更须严格遵守习惯上及条理上认为必要之注意义务；不能因已履行
取缔规则所命之注意义务，而谓为可以免除业务上之一切注意义务。""电车之
司机，当发现在电车进行前方轨道附近有 5 岁左右儿童独自伫立或徘徊时，为
防止发生危险，即具有不断地注意该儿童之行动，以随时可以停车之状况，操
纵电车之义务。"有的学者将此种注意义务又划分为业务上所要求的注意义务以
及接受委托或期约所要求的注意义务，等等。相对于法律规定明示的注意义务
来说，根据常识和习惯所确定的注意义务不很明确，我们认为，对这类注意义
务应当根据一般的观念要求，立足于维护社会关系的必要性和相当性予以合理
的判断。在认定常识确定的注意义务时，应注意两个问题：一是确实存在某种
习惯和常识，这样行为人才可以根据此项要求规范自己的行为；二是设定这种
注意义务确实有助于避免发生比较严重的危害结果。第二，基于先行行为产生
的注意义务。基于先行行为产生的注意义务，一般是指，当由于自己的行为引
起刑法所保护的某种社会关系处于危险状态时，行为人所负有的为一定行为或
不为一定行为，以排除或避免危害结果发生的义务。简言之，当行为人的某种
行为产生危害社会的危险时，随之产生注意义务，要求行为人采取谨慎态度，
排除或避免危害结果。当行为人的某种行为可能产生社会危险性的同时，一定
的注意义务也相继产生，行为人必须采取必要的谨慎态度，来排除或是避免危
害结果的发生。由于先行行为而产生的注意义务的情形，在实践中并不鲜见。
如：警察在执行任务时将子弹上膛，处于待击发状态。这一先行行为便产生一
种注意义务，即要求警察随时注意枪支的携带及使用情况，避免发生走火伤及
他人的事件，应该指出，这种注意义务与作为义务非常相似，但有本质区别，
二者不能混为一谈。作为义务是在其先前行为造成危险状态时，立即采取积极
的作为避免危害结果发生，是一种行动义务。而注意义务是要求行为人及时预
见或避免危害结果，不一定采取积极作为的形式。一般来说，特别注意义务主
要采取法律规定的方式，而一般注意义务则可以通过各种形式表现出来。这是
因为一般注意义务适用的人员及范围比较广泛，几乎涉及社会生活的各个方面，
法律不可能全部囊括，只能通过其他形式加以补充，而特别注意义务只适用于

特殊主体、特定区域、特定行业的业务活动。为了突出特别注意义务的重要性，往往通过法律规定的方式明确化、具体化、定型化，便于理解与履行。

最后，二者与构成要件结果发生的关系不同。一般注意义务是直接的注意义务，即行为人为避免自己的行为直接造成的构成要件结果所负担的注意义务。一般来说，大多数主体在社会生活中都需要负担此种注意义务，例如，行为人在道路上驾车时，需要对自己的驾驶行为直接负担谨慎驾驶以防交通事故发生的注意义务。行为人违反该种注意义务，一般就具有产生构成要件结果的直接的现实危险。监督过失犯罪的注意义务属于间接的注意义务，即是指监督、督促直接行为人负担必要的注意义务从而间接回避构成要件结果发生所要求的注意义务。在一般情形下，其主要出现在具有组织结构关系的行为场合。例如，工厂中的一线工作人员在从事具有职业相关的危险性生产活动时，一般要求上级主管或监管人员进行相关的监督和指导，监管人员所负担的注意义务就属此种注意义务。间接行为人的行为一般与构成要件结果不具有直接联系，而是通过支配直接行为人的行为，间接地与构成要件结果发生关系。

4.2 高危行业监督过失犯罪注意义务内涵

4.2.1 高危行业监督过失犯罪注意义务界定

学界对注意义务的表述大体上可以分为注重界定义务的注意义务学说、注重界定义务履行能力的注意义务学说、注重界定义务内容的注意义务学说、注重注意内容与注意履行能力并重的注意义务学说四种。注重界定义务的注意义务学说代表学者有我国台湾学者林山田、大陆学者胡鹰博士等。林山田认为，注意义务是法律上为或不为一定行为的义务，行为人必须知道或是能够知道在具体事件中对于客观注意义务的要求是一种法律义务，而不只是出于礼貌或伦理的理由而保持注意的，才具有不法意识；胡鹰博士认为，注意义务是指法律法令及社会日常生活所要求的为一定行为或不为一定行为时应当谨慎留心，以避免危害社会结果发生的责任。注重界定义务履行能力的注意义务学说代表人物有我国台湾学者陈朴生等人，陈朴生认为："注意义务是指在社会生活上所要求于平均人之客观的注意义务及具体的行为人以其能力为标准所要求之主观的注意义务，系法的义务，即应认识（预见）构成要件之结果之义务，以预见义务为其骨干。"① 大陆学者陈璇认为，注意义务本质上是能力维持规范，其机能在于将行为人遵守行为规范的能力维持在一定的水平之上，从刑法目的、理论思维以及政策效果等方面来看，行为人履行能力有无是判断注意义务违反性的"压舱石"。② 注重界定义务内容的注意义务学说根据其内容侧重的不同，又主要分为三种学说：结果预见义务说、结果避免义务说、结果预见义务与结果避免义务并重说。结果预见义务说主张把注意义务与结果预见义务视为意思相等的概念，认为注意义务是行为人主观上预见结果发生可能性的义务。其代表人物有日本学者宫本英修、町野朔等。结果避免义务说把注意义务等同于结果回避义务，认为所谓注意义务就是必须具有的"谨慎态度"和"无过错态度"的义务，主张必须通过结果回避措施和行为的客观方面相联系来认定注意义务的内容。其代表人物主要有日本学者藤木英雄、西原春夫先生等人。结果预见义务与结果回避义务说强调注意义务既在于认识危害结果又在于避免危害结果。其代表人物有日本学者木村龟二、井上正治、植松正等以及我国台湾地区学者洪福增、大陆地区学者周光权、林亚刚教授等。注重注意内容与注意履行能力并重的注意义务学说的代表人物是我国学者张小虎教授等。他认为，就"义务内容"与"履行能力"而言，注意义务的界定以表述义务内容为主较为妥当。③

　　上述学者的观点都说明监督过失的注意义务包括结果预见义务和结果回避义务，由于日本学者大多将监督过失和管理过失严格区分，因而认为监督者的注意义务仅限于对被监督者行为的监督。在我国刑法学中，多数学者较为认同广义的监督过失概念。但本书采用的是广义的监督过失，即包含狭义的监督过失和管理过失。管理过失侧重于防止结果发生进行物的、人的配备立场上的管理者过失，要求管理者必须能预见到由于防灾体制整备上的懈怠而会导致结果的发生。④ 狭义的监督过失中的注意义务是对因自己的行为与被监督者的过失行为引起危害结果发生，两行为之间可能性的预见。换言之，这里产生了监督者的过失与被监督者过失的竞合，监督者不仅要对自己的监督行为及其后果具有预见性，同时基于其监督者的特殊地位和所承担的职责，还要对被监督者的行为及其可能产生的后果负责，这里的注意义务所要求预见的内容只是因果关系的基本部分，而非因果关系进程中的每一个细节。管理过失中的注意义务是

---

① 陈朴生. 刑法专题研究 [M]. 台北：三民书局，1983：317.
② 陈璇. 注意义务的规范本质与判断标准 [J]. 法学研究，2019（1）：136.
③ 刘期湘. 过失犯中的违反注意义务研究 [M]. 北京：经济科学出版社，2009：22-23.
④ （日）山口厚. 刑法总论 [M]. 付立庆，译. 北京：中国人民大学出版社，2017：256.

监督者没有建立相应的安全管理体制或者建立的安全管理体制不完备可能造成危害结果的发生。如危险发生前,监督者应当根据相应的法律法规,制定完备的安全规章和管理制度,严格检查和保障生产、作业环境的安全性,招聘和选任具有合格资质的生产者和管理者并且定期对其进行教育和培训;危险存在时,应下令从业者停止生产、作业,并及时采取相应措施消除危险和整顿生产活动;事故发生后,应及时向上级汇报情况,然后采取有效措施将危害后果降至最低程度。① 因此,笔者主张,从义务主体、义务内容及义务履行能力三者相融合的角度来界定高危行业监督过失注意义务的概念。认为高危行业监督过失的注意义务,是指在高危行业领域中,法律及社会日常生活所要求的有注意能力的人,在实施作为或不作为的危险行为中,对于行为的危害结果应当预见或应当避免的刑事法律义务。

4.2.2 高危行业监督过失犯罪注意义务内容

过失犯罪以注意义务的存在为前提,而注意义务的内容,随着时代的演进而有所变化。总体上的考察情况是,旧过失论时代把结果预见义务作为注意义务的当然内容,新过失论时代则认为注意义务的内容不仅包括结果预见义务,而且包括结果避免义务。具体到各个学者,他们的认识又各有不同。总之,对于注意义务的内容,中外刑法理论界一向有争议,理论上主要有八种不同的学说:② (1)预见结果义务说。日本学者平野龙一、曾根威彦等持此说;(2)避免结果义务说。日本学者井上正治、藤木英雄等持此说;(3)预见结果义务与避免结果义务说。日本学者木村龟二、团藤重光等持此说;(4)应当关照结果避免义务说。日本学者西原春夫持此说;(5)结果预见义务、结果回避义务、为必要行为的义务说。我国台湾学者洪福增等持此说;(6)内在注意义务与外在注意义务说。我国台湾学者韩忠谟、林山田、苏俊雄等持此说;③ (7)客观

---

① 梁凌. 监督过失犯罪研究 [D]. 上海:华东政法大学,2012:19.

② 马克昌. 比较刑法原理(外国刑法学总论)[M]. 武汉大学出版社,2002:258;洪福增. 刑事责任之理论 [M]. 台湾刑事法杂志社,1988:273;林山田. 刑法通论:下 增订八版 [M]. 台北:三民书局,2002:178-179.

③ 对于刑法保护法益目的之满足,行为人就其行为应具有保护法益危险之认识及避免损害以维持法律安定秩序的警觉心,此称为"内在的注意"。内在的注意义务,包括:密切观察行为的所有客观情状及其进展演变,并进而对于行为危险的形成与可能的发展有所思虑。行为人在这个阶段所应保持注意的程度乃决定于危险的轻重缓急,以及正处于危险中的法益价值。行为人基于危险认识,应采取相当的措施(外部的行为),以避免发生特定的危害结果,是为"外在的注意"。

的注意义务与主观的注意义务说。我国台湾学者陈朴生等持此说;① (8) 结果预见义务、结果回避义务并产生动机义务说。日本学者大塚仁教授持此说。②

我国大陆刑法学界对于注意义务内容的争论主要限定在"结果预见义务"和"结果回避义务"的范畴内。至于两者谁为核心,是一个有争议的问题。基本可以分为三种学说:

第一,结果预见义务本位说。即对被监督者行为危害结果的预见义务,是指监督者在履行职务时,应当谨慎小心,督促被监督者按法律或规章制度履行职责,并及时察觉被监督者可能造成危害结果的义务。该说认为注意义务应当完全根据行为人的主观方面来把握,监督过失主体只要对危险结果应当具备不安、危惧心理,就达到了法律规定的产生预见义务的底线,预见义务的程度较普通过失犯罪低,因而成立犯罪的门槛也更低。但该说并不能涵盖全部监督过失的注意义务,如行为人预见到危害结果发生,并履行了结果预见义务,但没有尽力避免危害结果发生的情形。

第二,结果回避义务本位说。即防止危害结果实际发生的避免义务,又可以将其细分为危害行为已经实施完毕,危害结果尚未产生时监督者的避免义务和危害结果已经产生,监督者防止结果进一步扩大的避免义务两种。前者是典型意义的结果避免义务,若得到及时有效的履行,不仅可以避免监督者承担监督过失责任,还可以有效阻止被监督者的一般业务过失犯罪的成立或有关故意犯罪的既遂,阻断危害行为对社会所构成的消极影响。后者是特殊形式下的结果避免义务,它以被监督者的一般业务过失犯罪或故意犯罪已然发生为前提,监督者只要尽其职责,积极采取措施将犯罪结果的影响降至最低,就可以有效阻断监督过失犯罪的成立。当然,免除监督者的刑事责任并不意味着免除其应当承担的民事责任。③ 但该说把结果避免义务作为注意义务的唯一内容,不符合法律义务的明确性要求。

第三,结果预见义务和避免义务折中说。该说认为注意义务应包括结果预见义务和结果避免义务,也是我国刑法学理论界基本上赞同的学说。笔者认为,该说是结果预见义务说和结果避免义务的折中,克服了这两种学说的缺陷,也

---

① 陈朴生所称注意义务,指在社会生活上所要求于平均人 (如平均驾驶人、平均医师) 之客观的注意义务及具体的行为人以其能力为标准所要求之主观的注意义务。

② 亦有认为尚包括"动机义务",意指预见结果之行为人为避免该结果之发生,应决意为必要行为于产生动机之义务。大塚仁. 刑法各论: 上卷 [M]. 青林书院, 1990: 100.

③ 邓超群. 刑法上的监督过失责任及其立法探讨 [D]. 北京: 中国政法大学, 2007: 17 - 18.

融合了它们的合理之处。结果预见义务是注意义务的基础，违反该种注意义务，必然导致违反结果回避义务。因此，没有结果预见义务也就无所谓结果回避义务。而结果回避义务是注意义务的核心和关键，因为仅履行结果预见义务而不充分履行结果回避义务，则同样违反注意义务，因此，避免结果义务也不可或缺，结果预见义务必须提升到结果回避义务。所以，结果预见义务与结果回避义务两者相辅相成共同构成注意义务的内容，对于注意义务来说，两者不可偏废。

4.2.3　高危行业监督过失中的注意义务违反

监督过失的注意义务违反是指监督者违反了监督的注意义务，包括客观注意义务的违反和主观注意义务的违反。"处罚过失行为的每一种法规，均要求每个人使用客观要求的注意义务。"[①] 就监督过失的客观注意义务违反而言，主要是指行为人对于因自己的行为与被监督者的行为引起结果发生具有预见的可能性，但没有采取措施防止被监督者的过失行为导致结果的发生；或者是监督者对于安全体制上的安全隐患存在预见可能性，但没有采取措施加以整治，最终导致结果发生的情形。就监督过失的主观注意义务违反而言，是指监督者因自己的监督或管理职责对结果的发生具有主观的预见可能性及回避可能性，但由于主观上的懈怠而没有采取必要注意的行为。

行为无价值论与结果无价值论之间存在主观注意义务论与客观注意义务论之争。"行为无价值"的概念在威尔哲尔的论著中本意为在行为人的行为目的的设定中不存在规范所要求的价值，或者说规范对行为人的目的没有产生积极作用，以至于实施行为并导致了法益损害的结果。[②] 行为无价值与结果无价值分别代表着个人主义与国家主义的理念纠葛，结果无价值强调个人自由，行为无价值侧重国家规范。[③] 结果无价值论则继承了传统客观不法理论的法益侵害理论，许多著名的结果无价值论者，如李斯特、麦兹格、戈德斯密特（Goldschmidt）、贝林格、平野龙一、前田雅英等，都是客观不法理论的代表。由于这种继承关系的存在，使结果无价值论的基本观点显得比较成熟和统一，即认为不法是对

---

① （德）汉斯·海因里希·耶赛克. 德国刑法教科书 ［M］. 徐久生，译. 北京：中国法制出版社，2017：774.

② 王安异. 刑法中的行为无价值与结果无价值研究 ［M］. 北京：中国人民公安大学出版社，2005：4.

③ 胡洋. 注意义务论纲——基于行为无价值的新思考 ［J］. 中国刑事法杂志，2016（2）：8.

法益的损害或威胁。其中虽也有一些理论分歧，如主观不法要素、法益概念等，但其都是理论内部的自我完善和修补，并未影响对结果无价值的理解。结果无价值论考虑到为了保护价值不同的人共存，认为只有法益受到侵犯时，才考虑动用刑罚。张明楷教授认为：刑法的目的是保护法益，所以，引起法益侵害及其危险（结果无价值），就是刑法禁止的对象，违法性的实质就是引起结果无价值（法益侵害）；行为是否侵害法益，是一种客观事实，不取决于行为人的主观内容，因此，原则上应当否认主观的违法要素。① 但我国有学者认为，监督过失不同于一般过失，不应只限于结果无价值，应从行为无价值和结果无价值两方面来考虑。该学者将监督过失定义为："处于监督管理地位的人违反监督、管理义务，对其应当防止的危害结果因疏忽大意或者因过于自信没有防止的心理态度。"② 笔者在对行为无价值论持极为尊重的态度上更倾向于将监督过失限于结果无价值论。因为监督过失作为过失犯罪的一种，其主观上就是疏忽大意或者过于自信的心理态度，本身并不希望有危害结果的发生，其主观上没有过错，也就没必要从行为无价值论方面来考虑监督过失犯罪的问题。

4.3 高危行业监督过失犯罪主体的注意能力与注意义务

4.3.1 高危行业监督过失犯罪主体的注意能力

基于责任主义"法律不强人所难"的精神，在哲学层面自由意志探讨中强调"可供取舍可能性"原则，即"一个人为了能够对自己的行为承担道德责任，他就必须（在达到那个行为的某个相关点上），具有某种类型的可供取舍的可能性"。③ 行为人对所负的注意义务，自然需要有注意的可能，才能予以责任的非难。因此，注意能力是产生注意义务的前提。高危行业监督过失犯罪主体的注意能力，就是高危行业监督过失犯罪的主体预见被监督者的行为可能造成危害社会结果，进而采取措施避免危害结果发生的能力。注意能力是高危行业监督过失犯罪的主观基础。

---

① 张明楷. 行为无价值论与结果无价值论 [M]. 北京大学出版社，2012：3.

② 王安异. 刑法中的行为无价值与结果无价值研究 [M]. 北京：中国人民公安大学出版社，2005：191-192.

③ 张明楷. 刑法格言的展开 [M]. 北京大学出版社，2013：397.

在阐述高危行业监督过失主体的注意能力之前，笔者认为有必要对注意能力本身进行界定。对于注意能力的理解，刑法理论界认识不一，目前有代表性的学说主要有三种：认识能力说、个体能力说、认识能力与避免能力统一说。认识能力说认为，注意能力就是认识能力。例如，有论著指出："行为者对构成事实的认识以及对避免结果发生可能性的认识，是个注意能力或认识能力的问题。"① 个体能力说又称抽象说②，将注意能力理解为个体能力。有论著认为，所谓注意能力，是指个体对特定客体引起、保持和集中注意的一种个体能力，它是在个体生理素质的基础上通过后天环境和实践活动的熏陶和锻炼而形成的。注意能力分为普通注意能力和特殊注意能力。③ 认识能力与避免能力统一说将注意能力理解为认识能力和避免能力的统一。有论著认为，刑法学上"注意"一词的含义，"不仅包括内部的注意，即心理活动指向和集中于一定对象，而且包括外部的注意，即在内部的注意的基础上为一定行动，以避免刑法所禁止的危害结果发生。因此，刑法学上注意能力的概念，其内涵不仅应当包括内部的注意能力，即认识、预见危害社会结果可能发生的能力，而且还应包括外部的注意能力，即在认识、预见到危害结果可能发生的基础上采取措施，以避免结果发生的能力。刑法学上的注意能力，就是这种认识能力和避免能力的统一"。④

认识能力说从主观的范畴来理解注意能力的内涵，认为无论是疏忽大意的过失还是过于自信的过失都是对注意义务的违背，二者的区别只是在于前者根本没有发挥自己的注意能力，而后者的注意能力是没有被充分发挥。这一观点有一定的合理性，但忽视了过于自信的过失行为人，由于所处的特殊地位，还具有意识到应当采取何种措施，以防止危害结果发生的能力。这个能力尽管超出了主观方面的范畴，但对于危害结果是否发生发挥着至关重要的影响，应该在界定注意能力范围时被加以考虑。个体能力说从心理学角度表述注意能力，未对其特殊内涵进行解释，无法准确说明过失犯罪行为人的心理态度，不为大多数刑法学者所采纳。认识能力与避免能力统一说将注意义务的内涵扩展至主观范畴之外，将注意义务内部各能力紧密地结成一个整体，便于理解和认定。

---

① 甘雨沛，何鹏. 外国刑法学［M］. 北京大学出版社，1984：368.
② 周光权. 注意义务研究［M］. 北京：中国政法大学出版社，1998：98. 笔者认为，该学说称为抽象说有点不妥当。事实上，该学说也对注意能力的具体内容进行了一些揭示，只是界定的角度不同而已，主要侧重于从心理学角度去界定。
③ 甘雨沛，等. 犯罪与刑罚新论［M］. 北京大学出版社，1991：172.
④ 胡鹰. 过失犯罪研究［M］. 北京：中国政法大学出版社，1995：78.

但这种观点不能圆满解释作为主观特征的注意能力，却具有行为特征的问题，①因此不为绝大多数学者所认可。②

高危行业监督过失犯罪的注意能力与其他过失犯罪主体的注意能力大体一致，笔者倾向于主张"个体能力说并认识能力与避免能力说"。从研究高危行业监督过失犯罪注意能力的终极目的来考虑，将其表述为：高危行业监督主体有目的地和自觉地将思想集中于认识自己不履行监督、管理义务的行为可能会发生危害社会的结果以及认识到自己应否采取措施和完善应采取怎样的措施以避免社会结果发生的选择性能力。

4.3.2 注意能力与注意义务的关系

注意能力和注意义务是认定高危行业监督过失中违反注意义务的规范评价要素。按照通说的观点，注意义务包括结果预见义务和结果回避义务，注意能力包括结果预见能力和结果回避能力。但是，因我国刑法在过失犯罪概念中使用了"应当预见"一语，对注意能力与注意义务的关系也多集中于预见能力和预见义务的关系上，而忽略了结果避免能力和结果避免义务的内容。注意能力与注意义务的关系如何？刑法理论界主要有如下五种观点：注意能力中介说、注意能力前提说、注意能力与注意义务并列说、注意能力与注意义务分离说、注意能力与注意义务独立说。注意能力中介说认为，人同时承担着多种注意义务，或并列，或择一，或阶段性，或重叠。要确定其违反了何种注意义务，必须关涉到行为人个人的注意能力问题。注意义务成立和注意义务违反的认定，必须以注意能力为中介，结合在一起来考虑。日本学者西原春夫先生认为，在认定预见可能性与结果回避义务时，是以一般人的注意能力为标准，即从法律上不能提出人不能做到的要求的意义上讲，一般人考虑不到的事情不能成为注意义务的内容。但是，一旦法律设定了注意义务的标准，那么，对特殊的、注意能力较低的人也是适用的。注意能力前提说认为注意能力是注意义务的前提，没有注意能力就无所谓注意义务。日本早稻田大学法学部教授曾根威彦先生认为："没有结果预见可能性的地方，不会产生诸如'应该预见结果'或'因为预见了所以应该回避结果'③ 等责备的契机。预见可能性与结果预见义务违反

---

① 周光权. 注意义务研究 [M]. 北京：中国政法大学出版社，1998：100.

② 邓超群. 刑法上的监督过失责任及其立法探讨 [D]. 北京：中国政法大学，2007：15.

③ （日）西原春夫. 日本刑事法的形成与特色 [M]. 李海东，等译. 北京：中国法律出版社，1997：267 - 268.

之间的关系是极为紧密的。"① 我国台湾也有学者认为："行为人如有预见发生结果之可能时，则有预见结果之义务，进而有回避结果之义务。"② 注意能力与注意义务并列说认为，在注意能力和注意义务之间并非存在一定的对应关系。我国有学者认为，对注意义务与注意能力的关系，首先需要明确所探讨的注意义务与注意能力是在何种意义上讨论的。如果仅仅是在一般意义上论及两者的关系，则注意义务与个体的注意能力应当是分离的；如果是在具体的事件中，考察的是具体的注意义务，那两者是统一的。③ 注意能力与注意义务分离说认为注意能力与注意义务既有联系又有区别，两者是分离的。有论著认为，"预见能力是一种预见可能性，它是行为人本身能否履行义务的主观基础。因为法律不会也不能让行为人负担超过其履行能力的义务。如果行为人虽有预见义务（一般情况下），但没有预见能力（如特殊情况下），同样不能构成疏忽大意的过失。即预见能力与预见义务是分离的"。④ 注意能力与注意义务独立说认为注意义务与注意能力是相互独立的因素，注意义务的存在与否不取决于行为人有无注意能力。能够注意的人不一定都有注意义务，而有注意义务的人也不一定任何时候都能够预见。有论著明确地指出："注意义务是从客观的意义上提供应当预见或避免的法律标准；而注意能力则是从主观的意义上提供应当预见或避免的事实根据，注意义务和注意能力的统一就是'应当预见'或'应当避免'这一大的范畴。"⑤

　　注意能力中介说认识到了注意义务和注意能力的联系，二者统一于违反注意义务之中，这是较为合理的。但该学说的说法过于绝对化，未将注意义务和注意能力的上位概念分清，对于在何种意义、何种层次上讨论，没有搞清楚，注意能力和注意义务没有弄清楚，况且过分强调了注意能力的作用。注意能力前提说模糊了犯罪过失与因不可抗力造成的意外事件的界限，行为人即使当时能够预见到其行为可能发生的危害结果，但如果这种结果的发生是由不可抗拒的原因造成的，行为人就不负有预见义务。因而，"注意义务以注意能力为前提"，有此就有彼，无此则必定无彼的观点有误。同时，把注意义务的有无建立在注意能力有无的基础之上，使法律上的义务失去了作为法规范的机能，违背

① （日）曾根威彦. 新旧过失犯争论之总括——从旧过失论的立场出发 [J]. 现代刑事法杂志，2000（15）：267.
② 洪福增. 刑事责任之理论 [M]. 台湾刑事法杂志社，1988：358.
③ 林亚刚. 犯罪过失研究 [M]. 武汉大学出版社，2000：166-168.
④ 胡鹰. 过失犯罪研究 [M]. 北京：中国政法大学出版社，1995：86-87.
⑤ 陈兴良. 刑法哲学 [M]. 北京：中国政法大学出版社，1992：186.

了法治原则。注意能力与注意义务分离说指明了注意能力与注意义务各自的不同性质，强调具有预见能力时并不一定负有注意义务，负有预见义务的也并非一定有预见能力。但是，该学说未能看到注意能力的个性特征，未能区分作为法律规范所规定的注意义务与行为人在具体的环境状况下所负担的具体注意义务。因此，在考察具体的注意义务中，注意义务与注意能力的关系是统一的。关于注意能力与注意义务独立说，笔者认为，其结论是正确的，但其分析与论证在逻辑上有错误。注意能力与注意义务并列说看到了两者间不是一一对应关系，但将其放在同一思维层次上去考虑，是不妥当的。因此，笔者主张注意能力与注意义务对立统一说。换句话说，注意能力与注意义务是不能混淆的、相互独立的因素，不能将其放于同一思维层次上去考虑问题，但两者又是统一的。二者统一于违反注意义务之中，缺一不可。在司法实践中，我们首先应考察的就是行为人是否具有注意义务和具有何种注意义务，然后再考虑行为人的具体注意能力问题。[①]

4.3.3　高危行业监督过失犯罪注意能力与注意义务的关系

高危行业监督过失犯罪主体的注意义务与注意能力的关系根源于一般过失犯罪，但又因为适用于特定领域而具有特殊性。

根据新新过失理论，在高危行业监督过失犯罪中，只要被监督者的行为可能引起监督者不安、危惧感，就认为监督者对此有注意义务。但在这个理论仍旧是以结果回避义务作为核心，[②] 新新过失论是基于新过失理论使过失成立的范围过于狭窄，特别是面对未知危险领域时给公众所带来的不安感和恐惧感，因而需要扩大过失处罚范围而产生的。[③] 主要原因在于不安、危惧感的有无，完全属于主观方面的范畴，而对于主观方面的界定没有一个恒定、统一的标准，难以通过客观外在表现得出准确结论，当危害结果发生时，往往就直接推定行为人具有该项注意义务，这在事实上使所有的监督主体都具有了注意义务。由于监督过失所适用的高危行业领域具有极高的危险性，从事高危行业的作业人员都应当经过专业培训，具备一定的专业能力。基于这一点可以推定，所有作业人员对作业活动可能带来的危害后果，都有一定程度的认识。但我们不能因此就认为所有的监督主体都具有注意能力。尽管监督直接作业人员的生产作业

---

① 刘期湘. 过失犯中的违反注意义务研究 [M]. 北京: 经济科学出版社, 2009: 22-23.
② （日）前田雅英. 刑法总论讲义 [M]. 曾文科, 译. 北京大学出版社, 2018: 183.
③ 韩玉胜, 沈玉忠. 监督过失论略 [J]. 法学论坛, 2007 (1): 43.

活动，督促其按照法律或企业规章制度进行，避免发生危害社会的后果是监督者的职责，但监督者可能因为职位以及知识、经验的积累程度不同，而对发生危害结果的认识能力有所不同。这种认识能力与相对客观的作为一般标准的"注意能力"应当有所区别。企业管理者的注意能力根据从事的业务性质可能高于或低于一般的认识能力，即使是企业管理者也可能不具备注意能力。① 由此可见，高危行业监督过失的注意义务与注意能力之间并非对应关系，认定时应当根据监督者的情况具体考察。

4.4 注意义务的限制

高危行业的组织机构十分复杂，监督者和管理者因所处的地位和承担的职责不同，对责任事故的发生施加的动力各有不同，因此高危行业生产安全事故中监督者或管理者成立监督过失犯罪的范围应受到一定的限制。在一定的场合，监督者的行为虽然引起了危险状态，造成了危害结果，不过基于公众之间对于防止危险发生的相互信赖或者发展科技对于危险情境的相对允许，可以阻却监督者对于注意义务的违反，而不具有监督过失的责任。这就涉及注意义务违反的阻却问题。

违反注意义务的阻却事由，是指通过分担或者减轻监督者的注意义务，而使监督者的某些注意义务免除的法定规则。在以下的几种表述上含义是一致的：阻却行为人的部分注意义务；分担、减轻行为人的注意义务；使得行为人未履行某些注意义务合法化等。违反注意义务的阻却事由具体包括被允许危险原则、信赖原则及其违反注意义务的关联性与保护义务的关联性。

4.4.1 被允许危险原则

4.4.1.1 被允许危险原则的理论背景

在风险社会之中，生产力的增长和日益细致的分工嫁接在一起，风险常常展现出它统摄一切的关联性，风险穿过了过度专业化的筛子处于各种专业化之间，② 渐趋科技化的高危行业存在使社会经常处于进退维谷的艰难境地：舍弃

---

① 邓超群. 刑法上的监督过失责任及其立法探讨 [D]. 北京：中国政法大学，2007：20.
② （德）乌尔里希·贝克. 风险社会：新的现代化之路 [M]. 张文杰，何博闻，译. 南京：译林出版社，2018：77.

有相当危险性的行为，法益的被侵害可以避免，可以避免法益的被侵害，但此类危险行为又为现代社会生活所不可或缺，难以轻易割舍。

对于被允许的危险（das rlaubt Risiko）理论上有广义上的理解和狭义上的理解。广义上的理解是将被允许的危险理解为日常生活中所说的一般危险，这些危险之所以存在，是因为其为我们日常生活所必需，所以，即便危险也允许其存在。① 我国台湾地区有论著认为："被允许的危险是指为了达到某种有益于社会目的的行为，其性质常常含有一定的侵害法益的危险，这种危险如果在社会一般生活中认为相当，就应该认为是已被允许的适法行为。也即不只是从事这些危险行为是合法的，即使不幸而发生侵害法益的行为，也被认为合法。"② 我国大陆地区也有论著认为："所谓被允许的危险，是对伴随社会生活中不可避免地存在的法益侵害的危险的行为，根据其社会的有用性，在法益侵害的结果发生了的场合，于一定的范围内也允许的一种见解。"③ 狭义上将被允许危险理解为实质上的危险行为，"认为这种行为具有引起危害结果的实质危险，本在严格禁止范围之列，但是，由于为了救济其他利益，而不得不允许其存在"。④

被允许危险的思想，最早出现于 19 世纪末著名德国刑法学家 Binding 的著作《规范及其违反》一书，"他认为，日常生活中的行为是伴随着危险的，某一行为是否被允许不完全取决于其危险性，必须对行为的危险性、经济性和有用性进行比较衡量，适度危险行为是法所允许的"。⑤ 此时仅处于萌芽期，其产生的主要原因在于两方面：⑥ 其一，产业革命的产生。自 19 世纪中叶，产业革命席卷德国，铁路建设、冶金行业等产业迅速发展。1850 年后，各种机械、重化学工业成立，使德国社会状况发生变化，社会生活上的危险也随之剧增。例如，为增加生产而开发资源的采矿事业、冶金事业；为促进学术发展、科学进步而进行的危险实验；为了交通上的利益而驾驶飞机、火车、汽车等事项，不胜枚举。如果这些可能构成危险的行为属于违法而不能容许，那么我们的日常生活

① （日）大塚仁. 犯罪论的基本问题 [M]. 冯军，译. 北京：中国政法大学出版社，1993：145 - 146.

② 韩金秀. 过失犯理论之研究 [D]. 台北："中国文化大学"法律学研究所，1984：124.

③ 马克昌. 比较刑法原理（外国刑法学总论）[M]. 武汉大学出版社，2002：253.

④ 平野龙一. 刑法总论 I [M]. 有斐阁，1972：198 - 199；转引自黎宏. 过失犯研究 [J]. 刑法评论，2006，2：119 - 120.

⑤ （日）松宫孝明. 刑事过失论的研究 [M]. 成文堂，2004：1 - 46；转引自于佳佳. 过失犯中注意义务的判断标准 [J]. 国家检察官学院学报，2017（6）：86.

⑥ 韩金秀. 过失犯理论之研究 [D]. 台北："中国文化大学"法律学研究所，1984：124 - 126.

必然将陷于停顿、麻痹的状态，而社会的进步，也必将立即停止，一切将返回到原始时代。为了促使社会文明、生活科学化，对于这样的行为，不但不能加以禁止，而且应该提倡鼓励。我国有论著认为："被允许的危险的基本的观点在'如果禁止所有的危险，社会就会停滞'这一名言中表现出来。并且认为为了维持社会的生动的活动，社会上有价值的行为，即使给例如生命、身体带来一定的危险，也必须允许。即期待社会的科学技术的发展，重视行为的有用性的态度是其根本上存在的理由。"① 其二，目的行为论的倡导。"被允许危险"的理论，为目的行为论者所倡导。其理论基础源于"人的违法观"（Personale Un-rechtsauffass）及"社会相当性"（Soziale Adaguanz）的理论。所谓"人的违法观"认为违法性的判断，除法益侵害的结果无价值外，还应该就行为的样态如行为种类、方法、主观要素等行为无价值加以判断。如果仅以结果无价值进行违法性的判断，就会将社会上许多重要有益的行为评价为违法。因此，必须另就行为的样态方面一并来判断违法性的存在与否。只有在超过一般社会生活必要程度的侵害或威胁法益的行为，才能视为违法而加以禁止，因此，所谓允许风险，也就是理性冒险的意思。被允许危险原则的实质在于主张理性冒险。

允许风险概念的主张是属于理性冒险的行为，即使不幸制造了利益侵害，行为并不是不合法。换言之，只要遵守了相关交往圈之中的谨慎规范（安全规则），那么在一般意义上并不将实施风险性的行为视为对谨慎的违反，② 从社会风险允许发展历程来看，由道路交通到医疗研究、供给，再到资本市场的价值体系（Wertanlagen），允许风险范围呈现扩张趋势，而允许风险概念的理由是：人在生活当中的行为选择本来就是基于利害衡平的考量，基于这个原则，在人对于事情未来的发展没有办法百分之百地预知及掌控的情况下，就必须要做合理的冒险。否则整体来看，反而会使得现实的生活受到更大的损害。当然，所谓理性冒险也有其判断的主轴。大致上所考虑的，一个是利益大小的问题，一个是风险大小的问题。这两个判断的因素如果分开来看，它的原则是：所要争取的相对利益越大，越容许冒险，反之不然。当然，牵涉到量的问题，界限上永远存在有灰色的地带。③ 因此，为了保证这种理性冒险，在法律上加以表达的方式就是被允许危险的制度化和法律化。④

---

① 马克昌. 比较刑法原理（外国刑法学总论）[M]. 武汉大学出版社，2002：253.

② （德）乌尔斯·金德霍伊泽尔. 刑法总论教科书 [M]. 蔡桂生，译. 北京大学出版社，2017：334.

③ 黄荣坚. 刑罚的极限 [M]. 台北：台湾元照出版公司，1998：154 - 155.

④ 赵慧. 刑法上的信赖原则研究 [M]. 武汉大学，2005：48.

而被允许危险原则正式作为一种刑法理论，是通过学说不断发展的。被允许危险的法理最初是在1871年德国学者 v. Bar 的《法、特别是刑法中的因果关系》文献中登场的。他基于在社会生活中"一定的危险"是不可避免的这一认识前提下，主张"在各个场合，要求完全能够防止害恶发生的过度的预防对策，就会排除所有的企业活动的可能性"。在当时已经进入工业化的社会中，他将危险的企业（特别是矿山和瓦斯企业）等放在心上，而且认为，即使是故意犯，"有益的企业活动，统计上一定的牺牲者（其中包括死者）无论如何是必然的，不违反生活的常规"。存在于他的主张中以比较极端的形式显示的被允许的危险的基础的价值判断，由初期的论者维持着。例如，Miricka 认为："种种有害物质的使用，危险事业经营的存在是必要的，如果完全禁止这些，人类的发展就会停滞了。"而且，在德国被认为确立被允许危险法理的宾丁也认为，在考虑危险的企业活动、近代交通工具、医师行为等时，"只要不是全新纯粹内部的行为，非由故意的权利侵害的危险或者权利侵害的可能性、盖然性，恐怕确实伴随着。因为不是那样，就不可能遂行"。这些主张显示了存在于被允许危险的法理基础的价值判断。①

被允许危险原则只有在许可的范围内才有其生存和发展的空间。因此，在其具体适用上有必要加以说明。我国有论著认为："危险行为的适度取决于：危险行为的正当目的；危险行为侵害的法益较小；危险行为产生的社会效益较大；危险行为的风险相对不大。"② 我国还有学者认为，被允许的危险行为应在法益侵害及行为形态两方面加以把握。其一，法益侵害方面，具体包括被害法益的重要性、急迫危险的重大性、侵害法益的盖然性、行为目的的正当性。其二，行为形态方面。具体而言，包括行为是否适当或无错误、行为人是否遵守了各种危险事业的防范规则、是否已尽注意义务。③ 我国台湾有学者将被允许危险的行为列举为：为保持人生命及健康而实施的行为（如医师施行手术及救助行为）；为增加生产及开发资源而实施的行为（如采矿事业、工厂或碎石工场作业等）；为建设而实施的行为（如大规模土木、水利等建设工程等）；此外还有电力或煤气等事业以及消防工作或传染病防治工作中的行为等。④

我国也有论著概括德日学者的见解，认为被允许危险的对象，主要有：⑤

---

① 马克昌. 比较刑法原理（外国刑法学总论）［M］. 武汉大学出版社，2002：254.
② 张小虎. 犯罪论的比较与建构［M］. 北京大学出版社，2006：346.
③ 赵慧. 刑法上的信赖原则研究［D］. 武汉大学，2005：55 – 56.
④ 洪福增. 刑事责任之理论［M］. 台湾刑事法杂志社，1988：315 – 316.
⑤ 马克昌. 比较刑法原理（外国刑法学总论）［M］. 武汉大学出版社，2002：254 – 255.

一是危险的企业活动；二是近代的交通工具；三是医疗行为；总之，我们不能因为被允许的危险行为对社会有益且必要，就认为被允许的危险所产生的一切危险的事实都为法律所肯定。行为是否被法律许可，必须结合社会相当性理论予以合理的判断。笔者认为，具体而言，被允许的危险原则应从限度条件和合法性条件两方面加以把握。

（1）被允许危险原则的限度条件

就被允许的危险这一法理而言，必须要留意其被滥用的危险，对其慎重且限定性地加以肯定。① 被允许的危险一般都要考虑被害法益的重要性、迫切危险的重大性、该行为所追求目的的正当性。

第一，被害法益的重要性。被害法益的价值愈高（例如人的生命的价值较物的价值为高，多数人的生命的价值较少数人的生命为高），发生结果的危险愈大时，则认定该行为的违法性也愈增大。此时，被允许危险原则的适用限制愈大。

第二，迫切危险的重大性。发生结果的危险性越急迫，行为的违法性越低。该行为被容许的限制越小，容许的范围越大。

第三，该行为所追求目的的正当性。该行为所追求的目的越正当，所招致的利益较所损失的利益越大时，则认定该行为的适法性越高。例如，容许消防车超过限制速度疾驶，就属于这一法理。然而，该危险行为必须是符合法律秩序要求有益的目的行为，并含有一定法益受侵害的危险。如医疗、食品、交通、采矿等行为。其实，当今的物质文明就是以这些危险行为为前提的，否则，社会就会丧失高速运作的状态。但是，我们也不能因此放任这种对人生命及其他法益的危险，因此应加以适当的约束。对这种对人生命及其他法益可能造成危险的行为，应该对其范围加以适当的限缩和约束。

（2）被允许危险原则的合法性条件

监督过失犹如一把双刃剑，既有利于预防现代社会中风险事故的发生，实现刑法保护机能，同时又可能因赋予监督管理者过重的注意监督义务而阻碍社会的进步，对被允许危险原则进行限缩显得尤为必要。② 被允许危险的行为要获得承认，除了应当具备一定的限度以外，还必须具备合法性的要件。换句话说，即应当注意是否已遵守在客观上所被要求的注意义务要件。被允许的危险

---

① （日）山口厚. 刑法总论［M］. 付立庆，译. 北京：中国人民大学出版社，2017：247.

② 谢雄伟. 论监督过失的限缩：以被允许的危险为视角［J］. 社会科学，2016（10）：116.

行为只有行为人遵守了客观上所要求的注意义务时，才能考虑该行为的合法性。行为人遵守了业务规则并不意味着行为人就履行了刑法上的注意义务。特别是对于被允许的危险理论而言，之所以在发生危害结果时阻却行为的违法性，关键在于行为没有违反刑法上的注意义务。正如德国学者 Rittler 所说："遵守已受要求的注意之程度者，即非违法的行为者。反之，行为者欠缺已受要求的注意之场合，才能确定其行为是违法的。"①

综上所述，笔者倾向于狭义上被允许危险学说。在判断某种行为是否是被允许的危险的时候，不能以该行为以外的附加价值即"国家经济发展""交通秩序"等作为参照标准，而必须进行利益的比较衡量，具体考虑该行为本身所具有的实际价值。

（3）被允许危险原则的理论地位

被允许危险原则源于大陆法系的刑法理论，从功利主义视角来看，价值衡量置换是为了社会相当性，或者说是社会相当性的具体化，即违反了社会生活上必要的注意义务。② 具有阻却过失责任的意义，然而这种阻却是作为有责性的阻却（不具期待可能性），还是违法性的阻却、构成要件的阻却，学界观点不一，见仁见智。从总体上来看，学说上有四种看法：责任阻却说、违法阻却说、构成要件阻却说以及两分说。被允许危险原则的理论地位，通说的观点是将其作为责任要素处理的。

第一，责任阻却说。

该学说认为，被允许危险原则表述的是阻却责任的事由，持此说的有宫本英修、佐伯千仞、Miricke、Alschner 等。该说认为，被允许的危险与过于自信的过失有关，危险是否容许与行为人是否认识有关。正如有论著指出被允许危险原则是对过于自信过失的期待可能性的判断，行为人过于自信的过失（具有违法性认识）造成法益侵害结果的，但是如果是基于社会相当性的考虑而在允许危险的情况下，这也不具有期待可能性。③

Miricke 认为，被允许的危险应该应用于责任论，将危险概念分为相当危险与规范危险两种。相当危险从法益衡量的观点加以观察，其危险性的大小是依据暴露于危险的法益价值、侵害的期间及侵害可能性的大小而定。而规范危险，

---

① 周治平. 可以容许的危险概说［J］.（台湾）刑事法杂志，9（2）：57，转引自赵慧. 刑法上信赖原则研究［D］. 武汉大学，2005：56.

② （日）前田亚英. 刑法总论讲义［M］. 曾文科，译. 北京大学出版社，2018：182.

③ 陈兴良. 本体刑法学［M］. 北京：商务印书馆，2001：368－370.

是从其是否遵守法规及其他规范而定，如矿山开采规则、食品生产规则等。规范危险属于引起危险的行为，由此危险而发生的侵害，行为人并不负责。①

Halschner 认为，被容许的危险的法理与责任（过于自信过失）有关。如果要求我们对于可能侵害法益的行为负有无限制的防止义务的话，那么我们就无法从事任何活动。因此，实施适合于社会生活的危险不是监督过失犯的认定依据。某种行为之所以被容许，不仅仅是因为行为人对于该危险行为导致的结果具有认识的可能性，并根据自己的认识，产生避免该结果的意思。因此，被容许的危险，专属于行为人的认识问题，即监督过失犯的责任问题。②

Kindhäuser 认为，容许的风险阻止了违反谨慎义务而导致归属成立，但并不就此认为容许的风险是正当化事由，只有允许整体实现构成要件并进而特别地允许促进结果的容许规范才是正当化事由，相反，容许的风险应当归属于过失责任的框架内的阻却。③

第二，违法阻却说。

该学说认为，被允许危险原则表述的是阻却违法的事由。认为对于允许危险原则所说的行为，不能像过去的观念那样，认为"虽系违法，但无责任"，而应认为"自始即系欠缺行为的违法性"。对于社会有益而且必要的行为，即使伴随着侵害其他法益的危险，然而在相当的范围内，也可以认定该行为的合法性。因此，不仅应将实行危险的行为认为合法，同时，即使不幸而导致发生结果的，该行为也不丧失合法性。因此，被允许的危险是违法阻却事由，是否为法律所许可，以法益衡量为基础，根据有无违反客观上的注意义务进行判断，被允许的危险是客观上注意义务认定的一个基准。坚持此说的学者有 Binding、Engisch、H. Mayer、Welzel、不破武夫、福田平、团藤重光、庄子邦雄、大塚仁、洪福增、陈朴生等。

我国台湾学者陈朴生认为，被允许危险原则所含的危险行为，是为经营文化生活，促进社会进步，既不宜加以禁止，更应加以鼓励。与其认为虽然违法，但无法律责任，还不如认定其行为欠缺违法性。可以允许危险的理论，即认为那些等于社会有益且不可缺少的危险行为，具有合法性。④

日本学者大塚仁教授指出，在被允许的危险范围内，尽到了刑法上必要的

---

① 陈朴生. 过失理论之发展及其趋向 [J]. 军法专刊, 25 (6): 12.
② 陈朴生. 过失之概念与过失犯之构造 [J]. 军法专刊, 38 (2): 19.
③ （德）乌尔斯·金德霍伊泽尔. 刑法总论教科书 [M]. 蔡桂生, 译. 北京大学出版社, 2017: 335.
④ 陈朴生. 刑法专题研究 [M]. 台北: 三民书局, 1988: 331.

注意义务而实施的行为，即使现实产生了侵害法益的结果，也应该认为缺乏违法性。①

Binding 依据适度危险的概念用以限制监督过失犯的成立范围。认为监督过失的本质是"无意识的违法意思"，即对于可避免的违法行为，其本身并无意识其违法性的意思。基于此立场，对于触犯存在高危行业之中的许多危险行为的人，并无侵害法益或发生其危险的意图。当该项危险现实化，发生侵害的结果时，在刑法上应如何处理？基于法益衡量说的观点，危险容许性范围是依据行为目的的社会性与被侵害法益的价值及与侵害范围的关系而定。因此，被允许危险的判断，应"从法的立场的行为的必要性或不可避免性"中探求。因此，被允许危险的理论，在其理论地位上属于违法阻却事由，对于适度危险的行为，不认为具有违法性。②

Engisch 认为，被允许的危险是违法性阻却事由，与监督过失犯的注意义务有关。通说认为监督过失为责任形式，监督过失的本质是行为人欠缺对于犯罪事实的认识，基于不注意，从"内部的注意"的欠缺外进行寻找，由于欠缺为避免结果所必要的外部态度的"外部的注意"，属于违法性的要素。"外部的注意"可分为防止危险行为的注意、在危险状态为外部行为的注意及履行法律遵守义务的注意。被允许危险原则是以防止危险行为的注意为主。在危险状态下，为了避免结果，有采取特别预防手段的必要。在危险状态下，为了避免结果的发生，有必要采取特别的预防手段。因此，被允许危险原则是违法性阻却事由，其容许性的判断，是以法益衡量为基础依据有无违反客观的注意义务确定其界限。③

H. Mayer 认为，适度的危险属于重要的正当化事由，与正当防卫及其他违法性阻却事由并列，在适度的危险范围内，行为人并非仅仅欠缺责任和违法，因此，以适度危险的违法性为违法性阻却事由。④

日本的不破武夫博士以可以容许危险的理论来作为过失违法性问题。认为监督过失的根本，虽然是注意义务的懈怠（不注意），而其要件为不遵守，因此

---

① 根据此说，即使电车的驾驶员在过道口轧死了行人，只要完全遵守了驾驶上的注意义务，其行为就不是违法的。这样，被允许的危险问题，具有作为实质的违法性的具体现象一面的意义。[日] 大塚仁. 刑法概说（总论）[M]. 冯军，译. 北京：中国人民大学出版社，2003：304.

② 陈朴生. 过失理论之发展及其趋向 [J]. 军法专刊，25 (6)：13.

③ 陈朴生. 过失理论之发展及其趋向 [J]. 军法专刊，25 (6)：12.

④ 陈朴生. 过失理论之发展及其趋向 [J]. 军法专刊，25 (6)：12.

必须具有一定具体内容的注意义务。社会生活上可以允许的危险行为，在确定其注意义务的内容时，有特别慎重考虑的必要。如果没有超过可以允许的界限，其行为欠缺违法性，即使发生危害结果，也不发生监督过失问题。①

日本的团藤重光教授认为，可以容许的危险为社会的相当行为。如果加以全面禁止，则会麻痹现代的社会生活。随着工厂、交通机关、医疗设施等而发生的危险行为既与社会的效用有相对的关系，在某种限度内应视为可以允许的危险，具有社会的相当性，属于社会的相当行为类型。②

第三，构成要件阻却说。

该学说认为允许危险原则是阻却构成要件的事由。此说认为法律所规定的构成要件，属于不法构成要件，被允许的危险为社会相当性理论所包含，被允许的危险行为由于具有社会相当性而阻却其构成要件符合性。采用该观点的学者有 Bar、Welzel、Schaffstein、Krug 等。

Bar 在 1871 年所著《刑法上因果关系之理论》论文中，发展了被允许危险理论，作为行为与结果之间的因果关系问题，认为社会生活随时会有一定的危险。如果从各个情形看来，都应寻求完全防止损害的极端预防手段，必将否定所有营业的可能性，其本身即为有益的企业，虽然怠于采取预防手段，如果以与企业不均衡的必要经费，并非监督过失；如果是怠于容易造成可能预防的手段或与其企业均衡的适当的预防手段，则为监督过失。③

Schaffstein 从消极的构成要件要素理论的立场出发，以被允许的危险作为构成要件该当性阻却理由。认为根据社会相当性理论，依据法律所规定的构成要件是不法构成要件，其仅仅禁止在社会上不相当的行为，由于被允许危险理论具有社会相当性，因此，作为阻却构成要件符合性而起作用。④

Krug 区别危险为社会伦理上所命令的危险（Geboteneo Risiko）与虽非所命令的危险而为社会伦理上所容许的危险（Erlaubtes Risiko）两种。认为犯所命令的危险而为的行为为社会合致性（Sozidknogruenz），而认为犯所容许的危险行为为社会相当性（Soziolodaguanz）。社会的合致性为一般的构成要件该当性阻却原理；社会相当性，则是一般的正当化原则。就被允许的危险来看，其也应通过社会相当性观点加以说明。⑤

---

① 陈朴生. 过失理论之发展及其趋向 [J]. 军法专刊，25（6）：12.
② 陈朴生. 过失理论之发展及其趋向 [J]. 军法专刊，25（6）：12.
③ 陈朴生. 过失理论之发展及其趋向 [J]. 军法专刊，25（6）：10.
④ 陈朴生. 过失理论之发展及其趋向 [J]. 军法专刊，25（6）：10.
⑤ 陈朴生. 过失理论之发展及其趋向 [J]. 军法专刊，25（6）：10.

第四，两分说。

该学说的主要代表人物是 Exner。他认为，过失是指行为人无故意引起可以避免的违法结果的意思。这种避免义务，以有避免可能为前提，但并非有预见可能的结果都可以归责。行为人对于结果虽有预见可能，但已经采取社会生活中必要的注意而实施行为时，仍然不负过失责任。被允许的危险与社会生活上必要的注意问题相结合，因行为人基于社会生活上必要的注意而不予处罚的，主要有两种情形：第一，从客观的观念，该行为作为"落度"① 的态度被法律许可的，欠缺违法性；第二，从违法的结果考察，考虑行为人的人格能力及其他事项，属于法律上不可能避免的，则欠缺责任。被允许的危险问题，也有此两面性。②

综上所述，监督者的行为通过不法构成要件实现，即表征该行为的违法性，过失行为的违法性应与故意行为的违法性相同，可能因有违法阻却事由的存在而被排除。因此，对于该种行为，从一开始就欠缺行为的违法性。详细说来，对于社会有益且必要的行为，即使伴随着侵害其他法益的危险，在相当的范围内，也可认定行为具有合法性，我们仅仅把超越相当程度的危险行为作为法律规范的对象，才考虑行为人对于该危险是否具有不注意的行为。

笔者认为，在我国刑法理论与实践中，被允许危险原则也应当有所体现。就我国而言，我国刑法不存在德、日那种三层次的犯罪构成理论体系，因此没有独立的违法性判断和有责性判断阶层。我国的犯罪四构成要件的判断就是实质的违法性判断。因此，被允许危险原则在我国作为实质性的违法判断标准不存在理论上的窘境，只要行为有用并且为社会所许可，就不具有违法性，也就不符合我国的具体犯罪构成。从这个意义上说，司法人员在具体案件的处理中，不能不在实质上思考应有的对于危险行为所允许的程度，当然，这是不系统的、不自觉的、过程性的，这种思考无意识地存在于案件处理的过程中，而并未成为一种判决结果的标志性理念，或成为指导其他判决的立场。在我国科技发展的今天，有意识地注重被允许危险原则的具体运用，符合刑法的时代要求。

4.4.1.2 被允许危险原则与注意义务

传统的过失理论把预见可能与预见义务视为一体，凡有预见危害结果的可能时，就有注意义务；凡认识到危害结果时，便应采取避免危害结果的措施。

---

① 落度，指基于行为人所处的情况，虽处于行为人的立场，而要求其践行任何人所应践行的具体行动基准，即所谓违反结果避免义务的行为。

② 陈朴生. 过失理论之发展及其趋向 [J]. 军法专刊，25 (6): 12 – 13.

基于此观点，在特定条件下，监督者虽具有预见危害结果的可能性，但不一定就有预见的义务。传统过失理论对于预见可能性与预见义务均在程度上加以明确，换言之，预见可能性与预见义务可以理解为程度性概念。① 正如某学者所言，被允许危险原则的意义在于，一是一定程度上免除开办风险业务的组织者、管理者的监督过失责任；二是一定程度上免除从事风险业务的业务人员的监督过失责任。②

被允许危险原则是在综合考虑被侵害法益的重要性、迫切危险的重大性以及行为目的的正当性等要素的同时，通过评价行为的样态与社会逸脱性的轻重，在合理的范围内分配危险来决定行为是否无价值。据此，被允许危险的理论被人们称为"解放的理论"，其法理基础在于合理的风险分配，并非所有的结果发生责任都由行为人负责，担负着缩小危险人员注意义务范围、缓和或减轻危险业务人员过重刑事责任的任务。③ 因此，如果监督者负有不得侵害法益的义务，则通过被允许危险的操作，则是避免监督者承担全部违反不得侵害法益义务的责任，被允许危险具有减轻监督者注意义务的机能，监督过失的注意义务的界定必须考虑被允许危险原则。

综上所述，被允许危险原则与注意义务的联系在于：被允许危险原则能划定注意义务的外延。在允许危险范围内，不存在注意义务，结果的发生如果是在允许危险范围内，监督者就不负监督过失责任。当然，我们应当指出，既然是"允许的危险"，我们就应该有一个允许的限度。我国有学者认为，某种危险行为要被允许，必须符合四个条件：行为所含有的危险性不太大；这一行为能为国家和社会带来重大利益或为社会生活所必不可少；必须是法律所允许的；不能超过允许的范围。④ 日本也有学者指出："关于如何以某种根据在某种情况下认定被允许的危险，这中间就存在问题。首先，诸如散步等法律上不重要的生活行动的情况及其与此相类似的社会最低限度的危险的情况，或者诸如传染疾病的社会接触等伴随最低限度的危险。以上这些并不存在重大的危险，即使有结果也不能得以归属。而且，像高危行业，虽然存在法律上的重大危险，但是，为了产生相应的效用而被允许的情况也有，如果遵守了一定的保安规则及技术规则，即使发生了结果，也还是不能得到归属。"⑤ 因此，被允许危险原则

---

① （日）山口厚. 刑法总论［M］. 付立庆，译. 北京：中国人民大学出版社，2017：253.

② 姜伟. 犯罪故意与犯罪过失［M］. 北京：群众出版社，1992：376.

③ 周光权. 注意义务研究［M］. 北京：中国政法大学出版社，1998：156.

④ 侯国云. 过失犯罪论［M］. 北京：人民出版社，1996：266.

⑤ （日）松生光正. 过失犯与客观归属论［J］. 现代刑法杂志，1999（8）：30.

阻却注意义务的违反。

被允许危险原则与注意义务仍然是有区别的。被允许危险原则强调行为虽然危险但却有益于社会而被允许，这在一定程度上分担了行为人的过失责任。其具体表现在有益于社会而被允许的危险行为，即使导致危害结果的发生，也不存在监督过失责任。因此，被允许危险原则同样指向监督者过失责任的有无，是一种监督过失责任的阻却。而注意义务强调的是行为人对于危害结果应当认识与应当回避，其指向的是有过失责任的监督者，是一种监督过失责任的赋予。

4.4.1.3　被允许危险原则在我国刑法典中的适用

被允许危险原则表现了对各种保护法益的刑法都必不可少的在安全利益和自由利益之间权衡，其主要功能是平衡行为危险性与行为有用性之间的利弊，从而阻却监督者的注意义务违反。我国刑法中规定的业务监督过失犯罪中所涉及的业务行为，都含有较高的危险性，例如带危险性的企业活动、工程建设、现代交通活动、医疗行为等，在一定范围内适用被允许的危险理论阻却注意义务的违反，从而在一定程度上免除了有关业务人员的监督过失责任。被允许的危险理论主张，对高危行业监督过失责任的认定不能只看危害结果，还要看行为本身，只要行为人在客观上尽了注意义务，遵守了有关规章制度，在这种情况下即使发生危害结果也不负监督过失责任。但是，虽然属于危险行为，行为人没有履行注意义务，没有遵守有关规章制度，从而导致危害结果发生的，当然也要负监督过失责任。由此看来，被允许的危险理论对业务监督过失具有重要的限制功能：一方面可以免除业务人员的监督过失责任，防止业务监督过失责任扩大化；另一方面不承认违反注意义务的危险行为的合法性、正当性。对于违反注意义务并造成危害结果的业务人员按业务监督过失认定，从而不放纵业务人员的监督过失责任，即允许的危险行为为合法行为，不允许的危险行为并造成危害结果的按业务监督过失和其他过失处理。我国刑法理论和司法实践有必要借鉴和吸收该理论中的积极部分，为研究我国业务过失犯罪提供新的思路。在我国现行刑法典中，也体现了被允许危险原则的适用。

4.4.2　信赖原则

4.4.2.1　注意义务负担减轻的合理化与信赖原则之缘起

信赖原则是日本、英、美等国刑法中比较常用的一个概念。所谓信赖原则，指在有关多数人的事件中，与该事件有关的人，信赖其他有关人遵守规则采取适当的行动的相当场合，如果其他有关人无视规则等采取不适当的行动，它与自己的行动相结合发生构成要件的结果，对其结果不追究刑事责任的原则。①正如日本学者大谷实教授所言："多数人参与业务的场合，业务参与者信赖其他参与者会遵守规则采取行动，而且该信赖具有相当性的场合，即使其他参与者无视规则采取了不适当的行动，该行动与自己的行动相互作用导致构成要件性结果发生的，就该结果也不问及参与者的过失责任。"② 同时，信赖原则作为一种减轻回避义务的手段，也与新过失理论以及被允许危险原则紧密联系在一起。③

由于科技的迅速发展和社会生活的日益现代化，对于社会有益且必要的行为，其本身就含有相当的危险性，如各种矿物的开采行为、食品生产、流通、销售行为以及合乎人类需求的高速度交通工具的驾驶行为等，其本身就含有相当的危险性，而这些行为极易导致法益侵害的事实发生，因此形成高度化的监督过失责任。如果认为该行为人对于此种促使社会向前发展的必要且有益的行为仍然应给予其高度的注意义务，那么这些行为人的行为就没有不具备违法性的。另一方面，基于监督过失竞合④的原理，被害人也为社会成员之一，对于社会有益行为的圆满顺利进行有协助且防止危险的义务，特别是为保证自己的法益不得不分担责任。因此，行为人对于依据自己行为所产生的危险状态，理应负担起防止事故发生的责任。社会大众为保全自己的法益对于如司机鸣喇叭等一类事情行为加以警告，也应采取适当必要的措施。因此，基于危险分配的法理，行为的公共有益性、社会的有用性观点，不仅对于实行该活动的行为人，相关人也应承担危险的合理分配，这样才能使注意义务负担的减轻，导致信赖原则（Vertrauencgrandsatz）的产生，使该当行为人实施某种行为时，在能够信赖被害人或第三人实施适当行动的相当情形，由于被害人或第三人没有采取适当行动，致使结果发生的，不负责任。因此，"在自己尽注意义务依法则行事时，信赖他人会和自己一样遵守注意义务，依法则行事，不需要考虑他人可能违反义务行为。因此，如果他人未依彼此认同的法则行事，而自己因误信而实现风险，即可以主张自己是被他人制造的风险卷入，在自己没有制造风险（因

---

① 马克昌．比较刑法原理（外国刑法学总论）[M]．武汉大学，2002：261－262.
② （日）大谷实．刑法总论 [M]．黎宏，译．北京：法律出版社，2007：202.
③ （日）前田亚英．刑法总论讲义 [M]．曾文科，译．北京大学出版社，2018：182.
④ 过失竞合，乃被害人的过失竞合行为决定或助长了结果的发生。此问题初看之下，以为过失相抵。其实质不然，刑法上对于过失相抵均采否定见解，与民事损害赔偿填补损害为目的的不同。

为没有违反注意义务）的情况下，风险也是他人而不是自己所实现的。"①

4.4.2.2 信赖原则在高危行业监督过失犯罪中的适用

信赖原则起源于德国交通事故中的判例，历经了从责任到构成要件的变迁，② 在构成要件符合性、违法性与有责性层面均有所涉及，对于合理缓和过失犯的成立范围，限制刑罚权具有积极意义。信赖原则首先是在交通事故中被广泛适用。随后应用到医疗和工厂等多数人分担事务的工作领域。但其对于信赖原则的适用必须具有一定的界限，否则就会导致该原则的滥用，对于社会公益的维护损害很大。但随着科技和社会的发展，高科技广泛运用于社会，一些生产作业复杂性和危险性程度增加。对于交通运输以外的一些高危行业领域，信赖原则能否直接运用这一问题，学界争论很大。对于信赖原则能否直接适用这一问题，学界有很大的争议。

第一，肯定说。日本西原春夫、曾根威彦、内藤谦等都持肯定观点。他们认为，工厂的食品、药品以及矿山开采与交通在性质上同属于改善人民生活、提高生活条件所必需的设施或行为，在交通事故中发展并适用信赖原则，在食品、矿山开采或医疗事故等高危行业中，就没有排除适用信赖原则的理由。且预见可能性是一个较为抽象的概念，借此来限定监督过失很可能会沦为空谈，而采用信赖原则这一具体概念可实质地限定监督过失，可对监督过失进行实质上的限定。另外，从社会实态角度来看，当监督者和被监督者之间存在较强的信赖关系时，监督者会怠于监督检查而将工作委托给被监督者，从而形成分业，以谋高效。因此，当能够判断存在信赖关系且信赖具有相当性时，应当在法律层面承认这种出于信赖所产生的委任，通过对信赖的相当性的判断来切断预见可能性的无限扩大。可见将信赖原则运用到监督过失中意义非凡，正如西原春夫认为："在社会生活中，为谋求资源的效率，监督者委任被监督者去工作而成立分业体制，已是当今社会的常态及现实的考虑。运用监督者与被监督者的信赖是否具有相当性的判断来切断无限扩大的预见可能性，不仅是必要的，而且是可能的。"③

第二，否定说。此说以大冢裕史、土本武司、板仓宏等学者为代表，他们

---

① 许玉秀. 主观与客观之间 [J]. 春风旭日论坛，1997：26.

② 胡洋. 从事实到规范：信赖原则的行为无价值解释 [J]. 中国人民公安大学学报（社会科学版），2016（2）：85.

③ （日）西原春夫. 监督责任的设定与信赖的原则：上 [J]. 法曹时报，第30卷第2号：14-15.

认为交通事故适用信赖原则，是在长期理论与判例的发展过程中逐渐形成的，此原则是针对交通事故的特征而形成的，其他如食品、药品，公害或医疗事故，性质已经与交通事故并非完全相同，考虑的重点也不一致，因此应根据食品卫生或医疗行为的本质与社会的需要，逐渐经由理论与实务充实而形成若干原则，因此无须适用信赖原则。① 且适用信赖原则将使监督者的监督责任难以认定，从而导致刑事责任的稀薄化，使监督过失失去其应有价值。另外信赖原则中信赖相当性是一种规范性判断，没有具体标准，因此难以认定。土本武司认为，信赖原则与监督过失理论是不相容的，信赖原则是限定行为人预见义务和结果避免义务的工具，越是援用信赖原则，其上位者的监督责任越是难于认定。②

第三，限定说。此说以大塚仁、大谷实等为代表，主张在肯定将信赖原则应用于监督过失犯罪的同时，对其适用加以限定。③ 在监督过失的场合下，由于被监督者相当于监督者的"手脚"，所以，原则上不适用信赖原则。④ 佐藤文哉则认为，直接介入型的监督过失完全不适用信赖原则，而在间接介入型的监督过失中，则可有限度地考量信赖原则的适用。⑤

笔者认为限定说更符合高危行业监督过失犯罪的认定。信赖原则强调的是人们共同生活在同一个社会空间，为了促进社会发展、科技进步，人们必须尽可能地按照规则从事高危行业作业，承担自己应尽的注意义务，通过合理分配注意义务来缓和生命、财产安全与高危行业发展之间的矛盾。但是信赖原则的限制性作用并不否定扩大过失犯的范围，特别是当高危行业的高度危险性越来越影响人们的生活时，刑法就必然要加以干涉，监督过失犯罪就是在这种情形下提出的。高危行业监督过失的提出有利于减少危害结果的发生，但并不意味监督过失的适用可以任意扩大化，信赖原则可以用来限制监督过失的成立范围。高危行业监督过失的犯罪化是把双刃剑，它可以减少重大危害结果的发生，但同时还可能沦落为制造犯罪的工具，因此在高危行业监督过失责任中引入信赖原则还可以限制监督过失责任的过分扩张，让刑法在引入监督过失这种新型犯罪的同时不至于过分背离刑法轻缓化的历史潮流。但是，任何理论的适用都是有条件的，信赖原则也不例外，无条件地适用信赖原则不仅造成监督管理过失

---

① 宋丹. 监督过失研究 [D]. 武汉大学，2004：36 – 37.

② 土本武司. 过失犯研究 [J] 第 128 页；转引自（日）前田雅英. 监督过失 [J]. 吴昌龄，译. 刑事法杂志，36（2）：55.

③ 赵丽娜. 监督过失犯罪探究 [D]. 郑州大学，2001：27.

④ （日）大谷实. 刑法总论 [M]. 黎宏，译. 北京：法律出版社，2003：156.

⑤ 廖正豪. 过失犯论 [M]. 台北：三民书局，1993：234.

责任的稀薄化，导致"地位越高、离现场越远就越没有责任"的现象，而且整个监督管理过失理论都会面临被架空的危险。① 因此信赖原则在监督过失中的适用同样要具备一定的条件。

日本学者对于适用信赖原则处理交通运输业中的事故的探讨较多，在其适用范围上，提出了许多见解。大谷实教授认为，信赖原则的适用应具备三个条件："第一，必须存在交通环境完善的社会基础；第二，行为人必须实际相信其他参与人会采取适当的行动；第三，信赖必须在客观上能够具有足够的理由。"② 但日本学者的主流性观点是把信赖原则的适用条件分为主观要件与客观要件。③ 具体而言是指：第一，适用范围的主观要件。西原春夫教授将其主观要件分为信赖的存在、信赖的相当性和必须无造成事故的违反规则的行为存在。④ 日本学者川端博认为，信赖原则的主观条件分为信赖的存在与信赖的相当性，并认为，"信赖的存在意味着现实上信赖其他交通相关人依交通秩序而为适切行动，无意识之预见程度为已足，总之，若无积极的不信及相当程度之疑念即可"，而信赖的相当性则意味着信赖的存在"从具体交通情况来看，具有社会上之相当性"。⑤ 第二，适用范围的客观条件。信赖原则的客观条件是适用信赖原则的先决条件。在客观上必须存在着信赖其他交通参与者根据交通法规采取适当行动的具体状况。具体说，主要包括以下几个方面：对交通工具是现代社会生活必不可少的深刻认识；交通环境的改善；交通安全教育和交通道德的提高。

我国台湾地区有学者认为，信赖原则的适用应具备以下三个条件：⑥ 第一，信赖原则只适用于危险的分担或分配相当时，因而前提上应存在可以相互信赖的关系。第二，相对人应具备结果回避的能力。因为无结果回避能力的人，不得要求其受危险的分配。第三，在对危险的分担并不违反衡平原则时，才能适用信赖原则。例如，一般消费者对于药品、食品等的安全性缺乏确认的能力，若适用信赖原则即违反衡平原则，故此时不能适用信赖原则。

赵慧博士认为，信赖原则适用的基准应从主、客观两方面来把握。他认为，

---

① 冯卉. 监督过失的刑事责任 [D]. 济南：山东大学，2011：33.
② （日）大谷实. 刑法总论 [M]. 黎宏，译. 北京：法律出版社，2003：154.
③ 主观要件是指行为人本身的条件；客观要件是指行为人本身之外的条件。
④ （日）西原春夫. 交通事故与信赖原则 [M]. 成文堂，1969：43-58.
⑤ （日）川端博. 刑法总论二十五讲 [M]. 余振华，译. 北京：中国政法大学出版社，1999：114.
⑥ 彭心洁. 过失犯注意义务之研究——以医师之医疗行为为中心 [D]. 台北：（台湾）"中央警察大学"法律学研究所，2003：113.

信赖原则适用的客观条件在于只有人类的协作才能达成共同体的事业。即人类要想生存，就必须进行协作，协作是人类社会存在的基本事实。如狄骥认为："人们相互有连带关系，即他们有共同的需要，只能共同地加以满足，他们有不同的才能和需要，只有通过互相服务才能使自己得到满足。因而，如果人们想要生存，就必须遵循连带关系的社会法则。连带关系不是行为规则，它是一个事实，一切人类社会的基本事实。"① 就监督过失的适用条件而言，就是行为人建立了合理的安全体制确认机制，排除了体制危险，对人和物的管理依法进行了规范化的运作等。他将信赖原则的主观要件分为信赖的存在和信赖相当性的确立。信赖存在是指行为人对于他人能实施合法行为在主观上具有确定的信念，而信赖是否具有相当性是适用信赖原则的主要依据，是以一定社会的伦理秩序为根本判断标准的。②

综上所述，关于信赖原则适用范围的各种见解分析，信赖原则是指在社会生活中的某些场合，应该对他人的行为给予信任，相信他人的行为能够对自己的安全和正常活动给予保障。信赖原则不仅仅限制于交通关系领域内，在医疗行业领域、企业内部关系、矿山开采处理中也都存在适用信赖原则的可能。当然，这种适用也是有限制的。那么，信赖原则的适用应该限定在何种范围为妥？笔者认为，这种限制主要归结为三个方面：第一，信赖原则一般只适用于在多人协力为某一目的，具有一定组织性，并在合理分担各自应当注意危险义务的领域内的事故处理时，确认有无监督过失责任以及责任分担；第二，行为人自身违反注意义务的，应当注意采取特别措施避免结果发生，不能适用信赖原则，否则对监督过失犯的认定会失去平衡；③ 第三，在对方由于身心上的理由，容易采取异常行动，而不能信赖时，也不能适用信赖原则。

4.4.3 信赖原则与被允许危险原则

与被允许危险原则相同，信赖原则开始也是适用于交通事故案件，后来扩大适用于一般过失案件，在产生与发展层面这二者均具有新过失论的理论特

---

① 狄骥. 国家、客观法和实在法（选录），转引自沈宗灵. 现代西方法理学. 北京大学出版社，1992：224.

② 赵慧. 刑法上的信赖原则研究 [D]. 武汉大学，2005：87 – 89.

③ 也有学者认为，在行为人有违章行为的情况下，并非绝对不存在适用信赖原则的可能性。认为下列两种情况可以考虑适用信赖原则：（1）违章行为不是事故发生的原因；（2）违章行为并不具有使危险结果发生的危险性增大的可能性。参见林亚刚. 犯罪过失研究 [M]. 武汉大学出版社，2000：200 – 201.

色,① 因此,可以说信赖原则与被允许危险原则都是新过失论的产物。有论者认为,信赖原则包括允许危险原则,允许危险原则属于信赖原则的一部分。当行为的危险性保持在允许的范围之内时,就是遵守了信赖原则。同时人们也会对其加以信赖;反之,当行为的危险性超出了允许的范围时,就是违背了信赖原则,同时人们对其也就不会再加以信赖。② 信赖原则理论渊源是以"被允许的危险"理论而确认的"危险分配"理论,或者说,"信赖原则"与"被允许的危险"和"危险分配原则"互为表里。还有论者认为,信赖原则依存于疏忽大意的监督过失而允许危险原则依存于过于自信的监督过失。在疏忽大意的监督过失的情况下,行为人只有违法性意识的可能性。这种可能性转化为谴责可能性,存在一个信赖原则的问题;在过于自信的监督过失情况下,行为人具有违法性认识而具有违法性意志,如果由于轻率而引起违法结果则应当负刑事责任,但是如果仅考虑侵害法益的结果,而不考虑从事某种危险业务而可能出现的风险,就会阻碍社会进步,据此形成了被允许危险原则。③ 还有论著强调,信赖原则以被允许危险原则为理论背景,两者互为表里关系。被允许危险原则在信赖其他有关人的适当的行动而实施危险行为被允许这一点上,与信赖原则在思想上是一脉相通的。被允许危险原则在信赖其他有关行动人"减轻负担"这一点上,被认为与信赖原则在内容上相一致。由于这样的法理为阻却过失行为的违法性或减轻违法性的基本方面奠定基础,于是在其延长线上能够产生信赖原则的法理。④ 但是,"可容许的危险的界限取决于行为人有无违反注意义务;信赖原则基于危险责任之分担,为判断过失有无之准据。"⑤ 因此,两者究竟是什么关系,值得研究。我们从基于故意、过失是违法性要素的观点来考察,信赖原则就具有限定被允许危险范围的作用。因为行为人信赖他人可以作出适当行为并且该信赖在社会生活上具有相当性时,即使发生了法益侵害的结果,仍可以否定行为人的过失。因此,可适用信赖原则的行为可以解释为被允许危险的行为,也可解释为合法行为。

综上所述,信赖原则与被允许危险原则有着密切关系,两者在本质上趋于一致,均着眼于对监督过失责任的阻却:信赖原则通过要求他人提供信赖,分担减轻行为人的注意义务,阻却监督过失责任;允许危险原则通过允许危险行

---

① 陈兴良. 教义刑法学 [M]. 北京:中国人民大学出版社,2017:524.
② 侯国云. 过失犯罪论 [M]. 北京:人民出版社,1996:267.
③ 陈兴良. 本体刑法学 [M]. 武汉大学出版社,2001:368-369.
④ 马克昌. 比较刑法原理 (外国刑法学总论) [M]. 武汉大学出版社,2002:262.
⑤ 韩金秀. 过失犯理论之研究 [D]. 台北:"中国文化大学",1984:139.

为，收缩行为人的注意义务，阻却监督过失责任。同时，在信赖原则与被允许危险原则的评价结果上，也具有相当的一致性：可以信赖遵守共同规则并采取适当行动，既为危险行为的实施提供了基础（不存在可以信赖的场合就不能实施危险行为），也为危险行为的适度提供了基准（可以信赖的程度越高则危险行为允许的风险就越大）；反过来说，允许的危险行为，既然允许，表明在这种场合行为人与他人之间具有相当程度的可以信赖关系。不可否认，信赖原则与被允许危险原则是存在着一定的区别的，具体表现在以下几个方面：

第一，两者与传统过失理论的关系不同。信赖原则在传统过失理论下，仍有适用的余地，而被允许的危险理论则不能适用。在传统过失理论中，过失为责任要素，只有在行为人具有预见可能性时，再论有无注意义务，而判断行为人有无预见可能性时，即可适用信赖原则，可由自然事实中的预见可能性分析出刑法上的预见可能性，进而否定对行为人的惩罚。而被允许的危险在传统过失论下，没有发展的余地，故两者并非相互关联。

第二，两者具体视角不同。信赖原则注重对于他人遵守共同规则采取适当行动的信赖，而被允许危险原则关注有益于社会的危险行为的允许；信赖原则强调横向上行为人与他人注意义务的分担，而被允许危险原则注重纵向上行为人注意义务的收缩。

第三，两者适用条件不同。被允许危险理论必须是在行为对社会有益且必要时，才可能适用，信赖原则则不是这样。被允许的危险概念，要求其本身是由于行为对社会有益并且必要，因此在发生不幸结果时，容许某种程度的牺牲。但并非在发生不幸结果后否定监督者过失行为，都属于容许危险的范围。例如，就某日常用品依据说明书充电，因产品瑕疵引起火灾时，即不能适用被允许的危险否定监督者过失责任，但可能适用信赖原则（信赖产品的安全），免除监督者的过失责任。

第四，被允许危险理论的适法性未必都由信赖原则来判定。在刑法理论上，可以理解为虽然实施了有引起结果的危险性的行为，但由于要保护其他法益而必须实施行为，所以就允许这样的危险行为。① 被允许的危险理论在刑法上的实际意义，就是在发生结果时，如果行为人已经履行了自身注意义务，进而否定监督者的过失责任，因此，在认定行为人有无监督过失时，信赖原则颇有作用。然而对于被容许的危险本身的适法性，应以具体结果发生前的行为性质来决定，其适法性在于是否遵守了行政法上防范规则，而与信赖原则无关，两者

---

① （日）山口厚. 刑法总论［M］. 付立庆，译. 北京：中国人民大学出版社，2017：246.

并非表里关系。①

4.4.4 信赖原则与违反注意义务

信赖原则是行为人信赖他人可以为适当行动，而在相当条件下，否定监督过失犯的成立。人们之所以认可容许的风险成立，并不仅是因为行为者自己采取必要的预防措施，而且只有相应交往圈的其他参加者依其调整自己的举止，它才为社会所容忍。② 因此，其最终目的就在于否定行为人的注意义务违反。换句话说，在适用信赖原则时，行为人虽然不幸造成了死伤结果，但行为人就具体的情况已尽了必要的注意义务时，对于该死伤结果不认为具有违反注意义务，但行为人就具体的情况已尽了必要的注意义务的前提下，对于该死伤结果的发生则不认为违反了注意义务，从而不追究其过失责任。那么，信赖原则如何否定注意义务的违反？理论上有两种立场：一是信赖原则是认定作为监督过失犯要件的预见可能性有无的标准；二是在存在预见可能性的场合认定注意义务有无的标准。

第一种学说是预见可能性免除说。该学说认为，在适用信赖原则时，监督者对结果的发生没有客观上的预见可能性，因此监督者对危害结果没有回避的注意义务。该说的注意义务以预见可能性为前提进行立论。其根据在于，"注意义务之发生，应以其对于结果有预见可能性为前提之理论中，将信赖原则认为系属于认定预见可能性之范畴，并纳入到过失之概念中。"③ 但是，该种学说存有疑问的是：既然在事实上有预见可能性，为什么在存在信赖原则时要免除行为人的预见可能性？对此，西原春夫教授认为，预见可能性分为事实上的预见可能性和刑法上的预见可能性，而信赖原则是从事实的、自然的预见可能性中，选择出刑法上的预见可能性的原理。认为认定刑事过失的预见可能性，自始至终都应当是刑法上的概念。因为自然上的预见可能性本身不明确，即使是刑法上具有预见可能性的场合，仍然是在刑法上产生应依预见而采取避免结果发生措施的义务。针对此解释，甲斐克则教授提出批判，并认为："这一见解的旨趣是从规范的观点限定暧昧的预见可能性概念，虽然值得倾听，但是，难点在于，理应是限定标准的'信赖相当性'本身是暧昧的结局，与结果回避义务认定标

---

① 参见（日）西原春夫. 交通事故与信赖原则［M］. 成文堂，1969：28.
② （德）乌尔斯·金德霍伊泽尔. 刑法总论教科书［M］. 蔡桂生，译. 北京大学出版社，2017：335.
③ 韩金秀. 过失犯理论之研究［D］. 台北："中国文化大学"，1984：102.

准没有大的差异。"①

第二种学说是注意义务免除说。该学说认为，适用信赖原则，并非免除行为人的预见可能性，而是免除行为人的注意义务。也就是说，行为人对于结果的发生仍然有预见的可能，但由于信赖他人能为适当的行为，从而在一定条件下否认其注意义务违反注意义务，从而减轻其注意义务。此种学说有两种见解：一是适用信赖原则时，虽承认客观预见可能性，也不科予预见义务，即信赖原则是划定预见义务范围的基准；二是信赖原则是以客观预见可能性为前提，而否定结果回避义务的客观基准。该学说存有的疑问是：既然有预见可能性，为什么在适用信赖原则时不发生注意义务？根据刑法的一般理论，行为人对于结果有预见可能性，就存在回避结果发生的义务，不存在适用信赖原则否定行为人注意义务的问题。但预见可能性的内涵具有相对性，在不同的语境中存在不同的内涵，并不是具有自然或其他领域如道德、宗教上的预见可能性就肯定刑法上的预见可能性。其关键在于该预见可能性是否值得运用刑罚来加以维护。②正如日本学者内藤谦教授指出的那样："比较预见可能性认定基准说与结果回避义务认定基准说，前说，乃有无刑法上具体预见可能性之问题，后说则乃有事实抽象之预见可能性，减轻结果回避义务负担之问题，两说仅预见可能性之程度、内容不同，其适用信赖原则之结果均系限缩行为人之注意义务，进而否定过失，似无差异。仅于其适用要件、界限有些微不同，例如行为人违反交通法规时，得否适用信赖原则，两说有不同见解。"③

综上所述，对于信赖原则与违反注意义务之间关系的理解很值得思考。信赖原则的中心思想是人们相互之间对于他人遵守共同规则采取适当行动的信赖。如果我们把这里的"遵守共同规则采取适当行动"理解为"履行注意义务"，那么信赖原则与注意义务似乎具备了同一性，违反注意义务也就违反了信赖原则。例如，在正常行驶的汽车右侧，骑自行车的人无任何预告，突然间违反交通规则在汽车前左转，司机在能够采取急刹车的情况下没有采取这一措施，以致将骑车人撞成重伤。在此案中，司机应承担一定的过失责任。因为行为人具有期待司机急刹车以避免危害结果的可能性。司机能够避免结果却未予避免，这就违反了义务责任；被撞伤者本以为司机会采取急刹车，由此司机也违反了

① （日）甲斐克则. 过失犯的基础理论［M］. 冯军，译//高铭暄，赵秉志. 过失犯罪的基础理论. 北京：法律出版社，2002：11.
② 赵慧. 刑法上的信赖原则研究［D］. 武汉大学，2005：81-86.
③ （日）内藤谦. 信赖原则［J］. 法学教室，第99期：41，转引自赵慧. 刑法上的信赖原则研究［D］. 武汉大学，2005：85.

信赖原则。笔者认为，过失的本质是注意义务的违反，而注意义务的内容包括结果预见义务与结果回避义务。由于信赖原则是基于行为无价值论，以危险分配为基础，所以适用信赖原则时，将其理解为免除结果回避义务。因为作为信赖原则而言，其关注重点不在于行为人是否具有预见可能性，而是在面临危险时是否采取了合理的回避危险发生的措施，故将信赖原则作为否定结果回避义务的观点值得重视。

诚然，信赖原则与违反注意义务也是有区别的。信赖原则强调的是行为人对于他人遵守共同规则采取适当行为的可以信赖，具体表现在如果他人并未遵守共同规则采取适当行为，这是出乎行为人意料的，既然信赖原则强调的是可以信赖，现在虽然事实上是不可以信赖，但是这不应当归咎于行为人，而是他人的责任，是他人违反信赖原则。因此，在某种程度上我们可以说，信赖原则是行为人信赖他人履行注意义务，违反信赖主要在于他人没有给予对等的信赖。与此不同，注意义务强调的是行为人对于危害结果的应当认识与应当回避，具体表现在不论他人是否遵守共同规则采取适当行为，行为人都具有认识危害结果与避免危害结果的注意义务，如果行为人违反了这一义务，这是行为人的责任，与他人无关。所以，注意义务是他人需要行为人履行注意义务，违反义务主要在于行为人没有履行义务。综上所述，在赋予过失责任的意义上而言，不存在行为人违反信赖原则，而是行为人违反注意义务。至于他人违反信赖，则可以成为违反注意义务的阻却事由，成为阻却行为人过失责任的根据。

笔者认为，信赖原则的提出及其在司法实务中的运用，是对理论界及实务部门以结果论责任的传统过失犯罪理论长期反思的结果，它对过失犯罪理论的最大修正就在于缩小了监督过失的责任范围，其法理价值在于对行为人注意义务的合理界定。强调环境及人的可信赖性，目的在于强调在客观条件还未完全具备的情况下，即信赖原则还不能普遍适用时，应结合具体情况判断行为人的行为是否可以信赖，以免其滥用而成为行为人逃避责任的借口，而不是以此完全排斥信赖原则及其适用的可能。信赖原则所体现的法理，是在违反注意义务的认定上提出了一个新的标准，使人们对监督过失犯罪责任的认定并非如同以往那样一味地以结果论责任，而是在此基础上结合考察注意义务及造成结果的行为形态是否相当。因此，如果仅仅因为信赖原则产生于交通运输领域而排斥其他领域的适用，未免显得过于教条化。从这一点上看，信赖原则完全可以适用于其他领域，如食品安全监督过失犯罪领域等。

第 5 章

矿山生产安全监督过失犯罪

美国学者威尔逊在《哈佛法律评论》上曾撰文感叹道："在现代信息技术社会，重大事故的时有发生只不过是一个少见多怪的现象。一个意外事故的发生——如一架飞机坠毁，一座结构化的高楼坍塌，或者一种被社会大众广泛使用的药品中存在产品缺陷，导致成百上千人伤亡的严重后果，这是再正常不过的事情了！"① 每次重大意外事故的发生，必定会产生一系列全球化的消极影响，特别是近些年来国内外所发生的一系列矿山安全生产事故，都以席卷全球的态势震惊了整个世界。因而有人提倡加重法律处罚手段加以威慑，法律威慑论是关于法律处罚的重要理论，该理论认为制定并实施法律的目的是阻止不期望的行为发生。法律威慑论源远流长，中国强调的"乱世用重典"即是一个典型例证。时至今日，法律威慑论仍被社会普遍接受。在安全生产领域，法律威慑论更是"深得民心"。无论是官员、人大代表还是民众呼吁的"让煤矿死不起人"，还是《刑法修正案（六）》大幅提高对安全生产犯罪行为的处罚，都是这一理论的直观反映，但法律不是万能的，② 对于矿山事故重在预防，而预防的关键则在于监管。

近几年，随着我国多起重大矿难事故的发生以及《关于办理危害矿山生产安全刑事案件的解释》等相关法规的出台，激起了对矿山生产安全领域的研究热潮。有学者在行政管理角度对我国矿难安全监管问题进行探析，认为应对一些煤炭安全监察制度进行解构，并对"官私勾结"现象进行批判，并最终提出相关的建议③；也有学者从法律的角度对我国煤炭安全生产研究，侧重从刑法

---

① Wilson H. W. Class certification in mass Accident cases under Rule 23（b）（1）[J]. Harvard Law Review, 1983.

② 汤道路. 煤矿安全监管体制与监管模式研究 [D]. 徐州：中国矿业大学，2014.

③ 宋耀. 我国煤矿安全监管问题探析——论以人为本在煤矿安监中的运用 [D]. 成都：四川大学，2006.

的角度去改变当前我国矿山安全生产的严峻形势①；也有学者主张从行政立法的角度来改变目前的形势②。还有学者从经济学上对我国矿难进行分析，主张建立矿主、矿工、政府三者的博弈模型，根据信息不对称理论以及权力寻租理论来探究三者的心理状态，以求能制定出切实可行的政策与法律法规来降低我国矿难发生率③。根据对我国矿山安全生产事故原因的分析，探知"人祸"才是主要原因，尤其是监管问题较为突出，而当中就涉及对监督过失责任的讨论。周光权教授站在行为无价值论的立场上分析相关概念④，与此对立的是张明楷教授，其采取客观主义的法益侵害说，即客观归责理论，赞同结果无价值论⑤。两方当中争论的核心就是违法性本质问题，由此也引申出对因果关系学说的讨论。周光权教授基于其立场赞同相当因果关系说，而张明楷教授（则）选择条件说，陈兴良教授则是折中说。争论也使双方的理论在相互批判中完善，周光权教授也开始对条件说进行一定研究，而张明楷教授则是在条件说的基础上进一步完善，提出实施的危险被现实化等观点。理论相对于实践而言，具有一定的超前性，然理论的不断发展，才会更好地指导实践。

本章由四部分组成：第一部分，描述我国矿山安全生产的现状、特征，并且从博弈论和统计学的视角对矿山安全生产的事故原因进行分析；第二部分，阐述我国矿山安全生产事故处理中的监督过失机制，对监督过失理论运用于矿山安全生产领域的必要性和可行性进行了深入分析，从理论和实践两个层面对矿山生产中的监督过失的界定进行探讨；第三部分，分析我国矿山安全生产监督过失责任认定和追究在立法、司法以及行政执法方面的缺陷；第四部分，提出矿山安全生产中的监督过失制度在立法、司法以及行政执法方面的重构设想，提出了通过在立法层面抓住重点价值目标，完善立法技术完善刑事立法中在处理矿山安全生产事故时的缺陷，采取一定程度的"重刑主义"，改造相关法条主张增设"矿山安全监督失职罪"、过失危险犯以及罚金刑。在司法层面通过制定统一的渎职犯罪定罪量刑指导意见以及在矿山生产事故中实行举证责任倒置来实现司法中的监督过失制度的重构。在行政执法层面健全矿山安全生产领域的

① 白文军. 煤矿安全生产的刑法保障机制研究［D］. 太原：山西大学，2010.

② 杨雪梅. 煤矿安全事故频发的法律解读与反思［J］. 黑龙江省政法管理干部学院学报，2011（5）：30 - 32.

③ 刘丹. 博弈视角下我国矿难频发的经济学分析［D］. 沈阳：辽宁大学，2010.

④ 周光权. 行为无价值论之提倡［J］. 比较法研究，2003（5）：27 - 38.

⑤ 张明楷. 行为无价值论的疑问——兼与周光权教授商榷［J］. 中国社会科学，2009（1）：99 - 115，206.

安全监察制度，理顺矿产资源产权法律关系以及建立完善的矿产行业准入制度来弥补行政执法领域矿山安全生产中监督过失责任的漏洞，以求能真正降低我国矿山安全事故发生率，保障人权，促进社会和谐稳定地发展。

5.1　矿山安全生产事故现状及成因分析

5.1.1　矿山安全生产事故现状

5.1.1.1　政府大力加强矿山安全监管，但矿山安全生产事故依然频繁发生

风险不是现代的发明。它在社会生活的各个领域都被默默忍受，以交通事故死亡人数为例，德国每年都有一个中等规模城市消失得无影无踪，有毒事故和某些小灾小难诸如煤矿事故、放射性物质或核废料泄漏问题，仍旧有大把活动空间。[①] 近几年，随着我国矿山生产安全形势持续稳定好转，产量不断升高，死亡人数和发生率逐年下降，对国民经济又好又快发展起到了重要保障作用，但是与落实科学发展观，全面建设小康社会的期望相比，却还有相当大的距离，具体情况分析如下：

第一，与发达国家相比，差距明显。纵观全球矿业的发展，从以经济利益为先到有意识地进行采矿后生态环境修复，各国矿产资源管理手段与整个社会的科学技术发展水平密切相关，因此矿业法律、法规、规章制度及标准的变革也日趋反映矿业活动的内在机理、客观规律和特性，对于矿业监管各国水平参差不齐，[②] 如澳大利亚、挪威、英国等国家，已经实现了矿产生产过程尤其是在煤炭开采中的零死亡，而中国目前仍是世界上矿产安全生产水平最差的国家，煤矿安全事故率成为世界之最，不仅远远落后于美国、日本等发达国家，而且与印度、巴西等发展中国家相比也存在很大差距。其主要表现在思想认识、隐患治理和责任落实三个方面：一些煤矿强调经济效益，把生产放在第一的位置，抓安全的力度不够；一些煤矿对重大隐患排查治理重形式、走过场，挂牌督办

---

① （德）乌尔里希·贝克. 风险社会：新的现代化之路［M］. 张文杰，何博闻，译. 南京：译林出版社，2018：43.

② 张茹，黄纠，董霁红. 全球主要矿业国家矿山生态法律比较研究［J］. 中国煤炭，2017（6）：145.

和治理措施没有得到全面落实，造成隐患和问题长期得不到有效解决；一些煤矿缺少履行安全生产的法定义务、落实安全责任的自觉性，对违规违章行为未能及时纠正制止，监管不到位。第二，呈现三个"多发"现象。即重特大事故多发、违法事故多发、特大事故多发。第三，矿山生产安全基础管理工作方面水平不平衡。例如以煤矿产业为例，在我国年产亿吨以上的省区大约有7个，年产3000万吨以上的煤矿企业不计其数，并且拥有像神华集团这样的世界一流的大型企业集团。总的来说，虽然大部分煤炭企业能自治管理，但仍然有相当一部分数量的煤炭企业管理体制、机制不健全，安全基础薄弱，且对安全投入不足，安全教育培训也没落实到位，呈现出发展不平衡、基础管理工作不平衡的现象。

5.1.1.2 矿产资源分布的自然条件恶劣，技术保障较低

我国矿产资源的主要特点是：总量丰富，但人均占有量不足；支柱性矿产（如石油、天然气、富铁矿等）后备储量不足，部分用量不大的矿产储量较多；中小矿床多，大型、特大型矿床少，支柱性矿产贫矿和难选矿多、富矿少，开采利用难度很大；资源分布与生产力布局不匹配。并且大都属于井下开采矿产，有害气体浓度高，产生灾害的因素多，事故存在的隐患较大。同时，由于长期大规模开发，埋藏于浅部的矿产资源日益枯竭，大批矿山过渡到深部开采，瓦斯突出、冲击地压等灾害的威胁不断加大。因为这些客观原因的存在，从而使得我国煤矿行业也就成为了最显著的高危行业。然而在这样的高危行业里，大多数矿产开采企业又属于小矿厂，其特点就是安全生产系数低、事故发生频繁、资源消耗大、环境污染严重。虽然近几年，全国累计关闭小矿厂达近万处，淘汰产能上亿吨，但小矿厂总数仍占矿井总数的60%以上，这些小矿厂在开采、运输、安全设施配备方面投入较低，有的依然采用原始、不人道的生产方式，使得安全保障和防御抗灾能力低下，给矿山安全生产埋下了巨大隐患。

5.1.1.3 矿山生产行业安全管理制度不稳定，安全技术标准体系不够完善

在我国经济社会快速发展的几十年里，有关矿产开发领域的立法工作进展良好，国家和政府先后颁布了《矿山安全法》《安全生产法》《关于进一步加强安全生产工作的决定》等相关法律法规，但由于我国矿产开发领域安全法制化起步较晚，又加上工业化进程加快、经济体制转轨等导致立法的滞后，致使现有法律法规体系暴露出许多漏洞，主要体现在：监督管理主体的权责范围不够明确，矿产领域安全法律法规和操作性强的量化监管方法不协调，以及安全技

术标准体系不健全等多方面。

首先，我国煤矿安全监管体制横向组织结构存在的问题。煤矿安全监管体制横向组织结构，是指以国家煤矿安全监察局为核心的所有负有煤矿安全监管职责的行政主体之间相互分工配合而形成的组织体系，其核心问题是部门间职权配置与协作关系。在行政组织体系中，横向关系一般包括权限划分、公务协作与监督制约三种关系类型。我国煤矿安全监管体制的横向组织结构在中央相对简单，但在地方则较为复杂。国家监察、地方监管与行业管理三个职能面对不同级别不同性质的煤炭企业，在分工合作上出现了不少问题：一是煤矿安全监管职能重叠严重；二是没有专门的煤矿安全行政监察功能职能科室；三是地方政府的煤炭行业所拥有的经济管理职能与煤矿安全监管职能关系混乱。

其次是煤矿安全监管体制纵向组织结构，是指煤矿安全监管主体上下级之间因权力关系配置而形成的纵向组织体系，其核心问题是对管理对象的管辖划分问题。国家煤矿安全监察局系统是垂直领导关系，而地方安全生产监督管理局或煤炭工业局则是双重领导关系，既要接受上级机关的领导，同时也要接受同级人民政府的领导。两套煤矿安全监管组织体系实行不同的纵向管理体制，并且在职能上又存在大量重叠，在实践中生产了大量特殊问题：一是煤矿安全监察局系统内部级别管辖不明；二是国有煤矿级别影响煤矿安全监管的级别管辖；三是煤矿安全国家监察系统存在地方利益趋同现象。

5.1.1.4 生产过程中安全投入少、矿井隐患多、矿山生产本质安全水平较低

国家有关安全生产监督管理部门研究整理的数据表明，近几年，仅国有重点煤矿的安全投入就达上亿元人民币。安全投入不足主要表现在安全监测、安全设施、安全设备及安全培训四个方面。尽管大多数矿产生产企业都投入了大量资金更新装备，完善安全设施，安全生产的基本条件得到很大改观，但一些煤矿的管理仍然停留在低层次、低水平上，在事故发生后，不能及时进行保护性救援，加重了事故后果。与国有重点矿相比，大部分地方小矿技术力量薄弱，对安全和科技的投入不足，宁可以经验、侥幸取代科学监测分析，也不愿在安全监测技术手段上增加投入，即便有了安全监测设备，其技术水平也与世界先进水平相比差距较大，为事故的发生埋下了祸根。当前我国人口结构正在发生重大变化，劳动力市场中劳资关系必然随之出现连锁反应。不难预见，未来劳资谈判中，矿工群体职业安全与职业卫生要求将会成为政府监管之外最主要、

最直接的安全推动力。① 我国必须将智能科技以及科学管理制度投到矿山安全生产中，一为保障生产，二为保障人权。

5.1.2　矿山安全生产事故成因

通过博弈的视角对矿山安全生产事故的成因进行分析，会发现在矿山安全生产事故中自然因素例如瓦斯、煤尘或冲击地压等自然灾害威胁，有害气体、噪声、井下涌水和淋水等造成事故所占的比重较小，大部分仍然是由人为因素造成的。而人为因素在我国的矿山生产中表现为矿工、矿主、政府部门三者进行博弈的结果②。

第一，矿主的原因：在 2009 年之前大部分人认为我国发生重大矿难的主要原因是一些非法的小煤窑，但在 2009 年 11 月 21 日，黑龙江鹤岗发生了一起特大煤炭生产安全事故，这次事故（中）共造成 104 人死亡，震惊全国。因此也就说明不只是小煤窑有问题，国有煤矿本身也存在很大问题。笔者认为，矿主的原因有三个方面：首先，矿主本着利益最大化原则，会进行相应的成本考量。一个矿主只要能找到一种较好的矿床，就可一夜暴富。现今"暴发户"这个词语就是煤老板、矿老板的代名词。他们在采矿之前会进行相应的经济考量，即一旦获得开矿资格，取得开矿权，探寻到矿床，接下来就是配置相关的采矿设施和配套的安全设施。采矿设施是获取高额利益的工具，必不可少，但安全设施就可以有考量的余地：国家规定的安全设施较多，也较昂贵。而矿难有一定的发生几率，不会当即发生、频繁发生。就算矿难真的发生，矿主可以一边用钱打通上面的领导关节，瞒报事故，一边用钱赔偿给受害家属，进行私了，就可继续经营来获取高额利润。也就是说，投入在安全设施方面需千万元，而用在打通关系，进行私了的林林总总的费用只要几百万元，两项一比较，矿主很自然地作出相应的抉择，矿主就是抱着这种侥幸心理降低相应的安全投入，放任一些严重的矿难事故发生。这就不难解释进行煤炭开采时，有些煤矿违背生产规律、经济规律，一边宣传"安全第一""以人为本"，一边又让工人在不安全的环境中作业，以挖代采、以掘代采、以探代采、超层越界的现象。其用简单的采煤方法、落后的工艺设备爆破落煤，人拉肩挑运煤，给安全生产带来了极大的风险。同时，一些煤矿不重视安全培训，或开展安全培训流于形式，并

---

① 汤道路. 从对抗到合作：美国矿山安全卫生执法模式沿革与启示 [J]. 河北法学，2014（3）：137.

② 刘丹. 博弈视角下我国矿难频发的经济学分析 [D]. 沈阳：辽宁大学，2010.

没有使采矿工的人身安全得到有效保护，给采矿带来了许多安全隐患。其次，也存在一些矿主想注重对安全方面的投入，但国家的税收渐高，而且一些政府部门常来"关顾"本矿，必须得进行公关方面的支出，而我国的地质环境十分复杂，开矿成本渐高，若把一些资金用在并不常用的安全设施方面，所获得利润就会很少。利益一权衡，矿主们就会减少对安全措施的投入，无视矿工生命，违法违规超能力开采，不能摆正安全与生产的位置，导致（了）煤矿事故多发。最后，一些矿主的知识水平不高，相应的管理水平较低，使得一些本可有效避免的悲剧发生，挽回局势的机会失之交臂，最终使事故发生并扩大其危害后果。

第二，矿工的原因：主要有三个方面的原因。首先，我国煤矿从业人员多达几百万人以上，从业人员大多数是农民工、合同工、协议工或临时工，他们文化水平偏低，又没有经过专业的生产技能培训和安全生产培训，不能适应高强度的集约化、机械化采煤作业，且安全生产意识薄弱，缺乏必要的矿山安全生产知识和自我防范的能力，给矿山安全生产带来了较大的压力。一些从事矿山特种作业人员和井下作业人员并没有相应的资质，也没有进行相应的安全生产教育和培训，使得矿难事故易发且较难控制。同时因为身份问题，致使其主人翁意识和集体观念不强，往往在突发事件之后不知所措，不能有效自救。其次，我国的矿工并没有组成相应的强有力的维权组织，也就没有多少话语权，工资较低，生活环境较差，相关的权益也就不能得到较好的维护。所以出现从业人员素质较低、专业技术人员匮乏的结果。最后，我国矿业方面的专业人才较少，专门为煤矿培养专业人才的大中专院校也发生了变化，多数已更名转行，致使煤矿专业高素质人才极其匮乏。据中国煤炭教育协会统计数据反映，中国矿业大学等9所原煤炭院校，1999—2002年仅培养了1454名地矿类专业毕业生，每年分配至煤矿工作的更是不足百人。

第三，政府的原因：政府具有管理和监督职责，但每次矿难的事故背后几乎都或多或少地存在政府的间接或直接原因。笔者分析，政府的原因主要体现在三个方面。首先，一些政府部门人员腐败横行。他们时常"关顾"一些矿山，利用自己的权力逼迫矿主们进贡，使得矿主们基于利益考虑，减少安全设施方面的投入。或者抬高一些国家规定的必备安全设施的价格，然后卖给矿主，赚取差价，使矿主的生产成本提高，从而更加迫使矿主们为了降低生产成本而置矿山生产的安全于不顾。其次，一些政府官员与矿主勾结。矿主们为了能获取一些开矿权，会想方设法巴结一些政府部门的人员，如给"干股"，因此政府部门就进行权力寻租，与矿主们臭味相投，沦为他们的保护伞。这些政府官员滥用自己的权力瞒报一些矿难事故的真相，甚至率人破坏事故现场，毁损相关

（的）证据，使得在举证方面对矿工很不利①。也就使得一些矿难事故频发，最终事故只有在天怒人怨、震惊全国时才能被有效地解决。再次，一些政府部门没有履行好自己的职责，即监管不力。我国的监管部门存在监督管理漏洞的问题由来已久，且一直未得到有效解决。目前我国（对）矿山生产的监督主体有很多，但每个监督主体之间的职责不够明确，因此（往往致使）一旦发生事故，相关部门就开始以"踢皮球"的方式推脱责任，再加上相应的官员问责制在实践中并没有得到很好的落实，使得矿难事故发生后，就不能找到相关的责任人员，最终导致矿难事故多发频发。按照对矿山生产安全产生的作用大小可以分为直接原因、间接原因和本质原因。所谓直接原因是指直接导致事故发生的因素，也称之为触发因子。间接原因就是指客观存在的可能会导致安全事故的一种过程或是状态，这种过程或是状态一旦被触发因子打破，就会造成导致直接安全事故。而本质原因是指从根源上造成的矿业生产安全事故的原因，同时也是直接和间接原因产生和存在的基础。

5.1.2.1 直接原因

直接原因主要是指人员的不安全行为、设备的不安全因素以及环境的缺陷。人员不安全行为主要是指责任性不安全行为。不安全行为可以按照其属性特征和痕迹特征进行不同的分类。不安全行为依据其属性特征在时间上分为瞬时性不安全行为、过程性不安全行为和状态性不安全行为；不安全行为按痕迹特征分为有痕不安全行为和无痕不安全行为。对于无痕的不安全行为在管理控制上难以追溯其根源；同样，对于瞬时性的不安全行为也难以发觉和查获②。基于不安全行为可察、可寻、可控的管理目标，在界定员工的不安全行为时，主要考虑哪些（可以）可寻、可控的行为因素，如井下抽烟，不佩戴安全帽等。从人的主观意识来看，不安全行为又可分为有意不安全行为和无意不安全行为。无意不安全行为是非故意的或者没有意识的不安全行为。行为或积累经验者一旦意识到其中的错误，就会及时地加以纠正。这类不安全行为需要通过培训等方式学习、掌握劳动知识和技能来解决。而有意不安全行为是指由于人们存在侥幸心理，在风险和利益之间作出了不恰当选择，企图实现某种不当利益没有准确地估计危险发生的可能性。有意不安全行为可以通过规章制度或是监督手段来加以控制以解决这类问题。设备的不安全因素主要是指没有按照规定配备

---

① 李龙. 我国矿业生产安全刑事治理探析 ［J］. 重庆科技学院学报，2011（8）.
② 陈红. 煤炭企业重大事故防范的"行为栅栏"研究 ［M］. 北京：经济科学出版社，2008：29-31.

煤矿生产必需的机器和设备，设备设施存在缺陷，装置设备选型不符合实际需求，设备长期失修、陈旧和老化，以及维护不到位以致其运转不正常，设备空间不满足作业条件，安全防护设施不足等。根据国家安全生产监督总局统计数据表明，环境缺陷往往是导致矿山生产安全事故较为主要的直接原因。环境缺陷主要是指煤矿企业内部的环境以及自然环境中所存在的问题，特别是自然环境中的地质条件复杂、生产作业面过于集中、岩体问题、通风不畅、照明不足等。

5.1.2.2　间接原因

间接原因主要是信息缺陷、人员缺陷和对安全的投入不足。在煤矿生产过程中，能否及时地掌握真实、准确的安全信息对煤矿事故发生与否具有十分重要的影响。现代化分为两个阶段：第一现代化即古典工业化和第二现代化或称后现代化或自反性现代化，即所谓的风险社会，前者建立在对传统封建社会消解之上，后者则以对前者的反省为基础。① 而煤矿作为古典工业化与后现代化相结合的行业，安全检查人员必须及时了解环境和物质状态的变化情况，始终保持对这些环境和物质信息的高度关注。及时掌握真实、准确的安全信息，可以有效地减少或是控制职工的不安全行为，避免物的不安全状态及不安全的生产环境的形成。安全设备的投入是决定物的安全性的重要因素，煤矿安全设备投入不足也是导致生产技术落后的原因之一，会使设备陷入不安全的状态之中。我国煤矿安全应用技术大多不先进，主要表现在：设备超期服役、安全设施严重老化以及矿井瓦斯监测系统常年得不到维修，不能发挥瓦斯监测的作用等方面。生产设备功率、矿井供风量等富余系数偏低，易发生事故。总体而言，安全设备的投入不足会造成设备的不安全状态和环境缺陷。人员缺陷与职工不安全行为有所不同，它主要是指安全行为的另一个层面即技术性不安全行为，两者是从客观和主观上进行界定的。职工的不安全行为主要是指职工在操作过程中各类不符合安全规章制度的行为，而人员缺陷是指员工自身缺乏安全知识和技能、个人素质低以及安全生产意识淡薄等，是从人与岗位的匹配程度上来衡量的。人员的缺陷会导致人的不安全行为的发生，因而也将它归入到间接原因。

5.1.2.3　本质原因

本质原因主要体现在两个方面，一方面是煤矿自身的监管问题，另一方面是外部监察的问题。2018 年国务院机构改革，不再保留国家安全生产监督管理

---

① 张克文，齐文远. 责任事故犯罪中故意的推定 [J]. 法学，2013 (4)：138.

总局，国家煤矿安全监察局由应急管理部管理，重组自然资源部与生态环境部，这些部（局）和2008年重组的中华人民共和国工业和信息化部在对矿山安全生产以及环境生产的存在监管职责模糊，而且从我国煤矿的实际情况出发，主要监督管理部门的安全监察力度不强，在生产过程中仅追求产量和效益，而对煤矿的安全管理置若罔闻。有关安全生产监督管理部门对于煤矿企业的安全生产监督管理不力以及煤矿企业在安全生产监管方面的缺陷会导致人员不安全行为、物质的不安全状态和环境缺陷，即间接原因是监管者的监督不力，并作用于直接原因产生的，煤矿安全生产监督不力是导致矿山安全生产责任事故频繁发生的本质原因。企业安全管理者必须认识到：只要生产过程中没有实现本质安全，就有可能发生事故。只有从本质上实现完善安全管理工作，才能防止事故的发生，完全依靠工程技术来预防事故既不经济也没有高的效率。具体如图 5 – 1 所示：

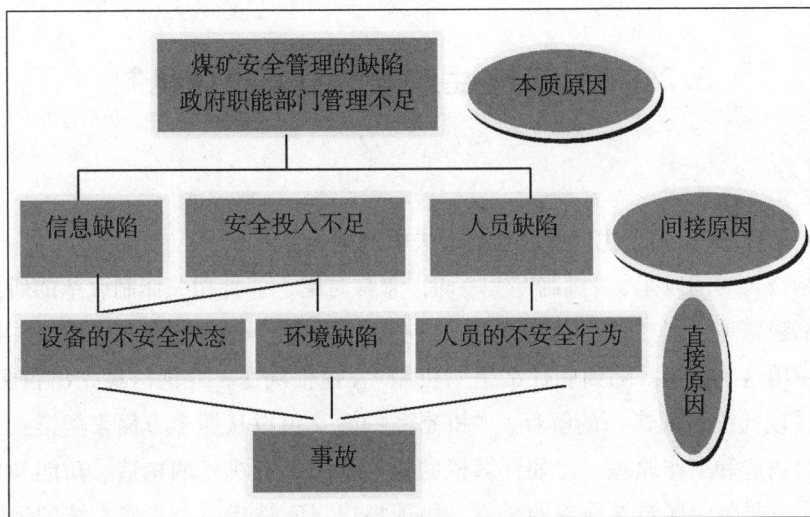

图 5 – 1　矿山安生事故原因分析图

5.1.2.4　矿山安全生产事故背后的高腐败性

矿山安全生产事故背后的高腐败性主要是体现在对矿山开采领域的开采批准和监督管理方面。目前我国还有许多开发条件和技术条件不过硬的小煤矿。因这些小煤矿缺乏先进的开发和技术条件也就导致矿山生产安全措施不到位，进而导致矿山生产安全事故频繁发生，但其最终原因在于与矿山安全生产相关的行政部门在一些矿业安全生产管理环节实施受贿等腐败行为。如在开采审批环节，行政部门受贿后降低行业准入的标准致使不合格矿产企业进入到矿产生产领域。在监督管理环节，从近几年对矿山安全生产事故的处理结果看，绝大多数矿山安全生产事故发生后，都存在国家工作人员收受矿主贿赂的行为。矿山生产的腐败问题在一定程度上放纵了矿主的行为，致使矿山安全生产事故（的）不断发生。十八大以来查处的违纪中管干部中，有相当一部分存在涉矿腐败问题。与其他领域相比，矿产资源开发领域腐败大案要案较多，涉及的领导干部级别高，或身居重要岗位。山西、四川、中石油等重大腐败案件中，都有副部级以上领导干部牵扯其中。其特点体现：一是涉案金额巨大，危害十分严重；滋生腐败环节多，"窝案""串案"频发；手段隐蔽多样，发现和查处难度大；治理矿产资源领域腐败问题，必须用好巡视和审计，提高问题发现率，加大执纪审查力度。在坚持惩治这一手不放松的同时，还要强化治本，通过建章立制，深化体制机制改革，加强各方面监督，从根本上铲除腐败滋生的土壤。①

5.2 矿山安全生产事故监督过失机制

5.2.1 矿山安全生产事故监督过失机制解构

相当长时间以来，"机制"② 一词，非常时髦，各种相关体制改革的研讨会上，都频繁地出现"机制"这个词，一些报刊上甚至党政的红头文件上，也是多次使用这个词语。那到底什么是"机制"？追根溯源，此词语最先出自希腊，根据《现代汉语词典》的解释，"机制"的含义可以从四个方面来解读：一是机器的构造和工作原理，比如计算机的机制；二是有机体的构造、功能和相互关系；三是指一些自然现象的化学、物理规律；四是指一个工作系统的组织或部分之间相互作用的过程或方式，如激励机制、保障机制和制约机制等③。在社会学领域，一般认为机制的概念是指"事物相互作用过程中的内在联系。具体而言是指事物在运动中各相关因素（包括内部结构和外部结构）有一定向度、

---

① 李靓. 矿产资源开发领域腐败问题透视 [J]. 中国纪检监察，2016（10）.
② 根据《辞海》的解释，机制原指机器的构造和动作原理，生物学和医学在研究一种生物的功能（例如光合作用和肌肉收缩）时，常借指其内在工作方式，包括有关生物结构组成部分的相互关系及其间发生的各种变化过程的物理、化学性质和相互联系。
③ 现代汉语词典：修订本 [M]. 北京：商务印书馆，1996：582.

相互衔接的律动所产生的作用联系"①。"社会机制主要表示社会中各种组织或行为人之间的相互关系和互动过程"②。

在法学领域，在对"机制"的内涵研究过程中有学者对之进行了探讨，认为机制是指"一个工作系统的构造、功能和相互关系，尤指该系统中组成部分之间的相互作用和方式"③。从法学界经常使用的机制（的）内涵来看，法律领域的机制应该是立法、执法和司法的综合统一体，是指立法、执法和司法在社会中发挥其应有的作用，达到其最佳效能的各种途径、方法和制度。机制是一个动态的系统工程，它处在一个不断变化的过程中，体现在不同的环节、不同的角度和层面。机制内的各种因素、环节相互影响、相互作用、相互协调。如果各个环节协调一致，则机制能发挥最佳，如果哪一个环节出了问题，则会阻塞机制的内部运行，进而影响某一领域机制功能的正常发挥④。

在我国地方煤炭监管部门流传着这样一句顺口溜——"老板赚票子，农民死儿子，地方出乱子，政府当孝子，干部掉帽子"，之所以会出现这样的"荒唐局面"，显然与我国的煤矿安全监管体制直接有关⑤。即在较多情况下，事故的发生是由于矿山生产中矿产企业内部和外部行政部门的监督过失造成的。

5.2.1.1 矿山安全生产事故监督过失的内涵

20世纪六七十年代，日本学者首先提出该监督过失理论，目的在于解决重大灾难性事故中负有监督义务者的过失责任问题。因为在实践中，诸如矿山安全生产事故、公害事故、医疗事故、爆炸事故、航空事故等，往往造成多数人权益受损、人员伤亡。究其原因，常与设施不良、防灾训练不足或者监督者之错误指导有关。然而，从传统刑法的立场来看，一般的刑法理论无法适用监督过失。按照这些理论，最终承担刑事责任的一般是最底层的现场直接作业人员，却无法追究负有监督义务者的过失责任，这不仅不公正，而且不利于抑制和防范事故类过失犯罪。因此，日本等其他国家的学者便提出了在矿山安全生产等高危行业中适用监督过失理论。

矿山安全生产事故中的监督过失，有广义和狭义之分。广义的监督过失，

---

① 于真，严家明. 社会主义社会学原理 [M]. 北京：知识出版社 1991：254.
② 蔡守秋. 调整论：对主流法理学的反思与补充 [M]. 北京：高等教育出版社，2003：540.
③ 宗建文. 刑法机制研究 [M]. 北京：中国方正出版社，2000：4.
④ 白文军. 煤矿安全生产的刑法保障机制研究 [D]. 太原：山西大学，2010.
⑤ 宋耀. 我国煤矿安全监管问题探析——论以人为本在煤矿安监中的运用 [D]. 成都：四川大学，2006.

是指在矿山生产中处于监督地位者的过失责任，其范围主要涉及灾害性责任事故、企业事故中负监督、领导责任的人的业务过失。在这个意义上称的监督过失，通常是指"管理、监督过失"，也就是监督过失包括管理过失。狭义的监督过失，是指监督者对被监督者因懈怠监督责任或监督不当而导致的过失责任。

而日本刑法理论上所运用于矿山安全生产等高危行业中的监督过失，一般系指广义的监督过失。我国大多数学者也是从广义上来理解矿山安全生产中的监督过失的。严格地说，矿山安全生产事故中的监督过失和管理过失存在差异，监督主要是指对人的监督，管理主要侧重于对物的管理，但两者事实上也存在交叉，不仅监督可以延伸到物的场合，管理本身也就包含对人的管理的含义，监督过失和管理过失在一定程度上是密切联系的，将其绝对加以区分是不现实的。因此，我国有学者将矿山安全生产事故中的监督过失定义为：在矿山生产中处于领导或业务领域范围内的协作性关系地位的人违反监督、管理义务，对其应当避免的危害结果因疏忽大意或过于自信而导致结果发生的过失心理状态。①

5.2.1.2　矿山安全生产事故中引入监督过失犯罪的必要性

于矿山安全生产事故讨论较多的是直接作业人的过失，但是直接作业人的过失并不能涵盖所有情况。现今许多的矿山生产作业中，大多数矿厂对直接作业人员的培养、管理方法上一般采取直接责任制，即由直接责任人员对自己的行为承担责任，而在矿业生产中的管理和决策往往（是）取决于监督管理人员，也就是说直接责任人即矿工的行为都是直接受命于监督管理人员，事实上相当一部分的事故是由于监督管理者的间接原因所造成的。同时，矿主为了缩减成本，大多数情况下都疏于对企业的安全设备进行更换和检修以及加强企业的管理能力，又加之行政监督管理部门的监管不到位，所以矿山生产时的安全事故屡见不鲜。因我国目前通常的做法都是追究直接责任，（此时）故此就导致事故发生并处于领导、监督地位的监督管理者的责任无法通过直接责任来解决。因此，在矿山生产中引入监督过失是很有必要的。具体理由如下：

第一，矿山安全生产事故的高风险性。矿山生产的高风险性是显而易见的，这是由矿产行业属于高危行业的特殊性决定的。（进行）矿产生产行为的实施需要从业人员（应该）拥有与采矿相关的高度专业的知识和技术，同时由于在矿产开采过程中存在许多不可控的行业本身的缺陷因素如在煤炭开采中会不断出

---

① 刘期湘. 过失犯中的违反注意义务研究［M］. 北京：经济科学出版社，2009：184.

现瓦斯、煤尘或冲击地压等自然灾害威胁，再加上有害气体、噪声、井下涌水和淋水等。因此在受到多种外因的影响时，就使得很多矿产在生产过程中存在诸多变数和不确定性。另外，随着矿产开采技术手段的迅速发展，也使很多矿产开采技术本身（就）具有许多潜在的未知危险。矿山生产活动的高风险性更是对矿产作业人员的业务素质和从业水平提出了更苛刻的要求。作为特定领域的专业人员，需要足够的知识学习、专业训练和长时间的实务积累，既然选择了从事一项时刻都有可能面临生命危险的矿产生产这一高危行业，就应当使自己具有相当强大的特定专业水平。但（是）现实往往是并非所有的矿产作业人员都具有业务素质和从业水平兼备的素质，这样就为矿产生产事故的发生留下了巨大的隐患。正是因为这种高风险性，如果要在最大程度上分解并避免此种风险的发生，就必须要将这种风险进行适当的分配，故此，势必会产生一种监督与被监督的关系。而在这种监督关系下的监督管理人员，如果在矿产生产过程中未尽到监督义务，错误指导被监督的采矿直接作业人员从而导致矿山安全生产事故发生的情况下，若单纯按照一般的矿山生产过失追究直接行为人的刑事责任，那么对于负有监督义务并实际应当承担责任的监督管理人员，就会由于间接实行行为的缺失逃脱刑法的追诉，这不仅对被追究责任的直接作业人员是不公正的，而且为此后的矿山安全生产活动制造了隐患。

第二，矿山生产中分工与权责划分。随着矿产开采水平日益精进、（和）开采技术以及相关知识的不断扩大、深入，矿产企业机构的内部分工相对来说越来越细致。因此，在矿产开采的过程中监督管理者与直接作业人员之间的关系也越来越复杂，矿产生产行为以相互配合的方式执行已经成为一种趋势。但是如何避免在开采过程中各工作人员之间因专业能力不同、缺乏协调带来负面效应，就需要从权限角度对每位参与者的责任进行分配。即在整个矿产生产的团队中，不仅需要不同角色的工作人员各行其责，还需要具有较高业务水平的人员对整个矿产开采过程在全面理解的基础上更加谨慎地计划、协调与控制。矿产开采过程中的合作方式可以分为两种：水平分工与垂直分工。水平分工主要表现为同一层级的工作人员之间的合作。在水平分工的情况下，团队成员之间平等合作，各个成员运用不同的专业知识，承担其具体工作，且成员的工作也多为互补协作的关系，因此原则上各个成员不受其他参与者的指令拘束。垂直分工则主要表现为处于不同层级、具有监督管理关系的工作人员之间根据专业能力的不同所确定的业务分担，一个部门内部的上级领导或者决策人员与直接作业人员之间为监督负责的关系，共同完成整个矿产开采的团队工作。负有监督责任的领导或者决策人员，应该对下级的行为负责，而作为直接作业人员在遵从上级指示的义务之外，还应当在其能力范围内完成其所受训练要求范围内的工作。例如，直接作业人员应当按照正确的方式根据安全规定进行开采活动，此为遵从领导或者决策人员指示的义务，而在开采之前，按照其专业训练与执业规范，必须对领导或者决策人员的指示进行查对，履行其自身专业能力应负的义务。若上级指示没有错误，是自己没有遵守相应的正确的开采规定导致事故的发生就必须自己负责；若上级指示错误，上级领导或者决策人员也应当承担责任。因此，垂直模式的矿山生产中分工与权责划分为监督过失提供了适用的空间。

5.2.1.3　矿山安全生产事故中引入监督过失犯罪的可行性

在矿山安全生产事故中引入监督过失，必须要考虑监督过失在矿山安全生产事故中适用的可行性及合理性。因为一旦在矿山安全生产事故中适用监督过失，马上紧接着要解决的关键问题就是对矿山安全生产事故中存在监督过失的行为人进行责任追究的问题。而这一问题的根源就在于，矿山安全生产过程中具有监督过失的行为人的实行行为如何界定，以及其行为与最后的危害结果之间存在的因果关系如何确定。如果要把造成矿产安全生产事故的行为认定为犯罪并进行规制，最首要的前提就是这种行为本身要具有严重的社会危害性。而这种社会危害性一般由该行为所导致的直接结果来体现，当存在监督管理过失情况下所造成的矿山安全生产事故，其监督过失行为与危害结果之间，并非直接的因果关系，将直接作业人员的行为结果归责于处于监督地位的领导或者决策人员是否合理可行，就看是否有坚实的理论依据与现实依据。

第一，理论上适用监督过失的可行性。由于矿产生产安全事故中的监督过失并不同于一般的重大事故中的过失犯罪，行为人实施的是促成直接行为人行为的一种间接行为，并没有实施导致危害结果发生的直接行为。对行为人这种间接的行为进行因果关系的分析与责任的追究就必须有充分且较为合理的理论基础。一般提倡适用监督过失的专家都是以新过失论或者新新过失论作为理论的出发点。通常采用新过失论为基础研究监督过失，一般一方面会在存在责任的阶段讨论结果的预见义务，另一方面则会在违法性阶段讨论结果回避义务。也就是说，监督管理者对直接作业人员可能会造成的危害结果应该具备注意义务，并且监督管理者应该基于此种注意义务来防止危害结果的发生，如果监督管理者没有做出防止危害结果发生的行为，监督管理者就应该进一步实施避免由于自身监督管理不到位可能导致危害结果的行为的作为义务。新新过失论又称为"危惧感说"，该理论主要是为了解决监督过失中存在的结果责任，只要具

有某种危惧感即可，便要求行为人采取事后所明白的结果回避可能的措施，①
因此强调危惧感即强调结果避免义务，从而提高了行为人在注意义务的范围内
预见能力的要求，但此时行为人的结果回避能力并没有发生本质性的变化，这
实际上就提高了注意义务对行为人内在预见能力的要求，而在事实上最终会造
成结果预见与结果回避之间的脱节。过分强调行为人的注意义务，对于在实际
上提高（的）作为义务是无法实现的，反而会造成（了）处罚范围不应该有的
扩大。无论是新过失论还是新新过失论，监督过失责任的追究都要求监督者怠
于履行监督义务以及对因被监督者的过失行为而发生危害结果的具体过程有预
见可能性。然而，随着高新科技广泛应用于生产、生活领域，一方面对社会创
造出巨大的物质利益，但同时也带来了极大的危险，造成了许多安全事故以及
矿难的发生。而在这些社会活动中，面对许多的危险事故，在有些情况下是很
难有具体的预见可能性的，危害结果具有突发性、难以预测的特点，尤其是在
矿山生产过程中，人们并不清楚其危险性的存在，在实践中对于危险发生的经
验是不能从已有经验中积累和学习的。因此导致认定监督者是否有具体的预见
可能性的难度相对较大，按照传统的监督过失理论几乎无法认定监督者的过失
责任。所以，按照目前的监督过失理论是无法（用来）解决在矿山生产过程中
对监督过失责任的追究问题。因此在笔者看来目前存在的客观归责理论就正好
可以用来解决这一问题。

　　客观归责理论是一种解决刑法实践中的结果责任归属问题的理论。该理论
发源于黑格尔（Hegel）的法哲学。德国学者拉伦兹（Larenz）以此为基础明确
提出客观归责的概念，并将其广泛用于各种法律领域。其后，另一德国学者霍
尼格（Honig）根据 Larenz 的理论，尝试将之特别应用到刑法理论中，初步奠定
了刑法中客观归责理论的基石。最终，这些理论以及其他一些学者的共同成果，
客观上成为罗克辛（Roxin）的客观归责理论的渊源，而罗克辛也成为客观归责
理论的集大成者。目前，客观归责理论在德国刑法学界已得到普遍的承认，特
别是在过失犯的适用方面；同时对司法实践也产生了一定的影响。该理论在日
本以及我国台湾地区也得到了大多数学者的认可，有着深远的影响。一般说来，
所谓的"客观归责"，是如果行为制造了危及行为客体而为法所不容的危险，并
且这个危险实现了构成要件的结果，那么这种由人的行为所导致的结果是可归
责的。换句话说，人的行为如果是制造法所不容的危险，且为实现构成要件的

---

① （日）西田典之. 日本刑法总论［M］. 刘明祥，王昭武，译. 北京：中国人民大学出版
　社，2007：210.

结果，那么在客观上就是可归责的。① 客观归责理论之所以被称为"客观"的归责理论，"是因为我们在这里都是从事情本身的性质或利益关系去考虑应否负责的问题，而不是从行为人属于人的因素（例如行为能力）去考虑应否负责的问题……"② 客观目的性只是表面上看起来和行为人的能力有关，亦即所谓行为人的预见可能性在客观归责上的决定作用只是一个假象，它不是决定于人类意志的支配可能，而是决定于行为人的行为是否制造了足以引起构成要件法益侵害结果的法律上重要的风险。③

在界定矿山生产过程中的监督过失中，某种行为是否制造了法律所不允许的危险以及证明处于监督地位的监督管理人员的行为是否造成了刑法所不允许的危险时，必须弄清其行为与法律所要求的义务以及受侵害的法益存在某些较近的关系。在矿山生产的监督关系中，虽然是被监督者直接从事着危险业务，但作为监督者应该具有更高的技能，更了解业务的危险程度，更加熟悉防范危险的发生。更为重要的是监督者具有支配下级的权力和地位。一般在正常情况下，在矿产生产过程中的工作人员都有保护自己（的）生命安全的最基本的业务水平，但是作为技术业务能力较强的监督管理者对参与开采过程的技术不熟练的直接作业人员的行为进行监督、指导，也是防止下级由于知识缺乏、经验不足、精神怠慢等导致危害事故发生的普遍规范。在矿产生产的行政法规、行业规范以及企业内部制度中就有许多监督、指导以及检查等义务。具有监督地位的监督管理者应该充分履行这些义务，当不履行这些义务时，对于刑法所保护的人身法益来说就是制造了不被允许的危险。而只要监督者因为未履行相应的监督义务，在客观上造成了危害结果的发生，无论其在主观上是否预见到，都视为是出现了法所不允许的危险，从而就可以在客观上对其监督过失的行为进行归责。

客观归责理论从根本上解决了矿山生产过程中监督过失的归责问题，因为按照传统的监督过失理论，更强调对注意义务的预见可能性（上）。对于矿山生产过程中随时发生的危险，监督者并不一定能够充分预见，如果仅仅依靠预见的可能性来作为归责的依据，则无法对监督者进行有效的处罚。而客观归责主要是以制造并实现法所不允许的危险来认定监督过失者的责任，该归责理论对

① 许玉秀. 最高法院七十八年台上字第三六九三号判决的再探讨——前行为的保证人地位与客观归责理论初探 [J]. 刑事法杂志，35（4）：31.

② 黄荣坚. 刑法问题与利益思考 [M]. 台北：台湾元照出版公司，2001：156.

③ 胡曼丽. 论医疗犯罪中的监督过失犯罪 [D]. 湘潭大学，2009：7-8.

于所有行业中的监督过失，尤其是在矿山生产中监督过失的适用，均具有一定的合理性。

第二，实践中适用矿山生产监督过失的可行性。在矿山安全生产中适用监督过失，并非仅仅是理论上的探讨，而是有着明确清晰的法律适用依据。同时，我国也存在运用监督过失来处理问题的相关案例，由此可见，在矿山安全生产中适用监督过失，在实践中也是具有可行性的。以下两个案例就是最好的证明：

2006 年 6 月 20 日安家岭井工矿掘进六队（内蒙古大雁矿山有限公司）在 1 号矿井 4103 回风巷进行施工作业，当班（中班）下井作业前，入井后在施工地点与早班现场交接，并对早班留下的空顶区进行了支护。支护结束后，开始向前掘进。21 时 30 分时，在左侧巷道掘进 3.6 米、宽 3.5 米，退出停机，在没有临时支护的情况下，掘进机司机施平进入作业区域进行成型测量，支护工李某随后跟入，在退出时，距前方煤壁 1600 毫米处，掉下一块约 1 平方米、厚 350 毫米煤块砸至李某头部和腰部，经急救站现场处理后送往平朔医院，李某于 22 时 45 分因抢救无效死亡。经现场观察，该巷道顶板多处有贝壳状游石（草帽花），极容易掉落。在这起事故发生后对于直接作业人员李某予以处罚，但是因为其已经死亡，因此没有追究。但与此同时，运用监督过失追究责任给予对跟班队长即当班的第一责任者处罚 3000 元，因为没有认真检查作业现场，也没有制止人员进入空顶区，应负主要责任；给予掘进六队队长处罚 2000 元，因为其班前会安排不细，只安排任务，没有强调安全，应负主要领导责任；给予项目负责人黄牌警告，如再发生事故将取消准入资格驱逐出矿区，因为其对掘进六队管理不严，安全教育不到位，导致现场人员有章不循、违章作业。在此案例中可以看到作为监督管理者的跟班队长、掘进六队队长以及项目负责人（因为）没有履行好监督管理义务，因其间接原因造成严重的矿山生产事故，在对其进行责任追究时采用的方式正是监督过失理论的运用。

2006 年 9 月 8 日下午，张明星、张春良、贺冬来、汤建文等 5 人到牛形煤矿 +124 米水平三水平 12 煤西侧沿煤天眼平巷进行掘进作业。进班后，5 人发现天眼平巷口处的支架顶梁被压弯折断，并猜测是由巷道上方的煤松动所导致。他们认为上面的煤已经松了，一样会冒落下来，现在不好维修，干脆任其自由垮落，反正上面还有条巷道，估计不会垮太多的煤下来，等垮落后再修复巷道。于是，1 个人从工作面下到 +124 米天眼口接煤搞运输。张明星、张春良、贺冬来、汤建文 4 人继续在平巷掘进作业。13 时左右，天眼平巷口发生冒顶，垮落大量粉煤和大块矸石，将天眼及平巷口堵住，4 名平巷内作业人员全部被困。而这起事故的直接原因是：其一，作业人员进班后没有认真检查并采取有效措施处理冒顶迹象，仍然进入危险区域冒险作业。其二，在同一煤层，两个天眼往相同方向开平巷，上下间距不足 5 米，且上方平巷自西往东回采，回采后顶板冒落，下方平巷却自东往西掘进，导致下方平巷应力集中，发生冒顶。而事故的间接原因是：作为矿山生产的监督管理者，首先是违反《煤矿重大安全生产隐患认定办法（试行）》第十五条第（五）项的规定，将井下各水平、各煤层实行买断式承包。各承包队在承包期限内急于收回承包款，追求利润最大化，煤矿在采掘布置、技术管理、安全管理等各方面根本无法对承包队实行统一管理，存在一系列安全隐患；在承包合同快到期的时候，为尽可能地多出煤，在同一煤层内上下间距不到 5 米布置两条巷道，造成下方巷道应力集中。其次是其在开采过程中现场安全管理混乱。一是采掘工作面的现场安全工作由各承包队自行设置的安全员管理，实际没有煤矿安全员对各采掘工作面进行现场安全管理，导致井下现场安全管理放任自流。二是各工作面没有明确班组长，仅由大工带班，且违反《煤矿安全规程》第五十五条的规定，开工前班组长（大工）没有确认工作面没有危险，也没有安全员进行安全检查，导致在发现有冒顶预兆后，工人仍然进入工作面冒险作业。最后是监督管理的技术管理相当薄弱，一是违反《煤矿安全规程》第十五条的规定，井下所有采掘工作面在开工前没有编制施工组织设计和作业规程，没有采掘巷道布置、支护方式、安全管理等方面的要求，导致井下作业无章可循。二是违反《煤矿安全规程》第五十条的规定，12 煤两个天眼都是独头巷道掘进开采，天眼行人兼做溜煤使用；两个天眼在掘进遇到煤包以后，仍未开掘平巷贯通两个天眼，导致发生冒顶后，被困人员无其他安全出口。从上文对案例中事故发生的原因分析，可以知道事故的发生大部分是由于监督管理者的过失造成的，因此从实践的角度来看，矿山生产监督过失是有其可行性的。

5.2.2 矿山安全生产事故中监督过失的构成

第一，存在违反矿山安全生产造成法益损害的实行行为。实行行为的存在是成立监督过失的前提条件。在过失犯中，同故意犯一样需要实行行为，但是随着新过失理论的普及，过失犯的实行行为可能宽缓一些。而矿山安全生产中的监督过失主要通过作业行为的中间项行为使得监督过失实行行为体证更为弱化。在矿山安全生产的管理过失中，不介入作业人员等的行为中间项时，由于矿山生产监督管理的设备、机构、体制等不完备而导致危害结果的发生，难以捉摸，其间的实行行为更是难以把握。监督过失犯中的行为是属于作为还是不作为，目前学术界倾向性的观点为不作为犯，但也不能排除作为的情形。在对矿山生产的监督者认定不作为时，只有对结果的发生负有相当的作为义务的人，才可能承担监督过失的责任，即在不作为犯中，行为人的不作为具有侵害法益的现实危险性，与作为具有同等价值时，才能承担过失责任。因此，在确定矿山安全生产中监督过失的实行行为的内容时，必须对可能造成安全事故产生人身伤害和财产损失的现实危险性进行判断，否则，造成事故的实行行为内容将会过于泛化，使得在矿山安全事故中对因监督过失造成损害的实行行为的认定具有更大的不确定性，刑法保障机制也就难以实现。而矿山安全生产中监督过失的实行行为绝大多数是以作为形式表现出来的，但也不排除不作为的存在。在不作为过失犯罪中，作为义务是过失犯罪的核心问题。监督人、管理人负有作为义务是成立不作为犯的前提条件。质言之，监督过失的实行行为，无论是作为还是不作为，应该限定为制造出具体的危险，且其因果、经验与相关结果有紧密联系的行为。实行行为的主体限定为具有能够支配其原因力的实质权限的人。①

第二，矿山生产中行为人（监督人）有对危害结果回避的可能性。回避可能性是回避义务的前提，没有回避不可能回避的结果发生不能算作过失犯罪。② 矿山生产中的监督过失理论属于新过失理论，在注意义务上，采取结果回避义务，即采取积极的行为避免因自己的监督过失可能造成的危害结果的义务。正如有学者指出，矿产生产中的监督过失中的注意义务，不是预见由自己的行为直接造成的矿难等危害结果，应当采取避免该结果的措施的义务，而是预见由自己的行为可能惹起被监督人即矿产生产中直接作业人员的过失行为导致产生的危害结果，应当采取避免该情况的措施的义务。在这种情况下与一般过失中的注意义务不同。③ 一般过失的注意义务是预见自己的行为直接产生的危害结果，并应采取结果回避措施；矿山生产中的监督过失的注意义务则是预见自己的行为将惹起被监督人的过失行为，并产生危害结果，为了避免结果发生而应采取的某种行动。矿山生产中的监督过失的预见可能性的对象不是结果本身，而是直接行为人的过失行为，但如果能预见到直接行为人的过失行为，就能预见最终的结果。直接行为人的过失行为只是一个中间项。具有中间项的预见可能性，就具有最终结果的预见可能性。这种中间项是作为因果发展的基本部分表现出来的。因果发展的基本部分的预见可能性，是判断结果预见可能性的手段。

---

① 高铭暄，赵秉志. 过失犯罪的基础理论 [M]. 北京：法律出版社，2002：95.
② 刘艳红. 实质犯罪论 [M]. 北京：中国人民大学出版社，2014：181.
③ （日）川端博. 刑法总论讲义 [M]. 东京：成文堂，1997：214-215.

矿山生产中的监督过失注意义务判断标准为：假定监督管理者或者矿主实施了符合被允许的危险的法理所确定的结果回避义务的行为，危害结果不会发生。具体来说应满足以下条件：首先，实体条件。若行为人实施符合结果避免义务的行为，结果就大体上来说确实不会发生。如作为矿山开采中的班（队）长起初没有认真检查作业现场，也没有制止人员进入空顶区，但当其意识到此时可能发生矿难事故等危害结果时，其积极地重新检查并且撤走进入空顶区的作业人员，此时大体上来说危害结果就不会发生了；其次，程序条件。对实体要件的证明必须达到不容许合理怀疑的程度。监督过失的内容及程度，应根据行为人（监督者）所处的具体地位与状态，依客观标准来决定，即依一般人处于和行为人相同的地位或者状态下，可能为的注意义务及其程度来确定。

第三，矿山生产中行为人（监督人）具有结果预见可能性。在矿山生产中，过失犯的成立条件之一是行为人必须有注意能力，即行为人具有的认识自己的行为可能发生危害结果的能力。其包括两个方面：认识自己究竟应采取怎样的措施才能有效地防止结果发生的能力和基于上述认识而采取措施以避免危害结果发生的能力。如果行为人欠缺对结果预见的可能性时，即使发生危害结果，亦不成立过失犯罪。基于监督过失行为的特定性，（因此，）在矿山生产过程中（的）监督人的预见内容也是具有特定性的。即监督管理者能够认识到特定构成要件结果以及导致结果发生的因果关系的基本部分，主要指的是对从业人员或者作业人员中间项行为的认识，对直接原因不需要认识。作为在矿山生产中的监督管理者注意能力的判断标准应采取折中说，即其注意能力较一般人高的，以一般人的注意能力作为衡量的标准，如果注意能力低于一般人的，此时以行为人注意能力为准。但是对在矿井中的直接作业人员进行监督管理的监督人、管理人，由于其处于监督、管理的地位，因此，对监督过失行为人的注意能力，（即）应以结果预见可能性作特定的考察：对物理的能力要素应采用主观标准（行为人标准），所谓物理能力是指行为人具有洞察危险发生的知识、素质等智力、生理能力；对伦理（心理）的能力要素应采用客观标准（一般人标准），所谓伦理的能力是指行为人具有对特定他人的法益加以尊重规范心理的能力。

第四，监督过失行为与危害结果具有因果关系。在矿山安全生产过程中成立监督过失要求监督管理者的间接行为，即监督管理行为必须与矿难危害结果之间存在因果关系。一般过失犯的因果关系存在于行为人的行为与危害结果之间，而监督过失行为则存在他人（的）行为的介入，即监督过失行为与结果的关系沟通必须以他人行为为媒介，并且监督过失责任是以监督者对被监督者所为行为而负的过失责任，如矿主对矿工的行为所负的责任。因此，探究监督者的监督过失责任，则必须肯定监督者的过失行为与被监督者的行为及所发生的结果之间存在因果关系。目前，对于因果关系的认定，刑法理论及其实务中多采用相当因果关系。即根据一般社会生活经验，在通常情况下，某种行为产生的某种危害结果被认为是相当的场合，行为与结果之间就具有因果关系。

　　第五，矿山生产中监督过失构成的核心是注意义务。首先，矿山生产中注意义务的来源。在矿产开采中的管理、监督地位的实质就是履行管理、监督职责，而履行管理、监督职责就是矿产开采中管理、监督过失的注意义务的来源。因此，只要确定了管理、监督职责，也就确定了管理、监督过失中的注意义务。管理、监督职责具有以下三个方面的依据。其一，法律法规的规定。即管理、监督职责是由法律法规明确规定的。规定管理、监督职责的法律法规主要是规范企业生产经营秩序和行政行为的行政法律法规。例如，《安全生产法》第五条规定："生产经营单位的主要负责人对本单位的安全生产工作全面负责。"第十八条进一步规定了生产经营单位的主要负责人所负有的七项防止生产安全事故的管理、监督职责，从而确定了其注意义务。在日本坊满月城火灾事故案（1968年）中，坊满月城公司的总经理因为是消防法所规定的"具有防火权限的人"而被认定为具有监督过失，并被以业务上过失致死罪的罪名起诉和被判有罪。其二，职务的要求。即行为人因为所担任的某种特定职务而具有管理、监督职责。常见的事例之一是矿主对矿工的开采行为以及行政监督管理部门对矿井生产所负有的监督职责。这种类型的管理、监督职责既是职务上的要求同时也是在立法上有明确规定的，因为它是矿山生产等高危行业的基本要求。其三，单位管理制度、合同的约定或者法人机关的授权。单位的管理和监督职责的大部分是通过单位管理制度分配到具体成员身上，相关人员因此而负有管理、监督职责，而企业章程等都是常见的单位管理制度。此外，单位还可能以合同的方式约定某个成员对某些单位事项具有管理与监督职责，甚至以授权的方式临时赋予某个成员以管理、监督职责等。

　　其次，矿山生产中监督过失的注意义务违反。如前所述，在监督过失中，行为人不是通过自身行为直接与结果之间具有因果关系，而是由于没有履行确立安全体制确立义务或指挥、命令不当而导致被监督者的行为发生危害结果，因此，监督过失与一般过失是存有差异的。在监督过失中，由于危害结果的发生不是监督者的行为直接引起的，因此，监督过失中的注意义务，不是预见由自己的行为直接发生犯罪的结果，采取相应的措施避免该结果发生的义务，而是预见由自己的行为能惹起被监督人的过失行为，至于产生犯罪的结果，应当采取避免该情况的措施的义务。在这一点上与一般过失中的注意义务不同。①由此可见，在监督过失中，监督者所违反的注意义务是结果避免的义务。这一点与我国刑法规定有所不同。我国刑法第 15 条第 1 款的规定强调行为人对危害结果的预见义务，这是一种主观的义务，②而大多数监督过失的情况下，监督者对危害结果一般并无预见，因为一旦他们有所预见或有"危惧感"，因其事关重大，监督者肯定会采取相应措施以防止灾祸发生。在这种情况下，依预见义务违反说来解释，就无法对监督过失者正确定罪量刑。

监督过失的注意义务违反是指监督者违反了监督的注意义务，包括客观注意义务的违反和主观注意义务的违反。就监督过失的客观注意义务违反而言，主要是指行为人对于因自己的行为与被监督者的行为引起结果发生具有预见的可能性，但没有采取措施防止被监督者的过失行为导致结果的发生；或者是监督者对于安全体制上安全隐患存在预见可能性，但没有采取措施加以整治，最终导致结果发生的情形。就监督过失的主观注意义务违反而言，是指监督者因自己的监督或管理过失会导致结果的发生，具有主观的预见可能性及回避可能性，但由于主观上的懈怠而没有采取必要注意的行为。

第六，矿山安全生产实践中对监督过失犯罪的认定。首先，监督过失犯罪主体认定。理论相对于实践来说，具有一定的超前性，而实践则往往滞后于理论。在当前我国刑法理论（中）广泛认同监督过失理论的情况下，该理论在司法实践中的接受情况并不乐观③。监督过失理论在我国大量运用，目前主要体现在犯罪主体方面，例如在 2015 年颁布的《最高人民法院、最高人民检察院关于办理危害矿山生产安全刑事案件的解释》较为具体化一些犯罪主体，即具体化重大责任事故罪，强令违章冒险作业罪，不报、谎报安全事故罪的犯罪主体。如《最高人民法院、最高人民检察院关于办理危害矿山生产安全刑事案件的解释》的第一条和第二条，所指的犯罪主体包括对矿山生产、作业负有组织、指挥或者管理职责的负责人、管理人员、实际控制人、投资人等人员，以及直接从事生产、作业的人员。实践中，一些公务员不便于"现身"管理或者一些投资者不想承担太多的安全生产责任，例如这些公职人员让一些无资本投资的人员成为他们矿山的法人代表，给他们一定的收益，一旦发生矿难，这些法人代

① （日）川端博. 刑法总论讲义［M］. 成文堂，1997：214 - 215；转引自马克昌. 比较刑法原理（外国刑法学总论）［M］. 武汉大学出版社，2002：270.

② 王安昇. 刑法中的行为无价值与结果无价值研究［M］. 北京：中国人民公安大学出版社，2005：192 - 193.

③ 陈兴良. 刑法的知识转型［M］. 北京：中国人民大学出版社，2012：474.

表就做他们的"替死鬼"。可以说之前的处理模式只是让一些无实际职责且无力承担的"替死鬼"承担刑事责任，而让真正拥有实际职责且有能力承担的犯罪嫌疑人逍遥法外。该司法解释让实际控制人与名义负责人同样要负主要责任，这就解决了现实生活中矿山名义负责人与矿山实际控制人的刑事责任问题。

其次，监督过失犯罪实行行为的认定。监督过失的关键在于注意义务，而注意义务的表现形式也是实践中认定监督过失犯罪的方式。笔者基于结果无价值论的立场①，以旧过失论为基础，同时认为，只有具备发生构成过失犯构成要件结果的一定程度的实质危险行为，才是符合过失犯构成要件的行为。所以，并不是只要事后的判断得出行为人对结果具有预见可能性的结论，就成立过失犯。根据这种修正的旧过失论，是否存在过失犯的实行行为，是构成要件的符合性问题，而是否具有结果的预见可能性，则是有责性的问题。所以过失是违反了注意义务，这种注意义务包括结果预见义务与结果回避义务，也即包括不作为犯罪与作为犯罪。比如没有回避结果的发生，一定是由于行为人实施了直接导致结果发生的行为（作为），或者没有履行防止结果发生的义务（不作为）②。而在实践中，该《解释》也在一些方面作出相应的规定。

在定罪标准方面，《最高人民法院、最高人民检察院关于办理危害矿山生产安全刑事案件的解释》作出了相关的明确规定③。比如该解释第六条：发生矿山安全生产事故，具有下列情形之一的，应当认定为刑法第一百三十四条、第一百三十五条规定的"重大伤亡事故或者其他严重后果"：造成死亡一人以上，或者重伤三人以上的；造成直接经济损失一百万元以上的；其他造成严重后果或者重大安全事故的情形。以及第七条规定：造成死亡三人以上，或者重伤十人以上的；造成直接经济损失三百万元以上的；其他特别恶劣的情形。此时一些罪状进一步地明确，可以让司法机关对相关的犯罪行为（可以）较好地定罪量刑，凸显罪刑法定主义理念。

---

① 结果无价值认为违法性的本质是对法益的侵害或者威胁，它以"结果"为中心考虑违法性问题；行为无价值认为违法性的本质是对法秩序的违反，它以"行为"为中心考虑违法性问题。目前刑法理论上结果无价值与行为无价值的对立，实际是指纯粹的结果无价值（即完全不考虑行为的样态、主观内心等行为无价值的内容）与以结果无价值为基础、同时也考虑行为无价值的"二元论"的对立（参见（日）曾根威彦. 刑法学基础 [M]. 黎宏，译. 北京：法律出版社，2005：译者序第 2 页以下），而后者，正是当今学界所说的行为无价值。换言之，当今刑法理论中存在单纯的、远离行为无价值的结果无价值，但不存在纯粹的、远离结果无价值的行为无价值。

② 张明楷. 行为无价值论与结果无价值论 [M]. 北京大学出版社，2012：208.

③ 林静. 高法高检解读《解释》[J]. 劳动保护，2007（4）：45－47.

　　在国家工作人员行为规制方面，似乎有些"重刑主义"。但这也是国情所迫，无奈之举。众所周知，我国现阶段腐败较多，煤矿领域更是已染许久且尤为突出。许许多多的重特大矿山安全生产事故被调查后都会发现有国家工作人员的腐败行为。据统计，2006 年 1 月至 12 月 20 日，全国检察机关派员参与行政机关对重大安全生产责任事故调查 1383 件，通过调查发现并立案查办涉嫌渎职等职务犯罪案件 629 人①。因此，国家工作人员犯罪问题不得不从重打击，此处的"重刑主义"是非常贴近国情、顺应民心的，故此我们必须从严、从重打击国家工作人员在矿山安全事故领域所涉及的犯罪。而在这一方面，《最高人民法院、最高人民检察院关于办理危害矿山生产安全刑事案件的解释》主要是针对国家工作人员违反规定入股矿山安全生产经营和渎职犯罪这两方面作出相应的规定。国家工作人员违反规定入股进行矿山安全生产经营是与行政责任相联系的。我国在行政领域，也是发了相关的文件禁止公务员经商，因为一旦公务员经商会让市场出现极强的垄断，市场调节作用减弱等不利的经济影响；也使其是否公正地履行职责受到怀疑，让职权行使的公信力降低。煤矿安全领域更是如此，"官煤勾结"让人深恶痛绝，必须有效遏制乃至完全终结。该解释主要是将此情况作为从重情节依法处罚。渎职犯罪方面，主要是滥用职权罪或者玩忽职守。列出了六种情形，即在对不符合矿山法定安全生产条件的事项予以批准或者验收通过的；对于未依法取得批准、验收的矿山生产经营擅自从事生产经营活动不依法予以处理的；对于已经依法取得批准的矿山生产经营单位不再具备安全生产条件而不撤销原批准或者发现违反安全生产法律法规的行为不予查处的；强令审核、验收部门及其工作人员实施本条第一项行为，或者实施其他阻碍下级部门及其工作人员依法履行矿山安全生产监督管理职责行为的；在矿山安全生产事故发生后，负有报告职责的国家机关人员不报或者谎报事故情况，贻误事故抢救的；其他滥用职权或者玩忽职守的行为；具体化这些情形，也就让检察机关更好地追究以国家工作人员为犯罪主体的刑事责任，进一步打击职务犯罪。

　　在安全事故报告方面，《最高人民法院、最高人民检察院关于办理危害矿山生产安全刑事案件的解释》也是作出一番具体规定。监督职责中，一项重要的职责是事故报告职责。当事故发生时，矿山负责人员本应沉着、冷静，一方面向有关部门报告；另一方面，根据之前就制定好的《矿山灾害预防和应急救援预案》启动应急处置程序实施紧急救援，以求有效控制事故态势，并尽全力抢

---

　　①　林静. 高法高检解读《解释》[J]. 劳动保护，2007（4）：45－47.

救受难矿工减少损失。但他们没有这么做，而是想着怎样不报、瞒报或者谎报事故情况，甚至破坏事故现场，损毁相关的证据、数据，以致贻误事故抢救的时机，使事故后果进一步扩大。而且这种情况较普遍，也较复杂。较普遍是因为很多被查处的事故都或多或少有这种情况；较复杂是因为这种犯罪有多人参与，不仅有矿山负责人员主动实施，还有一些国家工作人员进行参与。该解释对此就作了进一步的明确规定，比如在第五条就史无前例地明确此领域此罪的犯罪主体范围："有报告职责的人员"，是指矿山生产经营管理单位的负责人、实际控制人、负责生产经营管理的投资人以及其他负有报告职责的人员。而且在第六条具体说明何为"情节严重"，何为"情节特别严重"；在第九条将一些帮助犯以共犯论处。可以说是符合罪行法定的明确性要求，也就有了一个衡量标准。

5.3 矿山安全生产监督过失责任缺陷

5.3.1 立法价值目标多元致矿山生产存在安全隐患

我国于 1990 年批准了《三方协商促进实施国际劳工标准公约》（1976 年第 61 届国际劳工大会通过），并在我国《工会法》《劳动争议调解仲裁法》中初步建立了"三方机制"，但该机制主要用于解决劳动争议问题。① 虽然我国将保护劳动者的人身安全与健康作为立法的目的，但"促进经济发展"又同时是另外一个重要的目的。而"促进采矿业的发展"在很多时候被理所当然地解读为对经济效益和利益的最大化追求，因此，在这种理念的支配下，在我国的矿山安全生产过程中追求高产高效，轻视矿工生命就变得不足为怪。在经历了一幕幕可怕的矿难过后，有关人士坦言，正是"勇争第一"的偏激理念催生矿产开采过程中许多管理人员的冒险行为，从而最终导致了矿难悲剧的发生。能够一举两得那是最佳的结果，但往往希望适用一部法律来实现多个法的目的，有时候则不免出现事与愿违的情况。因为当经济目标和安全目标出现冲突的时候，人类本能的逐利心理必然催生对前者的特别偏好，最终影响法律的实施效果，为煤

---

① 杰瑞·马肖. 行政国的正当程序 [M]. 沈岿，译. 北京：高等教育出版社，2005.

矿安全埋下隐患。①

目前我国规范矿山安全生产的法律主要是《矿山安全法》《安全生产法》和《煤炭法》。《矿山安全法》颁布于 1992 年 11 月，该法的制定过程中，我国还处于计划经济时期，国有、集体煤矿企业一统天下，政府直接介入企业管理。而随着经济转型，乡镇、私营矿山企业的比例逐步加大，政府不再直接插手企业经营，对此《矿山安全法》却无相应条款予以规范。此外，《矿山安全法》全文仅 50 条，且并非专门针对煤矿安全生产，涉及法律责任多是一些原则性规定，有些与责任追究有关的基本概念，如"矿山"，该法甚至未作界定。虽然其后的《矿山安全法实施条例》和《刑法》中的有些条款对此有所涉及，但前者将其限定为"依法批准的矿区范围内"，后者则列举为"国有、集体，及民营企业"。这样一来，非法矿山即被排除在法律规制之外，一旦实施了不安全生产行为，非但《矿山安全法》无计可施，就是以《刑法》追究亦落入于无法无据的尴尬境地。2002 年通过的《安全生产法》虽然对煤矿安全生产责任作了一些具体补充，但仍无法满足煤矿安全生产的要求。而 2005 年国务院出台的《关于预防煤矿生产安全事故的特别规定》，虽然是专门针对煤矿安全生产，但一方面立法层级较低；另一方面有些规定存在与上位法冲突之嫌，实际操作中反而带来困扰。此外，为了应对复杂的矿山安全形势，我国各级政府一直对矿山安全保持着严加监管的态势。但在相当长一段时期内，受全能主义治理思想影响，我国矿山安全工作被简单地定位为"政府执法 + 企业守法"。在这种背景下，政府将行政权力的触角几乎延伸到了每个角落，对违反规定的义务人实施严厉的行政处罚措施。如果说 20 年前矿山安全主要通过政府规制有其合理性，那么，时至今日，我国矿山企业自我安全管理的能力和水平有了显著提升，矿山生产安全形势已总体趋于平稳。②

5.3.2 刑事立法上存在的缺陷

矿山安全生产事故中监督过失犯罪既侵害了矿山企业的正常生产，危害了公共安全，又违反了国家机关工作人员职务的勤政性原则，侵害了国家的正常管理活动，因此属于责任事故犯罪和渎职犯罪的竞合。通过对相关罪名的分析，

---

① 杨雪梅. 煤矿安全事故频发的法律解读与反思 [J]. 黑龙江省政法管理干部学院学报，2011 (5).

② 罗丽，代海军. 矿山职业安全与健康的监管机制创新——兼论我国《矿山安全法》的修改与完善 [J]. 中州学刊，2016 (3).

我国对矿山安全生产事故中监督过失的责任追究在刑事立法上主要有以下几点缺陷：

第一，刑法将监督过失犯罪规定为过失实害犯，而非过失危险犯。我国刑法对于矿山安全生产事故中监督过失犯罪，是以玩忽职守罪来定罪的，而该罪名的成立是以危害结果的实际发生为条件的。例如，刑法第三百九十七条第一款规定："国家机关工作人员滥用职权或者玩忽职守，致使公共财产、国家和人民利益遭受重大损失的，处3年以下有期徒刑或者拘役；情节特别严重的，处3年以上7年以下有期徒刑。"根据该条款，玩忽职守罪的成立必须以公共财产、国家和人民利益遭受重大损失为条件。刑法之所以这样规定，是因为在我国的刑法理论中，过失犯基本上是以危害结果的发生为成立要件，注重事后惩罚，不注重事前预防。并且在追究责任时要求要有刑法的明确规定才能够追究。因此，随着科学技术的发展和生产力的进步，危险源也在不断地增加，其可能造成的危害结果也在不断扩大，作为刑事立法者应当根据过失犯罪的新态势和实际情况在刑事立法上作出及时调整，对于在矿山生产安全领域的过失犯不应该仍然采用以发生危害结果为犯罪的构成要件，而是应该扩大构成的范围。采用过失危险犯即只要构成可能造成危险即可。只有这样才可解决危害结果不断扩大同时又难以预见从而无法追究责任的问题，避免对社会造成更大的损害。每当矿山安全生产事故发生（后），造成数十名矿工的死亡，数百万甚至数千万国有财产的损失后，这时才开始追究监督者的责任，其意义并不大。笔者认为，刑法将监督过失犯罪定义为过失实害犯，不利于预防矿山安全生产事故的频繁发生。

第二，刑法对矿山安全生产事故中监督过失犯罪配置的刑罚种类单一。对于责任事故犯罪，外国刑法规定了比较丰富的刑种，有劳动改造、罚金刑、资格刑、监禁刑等。例如在法国刑法中，适用于自然人的刑种主要有：①监禁刑。监禁刑适用于作为轻罪的责任事故犯罪。②罚金刑。罚金刑在法国刑法中占据着重要的地位，大部分犯罪都可适用罚金刑。法国刑法第322－5条第1款规定，由于不履行法律或条例强制规定的安全或审慎义务引起爆炸或火灾，致使属于他人的财产受到非故意毁坏、破坏或者损坏的，处1年监禁并科10万法郎罚金。③资格刑。从剥夺或者限制犯罪人资格的内容上看，主要有禁止从事某种职业性或社会性活动，这些活动是与行为人所实施的犯罪相关联的。④没收。没收的对象主要是没收属于犯罪人所有或者可以支配之物。日本刑法对责任事故犯罪配置的刑种主要是自由刑和罚金刑。俄罗斯刑法可以适用责任事故犯罪的刑种有自由刑、劳动改造、罚金刑、资格刑。①

通过与外国刑法的比较,我国刑法对监督过失犯罪所配置的刑种为自由刑,且主要是有期徒刑和拘役,刑种较为单一。作为对犯罪反应的刑罚方法,应与犯罪人的情况相适应。在矿山领域,其从业人员的收入是十分丰富的,一些矿山企业的经营者为了谋取巨额的经济利益,漠视矿山企业的安全生产,盲目超能力生产,减少安全投入,为矿山安全生产事故的发生埋下隐患。一些政府的监督者收受矿山企业的贿赂,对矿山企业的违规生产睁一只眼、闭一只眼,不认真履行监督职责。对于他们来讲,几年牢狱生活与巨大的经济利益相比,显得微不足道,(巨大的经济收入更具有吸引力,)即使承担监督过失责任,被剥夺几年的人身自由,但在出狱后,其仍有巨额的财产供其生活享受。因此,仅剥夺监督者自由刑的刑罚,不仅不利于实现刑法的惩罚目的,打击矿山安全生产事故背后的渎职犯罪,也不利于遏制频繁发生的矿山安全生产事故。

第三,刑法对矿山安全生产事故中监督过失犯罪规定的刑罚强度过轻。我国刑法对玩忽职守罪规定的刑罚分为两个幅度:3年以下有期徒刑或者拘役和3年以上7年以下有期徒刑。这使得监督过失的刑罚轻于一般过失,笔者认为刑法的轻重必须考虑行为人的主观恶性和行为的社会危害性。从行为人的主观恶性程度上看,监督过失的主观恶性大于一般过失。在监督过失中,监督者对于危害结果的发生属于一种过失心态,但对于被监督者的危害行为持一种故意心态。而在一般过失中,行为人对于危害结果的发生是一种过失心态,没有掺杂故意心态。从这一点上讲,监督过失的主观恶性应大于一般过失。从行为的社会危害性程度上看,一般的过失犯罪多为过失致人死亡罪、过失重伤罪等,这类行为侵犯的客体是特定人员的生命或者健康的权利,其犯罪对象特定,犯罪结果表现为特定人员的死伤,而监督过失犯罪所侵犯的客体是公共安全,侵害对象是不特定的人员或者重大的财产,犯罪结果表现为不特定的人员死伤或者重大的财产损失。从这一点上讲,监督过失犯罪的社会危害性不低于一般的过失犯罪。在我国刑法中,监督过失犯罪的刑罚轻于一般过失犯罪的刑罚。例如我国刑法第三百九十七条第一款规定的玩忽职守罪,其法定刑幅度有两个:一是致使公共财产、国家和人民利益遭受重大损失的,处3年以下有期徒刑或者拘役;二是情节特别严重的,处3年以上7年以下有期徒刑。而刑法第二百三十三条规定的过失致人死亡罪,其首选的刑罚幅度为3年以上7年以下有期徒刑,情节较轻的,处3年以下有期徒刑。对这两个罪名进行对比,我们就可能

---

① 刘志伟,聂立泽. 业务过失犯罪比较研究 [M]. 北京:法律出版社,2004:167-169.

发现，前罪致多人死亡和后罪致1人死亡的量刑可能持平，这是不合适的。刑罚过轻，不会对犯罪行为人产生较深刻的惩罚效果，不利于遏制频繁发生的矿山安全生产事故。

综上所述，需要及时完善我国煤矿安全监管立法。第一，完善煤矿安全生产的相关法律。一是出台煤矿安全监管的专项法律。二是修订现有煤矿安全生产的法律法规，使其与当下时代背景和煤矿安全生产形势相适应。第二，制定完善的法律条款。即，在制定煤矿安全生产法律时要坚持"宜细不宜粗"的立法原则，遵循"事无巨细"的指导思想，明确煤矿安全立法的立法目的，制定操作性强、完善细致的法律条款。①

5.3.3 司法上存在的缺陷

5.3.3.1 矿山安全生产事故的渎职犯罪轻刑化

2014年，最高人民检察院针对2008年至2013年国家机关工作人员在公共基础设施建设事故、矿山安全生产事故、工程建设事故等领域责任事故背后存在的滥用职权、玩忽职守、徇私舞弊等渎职侵权犯罪问题进行统计，共计4085件案例，查处人数达5484人，特别是2013年立案侦查685件1066人，同比分别上升61.94%和72.49%。② 在矿山安全生产事故案件的处理过程中，有的地方领导干部没有认识到渎职犯罪的严重危害性，对发展经济、鼓励创新与惩治渎职犯罪的关系认识错误，片面强调保护地方利益和部门利益，对司法机关的办案工作不理解、不支持、不配合，甚至法外讲情，为犯罪嫌疑人开脱责任。因此，在矿山安全生产事故发生后在处罚上开始出现形式化、轻刑化，在本质上没有达到刑法保护法益的目的。

5.3.3.2 证据搜集存在困难

由于矿山安全生产事故发生后，首要任务是搜救遇难矿工，维护社会稳定，司法机关的介入具有滞后性。作为案件发生的第一现场，出事矿井在进行搜救的过程中，许多证据都可能被破坏掉，这为司法机关进行案件调查设置了障碍。同时矿山行业是一个特殊行业，具有自己的专业知识，而我国司法机关的工作人员大都是法律专业人才，缺乏矿山行业专业知识，这不利于相关证据的搜集以及判断相关证据的合法性与合理性。③ 因此，最高人民检察院于2006年2月

---

① 和军，晓聪．美国煤矿生产监管的主要做法及启示［J］．经济纵横，2016（2）．
② 蒋皓．最高检设重大责任事故调查办［EB/OL］．中国法院网，2014-04-28.
③ 孙昌军．现代企业法律风险防范指导［M］．长沙：湖南人民出版社，2011：297.

23 日与监察部、安监总局联签了《关于加强行政机关与检察机关在重大责任事故调查处理中的联系和配合的暂行规定》并制定了实施办法，为司法机关介入事故调查提供了依据，但是上述规定在一些地方的基层单位没能得到落实。一些地方领导在对事故责任人员处理问题上认为，对矿山安全生产事故背后涉嫌渎职犯罪的人员作出党纪政纪处分后，可不再追究相关人员的刑事责任，故市、县一级调查组极少主动严格按照国务院令第 310 号文《行政执法机关移送涉嫌犯罪案件的规定》的规定将涉嫌渎职犯罪的线索移交检察机关查处，也就进一步加大了检察机关调取相关证据的困难。

5.3.4　行政执法上存在的缺陷

5.3.4.1　追究行政责任的法律制度的不健全为官员逃避责任提供了保护伞

目前，对于矿山生产安全事故领域的行政责任的追究已经成为公认的做法，每次矿难发生后总有处于监督管理地位的行政人员被追究责任。但让人不愿看到的是，问责之后似乎事故并无减少，反而祸害更大。原因主要体现在两个方面：一个方面是，我国（的）目前的行政责任的追究主要依据是《关于实行党政领导干部问责的暂行规定》，还没有上升到立法层面，责任追究仍然局限于行政部门内部的上下级之间，对其授权的社会公众并没有启动责任追究的权力和机会，问责制的实施更多地取决于媒体和社会对事件的关注程度，而不是事件本身应在何种程度上问责。运动式的行政执法问责备受批评：其一，以集中整顿、专项治理、突击执法为代表的运动式行政执法难以实现对矿山安全的有效监管；其二，运动式行政执法可能对企业的合法权益造成不当损害。在实践中，一旦矿山安全事故发生，行政主体通常会对特定区域内的大量企业进行集中整顿，导致合法运营的矿山企业的自主经营权受到不当侵害。① 而且一些监督管理人员在事故发生后看似是被予以重罚，但是经过一段时间之后待事态稍有平息，这些人又或重新走上岗位。因此，在矿山安全生产事故中的责任追究制度如同虚设，仅仅成为事后敷衍社会舆论和平息群众怒气的工具，更成为一些监督管理者逃避责任的最佳保护伞。所以，也可认为是这样的责任追究制度在某种程度上导致了矿山安全生产事故一而再、再而三地发生。

另一个方面，以行政责任代替刑事责任。在矿山安全生产事故案件的处理

---

① 王彦凯. 我国矿山安全监管的困境及其法律应对——以政企间大数据共享为视角 [J]. 中国集体经济，2019（1）.

中，一些地方的司法机关只追究一些级别较低的监督者的刑事责任，而对于一些级别较高的监督者仅追究行政责任，这就导致"地位越高，离现场越远，越没有责任"现象的发生。例如：2006 年 6 月 28 日 8 时 17 分，阜新矿业（集团）有限责任公司五龙煤矿发生一起瓦斯爆炸事故，共造成 32 人死亡。直接经济损失 839 万元。该案件只将 3 名直接责任人员移送司法机关处理，对 19 名责任人给予党纪、政纪处分。作为五龙煤矿的矿长刘某，对事故的发生负主要的领导责任，根据刑法第 143 条的规定应承担刑事责任，但在处理中，只给予刘某行政撤职处分，5 年内不得再担任任何煤矿的法定代表人或矿长。① 行政责任虽说是责任追究的一种方式，但是相对于刑事责任而言，其惩罚效果大打折扣。一些监督者被追究行政责任后，随着（在）矿山安全生产事故的影响慢慢消退（后），又重新担任起领导职务，这样的处理方式对于提高领导干部的安全责任意识并没有实质性的影响。

5.3.4.2 煤矿安全监察体系不完善

我国现行的煤矿安全监察行政系统的主体包括国家煤矿安全监察局、下属 20 个省级直属地区煤矿安全监察局、两个直属煤矿安全监察办事处以及 69 个矿区煤矿安全监察办事处（分局），各级煤矿安全监察局隶属于同级安全生产监督管理局，后者则隶属于各级政府经贸委。根据现行法律法规规定，设立非中央煤矿企业从事煤矿生产，一般要经过省级煤炭管理部门批准，从各级国土资源管理部门取得探矿权许可证、采矿权许可证，进行矿山建设并经煤炭管理部门验收合格，向省级以上煤炭管理部门申请取得煤炭生产许可证，同时向省级以上煤矿安全监察局申请取得煤炭安全生产许可证以后，方可实际投入生产。也就是说，上述管理部门对煤矿企业的安全生产也都负有一定的监督管理责任，各级煤矿安全监察局并不是煤矿安全监察制度中的唯一执法主体。这种多元化的隶属关系和多头管理的状况却恰恰使地方监察机构不能完全独立于地方经济的利益取向，导致国家局在向地方推行安全生产指令时，一旦与地方利益发生冲突就会遭遇重重阻碍。而屈服于地方经济的利益取向又直接导致地方煤矿安全监察机构监察的主动性不足，同时也使得监察力度（也）大打折扣。一些地方的安全生产监督管理部门提请政府依法关闭矿井后，却无法采取相应的措施使停产整顿决定付诸实施。这些无疑都成了诱发煤矿安全事故发生的重要原因。加强煤矿安全监察是关系到煤矿安全形势的重要措施之一，要彻底改变中国煤

---

① 案例来源：国家安全生产监督管理总局网站，http：//www. chinasafety. gov. cn/，2019 - 03 - 15.

矿安全现状，必须认真学习、改变理念，全面整改，全方位、全社会配合，充分发挥煤矿安全监察的独立性、权威性和实效性。①

5.4 矿山安全生产事故监督过失犯罪对策建议

"我们的刑法理论、刑事立法和刑事司法，要想成为一把厘定国家和社会在打击犯罪和保障人权方面的精确尺子，还需作艰辛的努力。"② 通过分析我国矿山安全生产事故中监督过失责任在立法、司法以及行政执法方面所存在的缺陷，充分发挥监督过失在矿山安全生产事故中追究责任时的作用，将以下几个方面对于目前存在的矿山安全生产事故中监督过失责任追究制度予以重构。

5.4.1 明确核心价值目标，完善立法技术

矿山生产中的安全生产关系到矿工基本生存权利。因此，在我国的相关立法中应当将保护矿上直接作业人员的人身安全和健康作为现阶段煤矿安全立法的主要目标，将追求效益最大化作为在实现主要目标前提下追求的次要目标，从而使煤矿生产安全立法真正从权利保护的角度出发，着眼于煤矿安全生产相关责任主体的行为控制，规范政府的执法行为和矿山企业的安全管理行为。通过细化和梳理与矿山安全有关的法律法规，最终达到遏制煤矿安全事故的目的。具体措施如下：一是在《矿山安全法》中明确界定"矿山"的合理范围，使从事非法探矿和采矿的行为也可以受到追究。二是提升《煤矿企业安全生产风险抵押金管理暂行办法》的立法位阶，并在《矿山安全法》中明确规定未按规定存储安全生产风险抵押金的责任主体及其责任承担方式。三是完善和细化《矿山安全法》和《安全生产法》关于法律责任承担的相关条款，规定在矿难事故中矿山企业的民事赔偿责任。四是完善行政责任追究的相关法律制度，通过立法对问责启动的程序、责任内容、问责的后果、解除问责的条件等作出具体规定。五是借鉴国外对话协商、咨询指导、协调监督等"三方机制"模式，我国可以考虑在矿山安全领域建立促进职业安全与健康的"三方机制"，具体路径是修改《矿山安全法》，调整其篇章结构，增设"矿山职业安全与健康'三方机

---

① 蒋楠洋. 浅议煤矿安全监察体系的建设 [EB/OL]. 期刊网，2018－01－26.
② 刘仁文. 法律的灯绳 [M]. 北京：中国民主法制出版社，2012：8.

制'"一章，完善相关罚则。①

5.4.2　增设"矿山安全监督失职罪"

5.4.2.1　"矿山安全监督失职罪"罪名的设置

对于监督过失犯罪，我国刑法已在刑法分则第九章规定有"环境监管失职罪""传染病防治失职罪""商检失职罪""动植物检疫失职罪"等，而对社会危害性十分严重、发案数量较高的矿山安全生产事故中监督过失犯罪，我国刑法还没有专门的罪名来适用。在司法实践中，对于矿山安全生产事故中监督过失犯罪，都是以"玩忽职守罪"来定罪处罚的。笔者认为，矿山安全生产事故中监督过失犯罪与玩忽职守犯罪，二者在因果关系上存在差异，矿山安全生产事故中监督过失犯罪的因果关系是：国家机关工作人员的监督过失行为 + 被监督者的行为→危害结果的发生，而玩忽职守犯罪的因果关系是：国家机关工作人员的玩忽职守行为→危害结果的发生，如果把矿山安全生产事故中监督过失犯罪以玩忽职守罪定罪，不能体现监督过失犯罪行为人的间接过失。②

笔者认为，增设"矿山安全监督失职罪"能更好地对于矿山安全生产事故中监督过失犯罪进行定性，同时为司法机关追究国家机关工作人员的监督过失刑事责任提供统一的法律依据。对于"矿山安全监督失职罪"的法定刑幅度，笔者认为可以参照普通过失犯罪的法定刑幅度，提高其刑罚强度，将其设定为三个法定刑幅度："致使公共财产、国家和人民利益遭受重大损失的，处 3 年以下有期徒刑或者拘役；情节恶劣的，处 3 年以上 7 年以下有期徒刑；情节特别恶劣的，处 7 年以上有期徒刑。""重大损失"的标准参照检察机关的立案标准，情节轻重的评价因素有死亡人数、经济损失的数额以及社会影响的大小等。

5.4.2.2　将矿山安全监督失职罪的犯罪人认定为过失危险犯

我国刑法对矿山安全生产事故中的监督过失犯罪是以玩忽职守罪定罪处罚的，而这个罪名是以发生重大危害结果为构成要件（的），属于实害犯。随着科技的发生，致危险源日益增多，其可能造成的危害结果也在不断扩大，刑事立法者应当根据过失犯罪的新态势和实际情况在刑事立法上及时作出调整，对于在矿山生产安全领域的过失犯不应该仍然以发生危害结果为犯罪的构成要件，而是应该扩大构成要件的范围，只要达到可能造成危险即可，即将矿山安全监

①　罗丽，代海军. 矿山职业安全与健康的监管机制创新——兼论我国《矿山安全法》的修改与完善［J］. 中州学刊，2016（3）.
②　王帅锋. 矿难中监督过失刑事责任研究［D］. 开封：河南大学，2011.

督失职罪的犯罪人认定为过失危险犯。只有这样才可达到解决危害结果不断扩大同时又难以预见，从而无法追究责任的问题，避免对社会造成更大损害的效果。人的行为中对于法条竞合，必须在相互竞合的法条中挑选出一个条文来对犯罪行为定罪处罚，而不能对一个犯罪行为适用两个条文来数罪并罚，否则就违反了"一行为不二罚"的原则。① 对收受他人财物而为他人谋取非法利益的行为，应适用全部法优先于部分法的原则，首先考虑适用全部法，即受贿罪。因为适用全部法可以对犯罪行为进行全面、准确的处理，而适用部分法，只能对犯罪行为的某一方面进行评价和处罚，有违罪刑相适应原则。同时，受贿罪的法定刑在多数情况下重于渎职罪的法定刑，但在少数情况下，行为人受贿数额较小，适用受贿罪可能导致行为人刑罚较轻，不利于刑法惩罚目的的实现，就可适用重法优先的原则适用渎职罪。

5.4.2.3 设置矿山安全监督失职罪的罚金刑

德国刑法学大师费尔巴哈认为罚金刑是指犯罪人将会失去特定数量的现金。② 在德国罚金刑与自由刑均被规定为主刑，③ 通过对矿山安全监督失职罪设置罚金刑，一方面可以解决我国刑法中在处理相关犯罪时的刑种只有有期徒刑和拘役所造成的刑罚种类比较单一的问题。笔者认为，对于矿山安全生产事故中负监督过失责任的国家机关工作人员以及作为矿产生产企业的监督管理者来说，适用短期自由刑不利于实现刑罚的威慑功能和教育感化功能。因为在矿山安全事故案件中，这些监督者之所以不认真履行监督职责，大都是为追求经济利益，他们为了巨额的经济利益，不惜以身试法。如果仅仅对其判处短短几年的自由刑，其刑罚执行完毕后，仍有丰厚的财产供其享用，这短短几年的牢狱生活与日后的荣华富贵相比，实在没有威慑和惩戒可言，因此，对于矿山安全生产事故中负监督过失责任人员应适用罚金刑并且是较重的罚金刑，从而增加监督管理者的违法成本。

另一方面，该措施也符合经济学的理性人理论，通过提高犯罪成本，使犯罪人基于"理性行为人"获利本能的驱使而放弃犯罪，从而达到减少矿山安全生产事故发生的效果。因为矿山安全生产事故监督过失犯罪是典型的经济行为，

① 刘仁文. 过失危险犯研究 [M]. 北京：中国政法大学出版社，1998：32.

② （德）安塞尔姆·里特尔·冯·费尔巴哈. 德国刑法教科书：第十四版 [M]. 徐久生，译. 北京：中国方正出版社，2010：147.

③ 李天发. 论德国罚金刑执行及其对中国的启示 [J]. 首都师范大学学报（社会科学版），2018（3）：37.

之所以会犯罪，是因为犯罪的预期收益大于成本。因此，受"理性行为人"获利本能所驱使，行为人唯利是图，无视法律法规，不讲诚信道德，不顾人们的生命财产安全，走上犯罪的道路。"理性行为人"的假设在经济学分析中是至关重要的。而"理性犯罪人"理论法哲学基础直接来源于贝卡利亚的古典犯罪学说。贝卡利亚认为，犯罪是人们在欢乐和痛苦这两种支配感知物的动机之间权衡的结果。① 而德意志"旧唯物主义大师""近代刑法学之父"——费尔巴哈，其提出的著名"心理强制说"认为，人都是具有"趋利避害心理"，人们犯罪是因为在自然规律的支配下失去自由，而人们正是为了追求犯罪获得的快乐和感性冲动的"自由"才选择犯罪。② 费氏的"心理强制说"与古典学派代表人物边沁的"功利主义"原则不谋而合，而理性人作为社会科学研究的一项基本理论假设并逐渐进化，经济学对其作出了不少贡献。此外，国内外学者也对"理性犯罪人"的假设深有研究，把经济学中理性人和理性选择概念真正纳入犯罪学理论的研究活动始于20世纪六七十年代。经济学家们首先假设一个能够权衡利弊、计算得失的理性人的存在，而理性犯罪人的假设前提是行为人总是为了谋求收益最大化和成本最小化，犯罪是理性人计算收益产出后行为选择的结果。美国著名的经济学家加里·贝克尔（Gary S. Baker）用经济学分析的方法来解释人类行为："当某人从事违法行为的预期效用超过时间及另外的资源用于从事其他活动所带来的效用时，此人便会从事违法，由此，一些人成为'罪犯'不在于他们的基本动机与别人有什么不同，而在于他们的利益同成本之间存在的差异。"③ 我国著名学者卢建平教授认为，"犯罪经济人"也即"理性犯罪人"是"利用不合理的、非法的甚至犯罪手段追求自身利益最大化的人"。④ 综合众多学者的观点，我们可以知道犯罪行为人作为"理性人"，所实施的犯罪行为是其做出的"理性行为"，也就是说，犯罪行为人在选择要实施某种犯罪行为时也就像经济活动中的选择一样，他们会对比犯罪行为的成本和收益，从而权衡犯罪行为可能带来的效益和损失。所以增加罚金刑对于他们就具有相当的威慑力，因为当他们想到自己冒着丢掉官位的危险获得的经济利益最后被没收或者其遵守法律做好矿山生产的安全措施的成本低于违法成本时就会认为这个犯罪成本较高，而不敢去触摸法律的"高压线"。因此，在对矿山安全生产事故中负监督

① 贝卡利亚. 论犯罪与刑罚 [M]. 黄风，译. 北京：中国大百科全书出版社，1993：65.
② 马克昌. 近代西方刑法学说史略 [M]. 北京：中国检察出版社，1996：82－83.
③ （美）加里·S. 贝克尔. 人类行为的经济分析 [M]. 王业宇，陈琪，译. 上海：格致出版社，2008：63.
④ 刘洋. 理性犯罪人假设的法经济学分析 [J]. 中国城市经济，2010（9）.

过失责任的监督管理者判处自由刑的同时应并处罚金刑。

5.4.3　完善矿山安全生产事故中司法追究机制

5.4.3.1　制定统一的渎职犯罪定罪量刑指导意见

"严重不负责任"这一用语在渎职罪章节中多次出现，并作为相关罪名的直接定性标准在司法中大量使用。然而这一用语同时也带有强烈的口语色彩，虽然能涵盖很大一部分渎职犯罪行为，但也带来了内容模糊的问题，在立法和司法上出现了很多问题。① 同时在我国的刑法中对于渎职犯罪规定的法定刑为3年以下有期徒刑或者拘役，但与此同时我国缓刑的适用条件为：一是适用缓刑的对象必须是被判处拘役、3年以下有期徒刑的犯罪分子；二是所犯罪行情节较轻并有悔罪表现，确实不致再危害社会。因此，这三个规定为应负监督过失责任的监督管理者提供了逃避法律责任的机会。在矿山生产事故中作为监督管理者在监督过失犯罪的主观方面是过失且人身危险性较小，在量刑时如果被判处3年以下有期徒刑或者拘役则很有可能符合缓刑的条件，此时如果犯罪行为人再结合其他关系就会极有可能被判处缓刑，从而逃避实刑的惩处。而目前在我国无论是刑法典还是司法解释对渎职侵权犯罪的定罪量刑均没有统一的指导意见，从而也就造成基层法院在解决矿山安全生产事故案件时适用法律、掌握量刑上容易受到外界干扰。因此，笔者认为最高人民法院应制定渎职犯罪定罪量刑的统一指导意见，以防止一些责任人员逃避法律的实质制裁。

5.4.3.2　在矿山安全生产事故中适用举证责任倒置

由于在监督过失中，监督者与危害结果之间的因果关系介入了被监督者的行为和其他的一些因素，导致其因果关系比较复杂，如果仅从危害结果的发生来追究监督者的监督过失责任比较困难。同时由于在矿山安全生产事故中搜集责任人员的监督过失犯罪证据存在困难，因此从打击矿山安全生产事故背后的渎职犯罪、遏制矿山安全生产事故发生的角度出发，笔者建议在证据搜集上适用"举证责任倒置"，即矿山安全生产事故发生后，由监督管理者承担举证责任，来证明自己不存在过失以及他本人已经完全正确地履行监督职责的情况。如果监督管理者能够证明，就免除其监督过失责任，否则就应认定其应承担监督过失责任。举证责任倒置最大的价值在于保护私人人身、财产权益。若在矿山侵权纠纷案件中，继续使用"谁主张、谁举证"原则，不利于原告维护自身

---

① 潘若喆.渎职罪中"严重不负责任"要素研究［D］.杭州：浙江大学，2019：5.

权益，实现诉讼目的，这对于社会公平正义的维护也是很不利的。只有从诉讼目的本身出发，灵活变通，才能做到诉讼资源不被浪费，故笔者认为应在矿山安全生产事故中适用举证责任倒置。

5.4.4　健全矿山安全生产行政执法

5.4.4.1　健全矿山安全生产领域的安全监察制度

矿山安全生产领域的安全监察是指在矿产企业所有制多元化、政企分离的背景下，政府干预煤矿安全机构与矿产行业管理机构相分离，并主要由专业性的矿产监察机构干预的矿产安全制度，是中国政府现阶段干预煤矿安全的基本制度。近年来，随着中国体制的各方面改革，监察制度有了新的进展，首先已经初步建立了矿山安全生产领域的安全监察规范体系，并且行政主体的专门化程度与独立性也得到了提高。但是其仍然存在如前文笔者所分析的缺陷，因此其需要从以下几个方面予以完善：

首先，应当确保矿山安全生产领域的安全监察权力来源的合法性。安全监察制度是由行业管理模式演变而来。行业管理模式在相当程度上是一种内部管理形式，其体现的是作为矿产生产企业所有者的国家对自身权益的管理过程，并且这种管理与宪法关于社会主义公有制、公有财产的规定是一致的。因此，其必然具有相当合法性。但是安全监察制度则不然，其并不必然具有合法性。因为，在现代民主社会中，权力的合法性来源于同意，获得国民同意的宪法便是国家权力合法性的体现。① 而就矿山安全生产领域的安全监察权力来源而言，其合法性的获得须依靠宪法、法律的授权，而中国目前成立的煤矿安全监察局却并未获得这种授权。因此，在笔者看来为了健全矿山安全生产领域的安全监察制度首先就当确保矿山安全生产领域的安全监察权力来源的合法性。

其次，明确矿山安全生产领域中安全监察的权责范围以及管理体系。笔者认为基于当前我国安全监察行政领域政出多门以及监察职责的范围过于广泛远远超出了监察机构的能力的情形，可以采取以下措施：第一，通过立法确定各级煤矿安全机构为负责煤矿安全的唯一主体，避免在发生矿山安全生产事故后出现一事多管或者无人管的局面。第二，明确监察机构的职责范围，例如规定监察机构监察和管理的范围，确定其对矿山生产企业的批复权限以及规范监察机构在煤矿企业安全设施竣工验收后生产许可证的颁发和质量评比标准。第三，

---

① 刘恒．典型行业政府规制研究［M］．北京大学出版社，2007：252.

提升矿山安全监察部门的能力，使其与其职责范围相匹配。例如，扩大监察人员专业素质、职业操守以及扩大安全监察的编制，还可以探索通过政府购买社会服务的方式引入第三方定期巡查监管的监督模式，以加强社会对企业勘探开发活动的监督。①

最后，促使监察机构的执法过程法治化，避免监察机构在行政执法过程中出现监督过失。具体如下：第一，在执法过程中必须严格按照法律所规定的职责履行监督管理义务，不能在事故发生后进行所谓的"运动式执法"。第二，监察机构应该依照有效的法定途径进行监察和管理，从而遏制监察机构的权力滥用，进一步防止因权力滥用导致监督过失不到位间接引发矿山生产安全事故。

综上所述，面对目前我国煤矿安全监察制度中多元化的隶属关系和多头管理的状况使地方监察机构不能超脱于地方经济利益取向行使权力，否则会导致监察主动性和监察力度不足，为煤矿安全事故埋下隐患。所以笔者在上文提倡，首先通过立法，确定各级煤矿安全机构为负责煤矿安全的唯一主体，各级煤矿安全监察机构人事和财政均只隶属于国家安全监察局，地方各级监察机构的监察人员定期在国家安全监察局的调配下进行轮换对调，并从机制上防止监察人员与矿主、地方政府形成共同利益同盟，确保煤矿安全监察的独立性，并且完善监察机构的权责划分以及权力范围。同时授权地方各级安全督察机构定期或不定期对煤矿企业进行安全检查的权力，一旦发现安全隐患，有权责令煤矿立即停止生产，同时应规定相关人员泄露检查信息或误导调查应当承担的法律责任。一旦发生煤矿事故，当地的安全监察机构不得参与事故调查，而是由国家安全监察局从外地抽调人员进行，以保障责任追究的公正性与彻底性。

5.4.4.2 理顺矿产资源产权法律关系

《生态文明体制改革总体方案》指出，"完善矿业权出让制度，建立符合市场经济要求和矿业规律的探矿权采矿权出让方式……理清有偿取得、占用和开采中所有者、投资者、使用者的产权关系"。这其实隐喻了矿业权纠纷可能存在的若干领域并强调了理顺矿产资源产权法律关系对于生态文明建设的重要意义。②

首先要理顺所有者与经营者之间的关系，也就是要理顺国家产权和经营权

---

① 李欠男，姜刘志，赵建成. 海口市矿山生态环境恢复治理法律制度探究及完善 [C] // 中国环境科学学会. 中国环境科学学会科学技术年会论文集. 中国环境科学学会，2018.

② 张忠民. 矿业权纠纷司法救济的学理与裁判 [J]. 求索，2019（4）.

之间的关系。矿产资源的所有权，统一属于国家，是无可争辩的。但需明确政府管理的具体权限，建立切实可行的矿权转让制度。通过实行矿产资源国家统一所有、具体权能政府分级管理的制度，即按照所有权同占有、使用、处分等具体权利分开的原则，建立矿产资源占有、使用、处分等具体权能政府分级管理的制度，形成完善的矿产资源探矿权和采矿权有偿出让与转让市场，形成真正的产权约束。这样，既保证了国家所有权利益的实现，又能对矿业权人起到相应的约束作用。

其次要理顺所有权与监督权之间的关系。政府不干预煤矿企业的生产经营性事务，而是通过设立专门机构，通过税收及加强安全监管立法，明确监管的权力范围和执行程序，以及监管不力所应承担的法律责任。这样既保护矿业权人的法律地位不受侵害，又能对矿业企业的安全生产进行有效的监督，使矿业市场规范有序地健康运作。

此外还要理顺投资者之间及投资者与劳动者之间的关系。因为开发利用煤矿资源，最终的落脚点在于经济利益。煤矿资源作为不可再生的稀缺资源，惊人的投资回报率往往会吸引不规范的投资行为，在实践中则体现为恶性竞争，甚至以牺牲矿工生命安全换取利益。因此理顺投资者之间的关系，营造良性竞争的投资环境，并通过相关法律的完善使矿工安全真正成为投资者的责任，亦是减少煤矿事故发生的重要内容。

5.4.4.3　建立完善的矿产行业准入制度

"预防是处理社会领域风险应当优先考虑的办法。"[1] 建立完善的矿产行业准入制度，是在相关法律中增加煤炭企业市场准入基本条件的条款，明确进入这一市场的主体资格条件；同时要制定具体的公开招投标办法，对中标企业向社会公示，接受社会监督，并对政府和企业违规操作行为所应承担的责任作出具体规定。这样一方面可以规范政府的审批行为，杜绝暗箱操作行为的发生，同时也可以把不具备条件的企业挡在大门之外，以减少安全隐患，对需要持续进行生产建设活动的矿山环境以及安全生产责任人，如有不依法履行安全生产义务的，有关部门不得向其批准新的建设用地、采矿许可证，也不得向其批准采矿许可证的延续、变更和注销。同时，为保证中央政府的矿山环境政策得到地方政府的有效执行，还应当通过立法的形式对执行闭矿政策的地方政府建立监

---

① （美）凯斯·R. 孙斯坦. 风险与理性——安全、法律及环境［M］. 师帅，译. 北京：中国政法大学出版社，2005：122.

督处罚机制，因而保证矿产行业的有效准入①。

5.5 小结

　　我国矿产资源丰富，随着科技的不断进步，矿产资源开采的力度也在不断加大。但同时伴随的是矿难多发、频发，死亡的人数也是一直居高不下。每一次重大矿山安全事故都牵动着国人的神经，人们已经充分地意识到不能再靠"血煤"来促进我国经济的发展。改变我国目前矿山安全生产的严峻形势，已刻不容缓。笔者通过对矿难事故的原因分析、研究，发现监督管理不到位是致使矿难频繁发生的关键所在。因此，笔者通过本书深入研究矿山安全生产中的监督过失理论，提出了在实践中对其进行界定的标准，并指出了矿山安全生产中的监督过失处理机制在立法、司法以及行政执法中的缺陷，即在立法层面抓住重点价值目标，完善立法技术，做到动态监管、差异化监管，以及改造相关法条主张增设"矿山安全监督失职罪"来完善刑事立法中在处理矿山安全生产事故时的缺陷，采取一定程度的"重刑主义"；在司法层面制定统一的渎职犯罪定罪量刑指导意见和在矿山生产事故中实行举证责任倒置来实现司法中的监督过失制度的重构；在行政执法层面健全矿山安全生产领域的安全监察制度、理顺矿产资源产权法律关系以及建立完善的矿产行业准入制度来弥补行政执法领域矿山安全生产中监督过失责任的漏洞。通过这些措施最终使整个监督过失的事故处理机制得到完善，既保护了矿山生产直接作业人员的生命健康权益，也将促进经济发展形成一种良性的循环。

---

　　① 石小石，白中科，刘卿斐. 整体性治理视阈下的闭矿环境管理研究［J］. 资源与矿业，2017, 19（2）.

第6章

食品安全监督过失犯罪

司马迁在《史记·郦生陆贾列传》中写道："王者以民人为天，而民人以食为天。"这话指出粮食至关重要，粮食是人民生命的根本。同时食品生产也非常重要，也是社会的根本，我国古人对食品的安全性同样重视，曾经提出过几个"不食"原则："食饐而餲，鱼馁而肉败，不食。色恶，不食。臭恶，不食。失饪，不食。不时，不食。"①《礼记》记载了周代对食品交易的规定，这大概是我国历史上最早的关于食品市场管理的记录："五谷不时，果实未熟，不粥于市。"

随着现代科技的发展进步，困扰人类社会的食品供应问题逐渐得到解决，在和平时期很难再见到大规模的饥荒。但是科技的发展并没有在提高粮食生产的同时，有效地解决食品安全问题。反而在人类不正当使用的情况下，兼之市场经济自身缺陷所带来的市场失灵的影响，食品安全遭遇了巨大的挑战。随着行政权力在社会生活范围的调整的拓宽及相应幅度的提高，行政国家出现了。于是人们自然地把保障食品安全的希望寄托在食品安全监管上。然而通过各国多年的实践证明，政府食品安全部门的监管并非万能，其自身也存在失灵的问题。如何完善食品安全监管，保障人民生命健康权，成为困扰大家的共同话题。人们逐渐认识到，监管者也需要监管，于是产生了对食品安全监管的法律规制。②

通过对食品安全责任事故的实践调查，我们发现77%的民众认为应该对领导者追究其过失责任，而在发生食品安全事故中，有85%的民众认为能够追究领导者的刑事责任。一是关于责任主体：大约83%的人认为包括企业高管和直接监督者，还有一小部分人认为仅限于直接管理者。二是关于过失责任：56%的民众认为监督者对事情缺乏了解或者风险意识不强存在过失责任的，26%的

---

① 论语［M］．张燕婴，译注．北京：中华书局，2006.
② 熊宇，贾靖．论我国食品安全监管的法理辨析及制度构建［J］．四川教育学院学报，2011（9）：55.

人认为疏忽大意也是过失责任之所在，60%的民众认为领导者的素质问题也会导致过失。三是关于领导者的素质：在食品药品行业，约27.8%的民众认为领导者应该具备高度的责任感，约27.8%的民众认为领导者应该具备突出的业务素质，25%的民众认为领导者还应具备敏锐的预测及风险把握能力，约19.4%的民众认为领导者需要有关心从业人员的能力。四是关于事故的预防，24%的民众认为领导者应该充分运用自身的知识和经验，23%的民众认为领导者应该提高自身的责任心，22%的民众认为领导者应该及时更新生产设备，95%的人认为领导者应该定期进行风险评估。五是关于防止事故发生而施加的注意义务所需的成本，其中38%是专项资金，33%是从业人员的福利保障，19%是领导者的认真负责，7%是设备的维修及更新，剩下的3%是其他成本的支出。六是关于国家机关人员的过失导致事故的发生：87.5%的民众认为应该追究其刑事责任。七是关于在监督者对从业人员的监督，60%的人认为可以对老员工降低注意义务，32.5%的人认为不论年限都对其保持高度警惕，7.5%的人认为对新成员保持高度警惕。八是关于举证责任，在食品安全事故中，75%的人认为领导者应该承担举证责任。

本书基于食品安全监督过失犯罪风险防控的基本法理及对发达国家和地区相关理论与制度的研究比较，立足我国实情，以"生产—消费"流程为主线，以各个参与主体为节点，深入研究食品安全监督过失犯罪，旨在达到以下目的：

（1）正确厘清食品安全监督过失犯罪刑事规制与非刑事规制关系，探讨和分析现有刑事立法缺陷，通过食品安全监督过失理论分析和国外食品安全法律规制成功实践经验的结合，分别从实体法规制度、移送程序以及目标模式三个方面探究我国食品安全监督过失创新规制，以期能为司法实践抛砖引玉。

（2）分析食品安全监督过失犯罪注意义务，准确界定食品安全监督过失犯罪主体范畴，为司法实践认定食品安全监督过失犯罪提供可操作的标准，防止该食品安全监督过失犯罪与其他罪名发生分歧，使之准确有效地惩处犯罪。

（3）通过对食品安全监督过失犯罪注意义务的经济学分析，为食品安全监督过失犯罪中罪责刑的重构提供理论基础。

6.1 食品安全监督过失犯罪风险防控法理基础

食品是人类赖以生存和发展的基本物质，是人们生活中最基本的必需品；食品是人类最直接最重要的消费品。随着经济的迅速发展和人们生活水平的不断提高，食品产业获得了空前的发展。各种新型食品层出不穷，食品产业已经在国家众多产业中占有支柱地位。在食品的三要素"安全、营养、食欲"中，安全是消费者选择食品的首要标准。因此，食品安全状况也成了一个国家经济发展水平和人民生活质量的重要标志。但在各国经济和社会的不断发展提高的过程中，越来越多的人在高额利润的诱惑与驱动下，不断越过食品安全的警戒线，铤而走险，致使频繁发生重大食品安全问题。食品安全问题目前已经成为继空气污染、水污染等之后的新公害类型，对人们的健康和生命造成了巨大的威胁，食品安全问题因此拉响全球警报。

食品安全问题包括食品数量安全问题和食品质量安全问题，食品数量安全，即一个国家或地区能够生产民族基本生存所需的膳食需要，要求人们要买得到、买得起生产生活所需要的基本食品。食品质量安全，即一个单位范畴（国家、地区或家庭）从生产或提供的食品中获得营养充足、卫生安全的食品消费以满足其正常生理要求。①

放眼全球，我们可以准确地捕捉到在许多发达国家，往往在丰盛营养的餐桌背后爆发了许多令人触目惊心的食品安全问题：英国的"疯牛病""雅克氏病"，日本的蔬菜沙拉因为大肠埃希氏杆菌造成的严重食品污染，墨西哥湾牡蛎遭遇毒害物质的污染以及比利时的鸡肉污染事件，等等。我们不难发现人们正在逐步失去对整个食物链条的控制，日常生活中最常见的猪肉、水果、蔬菜等食品在其生产的每一道工序中都渐渐地开始存在可能置人于死地的污染。于是，现今很多的美国人都戏称食品安全问题为食品恐怖，视其为"恐怖分子"。2004年12月，美国卫生及公共服务部部长就说过这么一句惊人的话："我一辈子都想不通为什么恐怖分子居然不攻击我们的食品供应，因为这轻而易举。"

从中国目前的食品安全情况来看，我国也正遭受着严重的食品安全问题的威胁。首先，在食品原料方面，存在的问题主要有农药、兽药残留、非法使用激素和过量使用化肥、掺杂掺假。例如著名的"激素门"、大米石蜡、苏丹红、孔雀石绿等事件。据不完全统计，中国消费者从日常食物中摄取的各类农药的量是其他发达国家的数十倍。其次，在食品加工制造方面，其问题主要体现在滥用、使用禁止添加剂，加工制造过程的二次污染上。三鹿奶粉的三聚氰胺问题，河南双汇的瘦肉精事件，以"吊白块"方法生产的粉丝，含有大量防腐剂的鸡翅凤爪……这一系列的食品安全问题造成许多无辜的生命丧失，使得中国

---

① 原英群，于始. 食品安全：全球现状与各国对策［M］. 广州：广东世界图书出版公司，2009：7.

的疾病发生率大幅上升。再次，在食品市场流通方面，存在大量的假冒伪劣、卫生条件不合格的食品，食品过期、腐烂、变质等导致了大量的食品安全问题。在农村市场、城乡接合部及校园周边兜售无厂名厂址、无出厂合格证、无保质期的"三无"食品，都已经严重危害城乡居民和未成年人的身体健康，使得我国的青少年的发育期较过去普遍提早，中国人的生育能力普遍下降。最后，在我国的食品安全监管方面，存在多部门监管、职能交叉、效率低下、责任不清且我国相关的食品安全法律、法规不健全等一系列问题。这就导致一旦发生问题，各方推卸责任，难以追踪问题的根源所在，难以及时找到合理的依据惩处违法犯罪的相关人员。同时，我国的食品安全技术、检测标准体系滞后。我国虽然有国家、行业、地方、企业等不同的食品行业标准等，数量都超过千项，基本形成了一个由基础标准、产品标准、行为标准和检验方法标准组成的国家食品标准体系。但我国的食品标准，无论与食品安全形势的实际需求，还是与国际食品安全基本标准相比，都有较大差距。

1996 年英国爆发的"疯牛病"导致英国乃至整个欧洲"谈牛色变"，欧洲大多数国家的牛肉销售量急剧下降了 70%。为了避免"疯牛病"的继续蔓延，英国在 3 个月内宰杀了将近 400 万头牛，直接损失高达 30 多亿。然而噩梦并未结束，2001 年，"疯牛病"在德国、西班牙等相继再次发生，欧盟的牛肉及其制品遭到重创。

在 2000 年初的法国出现的"李斯特杆菌"带来的危险直接涉及 19 个省，导致了至少 9 人死亡，其中包括两名新生儿。2001 年 9 月在英国和爱尔兰相继发生的"口蹄疫"足足延续了 11 个月，欧盟国家肉类食品市场全面萎缩，饲养户和商场损失惨重。2004 年中国的"阜阳奶粉事件"由于出售没有营养的劣质奶粉导致大量使用该奶粉的儿童出现"大头娃娃"，该事件使得我国启动了全行业的安全工程。2008 年中国的三鹿奶粉事件因为奶粉中加入了大量三聚氰胺致使全国各地的婴幼儿出现了结石病。此事的出现使中国奶粉行业销售量大幅下降，信誉跌落谷底，而且三鹿集团也因此走向破产。2011 年"3·15"特别行动中，央视曝光了双汇"瘦肉精"养猪一事。瘦肉精可以增加动物的瘦肉量使肉品提早上市、降低成本，但瘦肉精有着较强的毒性，长期使用可能致染色体畸变，诱发恶性肿瘤。2011 年 11 月，"思念""三全"和"湾仔码头"等国内速冻食品知名品牌也相继被检出金黄色葡萄球菌超标，而"金黄色葡萄球菌"可导致腹泻与肺炎，使得速冻食品行业深陷"细菌门"。2012 年最受关注的十大食品安全事件依次是白酒塑化剂超标、光明牛奶"酸败门"、健康元地沟油事件、古井贡酒"勾兑门""毒胶囊"事件、双汇"蛆虫门"、伊利奶粉"含汞门"、立顿"毒茶"、雅培奶粉质量问题、麦当劳过期产品加工出售问题，再次引起人们对食品安全的担忧和恐慌。2013年央视曝光人造鱼翅，国内市场消费的鱼翅当中，大约四成是靠这种所谓的人造鱼翅来支撑的，形成了一条黑色的利益链。2014年上海福喜食品有限公司大量采用过期变质肉类原料供应给麦当劳、肯德基、必胜客等国际知名快餐连锁店。2015年海关总署在国内14个省份统一组织，开展打击冻品走私查获42万吨僵尸肉，价值30多亿元，部分走私冻肉已经进入市场。2016年国家食药监检测35家餐企食品检出罂粟壳成分。①2017年海底捞北京太阳宫店和劲松店后厨出现老鼠、火锅漏勺用来掏下水道等卫生安全隐患。

综上，我国经历的许多重大食品安全事件对我国乃至世界范围内的食品监管产生了深远影响。雅克·德里达说："唤起记忆即唤起责任"。"首先是对公众健康负责，还是对商业利益负责？"② 在商业利益、政治利益和公共利益纵横交错的大舞台上，食品监管部门是否很好地扮演了公众健康保护者的角色？"他山之石，可以攻玉"，中外历史事件回顾与经验教训总结表明，监管机构不仅能提供有效的保护，而且可以使高水平的科学标准成为现代社会政府决策的基础。

食品安全监督过失犯罪风险防控的法理基础，是食品安全监督过失犯罪风险防控赖以存在的根基。食品安全监督过失犯罪风险防控理论以新新过失论作为其强有力的理论渊源。食品安全监督过失风险防控理论以其独特的优势弥补了我国行政执法和刑法中在食品安全领域的法律责任的追究和规制的缺陷。风险社会下刑事政策的基调："不是要根除或被动防止风险，也非简单考虑风险的最小化，而是设法控制不可欲的、会导致不合理的类型化危险的风险，并尽量公正地分配风险。"③ 规范食品企业的经营管理时将其适用于生产管理，从而促进食品生产企业在生产制造中管理分工更为全面、具体和明确。食品安全监督过失风险防控理论是指与实施直接使危害结果发生的过失行为人即直接行为人相对应的处于指挥、监督直接行为人立场的监督者怠于履行监督义务致使直接行为人的过失行为而造成损害的情况。④ 而在研究食品安全监督过失风险防控

---

① 2016年7月1日，由《小康》杂志社联合清华大学媒介调查实验室，并会同有关专家及机构进行的"2016中国平安小康指数"调查结果发布，结果表明，食品安全再次位居中国最让人担忧的十大安全问题之首。这是食品安全连续第5年位居中国最让人担忧的十大安全问题之首。

② （美）菲利普·希尔茨. 保护公众健康——美国食品药品百年监管历程 [M]. 姚明威，译. 北京：中国水利水电出版社，2009：1.

③ 李兰英. 公害犯罪研究 [M]. 北京：法律出版社，2016：198.

④ 马克昌. 比较刑法原理 [M]. 武汉大学出版社，2000：25.

理论的法理基础时，笔者认为首先应该解决一个问题，即何为法理基础。法理基础是指从法哲学的角度来分析一个法学理论存在的应然问题也就是价值问题。① 因此，笔者对食品安全监督过失风险防控理论的法理基础的研究则是在其实然的基础上，从法哲学的角度对其从应然的层面进行深入的剖析。阐述其存在的必要，其为何存在以及存在的价值，达到应然与实然、理想与现实的统一。

6.1.1　研究之缘起：新新过失论

新新过失论理论起源于 20 世纪 60～70 年代，社会经济、科技等领域发展迅速，高危行业不断增多，旧过失论与新过失论在法益保护上已显得乏力，为了应对新的科技风险，在新过失理论的基础上形成了新新过失理论，② 新新过失理论是指行为人对危害结果的发生虽无具体预见的可能性，但只要行为人对危害结果的发生有一般的不安感即危惧感就应认为仍有结果预见可能性，有此预见的可能性行为人就产生了避免结果发生的义务，行为人不积极履行此义务致使结果发生，理所当然也就应当承担过失责任。③ 日本的藤木英雄博士主张："责任主义应从生活关系出发，让其适应社会生活的要求。面对现今社会企业组织的日益扩大而其组织活动产生的事故以及其对大众生命健康造成的严重威胁，对于行为人应依据其在组织中的层次，对结果预见的可能性的程度来合理确定其结果避免义务的内容，只有这样才能充分发挥刑法的功能，进而提高对大众的保护。"目前在理论界依据对预见义务和结果回避义务的要求不同，监督过失理论除新新过失论外，还包括旧过失理论，新过失理论。旧过失理论，以费尔巴哈、贝林格等人为代表，他们主张重视结果预见义务，认为由于不注意而没能预见结果是过失的本质。在旧过失理论中只要客观上发生了结果且具有因果关系，行为人则对其行为的具体结果有预见的可能性而且行为人对其危害结果的预见应当是具体的，但因其违反预见义务而没有预见时就应负过失责任。④ 新过失论是目的行为论的产物，是以结果回避义务为中心的过失理论。相比于旧过失理论同样需要发生了危害结果且具有因果关系，但在认定过失责任时由结果预见义务转向了结果回避义务。即当事人即使对结果有预见可能性但如果

---

① 刘期湘，李希慧. 论量刑情节的法理基础［J］. 甘肃政法学院学报，2006（6）：23.
② 李兰英. 公害犯罪研究［M］. 北京：法律出版社，2016：79.
③ （日）藤木英雄. 公害犯罪［M］. 东京大学出版社，1997：20.
④ 张明楷. 外国刑法纲要：第二版［M］. 北京：清华大学出版社，2007：67.

履行了结果回避义务就不成立过失犯。

随着科技的进步，纵观现今食品安全领域所采用的检验标准常会出现滞后的情况，因此导致出现了利用现有的技术经验对于食品安全瑕疵可能引发的某些危险及范围无法进行定性，从而也就难以预见到具体结果的发生。由于现有的卫生检测和社会一般人的科学知识有限，食品安全隐患缺乏预见可能性。[①]例如，某种添加剂或某种物质在当下的科学技术条件下认为是安全的，但随着科技的进步，可能在将来会发现这些原本被认为安全的添加剂或物质是有高度风险的。因此在这种情况下新新过失理论较旧过失理论和新过失理论就能更好地适用于食品领域进行追究责任，尤其是在食品安全领域往往有些直接行为人造成的结果是监督者间接造成的情况下，此时监督者往往因为缺乏具体预见的可能性而被免责时更为奏效。然后，在追究过失责任时行为人是否履行了结果回避义务，新过失理论认为如果尽了结果回避义务则可对行为人免于追究责任。但是从另外一个角度分析，一方面行为人虽履行了结果回避义务但危害结果已经发生，伤害已经造成。另一方面，结果回避义务是否已经全面履行也难以给出准确的评价，并且在某些情况下还会成为行为人推卸责任的依据。再次，结果回避义务以预见为前提，一旦构成无法预见也就不存在回避义务。因此新过失理论由于预见义务的局限无法达到最初的规制目的从而做到有效地减少危害结果的发生。危惧感产生的结果回避义务只要求有一般的预见性即可。[②]这很好地解决了新过失理论中以具体预见为基础的结果回避义务逃避责任的问题。而且由于其只要求有危惧感即可，也就提高了对行为人的要求从而更好地防止了食品安全危害的发生。

综上所述，笔者认为新新过失理论在食品安全领域是有其存在价值的，尤其是在危害结果的发生是由于监督者间接行为造成时的追究责任的过程中。该理论通过对追责主体的扩大以及追责内容的充实，完善了食品安全领域在解决食品安全问题中的追责缺陷。而本文所研究的食品安全监督过失理论即是指与实施直接使危害结果发生的过失行为人即直接行为人相对应，处于指挥、监督直接行为人立场的监督人怠于应当防止该过失义务的情况。[③]这一内涵正是衍生于新新过失理论：一方面，监督过失理论要求监督者对其预见或因疏忽大意

---

① （德）罗克辛.德国刑法学总论：第一卷［M］.王世洲，译.北京：法律出版社，2005：254－255.

② 刘期湘.论食品安全监督过失责任［J］.法学杂志，2012（2）：38.

③ 马克昌.比较刑法原理［M］.武汉大学出版社，2000：25.

而未预见的结果同样承担避免义务，否则将承担过失责任，而不仅仅只是对可预见的结果承担回避义务。另一方面，监督过失责任为一种间接的过失责任，即危害结果的发生不是由监督者的过失直接引起的，必须有监督者与被监督者这一连带关系，由于监督者的过失引起了被监督者的不当行为，从而最终导致危害结果。①

6.1.2 实践基础：规范食品企业经营管理之需求

现今中国正处于急速的社会转型时期，一方面，社会转型为经济发展、民生改善、政治昌明乃至道德重建提供了宝贵契机；另一方面，城乡二元结构的断裂、社会阶层的分化和利益诉求的多元使得社会矛盾日益加剧。在此转型时期，食品安全领域同样经历着剧烈的流变，而食品安全问题之所以会成为世界性难题，在于其通过人类紧密依赖的市场经济环境要素作为其传播媒介，以公害犯罪的典型形式展开，食品公害犯罪既可以由危害食品安全的个罪组成，同时也包含了渎职犯罪中的食品监管渎职犯罪。② 食品行业中一些企业和少数从业人员作为监督者在经营管理过程中对食品生产缺乏了解、食品安全风险意识不强。许多生产商在选择生产设备时缺乏经验，使用的都是落后的技术硬件设施以及采用了不过关的行业标准，对食品安全问题可能造成的损害置之不理，从而导致生产出大量不符合行业标准、国家标准乃至国际标准的食品。许多商家甚至为了牟取利益采购低廉的原材料来生产食品，因而导致了一系列的食品安全问题。而在事后对问题进行责任追究时，由于企业中往往存在管理责任不到位、分工不明确等问题致使作为企业的监督者即整体调控管理决策的人，其与直接工作人员之间属于从属性的监督关系。③ 例如，在食品生产企业中食品生产者是直接工作人员，对直接工作人员进行组织管理，安排生产计划，负责食品生产工作安全的生产组组长，食品生产企业的总经理等从事领导管理工作的人就是处于监督地位的人。他们往往利用管理责任不到位、分工不明确、以自身无直接原因和无注意义务而逃避追责，从而造成事后追责的困难。因此，最终承担责任的基本上都是一线的生产工人或直接工作人员。这种处理并不能对企业生产管理中出现的食品安全问题达到治本的效果，因为一系列食品安全问题的行为最终的造成者是管理决策的监督者，是由于其未履行注意义务尽到

---

① 董芳. 监督过失的刑事责任及主体的确定［M］. 北京：中国政法大学出版社，2009.
② 李兰英. 公害犯罪研究［M］. 北京：法律出版社，2016：181.
③ 从属性监督关系是指处于上级地位的监督者对于处于下级地位的被监督者的支配关系.

监督责任而导致了事故的发生。例如，日本的"米糠油事件"就是由于在食品风险检测预警及控制过程中，生产经营管理者疏于定期对相关设备进行检查、检测产品中的有害物质最后导致发生食品安全事故。但在这种情况下监督者却一直可以规避责任以至于食品安全问题还是频繁发生。面对此情此景，在食品安全领域引入食品监督过失理论是非常必要的：一方面可以扩大追责的主体范围，做到从源头上进行规制，因为监督过失理论只要求行为人有危惧感即可无须具体的预见。因此，对大部分食品生产行为起决策作用的监督管理者就无法再以其无法预见、无直接原因而推卸责任。戈登·休斯提出后现代社会目标不是犯罪预防，因为事实犯罪无法预测与消除，我们应该"超越犯罪预防"，由犯罪预防转向一种"风险管理模式"。① 只要监督管理者在作决策时意识到会产生食品安全危险，其就会成为被追责主体的一部分而不要求知道具体的危害。因此，为了不被追责，监督管理者必然会积极监督，努力完善企业管理，用心做好每一项有关食品安全问题的决策。另一方面引入食品安全监督过失理论，可以大大扩大对行为人追责的义务范围。从对物的设备、机构和人员体制等多方面追责，做到无漏洞管理。比如没有定期对设备进行检查、检测、完善技术人员的配备等造成食品安全问题时监督者同样存在过失责任。这样就可促使监督者从原料、生产、加工以及销售等全方位地完善食品生产中的各个环节，让食品安全隐患无生存之地。

6.1.3 行政基础：弥补行政监管在食品安全领域理论上的正当性

虽然从某些行政法律规范条文的字里行间能够捕捉到一些富有价值的信息，但这并不表明追究食品安全监管过失责任就自然获得了行政法理论上的正当性。因此，研究其行政基础，为弥补行政监管在食品安全领域理论上的正当性提供了有力的解释工具。

6.1.3.1 弥补行政监管在食品安全领域中对"管制者"管制的法规缺失

随着近些年食品安全问题的不断发生，我国相继出台了一系列的法律、法规和政策用来加强弥补行政监管在食品安全领域的缺陷，进一步规范市场主体和监督管理主体的法律责任，以更为有力的国家强制力手段迫使市场主体来规范自己的行为，使监督管理者更积极地履行监督管理职责，从而很好地规范整个食品领域的运行。但通过实践我们不难发现，虽然出台了《食品安全法》、废

---

① （英）戈登·休斯. 犯罪预防——社会控制、风险与后现代［M］. 刘晓梅，等，译. 北京：中国人民公安大学出版社，2009：67.

除免检制度等一系列的法律、法规和政策，但实效性明显不够。一方面，监督管理人员仍然维系"重审批，轻监管"的思维。他们把主要精力投入到事前行政许可中，对获证企业行为的规范程度重视不够，客观上纵容了违法行为的发生；一些地方政府出于发展本地经济的考虑，制约甚至阻挠监管部门执法；一些地方出现了相关政府部门与特别集团的利益结合，忽视了保障公民的食品安全权利。另一方面，中国在食品安全监督管理领域仍然是政出多门，多头管理缺乏协调，导致管理边界不清、监管重复及空白并存等问题。在行政执法中如果是由于监管者的过失而未履行注意义务致使直接行为人的过失行为导致严重的食品安全问题时就出现了追责的漏洞。笔者认为，将食品安全监督过失理论运用于行政执法和行政监管中可以将事故主体的范围扩大，同时扩大了主观追责的范围，这弥补了行政监管中对"管制者"管制的法规缺失。

6.1.3.2 弥补行政监管在食品安全领域中执法规定偏弱的缺陷

我国虽然出台了《食品安全法》，但是其作为一部专门用来调整食品安全的法律由于其执法规定偏弱、处罚力度不够，因此致使食品生产企业的守法成本明显高于违法成本。其出台的效应主要针对问题的事后处理并没有起到威慑作用，制造"热炉效应"以达到让每个食品生产者和销售者都心存敬畏的目的。①而食品安全监督过失理论中，"危惧感说"降低了《刑法》中规定足以造成严重的食物中毒事故或者其他严重食源性疾病，才追究刑事责任的入刑标准，扩大了追责的范围，从而解决《食品安全法》处罚偏轻的问题，通过追究监督管理者的过失责任将监督者引入刑法的罪罚体系。这既可以解决行政法与刑法的衔接问题，同时也更好地督促了监督管理者履行职责。所以将食品安全监督过失理论引入行政立法，完善行政监管在食品安全领域中执法规定偏弱的缺陷是必要的。

6.1.4 刑事基础：弥合刑事法律生成与实效的距离

刑事法律生成是指刑事法律的产生和制定，刑事法律实效是指人们按照刑事法律规定的行为模式去行为，法律被人们实际遵循、执行和适用。目前，我国刑法典关于食品安全的处罚条款主要有三条：生产、销售不符合卫生标准的食品罪，生产、销售有毒、有害食品罪以及食品监管渎职罪。就前两个相关罪名，在主观上要求行为人出于故意，主体方面主要限定在生产者、销售者以及

---

① 周小梅，陈利萍，兰萍．食品安全管制长效机制经济分析与经验借鉴［M］．北京：中国经济出版社，2011：181．

直接或主要负责人。因此在实践中往往在处理该类型犯罪时存在一种只追究现场直接行为人的故意责任而不追究对现场行为人具有监督管理义务的监督管理者的过失责任。在整个食品生产销售过程中，监督管理者虽并非直接行为人，但其作为一个企业的主体或行政部门的监督者，在享有权力的同时，其有对与食品生产销售有关的各个环节进行把关与监管的义务。对于不达标或不合格的有危害的食品应当制止该食品生产销售，对于企业的设备、生产环境有进行改善以确保食品生产安全的义务。而在实践中这些监督管理者不适当履行义务往往是造成食品安全问题的原因。而本文所论的食品安全监督过失责任的主体就是指没有履行或没有正确履行监督管理义务造成危害社会的结果依法应负法律责任的监督管理者。① 笔者认为，一方面，监督过失理论着重强调的是追究监督管理者未尽其应尽的义务而导致的直接行为人造成危害结果的法律责任，弥补了刑法中对上述两种罪在实践处理中对主体范围处罚不全的缺陷。另一方面，在主观方面引入监督过失理论，可以解决司法实践中常常出现的直接责任人以其无故意作为其开罪的条件，主张自己无法预见从而逃避刑法追究的问题。使在其身后的监督管理者更不能以过失之由为自己开罪。因此唯有运用监督过失理论充分地将各种罪行纳入其中，扩大主观范围才能很好地发挥该条规制的作用。

对于刑法中新增的食品监管渎职罪，弥补了《食品安全法》中对国家机关监督管理者处罚较轻的趋势。笔者认为，该条的一个缺陷在于其对于国家机关工作人员的要求是出于故意或者是直接过失行为造成了危害结果。但在实践中我们不难发现，危害结果的发生是由于监督者的间接过失行为造成时，此种情况下就会出现法律漏洞。因此，监督过失理论在处理该问题中具有极大的操作空间，因为该理论主张的就是间接的监督过失责任，危害结果的发生不是由监督者的过失直接引起的，在监督者与被监督者这一连带关系的基础上，由于监督者的过失引起了被监督者的不当行为，从而最终导致危害结果。因此我们运用监督过失理论可以很好地解决间接过失的监管管理者的法律责任。

6.1.5　经济基础：提高食品安全监督过失违反注意义务成本

食品安全监督过失风险防控引入经济学分析中的成本—收益论，有助于提高食品安全监督过失风险防控中违反注意义务的成本。成本是指在食品生产过程中作为监督管理者为了获得某种收益而必须为之付出的代价，收益是指来自

---

① 刘丁炳．监督管理过失犯罪研究 [M]．北京：中国人民公安大学出版社，2009：200．

其食品生产行为而获得的各种不同的有形或无形的满足。微观经济学理论认为，在市场经济环境下，每个人都被假设是一个"理性人"，在其发生某种行为时都会进行成本与收益的博弈，然后依据博弈的结果作出决策。而在食品安全监督管理领域主要存在的成本，首先是直接成本，也即物质成本，是指犯罪行为人为了实施某种犯罪行为而付出的必要经济成本。然后是在实施生产过程中所产生的必要成本，以及在未尽到监督管理义务即注意义务造成食品安全事故时所产生的成本。除此之外还包括精神成本，从某种程度上来说可以概括为道德成本。行为人往往会因为其行为而受到良心的谴责，心理上，他们害怕行为被发现而受到道德和法律的惩处。以及机会成本，经济学中机会成本是指为了得到某种东西而必须放弃的东西。① 在食品安全领域的收益可以分为两类：一方面是物质收益，这种收益是指监督管理者完成行为后获得的利益，这种利益是可以用金钱来衡量的，在食品安全监督过失中，行为人大都是为了获得金钱利益或者不是直接以金钱的方式展现的其他一些利己收益，例如，可以升职，这种收益是可观的。另一方面是精神收益，这里是通过其行为获得精神上或者心理上的满足，例如，成就感、报复感、反社会反民众后的快感等。在食品安全监督过失中这种收益很少见，但是也会有一些心理反常的行为人为了精神收益而实施违反注意义务的行为造成严重的食品安全事故。

在食品安全监督管理过程中，监督管理者的注意义务即对行为可能发生危害结果存在认识义务，以及行为人基于危险认识到应当采取适当的措施进行食品安全监督过失风险防控，以避免发生特定的危害结果。作为监督管理者在生产中避免履行注意义务的目的是为了降低总生产成本。比如减少对设备的检查检测费用，不及时更换新的设备和技术等。因此在所获得收益不变的情况下从而就会获得生产过程中的更多的利润。但监督管理者此时同样会基于其违反注意义务的行为而付出相应直接成本即违反注意义务成本。例如，对于由于自己的过失，没有尽到监督义务，导致发生严重的食品安全事故，造成民众身体健康方面的损失，甚至会夺取消费者的生命时所支出的赔偿费用以及企业信誉丧失等等。食品安全监督过失责任主张"危惧感"即只需要对危害结果的预见可能性有模糊的"不安感"就可以了，而不需要有具体的预见。此时就扩大了注意义务的范围，监督管理者将会在更广阔的范围内被追责。这也就意味着在食品生产过程中违反注意义务的可能性被大大地提高，紧接着便带来赔偿费用，也就使得违法成本不断增加。违反注意义务的成本提高了，而生产过程中原有

---

① 胡晓庆. 对犯罪的经济学分析 ［J］. 四川大学法学院学院报，2010（7）：28.

的收益却没有发生变化，从整体上看生产者的利润也就被大幅降低了。马克思在《资本论》中曾说过："像自然据说惧怕真空一样，资本惧怕没有利润或者利润过于微小的情况。"作为生产的监督管理者出于为了避免利润损失的进一步扩大，就会放弃机会成本，其在经济学中是指为了得到某种东西而必须放弃的东西。① 在犯罪经济学中机会成本是一个时间概念，行为人为了实施某种犯罪行为而放弃通过合法方式完成其他工作所获得的收益。食品生产的监督管理者就会选择通过积极履行注意义务保障食品生产的安全，通过合法的方式来获得正当的收益，而放弃冒着风险去实施犯罪。

在食品安全行政监督管理领域政府规制的成本主要有两个部分：一部分，体现在政府预算中的公共管理支出部分；另一部分则是政策作用于生产者导致的生产成本的提高部分。运用食品安全监督过失理论"危惧感"的优越性主要体现在降低了政府预算中的公共管理支出部分，通过扩大注意义务的范围将追究责任的时间点提前，减轻行政执法部门在认定违法行为构成时的工作量，提高了工作效率。例如在"阜阳毒奶粉事件"中作为行政监管者就只要认定食品生产者是否有意识到会发生食品事故的担心即可，而不需要证明其是否对其行为有主观上的过错。因此也就降低了行政执法的成本，促进了行政监督管理者积极履行自己在食品安全行政监督管理中的注意义务，杜绝食品安全问题的发生。

综上所述，法律的正当与否必须依赖论证。② 面对我国食品安全问题频繁发生的现阶段而且对于未来可能出现更为严重的食品安全问题，食品安全监督过失理论以其源起于新新过失理论的"危惧感"这一理论特色加强了监督管理者的注意义务，有助于在面对我国目前的食品安全现状时，扩大食品安全领域在食品生产经营管理、规范行政执法以及刑事立法中对于承担责任的主体、主观的认定以及追究责任时间点的界定。

---

① 胡晓庆. 对犯罪的经济学分析 [J]. 四川大学法学院学院报，2010（7）：28.

② 在理论上所说的论证具有两种不同的但又相关的含义，最初人们所说的论证意味着论证者通过提出理由证明自己见解的正确性，后来，哈贝马斯、阿雷库塞等人则认为，论证并不是一个简单的个人活动，而是一个求取共识的活动，涉及人们之间的社会关系，所以，论证也就是平等者之间通过讨论而达成共识的活动。参见（德）哈贝马斯. 公共领域的结构转型 [M]. 曹卫东，等，译. 上海：学林出版社，1999：107 页以下；ALEXY R. A Theory of Legal Argumentation [M]. Oxford：Clarendon Press，1989.

6.2　国外食品安全监督过失犯罪监管制度概况

马斯洛（Abraham H. Maslow）认为，人有 5 种需求，安全正是 5 种基本需求之一。时至今日，食品安全由于直接关系到人类的切身利益，故日益为全球所重视。

6.2.1　国外食品安全立法现状与发展趋势

世界各国食品安全立法，由于其规定的内容繁杂（如食品生产的特点即食品种类繁多、生产工序步骤复杂、技术标准详细），因此使得相关法律法规数量众多、条文冗长，体系十分复杂。但是抽丝剥茧，究其本质来看各国的食品安全立法、分类标准无外乎就是内容选择和体例编排。就内容选择而言，可以分为两大类，即单独立法与混合立法，而从体例编排来看，也可以分为两大类，即综合立法和统一立法。

6.2.1.1　以内容选择为标准的立法形式

（1）单独立法

在内容选择上，世界上大多数国家的食品安全法都是采用单独立法的模式，即仅在立法中规定食品以及其他与食品具有相关性的事项，如食品相关添加剂、饲料或农药、食品保存、食品运输、食品加工、包装，等等。日本就是采取单独法模式的典型国家。例如，日本在其《食品安全法》第二条中明确规定："本法律中所指的'食品'是指所有的饮品、食品。不包括药事法（1960 年法律第 145 号）规定的医药品及与医药相关的产品。"①这就把与食品没有直接密切关系的其他产品明确地排除在《食品安全法》之外。同样类似的规定还有日本在《食品安全法》第五条及第六条的规定。如第五条关于容器的规定"本法律中的容器包装指的是将食品或者食品添加剂装进或者包在其中、添加食品或者食品添加剂后就可以提交的器具"。第六条关于食品卫生即"本法律中的食品卫生指的是以食品、食品添加剂、器具及容器包装为对象，与饮食相关的卫生"。这就把与食品生产没有直接密切关系的其他容器及无关的卫生规制明确地排除在《食品安全法》调整范围之外。

---

① 徐兴利. 国外食品安全立法现状 [J]. 中国食品，2010（16）：70.

因此，单独立法模式的优点是较为严格地区分了食品与其他同层次产品，如药品和保健品、化妆品以及食品生产工具、工序与其他非与食品生产有密切联系的生产工具和工序的界限。而从立法体系来看，单独立法体系性上清晰简洁，一目了然，更具有逻辑上的严密性。此外，从立法内容来说，单独立法模式专门规定只与食品有密切关联的内容，具有极强的针对性，有利于各食品安全监管职能部门明确地划定管辖范围，方便职权划分。

（2）混合立法

部分国家的食品安全法采取的是混合立法模式，即将食品、药品、化妆品甚至日用品等与食品无关的内容及一些属于单行性法规的内容用一部法律网罗。采取这种立法模式的国家最典型的是美国，美国食品安全法体系中最基本的一部法律就是《食品、药品和化妆品法案》。在这部法律中，第一部分都是关于这些产品的一般性规定，然后在第二部分的分章中规定各个具体产品的一些特有规定。例如，《食品、药品和化妆品法案》中第一章对食物作了一般性规定，而在第二章中则对于州、部、人、食物、药物、器械、化妆品、法定典集、标签、直接容器、标识、与标识或广告有关的错误标识、说明伪防腐剂的标识、新药、化学杀虫剂、化学杀虫剂残留物、环境保护总署署长依法禁止的情况、未加工的农产品、食物添加剂、颜色添加剂、新兽药、动物饲料、非正式听证会、糖精、婴儿配方、简化药物申请、故意的或已知的、高级管理代理、药品、饮食补充剂、已加工的食物等特殊概念作了具体的规定。总而言之，这种立法模式将与食品相似的、有一定共性的其他产品的内容安排在一部法律之中。

故由此可知，混合立法的优点是既肯定了食品、药品、化妆品等特殊产品的共性，又突出了不同产品之间的特性，并且还大大地节约了立法成本，提高了立法效率。

6.2.1.2 以体例编排为标准的立法形式

（1）综合立法

综合立法体例，是指根据食品（及食品相关产品）种类或按照食品生产、流通、消费环节分别制定食品安全法规的立法模式。采用此种立法体例的国家主要以美国为典型。比如，美国的食品安全法规分为两大类，一类是《食品、药品和化妆品法案》及其配套法规，其内容包含了对一般类型食品的加工、掺假、添加剂、农兽药含量、包装规范等的监管及对食品生产、储存、流通、销售等环节的监管；另一类是《肉类检验法》《禽类检验法》和《蛋产品检验法》等针对具有特殊性质食品所专门规范的单行法令。

这种立法体例的优势在于，通过具体的食品安全问题进行分别立法，能就某一特定事项分门别类作出针对性极强的专门规定，并相应地由不同的机构负责执法监督和解释，法律的适用更为方便。同时，通过针对不同食品的特性或食品流通的各个环节制定专门规定，有利于对症下药，特事特办，最大化地维护了消费者的利益。但是，这种立法模式的缺点在于，由于立法分散，故造成监管权不集中，当出现某一涉及面广、情况复杂的食品问题，需要各部门进行联合处理时，由于监管权的分散，容易造成配合不协调、各部门沟通不畅、处理拖沓的弊端。

（2）统一立法

统一立法体例，是指在宏观层面建立一部食品基本法总领全局，并以此部法律为基本框架，制定分门别类的具体法律法规。采用这种立法体例的国家现在很多，其中以德国和日本为代表。

例如 2005 年德国制定的《食品和饲料法革新法》（LFGB），就是一部典型的食品安全基本法，其包括了之前的《畜肉卫生法》《禽肉卫生法》等一系列关于食品的单行性法规的具体食品法律规范的内容，体现了统一立法的趋势。而日本在《食品安全法》（2003 年修订前叫《食品卫生法》）这一基本法的统辖下，又分门别类地制定了关于食品安全监管的各种单行性法律法规。其主要有：《食品法规》《食品法规标签要求》《包装及容器法规》《食品添加剂法规》《农药和其他污染物规定》《食品及农产品进口法规（其他法规及要求）》《食品及相关产品进口程序》和《食品废弃物再利用法》等多种子法来对具有特定要求的食品或相关联产品以及食品市场特定的流通环节作出具有针对性的规定。①

这种立法体例的优势在于，通过一个总纲性的食品安全基本法来对食品安全问题作出一个总体性的规定。在基本法的基础上，再来制定具体的、某个方面的特定法律。这样既有统一的食品安全监管原则可以遵循，又有专门针对某一特定食品种类或环节的内容详尽的单行法律法规可以适用，不失应对特殊问题的灵活性，从而在一定程度上克服综合立法体例中的法规比较零散，并可能相互重叠、相互冲突的缺陷。

以上是国外关于食品安全的立法现状。综合现行国际上关于食品安全监管的立法现状及对食品安全监管理论进行分析，可以预测国际食品安全监管有以下的立法趋势。

---

① 徐兴利. 国外食品安全立法现状 [J]. 中国食品，2010 (16)：70.

第一，参与监管职能部门减少，监管权力日趋集中于少数部门。

这种趋势体现得最为典型的便是美国。美国以食品药品管理局（FDA）为核心机构进行食品安全监管。而 FDA 随着历次法案的修订而掌握了越来越大的权力，从美国农业部下属的化学物质司发展到专门从事食品与药品管理的最高执法机关。其监管权力的强化其一体现在其监管食物品种范围的不断扩大上：随着历次修正案的出台，FDA 对于除肉类、禽类以外的所有食品拥有管辖权，其监管食品种类达美国现行流通食品的 80% 左右。其二则体现在执法权的加强上。例如 2011 年的《FDA 食品安全现代化法案》进一步增强了 FDA 对国内食品和进口食品安全监督管理的权限，其具体表现在给予 FDA 工作人员较宽松的检查权以及通过降低行政扣留条件及赋予 FDA 工作人员较大的行政扣留自由裁量权以增强其行政扣留权的自由度。此外，我们还应该看到，原属于美国财政部酒类烟草和火器管理局对于酒精饮料的监管权、美国环保部对于农兽药残留的监管权等一系列非核心部门的食品安全监管权正逐渐向 FDA 转移以完成监管权的集中。

行政组织结构是行政组织的载体，而行政组织权力分配关系既是行政组织结构的灵魂与核心，也是决定整个行政组织效率高低的关键。故建立核心监管机构，集中监管权，有利于优化行政组织结构，使得参与食品监管的职能部门逐渐减少，理顺了各部门的职责分工并让监管部门得以各司其职、各负其责，同时也加强了各部门间的沟通，强化了其协调配合的能力且简化了冗长繁杂的监管程序，降低了监管成本，一定程度上减少了各职能部门该担负责任时互相推诿的情况，有利可图时则一哄而上的可能性。且建立了核心监管部门进行主导监管工作使得集中监管、集中打击、集中处理食品安全问题成为可能，极大地增强了监管效率，提高了对于食品安全突发问题的处理速度，体现了高效便民的行政原则。

第二，加强对食品市场流通环节全程监管处理。

对食品流通进行全程监管处理，从事后处理转为事先预防已成为一种普遍的食品安全立法趋势。其具体体现在 HACCP 制度，快速预警系统的建立和可追溯化食品信息管理制度的大量运用，如欧盟的食品与饲料快速预警系统（RAS-FF）机制就是顺应《欧盟通用食品法》的需要建立并规定到了其后的《欧盟食品及饲料安全管理法规》中。而欧盟的危机处理机制同样快捷出色，其危机处理机制就是在食品全程监管的过程中融入了追踪制度、追溯制度和召回制度，从而做到对于食品安全问题早杜绝、早发现、早处理。

笔者认为，加强对食品流通进行全程监管处理这种趋势，体现了以消费者安全为重心的立法价值取向。因为若"监管"仅仅局限为事故已经发生，对社会已经造成负面影响或损失的情况下采取的一种事后补救措施的话，势必会丧失"监管"本身所要求的最大限度保护消费者权益的目的价值，故传统的"发现才处理"的被动式监管模式已经不符合现代食品安全监管的趋势。而全程监管则是设计一些流程在监管对象行为发生过程中实施监管，来降低事故发生的风险，使食品监管活动真正具有预防性，更有利于实现以预防为主的主动式监管模式，方能起到防患于未然的作用。而且即使出现了突发的食品安全事故，监管部门也可以及时采取相应有效的措施，防止损害进一步扩大。

第三，立法上融入食品企业自我监管机制。

现今国际上各立法机构或食品安全管理部门制定的一系列食品企业通用管理规范，如美国出台的良好操作规范（good manufacturing practice，GMP）和操作或标准法典（codes of practice or standards）等都是建立在与食品生产行业协会或主要企业进行协商并充分听取其意见的基础上通过并颁布的。这种与食品生产行业协会或与主要企业协商管理的通用规范做法，目的是通过行业自律与行政监管结合的形式，使食品生产及其相关企业自觉采纳相关标准，并融合到自己的管理系统中从而积极参与到管理中来，并鼓励食品生产企业根据自己的产品和生产特性形成自己的食品安全计划，作为强制性法规的补充或替代。这是因为现代食品及关联产品的流通环节种类繁多，若监管部门面面俱到则需要耗费大量的时间和资源，且食品安全监管内容亦具有极强的复杂性和专业性，故从实际情况来看要求监管部门建立高效快速，毫无纰漏的监管无异于痴人说梦。但是，一个专门从事食品生产或与食品生产有密切关联的企业对于自己的业务范围有相当的专业知识且在监管上进行自我监管显然较为方便。而且，由于食品安全的观念越来越深入人心，故保障较高的食品质量、增强食品品牌竞争力，使消费者放心购买才符合企业经济利益的最大化，因此现在食品生产企业对于保障食品安全质量开始产生了一定的自觉性且这种自觉性不断发展，所以在一定监管事项上适当让企业参与进行自我管理，具有实际可操作性。

综上所述，鼓励企业进行自我监管不仅有利于节约时间和成本，更有利于更快发现食品安全的问题。现代市场经济的发展已经赋予了政府监管新的内涵，监管者与被监管者已不再是水火不容的"敌对"状态。因此建立起一种以多元化参与、自愿、更多融入激励机制的多元监管机制更能够最大化地调动市场主体的能动性，使其自愿服从并参与监管，达到服务、引导、监督有序的和谐状态。这种鼓励企业自我管理的趋势体现了重视食品生产企业对食品安全监管的主动参与，承认了市场主体在维护食品安全中的选择权利，顺应了计划经济向市场经济体制进一步转轨的趋势，反映了传统政府权力从私人领域及事务中撤离的过程，一定程度上还权于市场主体，是"看不见的手"即市场调节占主导地位的体现。而通过协商和激励的监管方式代替传统单方和强制的监管方式以及运用一些私法的原则和手段以更加民主的方式来实现行政主体与行政相对方之间的平衡和制约，能够使企业更为主动进行自我监管，主动把好食品安全质量关，获得更好的监管效果。毕竟与监管部门相比较，企业作为生产者或第一经手者对于食品本身或流通环节中存在的问题具有较为丰富且直观的认识，故企业自我监管有利于更好更快地发现问题，从而更好地维护消费者的核心利益。

6.2.2　美日欧食品安全监管制度借鉴

较为低下的食品安全水平已经在各个方面对我国造成了极其严重的负面影响。因此，保障食品质量，提高我国食品监管水平势在必行。而纵观国际，虽然也曾出现过诸如日本的"雪印"牛奶大肠杆菌严重超标事件，英美"疯牛病"事件，比利时、德国的"二噁英鸡饲料"事件及法国熟肉酱中发现"李斯特杆菌"事件等恶性食品安全事故，但是，由于发达国家成熟完善的食品监管机制，使这些事故得到了迅速的处理。如由于各个监管部门间畅通的信息渠道及存在具有集中监管权的核心监管部门，使得监管部门能迅速作出反应，例如对受污染食品在流入市场前进行扣留，对流入市场的污染食品则迅速采取召回措施，使损害降到了最小。同时，这些国家也能够对这些事故进行认真反思，总结经验教训从而日臻完善其食品监管机制。因此，我们应当比较发达国家的食品监管机制，在立足我国国情的基础上，借鉴国外先进经验以改善现行我国食品监管制度，保障食品安全。纵观世界上较为发达的食品监管模式，以国别论则是以美国、日本、欧盟（尤以德国为典型）这三种监管模式为主流代表。

6.2.2.1　美国的食品监管模式

从立法上来看，美国为综合立法的模式。以联邦食品药品和化妆品法令及肉类检验法的制定为标志，美国迄今为止共制定了30余部与食品安全有关的法令。其中既有综合性的法令如《联邦食品、药品和化妆品法案》，同时也存在富有针对性的单行性法令，如《联邦杀虫剂、杀真菌剂和灭鼠剂法》。其具体的法律体系可参照图6-1。①

而从监管机构设置来看美国属于多部门分工监管、共同负责的模式，即将

①　宋大维. 中外食品安全监管的比较研究［D］. 北京：中国人民大学，2008：4.

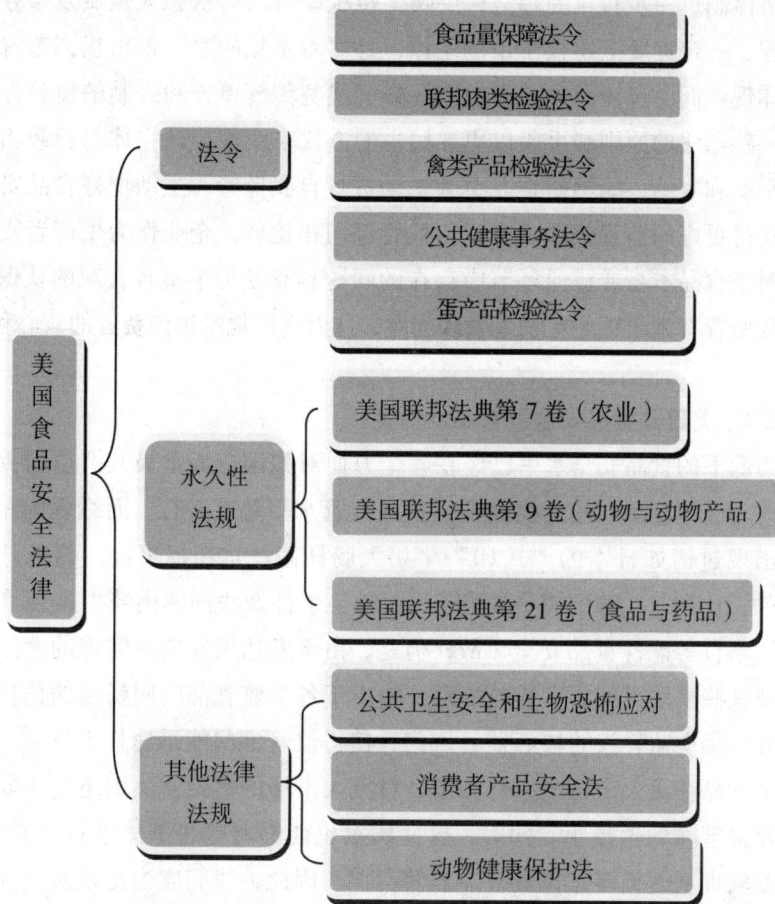

图 6-1 美国食品安全法律体系

食品安全管理职能分设在多个政府部门。美国食品监管的总体协调工作由总统食品安全管理委员会负责,对食品安全进行一体化管理。而具体监管工作则由6部门进行,即隶属于卫生部的食品药品管理局(FDA)、疾病控制和预防中心(CDC),隶属于农业部的食品安全检查局(FSIS)、动植物健康检验局(A-PHIS)、环境保护局(EPA)及隶属于商业部的国家渔业局(NMFS)。而在上述6部门中,FDA由于其监管权最集中,自由裁量权最大,监管范围最广,故为最核心的监管部门。这些联邦机构在制定食品安全标准、实施食品安全监管、进行食品安全教育等方面各司其职,职能互不交叉,一个部门负责一个或数种食品的监管工作。另外,联邦当局还有一些食品安全派出机构,与各州和地方政府的相关部门相互配合,形成了一个覆盖全国的"联邦——州——地区"的食品安全管理网络。而且美国注重给予食品监管机构灵活的执法权，如美国国会制定的法令就授予监管机构很大的权利。比如规定当食品安全监管涉及新技术、新产品或对公众的健康风险有极大影响的时候，管理机构在没有新的立法的情况下可以对规章进行修订或修改，从而使管理机构能够保持其研究方法和分析方法的先进性，适应实际监管时出现的新情况以解决新出现的食品安全问题，并适应诸如 HACCP 及溯源性监管等先进的监管理念，保证监管的实际效果。此外，美国同样注重食品安全监管信息的公开透明。美国设置了专门的机构保证公众及时准确地了解食品安全相关信息。

6.2.2.2 日本的食品监管模式

日本是公认的世界上食品供应最安全的国家之一，其食品安全体系的特点同美国类似，也是权力分立、立法、司法、执法机构在食品安全体系中均承担责任。国会作为立法机构，主要负责制定并颁布法令来确保食品安全。在食品安全法律体系上日本以《食品卫生法》作为基本法，在其上衍生了许多具体的专项法律，如《屠宰法》《食品安全基本法》《健康促进法》《食品与农业农村基本法》等。日本食品安全法律体系具体如图 6-2 所示。①

而在监管机构设置上，日本的食品监管职能主要由厚生省、劳动省与农林水产省行使。其中，农林水产省负责食物的生产和质量保证，厚生省及劳动省负责稳定的食物分配和食品安全。日本政府专门设立了食品安全委员会（FSC）对食品安全实施检查和风险评估。FSC 下设专门调查委员会，负责专项案件的检查评估事宜。专门调查委员会由 200 名为独立专家担任的专门委员（包括兼职）组成，每届任期 3 年。专门调查委员会分为三个评估专家组：化学评估组主要负责评估食品添加剂、农药、动物用医药品、器具及容器包装、化学物质、污染物质等项安全事宜；生物评估组主要负责微生物、病毒、霉菌及自然毒素等项评估工作；新食品评估组主要负责转基因食品、饲料肥料、新开发食品风险的检查评估工作。FSC 根据风险评估的结果，要求食品监管部门采取应对措施，并监督其实施情况。因此，日本基本建立了食品安全委员会为核心的由政府机构、消费者、生产者等广泛参与的风险信息沟通机制，并对风险信息沟通实现了有效的管理。② 此外，日本食品行业协会在食品监管中的作用不可或缺。典型的如创立于 2004 年的日本进口冷冻蔬菜协会，是以味之素、日本水产等 16 家进口冷冻蔬菜公司携手创立。由于该协会的成员实力雄厚，占相关产业比值极

---

① 宋大维. 中外食品安全监管的比较研究 [D]. 北京：中国人民大学，2008：4-6.

② 李怀. 发达国家食品安全监管体制 [J]. 东北财经大学学报，2005（1）：4.

		植物防疫
	农药取缔	家畜传染病防治
	肥料取缔法	农药管理法
	家禽传染病防治	持续农业法
其他法律	牧场法	改正肥料取缔
	水道法	饲料添加剂安全管理
	土壤污染防治法	转基因食品标识法
	农林产品品质规格和正确标识法	包装容器法
基本法	食品卫生法	
	食品安全基本法	

（日本食品安全法律）

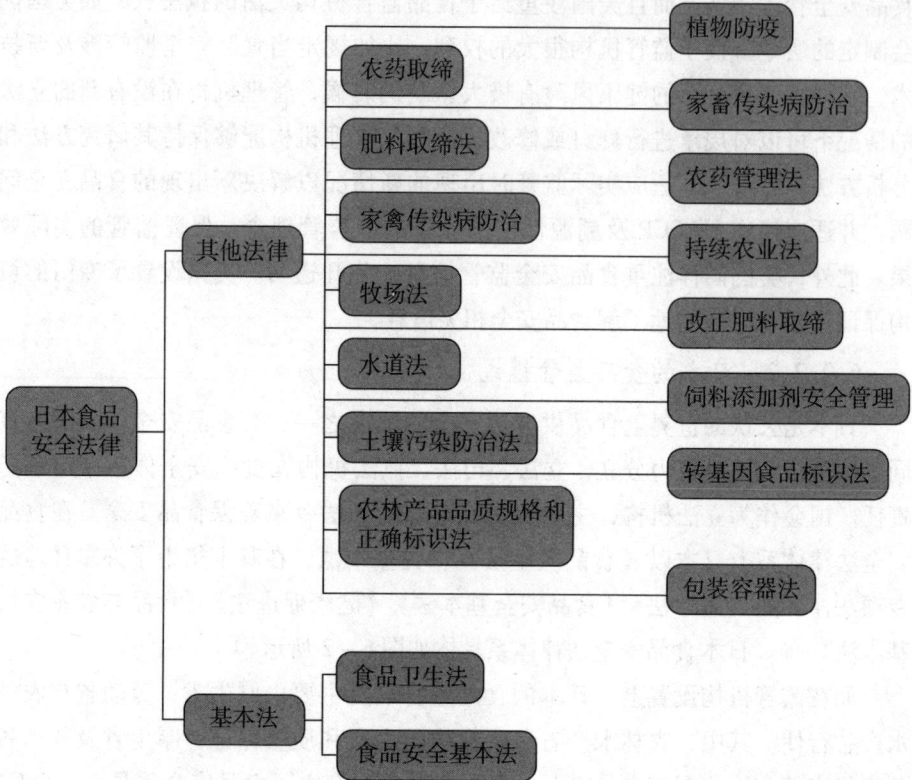

图 6 - 2　日本食品安全法律体系

大，产业代表性较强，故能对绝大部分进口到日本的蔬菜作统一检测，并到出口国实地勘察土地处理、蔬菜栽培、农药使用等，做到可以从源头控制食品安全。① 且该协会成员大都是直接参与食品生产方面的专家，故可以从专业角度给消费者正确的信息。且这类协会出于维护品牌信誉的考量，因此注重与消费者及政府的沟通，使得监管机构得以获取大量第一手信息。此外，日本食品质量标准也日渐严格细致。如疯牛病事件发生后，日本从立法精神上开始着手，强调食品卫生法律的目的要从确保食品卫生改为确保食品安全，并要求所有食品要设立安全标准，并对相关安全标准进行了更为严厉的十余次修改。

6.2.2.3　欧盟的食品监管模式

欧盟由于其特殊的国家共同体性质，故欧盟的立法机构既包括欧洲委员会

---

①　张如意. 人人有责的日本食品安全结构 ［J］. 食品与生活，2010（2）：44.

和欧洲议会，也包括各成员国的立法机构。欧盟的法律分为法令和法规。颁布的法令经采纳对采纳国有效。颁布的法规则直接有效。除此之外，各成员国还有自己的立法机构，制定只针对本国的法律条款。故欧盟的食品安全法律体系分为欧盟法及各成员国法的两级体制。欧盟层面的法律主要为《欧盟基本食品法》，即欧洲议会与理事会178/2002法规。《欧盟基本食品法》是欧盟具有母法特性的，规定了食品法的基本原则与食品安全法的总要求。而欧盟还有诸如《通用食品法》《食品卫生法》《欧盟食品及饲料安全管理法规》等20多部食品安全方面的法规。而欧盟的《食品安全白皮书》则是包括食品安全政策体系、法规框架、管理体制、国际合作等一系列连贯性强、透明度高的具体内容，为欧盟及其成员国加强沟通，完善食品安全法规体系和管理机构提供了基本框架及指导。

欧盟的监管机制则是多层次的监管。由于欧盟的国家共同体性质，故除了欧盟层面的监管机构外，各成员国都设有本国的食品安全监管机构。欧盟层面的监管机构为欧洲食品安全局，其主要职责包括：负责监督整个食物供应环节；在涉及食品和饲料安全的所有领域为欧盟的立法、政策制定及标准的制定和修改提供科学建议及科学技术支持；进行食品安全风险评估并提供给欧盟委员会及各成员国；就食品安全加强与消费者的沟通和交流；与欧盟委员会及各成员国合作，以促进风险评估、风险管理、风险信息交流的一致性等。其下设管理委员会、执行理事及其职员、咨询论坛以及科学委员会与专门科学小组。① 而各成员国监管机构最具代表性的便是德国。德国主要为单一部门负责的集中监管模式，其下设有消费者保护、食品和农业部（BMVEL）对全国的食品安全统一监管，并下设联邦风险评估研究所与联邦消费者保护和食品安全局两个机构分别负责风险评估和风险管理。欧盟在监管中极为重视"从农田到餐桌"的全程监控制度。欧盟食品安全监管机构根据有关法律法规，要求食品行业在食品链的各个环节应执行良好生产规范（GMP）、危害分析和关键控制体系（HAC-CP）等管理程序，并对其实施及执行情况进行监管，以保证对食品各环节尤其是食品生产源头的安全质量控制；食品的生产者、加工者、销售者等食品行业从业者则应严格遵照有关环境质量标准、生产操作规范以及投入品控制的有关标准，自觉地对环境、生产、加工、包装、储藏、运输等各个环节实施严格管理。

---

① 唐华. 论欧盟食品安全法规体系及其对中国的启示［D］. 北京：对外经济贸易大学，2006：6.

6.2.2.4　比较评析：美日欧三种监管模式的共性、个性及特点

国际上主流的监管模式。就其共性而言，美、日、欧都有完善的法律体系。如美国存在以《联邦食品、药品和化妆品法案》为基准的30余部有关食品安全的法律法规；而欧盟则有包括《通用食品法》及《食品卫生法》在内的食品安全质量法规；日本在食品安全方面以《食品卫生法》作为基础，同时有许多具体的专项法律，如《屠宰法》《食品安全基本法》《健康促进法》《食品与农业农村基本法》，涵盖了食品安全的各个方面。同时，美日欧三种监管模式都注重融入危害分析与关键控制点（HACCP）及溯源化的全程监管机制。此外，食品安全管理信息的公开透明也有专门的制度加以保障。而就其个性来看，美国参与食品监管机构数量不断减少，监管权不断集中且逐渐出现了配备有先进监管设备和业务精湛的专业人士的核心监管机构（FDA）；而日本则以严格细致的食品质量标准为主要特征；欧盟则注重将"田间到餐桌"的全程控制理论融入食品安全法律及卫生政策中，强调对食品生产、加工、运输等全部流通环节进行有效监管并要求所有的食品和食品成分具有可追溯性，并建立了诸如食品与饲料快速预警系统（RASSF）的一系列有效的跨部门或跨国家的合作机制。因此，在初步比较美日欧的监管模式后，我们可以找出这些监管模式的优点并在结合我国国情的基础上加以借鉴。下面，笔者对这些特点进行介绍与总结。

（1）完备规范的法律体系

食品安全监管系统较发达的国家，都有一套完备规范的法律体系。首先，美国的食品安全法规。以1906年和1907年制定的《联邦食品和药品安全法》以及《肉类检验法》这两部基准法为标志，美国迄今为止共制订和修改了30余部有关食品安全的法律。这些法律涵盖了包括食品生产、供应到消费的每一个环节，强调预防为主的监管理念和农产品质量控制理念。其中主要法规有《联邦食品、药品和化妆品法案》《公共卫生服务法》《联邦肉类检验法》《禽类产品检验法》《联邦杀虫剂、杀真菌剂和灭鼠剂法》《食品安全质量保障法》等。其中，以《联邦食品、药品和化妆品法案》作为核心，为食品安全的监管提供了最基本的原则与框架。此外，《美国联邦法典》的农业（第7卷）、动物与非动物产品（第9卷）以及食品安全与药品（第21卷）部分也包括了各种具体的食品管理规则。其次，欧盟的食品安全法律体系。欧盟自1980年颁布实施《欧盟食品安全制度法》以来，又发布了《食品安全白皮书》（2000年），将当时的各类食品质量监管的法律法规及标准加以体系化后，又陆续制定了《通用食品法》《食品卫生法》等20余部食品安全卫生方面的法律法规，形成了一个健全

规范的法律体系。最后，日本的食品安全法规。日本在食品安全方面以《食品卫生法》为基础，辅以多项具体的专项法律法规如《屠宰法》《食品安全基本法》《健康促进法》《食品与农业农村基本法》等。①

综上所述，笔者认为国外建立的完备规范的食品安全监管法律体系，其优点是为食品安全的监管提供非常具体的标准和详细的监管程序，使食品安全法具有极强的系统性、严密性，能使具体的执法活动真正做到有法可依，为发达国家食品安全监管部门在食品安全监管活动中做到常态化监督执法提供了极大的帮助。

（2）可溯化的信息追踪制度及公开透明的食品安全管理

建立可溯化的信息制度，是及时处理重大食品安全事故及建立 HACCP 机制不可或缺的步骤。而透明公开的食品安全管理对于消费者更好地行使知情权以及对于食品安全信息及时掌握具有关键意义。首先，从可溯化的食品信息追踪制度上来说，较为出色的是日本与德国。日本基于2001年的疯牛病事件中由于信息不透明、掌握不及时导致疫情大规模传播及引起公众不必要的恐慌的教训，通过专门立法对牛肉实施了从"养殖场到超市"的信息可追溯制度。到了后来，这种信息可追溯制度直接扩展到其他农产品，例如米面、果蔬、肉制品及乳制品等。日本的农业协会都会收集这些农产品的生产者，产地（具体到诸如某块农田或某个畜栏），使用的农药和化肥种类、剂量以及使用的次数，该批次农产品的收获量以及出售的日期、运输单位等信息。再将这些信息整合后为每一个出售的农产品建立一个包含了这些信息的电子"身份证"，并将这些电子信息统一整合到了相关监管部门的电子数据库中以方便相关部门随时监管及公众查询。而在德国，食品的信息可追溯制度更为完善。按照德国《食品安全标识法》的有关规定，食品的包装标识中必须标明生产者、生产流程、产地及企业、食品成分、生产日期和保质期。并且，德国还专门建立了食品信息可追踪系统。从原材料进货时起，对食品的信息认证登记便已经开始了。当食品最终进入销售阶段时，关于该食品的产地、供货商、成分、生产日期及该批次产品数量、运输商、运输工具，农药或化肥种类、用量及使用次数，食品加工方式在内的一切信息都在信息认证系统中。以德国超市中随处可见的鸡蛋举例。德国市面上销售的鸡蛋通常用硬纸盒包装，其盒子里的每一个鸡蛋都有一个用于追踪器信息的红色编码。以"2—DE—431502"为例，这组编码便蕴含了相当多的信息。这组编码中第一个数字必定为0、1、2、3中的一个，其数字含义为表示产蛋母鸡的饲养方式，例如"2"即指该母鸡是圈养的。而其后的英文字母则代表鸡蛋

---

① 马淑芳，王靖. 国外食品安全法律制度及其启示［J］. 学术交流，2009（12）.

出产国的缩写。例如"DE"代表德国,"IT"代表意大利,"DK"则指丹麦,"FR"则是法国。而最后那部分的一长串阿拉伯数字,则是产蛋母鸡所在的养鸡场、鸡舍或鸡笼的编号。故通过那一长串的红色编码,消费者和政府相关部门可以轻松获得对于这个鸡蛋的全部信息,从而了解到鸡蛋的营养价值和质量情况(假设该鸡蛋品质出了问题,也可以根据编码一路追踪到任何一个环节,从而找出最终责任人)。① 其次,关于食品质量管理的透明度方面,美国专门制定的《行政程序法》《联邦咨询委员会法》以法律的形式从程序上保证了食品安全管理的公开和透明,以使公众参与到食品安全监督中去。欧盟也有十分健全严格的食品安全信息网络,强调食品安全制度建设和食品安全管理的公开性和透明度,其通过定时发布食品市场检测等信息,及时通报不合格食品的召回信息,在互联网上发布管理机构的议案等保证了食品信息的公开透明。而日本也同样建立了与公众进行互动的食品安全信息交流机制。如日本的农林水产省主页专门增设了消费者部屋专栏,分门别类地向消费者提供全面透明的食品质量检测信息和抽检结果,并全面接受公众和媒体的监督。此外,日本各地的农会(类似于地方的食品行业协会)也自发地向消费者提供其受官方认可的各类食品质量信息。

笔者认为,国外的可溯化的食品信息追踪制度,有利于全方位地对食品生产、加工、流通这些环节进行有效监管,且方便于事后及时、准确地追责。而可溯化的食品信息追踪制度亦有利于建立畅通的信息监测和通报网络体系,逐步形成统一、科学的食品安全信息评估和预警指标体系,对于及时研究分析食品安全形势,对食品安全问题做到早发现、早预防、早整治、早解决有重大意义。而透明公开的食品安全管理信息又有助于公众了解最新的食品监管动态及食品卫生知识,增强公众对食品安全卫生的信心以及提高监管机关的公信力,且保障了公众对食品安全信息知情权的实现,也有助于缓解在食品安全事故发生后公众的恐慌情绪。而对于监管部门来说,公开透明的食品安全管理信息亦有利于不同监管部门之间信息的共享与沟通,提高监管部门的监管效率。

(3)细致严格的食品质量安全标准

发达国家的食品安全监管体系中,对于食品安全质量标准的制定审慎而客观。这体现在两点,即独立权威、分工明确的食品质量安全标准制定机构及食

---

① 李忠东. 德国制造的深刻含义——食品安全从细节抓起 [J]. 广西质量监督导报,2008 (9):10.

品质量安全标准本身内容的翔实严格、繁杂具体上。从食品质量安全标准制定机构的独立权威性来看,德国尤其典型。德国食品质量安全标准的制定机构分为两种,以制定食品中残留农药标准的机构为例,制定残留农药标准的机构,一种是最具权威性的官方机构,即德国标准院。第二种则是已被官方认可、接受的独立评估机构,如负责食品残留农药标准评估的三大机构,即尤里乌斯.屈恩研究所、联邦风险评估研究所以及联邦环保局。这种二级评估体制保证了标准制定机构的严谨性和中立性,确保了食品质量标准制定的客观性以最大化有利于消费者。而在食品安全制定标准的具体内容上亦要求十分严格且内容翔实具体,检测项目繁多。同样以德国为例,德国干预用粮食的质量标准要求干预用粮食的无瑕粮粒含量必须达到88%以上,对于杜姆硬质小麦(干预用粮食的一种)其规定的破碎粒比重不得超过66%。而对于制作面包用的黑小麦,斑污粒的数量则限制在33%以内,虫蛀粒的数量在杜拉姆小麦中的最高限量是4%,在制面包用黑小麦的最高比例则限制在2.5%以内。此外,对于干预用粮食的烘焙质量标准也有明确严格的规定。对于烘焙小麦要求其发芽率必须达到85%以上;对于制作面包用小麦,这个数字则限定在75%。① 而日本的食品安全质量标准同样严格细致。日本食品安全质量标准分两大类,一类为食品质量标准,一类为安全卫生标准(包括动植物疫病,有毒有害物残留等)。日本厚生省颁布了2000余个农产品的具体质量标准和1000余个农药残留限量标准。农林水产省则颁布了351种农产品品质规格。值得一提的是,农产品质量在日本的安全质量认定标准尤为严格。农产品认证在日本一般由官方认可的中介组织承担,包括常规农产品认证和有机农产品的特殊认证。有机农产品的认证标志为JAS,该认证由农产品生产者自愿提出申请。外国有机食品若未通过该认证则不可进口和销售,农产品质量安全体系已成为日本食品安全管理的重要手段,并为广大消费者所接受和信赖。②

故笔者认为,独立客观的食品质量标准制定机构以及翔实严格的食品质量标准内容所组成的细致严格的食品质量标准,使得食品质量标准客观中立,体系结构合理,各类标准协调配套,故构建起了一套科学、统一、易于实际操作的食品安全质量标准体系。且为食品安全监管部门提供了一把客观严谨的"标尺",对于其自由裁量权作出了一定合理的限制,从而有效减少了监管部门在日常监管活动中贪腐或懈怠不作为的可能,保证了有效的监管,提高了公众对于

① 丁声俊. 德国食品安全保障和食品风险防范措施 [J]. 中国食物与营养, 2011 (17): 10.
② 马淑芳, 王靖. 国外食品安全法律制度及其启示 [J]. 学术交流, 2009 (12): 93.

食品安全监管工作的信心。同时，这一套严格细致的标准也为食品安全从业者进行自律自纠提供了重要的参照。

(4) 分工明晰、高效合理的监管机制

发达国家的食品安全监管机制之所以合理高效，其具体体现在设置了权责统一，能够整合主要监管资源进行集中监管，具有主要监管权的核心监管机构，且各监管机构与核心监管机构之间分工明确，主次分明，能够较好地协调配合。在此，以美国为例。美国负责食品安全监管的机构主要以健康和人类服务部（DHHS）下辖的食品安全监督管理局（FDA）为核心，同时还有美国农业部（USDA）的食品安全检验局（FSIS）和动植物健康检验局（APHIS）以及环境保护部（EPA）等机构对 FDA 日常的监管工作进行辅助补充。其中，作为核心监管机构 FDA 负责监管检查的范围约占美国食品流通总数的 80% 以上。FDA 同时监督 13.6 万多家注册的国内食品企业，其中食品加工企业 4.4 万余家，还监督 18.9 万家在 FDA 注册的生产、加工、包装和储存供美国消费食品的境外企业，此外，FDA 还与各州或地方主管机构共同管辖超过 200 万家的农场，大约 93.5 万家餐馆和机构的食品服务点、11.4 万个超市、杂货和食品批发店。同时，FDA 的权限也十分大。特别是 2011 年 1 月 4 日新通过的《FDA 食品安全现代化法案》进一步增强了 FDA 对国内食品和进口食品安全监督管理的权限。如该法案规定若 FDA 认为某一食品或 FDA 有充足的理由相信可能以类似方式受到影响的其他食品，通过食用或接触可能引发人类或动物严重的健康问题甚至导致死亡，则 FDA 对于从事该食品生产、加工、包装、配送、接收、存储或进口的从业者（农场或餐馆除外），在 FDA 委派的官员或雇员出示了相应证件和正式通告函后，必须允许其在适当时间、范围和方式下查阅关于该食品以及 FDA 有理由相信可能以类似方式受到其影响的其他食品的全部记录的原件并复印留存。(对于"记录"的范围适用于该食品的货主或代理以任何形式［包括纸质和电子格式］在任何地点的有关生产、加工、包装、配送、接收、存储或进口环节的所有记录) 这就大大扩展了 FDA 对食品生产、加工、包装、配送、接收、存储或进口记录进行检查的权限。此外该法案还在其他许多方面增强了 FDA 的权限。如该法案修改了 FDA 实施行政扣留的条件，将原条款的"可靠证据或信息显示……"改为"令人信服的理由"。且将原条款"出现对人类或动物造成严重健康影响甚至导致死亡的威胁"改为"存在掺假或存在错误标识"，这实际上降低了 FDA 进行行政扣留的条件，增强了 FDA 行政扣留的决定权。(所谓令人信服的理由是由 FDA 自己判断的，故实际上完全给予了 FDA 判断是否进行行政扣留的权力) 此外，该法案还使 FDA 首次获得在食物供应链各个环节建立全面的，基于科学的预防性控制监管机制的权力。①

由此观之，由具有核心监管机构及分工明确的监管机构设置方式，可以改善监管机构职能上存在的"横向层次过宽，纵向层次过多"的积弊，极大地提高监管的效率，使监管机构适应实际执法的需要，对于食品安全事故的处理更为快速，显著降低食品安全监管成本，有效遏制相关部门因权责不明而引起的互相推诿或争权夺利的现象，以及杜绝因多头管理引起监管权力定位不准确和权力部门化、部门利益化、利益法律化的现象。

（5）完善的食品或饲料从业者承担责任制度

建立一个良好质量的食品供给系统，企业主动承担责任具有不容忽视的作用，国外关于企业责任的法律规定比较完善。以欧盟为例，欧盟对于食品或饲料从业者承担责任的制度主要由《基本食品法》所确立。2002 年欧盟第 178/2002 号法规即《基本食品法》规定，生产、加工、销售所有阶段的食品或饲料从业者应确保并核实食品或饲料达到相关法律的要求，食品或饲料从业者应确保其产品具有可追溯性，一旦发现或有理由相信产品不符合有关法律规定，应立即从市场上以及消费者手中召回问题产品并向有关管理机构报告，还应履行帮助有关管理机构采取措施避免问题产品造成的风险的义务。违法者不仅要承担受害者的民事赔偿责任，还要受到行政乃至刑事制裁。② 欧盟严格的食品或饲料从业者责任承担制度的优点在于能够加大企业的食品安全责任感，使得食品从业者主动建立自我核查机制，自觉采纳 HACCP、GMP（良好生产规范），严格遵照有关质量标准、生产操作规范及产品控制的有关规定进行生产，更好地确保食品的质量，维护食品安全。

（6）广泛实施的 HACCP 制度

HACCP（hazard analysis and critical control point）名为危害分析与关键控制点。③ HACCP 是一套通过对整个食品链，包括原材料的生产、食品加工、流通

---

① 朱其太，刘天鸿，孟祥龙．美国《FDA 食品安全现代化法案》解读及其应对措施 [J]．中国动物检疫，2011（4）．

② 廉恩臣．欧盟食品安全法律体系评析 [J]．政法丛论，2010（2）：98.

③ 危害分析与关键控制点是由食品的危害分析和关键控制点两部分组成的一种系统管理方式。其基本含义是：为了防止食物中毒或其他食源性疾病的发生，应对从食品原料种植（养殖）到食用的全过程中造成食品污染发生或发展的各种危害因素进行系统分析；在此基础上，确定能有效预防、减轻或消除各种危害的"关键控制点"，进而在"关键控制点"上对造成食品污染发生或发展的危害因素进行控制。由于 HACCP 强调应沿着食品生产加工的整个过程，连续地、系统地对造成食品污染发生的各种危害因素进行控制，HACCP 方法又被称为"食品安全的纵向保证法（longitudinal integration of food safety assurance）"。

乃至消费的每一环节中的物理性、化学性和生物性危害进行分析控制和控制效果验证的完整体系，实际上是一种包括风险评估和风险管理的控制程序。目前世界上大多数国家都在食品生产企业中广泛实施 HACCP 制度。国际标准组织（ISO）也已依据"危害分析"及"关键控制点的查核结果"制定了食品安全管理系统的特定标准（ISO22000），HACCP 也被公认为是迄今为止控制食源性危害最有效、经济的手段。欧盟的食品安全法规对食品行业实施及执行 HACCP 制度作出了明确具体的规定，如 852/2004 号法规要求屠宰场必须切实遵守 HACCP 的规定；第 854/2004 号法规以及第 882/2004 号法规规定了 HACCP 实施与执行的官方监控规范。在此可以以欧盟中的德国为例，德国的食品安全监管特别强调从"农场到餐桌"的整个过程的有效控制，要求农民或养殖企业对农产品生产、饲养牲畜的详细过程进行记录。以牲畜饲养者为例，必须记录包括饲料的种类及来源、牲畜患病情况、使用兽药的种类及来源等信息并妥善保存。屠宰加工厂收购活体牲畜时，养殖方必须提供上述信息的记录。而屠宰后被分割的牲畜肉块，也必须有强制性的标识，包括可追溯号、出生地、屠宰场批号、加工厂批号等内容，以便追踪每块畜禽肉的来源。德国对食品生产企业卫生方面的要求相当严格。以屠宰场为例，其各个场所，即使是卫生间都有严格的卫生标准规定；不同的车间有不同的消毒标准和温度控制，以保证肉制品在任何一个环节都不变质；对加工后肉类的排放，以及追溯码的打印、运输车辆及运输时间等各个环节也都有相应的规定，以确保各个环节的安全性。① 而美国的食品安全监管中同样体现了 HACCP 制度的运用。例如《FDA 食品安全现代法案》将危害分析与风险预防控制的理念以法律形式强制应用于食品链的所有企业和所有环节中，而在危害分析和风险预防措施这两个有关 HACCP 制度的章节中，要求食品生产、加工、包装、存储者必须识别并评估与企业相关的已知的或可预见的危害，并采用合理适当的程序方法和流程以显著降低或预防根据要求进行危害分析后所确定的风险。且这些预防措施必须符合相关食品的生产、加工、存储的现有科学认知及指南性文件或规章制度。而在美国的三级监管体系中，美国聘请了由专业食品检查员、微生物学家、食品化学家、流行病学家以及其他食品科学家作为食品监管人员并采取让食品安全监管人员进驻饲养场、食品生产企业的方式，从原材料的采集开始对食品的生产、流通、销售和售后等各个环节进行全方位且直接的监管，从而对食源开始即进行第一手的监控。

食品安全最关键的是源头控制，如果在食源上不能提供安全可靠的产品，

---

① 高启臣．德国食品安全监管招数多［J］．北京农业，2011（19）：46.

也就不可能生产出绝对安全的食品。毫无疑问，只有按照 HACCP 制度对供应链条上诸如生产、加工、储藏、运输、销售等各个环节等进行调查、分析，才能对实际生产现状及可能产生或带来不安全问题的各种因素进行有效监督，从而使得以源头为起点的各个环节实现规范化、标准化生产。故 HACCP 制度的运用能够全方位且直观地监控食品生产过程中可能发生风险的各个环节，从而做到监管部门或企业主动采取措施来防止危害发生或降低危害发生的概率以确保食品安全，达到防患于未然。

（7）快速高效的食品与饲料快速预警系统（RASFF）

食品与饲料快速预警系统（RASFF）是欧盟特有的一种快速高效的风险通报预警机制，依据欧盟的《基本食品法》第四章危机管理及紧急事件处理规定确立。它是一个连接欧盟层面监管机构欧盟委员会、欧洲食品安全管理局以及各成员国食品与饲料安全主管机构的网络。其要求当某一成员国掌握了有关食品或饲料存在对人类健康造成直接或间接的严重风险的信息时，应立即通报给欧盟委员会。委员会根据有关资料决定风险的等级并将该信息转发给各成员国；欧洲食品安全局对于风险通报可以补充相关科学或技术信息，以协助各成员国采取适当措施。各成员国可以依据发布的风险通告进行反应。如若各成员国采取了反应措施，则必须将所采取的反应措施通过快速预警系统报告给欧盟委员会。如果通报的食品或饲料已被第三国接受，委员会还应向第三国提供适当的信息，便于第三国快速采取相应措施处理有危害之食品饲料造成的风险以防止损害扩大。[1]

这种机制的优势在于加强了食品安全法规的有效性、科学性及专业性，其贯彻了"预防为主，源头治理"的理念，通过设立一个由多国家组成区际性的常态处理食品安全事故的机构，为一定区际范围内各个国家突发食品安全事故的信息交流提供了一个便利可靠的平台，使得食品安全事故信息可以无缝隙地流通，并提高了监管部门对于处理复杂跨区际突发食品安全事故的反应速度和协调能力，对处理突发食品安全事故更为稳妥，从而将事故的损害限定到最小范围，在确保食品安全上发挥着重要的作用。

（8）严厉的食品质量法律责任

发达国家中，食品从业者违反食品安全法规所付出的违法成本是巨大的。美国法律规定对于食品只要制假售假均属刑事犯罪，不受金额数量大小限制，并可以处以 25 万美元以上 100 万美元以下的罚款及 5 年以上的监禁，若为累犯，

---

① 廉恩臣. 欧盟食品安全法律体系评析 [J]. 政法丛论，2010（2）：97.

罚款额可高达500万美元。而欧盟国家对违反食品安全法律的行为处罚也十分严厉。如德国北威州的二噁英饲料污染事件，德国检方就对该饲料生产企业直接负责人提起了刑事诉讼，且该饲料生产企业还可能面临每周数额高达4000万~6000万欧元的巨额赔偿。① 2004年，韩国曝光了"垃圾饺子"风波。在事件曝光后，韩国的《食品卫生法》随之朝着更为严厉的方向进行了修订，规定蓄意制造、出售劣质有害食品的直接责任人员将被处以1年以上有期徒刑；对国民健康产生严重危害（依韩国刑法原意此处指风险而非实害）的，有关责任人将被处以3年以上有期徒刑。而一旦因制造或销售有害食品被判刑者，10年内将被禁止在《食品卫生法》所管辖的领域从事经营活动，还附以巨额罚款。而在法国，对于食品安全犯罪的处罚力度不轻于走私军火和贩卖毒品。此外，发达国家成熟的信用社会机制也使食品从业者的产品一旦出现问题被曝光处罚后，将面临银行贷款被缩减甚至断绝及资方撤资、产品销售无门等的一系列窘境。

故笔者认为，由于食品生产企业是市场中的理性经济人，所以不可避免地具有自私性、盲目性。这些企业在进行食品的供给时，因为拥有较大的信息成本优势，故一旦当违法后果的预期成本低于违法收益，就会尽一切努力实现自我利益最大化从而进行经济投机，当然不惜损人利己，公然违背政府法律，甚至损害社会整体利益。因此，这种严厉的处罚机制的优点在于以经济学上的成本控制理论为依据用市场机制作为"武器"，通过综合运用行政处罚、民事赔偿、刑事处罚等多种处罚手段多管齐下对违法食品生产者在经济、市场准入资格、信誉等方面进行处罚，极大地增加了违法食品生产者的违法成本及所需承受法律责任的不利后果。因此由巨大的经济、法律、社会压力构成的几乎无法承受的违法成本能够"逼迫"食品生产企业克制经济机会主义行为，自觉地遵守食品质量安全相关法律法规，不敢越雷池一步。正如孟德斯鸠所言"虽然欲望可能会促使他们做坏人，然而利益却会阻止他们这样做"。

6.3　食品安全监督刑事立法规制

社会保护作为刑法机能，在与人权保障相对立的意义上，是指通过惩罚犯罪对社会利益的保护。日本刑法学家庄子在论及刑法的保护机能时提出：刑法是基于国家维护其所建立的社会秩序的意志制定的，根据国家的意志，专门选

---

① 马淑芳，王靖．国外食品安全法律制度及其启示［J］．学术交流，2009（12）：93.

择了那些有必要用刑罚制裁加以保护的法益。侵害或威胁这种法益的行为就是犯罪，是科处刑罚的根据，刑法具有保护国家所关切的重大法益的功能。① 目前，我国已经初步建立食品安全刑法保护体系，但仍具有滞后性和不完备性，因此建立全方位和系统化的食品安全刑法保护体系，完善刑法体系与非刑事法律体系的对接就显得尤为重要，刑法的谦抑性要求只有在民法、行政法等其他法律对食品安全不能进行有效保护时刑法才发挥其最后保障性的作用。对于食品安全监督过失犯罪主体的刑事规制是刑事立法的重要方面，在风险社会之中如何完善其主体对于保护食品安全的责任迫在眉睫。加强食品安全刑事立法规制可以更好地使监督过失应用于刑事规制，为食品安全提供更好的保护作用。

尽管《食品安全法》是一部较为完善的保护食品安全的法律，但《刑法》的相关罪名设置却呈现出滞后性，不能与《食品安全法》相协调，《刑法修正案（八）》在我国1997年《刑法》较为零散规定的基础上进一步加强了食品安全的保护，但我国现行法律依然不能适应目前不断出现的食品安全问题，因此建立全方位的食品安全体系势在必行，不仅需要发挥相关民事法律、行政法规的保护功能，刑法作为最后保障法理应提供有力保障。食品安全问题的出现不仅仅只涉及食品生产者、销售者的责任，我们要用动态的眼光看待，现代科学技术飞速发展的风险社会，食品安全的监督者由于其监管不当，使得食品安全问题肆意滋生，加强对食品安全监督过失犯罪的有效规制不容忽视，如何完善我们现行的食品安全保护体系以及对食品安全监督过失的规制就显得尤为迫切和重要。

6.3.1 食品安全刑法保护与非刑事法律保护的关系

6.3.1.1 我国食品安全刑法保护的规范体系

对于刑法体系，学术界存在三种观点：第一种观点认为，刑法体系是由刑法典、单行刑事法律、附属刑法三大部分组成的体系，是一个以刑法典为核心的庞大的体系;② 第二种观点认为，刑法体系是由《中华人民共和国刑法》和单行刑事法律、其他刑事规范组成的;③ 第三种观点认为，刑法体系是指刑法

---

① 陈兴良. 刑法的价值构造 [M]. 北京：中国人民大学出版社，2017：155–156.

② 何秉松. 刑法教科书 [M]. 北京：中国法制出版社，1997：105.

③ 金凯，章道全. 中华人民共和国刑法简明教程 [M]. 济南：山东人民出版社，1987：16–17.

的各种渊源及其相互关系。① 笔者认为，刑法体系是由刑法的多种渊源构成的有机联系的整体，食品安全刑法保护的规范体系是指意在保护食品安全、调整食品领域所发生的相互联系、相互补充、相互制约的社会关系的法律规范所组成的系统。我国食品安全刑法保护规范体系主要由刑法、刑法修正案及相关司法解释加以规定，并且构成了相互联系的有机整体。目前我国食品安全刑法保护的规范体系主要存在于现行的《刑法》、司法解释以及《刑法修正案（八）》之中。《刑法》对于有关食品安全犯罪的规制分散在刑法分则的各章节中，没有统一的食品安全法律体系，主要分布在刑法分则第三章"破坏社会主义市场经济秩序罪"，涉及第一节"生产、销售伪劣商品罪"中的生产、销售不符合食品卫生标准食品罪，生产、销售有毒、有害食品罪，生产、销售伪劣产品罪，第八节"扰乱市场秩序罪"中的非法经营罪、虚假广告罪等。针对司法实践中出现的问题，又先后出台了三个有关食品安全的司法解释，主要有 2001 年 4 月最高人民法院、最高人民检察院出台的《关于办理生产销售伪劣商品刑事案件具体应用法律若干问题的解释》；2002 年 8 月"两高"针对"瘦肉精"案件发布的《关于办理非法生产、销售、使用禁止在饲料和动物饮用水中使用的药物等刑事案件具体应用法律若干问题的解释》；2002 年 9 月 4 日最高人民检察院发布的《关于办理非法经营食盐刑事案件具体应用法律若干问题的解释》；2013 年 5 月 2 日"两高"发布的《关于办理危害食品安全刑事案件适用法律若干问题的解释》，这些司法解释在打击食品安全犯罪方面发挥了重要作用。《刑法修正案（八）》在此基础上，结合我国现阶段社会主义市场经济条件下出现的主要问题，进一步规制危害食品安全的犯罪，修改和增设了食品安全的相关条款，食品安全监管渎职罪的创设使得对食品安全的保护步入了一个新的高度。

现有《刑法》第 140 条到第 149 条规定了生产者、销售者在产品中掺杂、掺假，以假充真，以次充好或者以不合格产品冒充合格产品的行为，构成生产、销售伪劣产品罪。在食品生产领域实行许可经营制度，对于未经许可从事食品生产经营，或者买卖食品经营许可证，属非法经营，以非法经营罪论处。生活中消费者容易受到广告的影响而购买食品，食品生产、经营者，广告经营者，广告发布者如进行虚假宣传，欺骗消费者时，就可能构成虚假广告罪，本罪在主观上必须为明知，食品生产者、经营者明知利用广告对自己的食品进行虚假宣传会造成危害社会的结果，但是对于广告经营者和发布者来说则可以是明知，也可以是间接故意。

---

① 张明楷．刑法学 [M]．北京：法律出版社，2011：29．

　　《刑法修正案（八）》将"生产、销售不符合食品卫生标准食品罪"修改为"生产、销售不符合食品安全标准食品罪"，食品安全比食品卫生的范围更加广泛，在立法体系上成功与《食品安全法》相互衔接。并且取消了单处罚金的规定，加大了罚金刑的处罚力度，拓宽了打击范围。犯罪主观方面是行为构成犯罪的必要条件，是犯罪人承担刑事责任的主观基础。[①] 理论界对于生产、销售不符合安全标准食品罪主观方面的观点有较大争议。一些学者认为该罪在主观方面只能是故意，也有学者认为只能是间接故意，明知生产、销售的食品不符合安全标准而故意生产、销售，放任危害结果的发生。[②] 还有学者赞成故意和过失均可以构成本罪。[③] 笔者在分析研究各种理论观点的基础上认为，我国现行刑法体系中对于危害食品安全犯罪大多规定为故意犯罪，而在经济迅猛发展的今天，食品安全事故日益频发，且大多是由于生产经营者的过失造成的。食品作为人类生存的必要物质基础，食品的不安全将会导致人类的生命健康得不到保障，侵犯人的生命健康权，无论造成该危险的主观要件是行为人的故意还是过失，其危害性都是不可估量的，也就是说，即使由于过失导致食品安全犯罪的发生，都存在巨大危险，过失危害食品安全犯罪的存在十分必要。如果只承认故意生产、销售不安全食品才构成犯罪，将会降低生产、销售者的安全防范义务，使其疏于管理，不能有效防范事故的发生，将会对无论是疏忽大意还是过于自信过失的行为人无法追究其刑事责任，与罪刑相适应原则不符。而在实践中只规定故意犯罪又使刑法失去其最严厉惩罚的意义，由于刑法中只认定故意的危害食品安全犯罪，因此许多危害食品安全的行为人以自己不存在犯罪故意，即以过失犯罪为其主要抗辩理由，意图逃脱刑法的制裁。食品行业作为一个科技含量高、专业性强的领域，即便是长年从事食品行业的专业人员也未必能完全了解各种食品本身及其成分的属性和作用，认定其行为具有犯罪故意在司法实践中比较困难，却有可能存在行为人在主观上具备非食品原料的认识，却不具备非食品原料之毒害性认识的情形。[④] 在这种情况下，刑法就不能对生产者、销售者以故意犯罪来追究刑事责任，如果没有过失犯罪的刑事理论，由于生产者、销售者会减低自身的责任感，未完全尽到自己的注意义务，对于那些可追究刑法的过失行为将无法追究刑事责任，会使其逃脱法律的制裁。这一

---

① 高铭暄. 刑法专论 [M]. 北京：高等教育出版社，2002：244.
② 王作富. 刑法分则实务研究（上册）[M]. 北京：中国方正出版社，2003：282.
③ 顾肖荣. 经济刑法 [M]. 上海人民出版社，2005：110－112.
④ 毛乃纯. 论食品安全犯罪中的过失问题——以公害犯罪理论为根基 [J]. 中国人民公安大学学报，2010（4）：82.

现象与刑法的刑罚均衡原则相悖，将会导致食品安全的问题愈演愈烈愈来愈多。针对食品安全的种种问题我们始终坚信在刑法的罪刑法定原则与罪行均衡原则之下尽可能全面地详细打击。在当今中国，全面严惩过失犯罪具有一定的紧迫性与必要性。

生产、销售有毒、有害食品罪的自由刑的起点已上升到了有期徒刑，且取消了根据销售金额确定罚金的规定，法官可以根据案件的具体情况确定罚金，对数额的上限和下限没有限定，使得司法机关能够更加灵活地从根本上制裁罪犯。《刑法修正案（八）》删除了生产、销售有毒、有害食品罪中"拘役"的规定，加重了该罪的法定刑。生产、销售有毒、有害食品罪有重有轻，刑法应重罪重罚，轻罪轻罚。笔者认为应该在罪责刑相适应的基础上对相关行为作出规定，寻求法条规定与司法实践中个案的平衡点、修改和完善现行刑法立法，以达到更好的立法效果。预防犯罪应做到有罪必罚，这远比单纯的重罚更为有效，只依靠严刑是不能达到刑法目的的。

《刑法修正案（八）》专门增加了食品安全监管渎职罪，从而为食品安全监管环节提供了针对性的刑法保护。食品安全严格的监管是食品安全体系的最后一个环节，监管者的玩忽职守、滥用职权、不履行监管职责，将会为危害食品安全犯罪行为的大量出现提供滋生的土壤，对食品安全造成的危害甚至远远高于生产、销售不安全食品行为本身。[①] 解决了所处不同单位部门承担不同刑事责任的问题，对国家机关工作人员在行使食品安全监督管理职责时发生渎职犯罪，并且造成严重后果的，明确以食品安全监管渎职罪处罚，在定罪量刑方面达到统一。

6.3.1.2 食品安全非刑事法律保护

我国食品安全法律规范体系中不仅有刑法保护规范，还存在着多种非刑事法律规范，如民法保护体系和行政法保护体系等都对食品安全保护发挥着积极的作用。

（1）食品安全民法保护

我国现行民法体系中有关食品安全规定的法律主要包括《中华人民共和国民法总则》《中华人民共和国产品质量法》《中华人民共和国合同法》《中华人民共和国侵权责任法》《中华人民共和国消费者权益保护法》《中华人民共和国食品安全法》中关于平等主体之间权利义务的规范，以及最高人民法院发布的

---

① 刘苏娜. 论食品安全的刑法保护［D］. 上海：华东政法大学，2011：17.

司法解释《关于人身损害赔偿案件适用法律若干问题的解释》《关于审理食品药品纠纷案件适用法律若干问题的规定》等，这些法律共同构成了我国食品安全民法保护体系。民法作为调整社会主义市场经济关系的基本法，作为保障人民群众生命财产安全的法律，其在食品安全领域发挥着重要作用。《中华人民共和国民法总则》规定因产品质量不合格造成他人财产、人身损害的，生产者、销售者应当依法承担民事责任，是承担食品安全民事责任的基础。《中华人民共和国产品质量法》将《中华人民共和国民法总则》的规定进一步细化明确，从生产者、销售者的产品质量责任和义务、产品质量监督、损害赔偿、惩罚机制等方面对有关食品质量各个方面的法律问题进行了系统的深入。关于产品生产、销售合同的缔结、生效、履行、解除、赔偿等，以及消费者因为食品安全事故遭受损失，需要追究销售者的违约责任时，可以依据《中华人民共和国合同法》中有关规定加以解决。而在消费者因食品安全事故遭受侵权之后为维护自身合法权益需要提起侵权之诉的，《中华人民共和国侵权责任法》关于产品责任中以损害赔偿为主要责任承担方式的规定就发挥其积极作用。《中华人民共和国消费者权益保护法》对食品生产者、销售者的义务和消费者的权利作出规定，明确了一项新的权利救济途径，即赋予了消费者在受到侵害时的双倍索赔权利，以此来保护消费者这一困难群体。《食品安全法》要求违反保障食品安全义务的生产者、销售者支付共计10倍价款的赔偿金和实际损失，此规定具有典型的民事法律性质，成为《食品安全法》在民事领域保障食品安全的法律依据，但此种惩罚性赔偿对于暴利企业而言，仍然不能有效地发挥阻止作用。

食品安全的民法保护主要通过明确食品领域各参与者之间的权利义务，在产生食品质量问题时，对因产品质量造成的违约责任或侵权责任进行严格界定，以此来确定各方责任，对消费者权益进行有效救济，从而使因食品问题遭受损失的一方得到相应的赔偿。食品质量领域的惩罚性违约金相对于其他产品质量领域的保护力度相对更高，显示了我国民法法律体系中对于食品安全保护逐步发展的趋势。

（2）食品安全行政法保护

行政法保护是食品安全法律保护的主要手段，行政法律制度在食品安全法律体系中占据重要地位，各类行政法规、部门规章是其主要组成部分，并且针对不同种类的食品及各个环节出台了各种具体的规范标准。行政法律保护对于食品安全提前预防、实现全面监管十分有效，比民法保护这种事后救济手段更为重要。行政法律制度主要包括食品安全监管主体制度、食品安全标准体系和食品安全责任制度。① 食品安全监管主体制度，明确了不同行政部门在食品安全监管中所担负的不同职责，以及各自发挥的作用。食品安全标准制度直接反映国家的食品安全水平，对于保证食品安全起着核心作用。我国已经初步形成了较为完备的食品安全标准制度，包括食品基础标准体系、食品检验方法标准体系、食品流通标准体系等齐全的标准制度，联合国也在试图解决各国面临的食品安全危机，努力建立统一的食品标准体系。② 《食品安全法》对食品安全的范围规定较广，基本涵盖了各类生产经营市场主体，其中包括食品生产、加工、运输、销售、进出口经营者和监管等人员，在对象上适用于食品、食品添加剂、食品相关产品、食品运输工具等。在整个食品产业流程上包括生产、销售、运输、储存等多个环节。但是在法律责任方面，大量的篇幅是规定市场主体违反本法的责任追究，对监管主体的责任追究只有一个条文的简单规定，因此，从形式上看，很容易误导监管主体得出错误结论。③ 生产经营市场主体违反行政法规定时，在行政领域内虽然规定了责令停产停业、没收违法所得、罚款、吊销卫生许可证等一系列行政处罚措施，但这些措施仍不足以惩罚犯罪，存在许多的缺陷和漏洞，例如，吊销卫生许可证的处罚只有在危害食品安全情节严重时才得以适用，被吊销营业执照或者卫生许可证的行为人，法律并没有对其再次申请的资格加以严格的限制，也就是说行政处罚之后，行为人仍然可以再次申请食品生产、销售领域的营业执照或卫生许可证。《食品安全法》还针对婴幼儿及其食用的食品提出特殊的要求，对婴幼儿食品安全有特别的保护，规定食品安全应当包括专供婴幼儿和其他特定人群的主辅食品的营养要求，预包装食品包装上的标签应当标明专供婴幼儿的主辅食品，其标签还应当标明主要营养成分及其含量。笔者认为婴幼儿是特殊的弱势群体，承继祖国的未来和希望，法律应该给予其特殊的保护。"婴幼儿作为弱势群体，刑法也有必要给予特殊的、周全的保护。"④ 因此，刑法作为最后保障法，应该加强对婴幼儿的保护力度，尤其是婴幼儿对奶粉等食品的依赖程度逐步增大的今天，无疑会受到更大的影响。但是现行刑法及其修正案并没有相关的规定，无法保障婴幼儿的合法权益。笔者认为可以在立法上增设生产、销售不符合婴幼儿食品安全标准罪，并且区分足以造成危险，已经造成危害结果，甚至是造成婴幼儿死亡的不同犯

①　任毓佳．论食品安全的刑法保护［D］．长沙：湖南师范大学，2009：13 - 17.
②　刘苏娜．论食品安全的刑法保护［D］．上海：华东政法大学，2011：14.
③　解志勇，李培磊．我国食品安全法律责任体系的重构——政治责任、道德责任的法治化［J］．国家行政学院学报，2011（4）：73.
④　刘明祥，田宏杰．刑事法探究（第三卷）［D］．北京：中国人民公安大学，2009：372.

罪结果的不同处罚标准。

6.3.1.3　食品安全刑法保护及其与非刑事法律保护的关系

霍布斯、卢梭等启蒙时期的自然法学家认为刑法不是一个独立的法律部门。早期意大利也有学者认为刑法具有从属性，刑法只有依附于民法、行政法等其他部门法才可以存在，理由在于刑法没有自己独立的调整对象，被刑法规范禁止的行为只是已经被其他部门法所禁止的行为，刑法规范中只有制裁真正属于刑法的内容，刑法实际上只具有用刑事制裁来增强其他法律禁止性命令威慑力的作用。随着法律思想的深入发展，刑法独立性说逐渐占据了统治地位，成了国内外刑法学界的通说，多数学者主张刑法独立。意大利学者认为："当一个法律规范因规定了刑事制裁而成为刑法规范时，它就与其他刑法规范结成一个整体，该规范的适用对象和范围都要随刑法特有的性质和需要而发生变化。"[①] 法国学者也主张："即使刑法为这一或那一私法或公法分支提供它们所需要的制裁措施，但刑法本身的适用却不一定需要借助这些分支的基本观念，因为这些分支的基本观念相互之间可能是矛盾的，可能有损于刑法不可缺少的统一性。刑事司法必须个人化（个别化）的事实，也证明刑法的独立地位。如果刑事法官在具体适用法律时不考虑到被告人的人格，也是失职行为。"[②] 有学者则注意到刑法从属性与独立性两者之间的矛盾，提出从属性与独立性共存之说的观点，即在立法领域倡导刑法的从属性原则，从根本上将犹如双刃剑之刑法置于宪政和法治的框架之内，以把保障人权作为刑法的立足点；而在司法领域，从解释论立场，可以最大限度地保护社会秩序而坚持刑法的独立性原则。这样，就可以在人权保障与社会保护相统一的基础上倾向于人权保障。[③] 正如学者所言，法律规范体系中的刑法规范既具有补充性，同时又具有独立性。笔者赞同刑法独立性说的观点，认为我们不能将刑法只是归结到为其他法律提供制裁的方向，应该看到其独立的行为规范模式和特有的功能及任务，刑法作为一个学科体系具有完全独立的价值，是法律体系中重要的一个法律部门。发挥刑法在食品安全领域的规制作用极为必要。

诚如杨兴培先生所言："刑法作为第二次违法规范形式的产物，它的完善还

---

① 杜里奥·帕多瓦尼. 意大利刑法学原理：注评版 [M]. 陈忠林，译. 北京：中国人民大学出版社，2004：3-4.

② （法）卡斯东·斯塔法尼. 法国刑法总论精义 [M]. 罗结珍，译. 北京：中国政法大学出版社，1998：39-40.

③ 刘远. 金融诈骗罪研究 [M]. 北京：中国检察出版社，2002：132.

有赖于首先制定和完善一些前置性的法律为刑法的制定提供基础。刑法的有效执行，还有赖于前置性法律的有效执行。只有当前置性的法律无法惩治和阻挡一般违法性行为时，才需要刑法闪亮登场。不然刑法的补充修改效果就会大打折扣。"① 就刑法规范与其他法律规范之间的关系而言，刑法规范只具有保障其他法律规范实现的作用，或者说只是确保其他法律规范得以实现的制裁措施，正是在这个意义上，刑法又被称为"保障法"。② 笔者认为在食品安全领域建立一个全方位、系统化保护体系，要求各部门法之间的协调配合，互相补充发挥其积极效果，才能保障社会的平稳发展和经济实力的进一步提升。只有在民事、行政等手段不能解决食品安全问题时，才需要走向刑事司法路径，发挥刑法的"第二道防线"的作用。"任何雄辩，任何说教，任何不那么卓越的真理，都不足以长久地约束活生生的物质所诱发的欲望。"③ 面对食品安全领域复杂多变的现状，对涉及国计民生这一战略安全问题，由于民法本身保护平等主体之间法律关系的功能定位决定了民法的调整作用有时不能很好地发挥其作用，当适用民法不能解决危害食品安全的问题时，就需要动用刑法的最后保障功能。食品安全责任制度规定了对生产者、经营者等直接实施保障食品安全主体的行政处罚制度，也对行政监管主体的各类监督和惩处制度加以规范。当行政法调整的对象上升为犯罪时，刑法就必须发挥其惩罚犯罪的作用。刑法在具体责任条款上并未能与《食品安全法》相互衔接，只涉及在生产、销售环节，对生产、销售人员在食品安全领域的规定，但是对于其他主体和食品流通环节却无法追究其刑事责任，导致根据《食品安全法》的相关规定应承担刑事责任时，无法找到与之相对应的罪名。因此刑法应加强与民法、行政法的联系，应该加大对食品安全犯罪的刑罚力度使立法更加符合罪刑相适应原则。④

6.3.2 食品安全监督过失犯罪刑事规制

6.3.2.1 食品安全监督过失犯罪主体的认定

社会学分析认为，现代人类社会的核心品质是风险社会。"风险社会"是德国著名社会学家乌尔里希·贝克（Ulrich Beck）首次系统提出的。现代社会科

---

① 周立刚. 关于我国食品安全刑法保护的理性思考 [J]. 北方经贸，2011（8）：66.
② 陈忠林. 刑法总论 [M]. 北京：中国人民大学出版社，2007.
③ （意）切萨雷·贝卡里亚. 论犯罪与刑罚 [M]. 黄风，译. 北京大学出版社，2018：7.
④ 陈靖，兰立兵. 我国刑法中食品安全犯罪立法犯罪的立法思考 [J]. 新疆大学学报（哲学、人文社会科学版），2012（1）：52.

学技术飞速发展，随之而来的风险也无处不在，而这些风险之所以能转化为现实危害，其重要原因之一就是人类自身行为。对人类自身行为的监督与管理，已成为维护社会稳定，保障社会安全发展的关键性因素；我们的知识和我们的观念是相互联系的，知识和观念越是复杂，人们获得它们的途径及考虑的问题的出发点就越多。①

行政法学认为，国家管理职能的实现体现在不同层次的监督与管理中，监督管理者不尽监管责任的危害相当严重，用刑罚规制其行为成为必要；日本学者指出：所谓监督过失，是指在现场作业人员因失误而引发事故之时，本应该为了不出现这种过错而加以指导、训练、监督，并且，如果履行监督义务本可以使结果的发生或者扩大。这属于为了防止事故的安全体制确立之义务违反。②而刑法学认为，监督管理者主观上存在过失，客观上由于对监管义务的违反使社会风险转化为现实危害，严重影响到不特定多数人生命健康安全，主观与客观的结合体现出此类行为严重的社会危害性。为监督过失行为承担刑事责任提供了理论根据与基础。③

监督过失犯罪承担刑事责任的主观根据是监督者虽然不希望危害结果发生，但根据监督者的监督管理职责，监督者对自己的行为可能产生危害社会的后果有预见义务，有能力防止或避免危害结果发生，却由于其主观上缺乏注意意志，未履行自己应尽的义务，未能防范危害结果的发生，因此要对自己的行为造成的结果承担责任。监督者基于其自身职责，对整个事态发展的安全与效率进行监管。监督过失犯罪伴随着经济的发展而日益凸显，由于对监督过失犯罪主体没有明确的界定，导致司法实践对个案的处理存在较大差异，没能实现在法律面前人人平等，因此食品安全监督过失犯罪主体的认定在处理此类犯罪中起着十分重要的作用，该类犯罪可以从以下方法加以确定：第一必须确定行为人是否负有特定的监督管理义务和特定的监督管理权限；第二按照"危险源支配"的原则来确定；第三按照"谁主管、谁负责"的原则来确定；第四按照"以直接行为人为起点向上追查"的原则来确定。④ 明确监督过失责任的主体，避免在司法实践中追究食品安全监督过失犯罪的两种错误倾向：一是只追究现场直

---

① （意）切萨雷·贝卡里亚. 论犯罪与刑罚［M］. 黄风，译. 北京大学出版社，2018：13.

② 西田典之. 日本刑法总论［M］. 刘明祥，王昭武译. 北京：中国人民大学出版社，2007：226.

③ 肖冬梅. 监督过失犯罪研究［D］. 长春：吉林大学，2009：38.

④ 刘雪梅. 监督管理过失犯罪主体的认定方法［N］. 检察日报，2009.

接行为人的过失责任而不追究其上级监督者的过失责任；二是过于宽泛地追究无辜者的监督责任。①

目前我国法律规定的食品安全犯罪的内部监督主体为从事食品领域的生产者、经营者，该主体从不同的角度来看，既是监督者也是被监督者，虽然在食品安全犯罪中直接责任人是食品的直接操作人员，但是其生产者、经营者对食品直接操作人员负有指挥和监督的义务，发生食品安全事故不能排除作为监督者的生产、经营者的责任。刑法学属于社会科学，其目的在于保障社会的安全，为社会发展提供一个尽量安全、稳定的生存环境，犯罪行为需要承担刑事责任的根据必然是在社会生活中发现的。由于现代社会是风险社会，这种风险转化为现实危害不可或缺的因素是人的行为，而在现代社会中人的行为是一个统一系统的整体行为，并不是只有单一行为。直接行为人的行为将风险转化为现实危害，其原因必然是整个系统共同作用的结果。人的行为是风险转化为现实危害的根本原因。没有人的行为就不会有产生风险系统的可能，人的行为使危险转化为现实。人类控制风险转化为现实危害只有通过控制人类自身行为来实现。因此仅仅由直接行为人承担刑事责任不能达到惩罚犯罪的效果。对负有食品安全监督管理职责的行为人追究相应的责任正是监督过失犯罪承担刑事责任的必然要求。负有监督职责的国家工作人员通过国家强制力对食品安全领域的整体状况进行监督，其外部监督能起到预防和惩罚的效果，如果国家监督人员不履行或者不正确履行其职责，发生食品安全事故的，将导致监督过失犯罪。为了实现良好、稳定的社会秩序，推动经济发展，预防和抵制风险转化为现实，国家在现代社会中正常秩序的运行，关键在于有效实现管理国家的职能，国家职能包括对内职能和对外职能，不论实行何种职能都存在一种自上而下的监督与管理。如果监督管理体系中负有监督管理职责人的行为出现问题，后果将十分严重。如果监督管理者不尽其责，形成了严重危害后果必须予以惩处，否则必将成为国家职能实现的障碍。在管理与监督的过程中，当监督管理者造成公众利益的巨大损害时，刑法的介入将会成为必然。因此，食品安全监督管理环节（即对监督管理人的行为）的刑法控制必将成为国家实现其管理职能的必要手段。

6.3.2.2 食品安全监督过失犯罪主体刑事规制的完善

我国现有刑法对食品安全犯罪的直接规定十分有限，且大多数犯罪主体界

---

① 董芳. 监督过失的刑事责任及主体的确定［D］. 北京：中国政法大学，2009：11.

定为食品生产者、经营者这两类主体,对于其他主体则缺乏相关规定,致使对生产者、经营者以外的其他主体的食品安全犯罪行为规制缺乏针对性,不能达到对食品安全犯罪的刑事制裁与预防。因此笔者建议对食品安全犯罪主体范围进行适当的拓展。随着食品安全犯罪的日益严重、情况的复杂多变,有关食品各个环节的主体都应当受到刑法的规制,食品安全的监管应当贯穿于食品的各个环节,食品安全犯罪规制的主体范围随着食品安全监管的范围扩大而不断拓展,对于食品安全的刑法保护也在随之进步。根据目前我国的食品安全现状分析以下一些主体的行为应当纳入刑法的调整范围,通过法律的明确规定来追究行为人的刑事责任,严格遵循"罪刑法定,有法可依"。

(1)提供有毒、有害食品原料商

提供有毒、有害食品原料商可能本身不生产食品,但他们为不安全食品生产者提供腐败变质的原材料、有毒害作用的添加剂等物质,生产者利用这些物质生产不安全食品,直接导致不安全食品的出现。由于他们的存在才为食品安全犯罪的滋生提供了前提条件,是食品安全犯罪的源头,因此我国法律应当明确禁止,利用刑法手段追究相关主体的刑事责任。在日益严峻的食品安全形势面前,尽管他们仅仅提供原料并未直接导致不安全食品流通于市场,对不安全食品的生产的行为并未直接参与。但事实上,他们对于生产不安全食品的犯罪行为存在一种放任态度,明知提供的有毒、有害食品的原料会被用于生产不安全食品,仍然将此原料提供给生产者。目前这类主体已经形成一个庞大的群体,利用手中的不符合安全规定的原料服务于不安全食品的犯罪生产。原料提供者和生产者之间的销售模式大多数是生产者主动求购,少数原料提供者会主动推销其产品,鼓动合法商家通过使用他们提供的有毒、有害原料谋利,积极追求危害结果的发生。提供有毒、有害食品原料商看似仅仅起辅助作用,但其行为性质的严重性已经必须需要用刑法加以调整。该行为往往是导致食品不安全的最直接原因,其社会危害性有时甚至比生产不安全食品更严重。

(2)为生产、销售不安全食品者提供运输、储存等服务者

在食品生产、销售过程中间必然会涉及运输、储存等问题,从事相关食品运输者等主体负有保障食品安全的注意义务,行为人如果没有采取必要的预防措施有效防止食品中混入有毒有害的物质,或是因为食品运输、储存者监管不力使微生物在食品中大量繁殖,这些情形都足以认定行为人具有过失。现实中一旦造成食品安全事故,行为人即使主观上是过失也不能使其行为造成的社会

危害性减弱。① 该类主体对不安全食品流入市场起到了积极的辅助作用，具有一定的社会危害性，运输者为不安全食品提供了便利条件，如果在明知运输的食品不安全的情况下，应当受到相应的惩罚。如果运输者、储存者并不知道其运输、储存的是不安全食品，刑法也不能一味地追究其法律责任。如果因为食品运输者、储存者的自身原因使得食品发生变质、腐烂等问题，运输者、储存者也应当承担相应的法律责任。

(3) 出租、出借食品卫生许可证者

刑法对于出卖食品卫生许可证者作出了具体规定，如出卖食品卫生许可证可以以非法经营罪论处，但对于出租、出借食品卫生许可证者，却没有将其规定为犯罪。食品卫生许可制度是国家保障食品安全的重要举措，对食品卫生许可管理制度的违反，无疑会对社会的食品安全造成威胁。出租、出借食品卫生许可证的行为，在威胁消费者生命健康安全的危害程度与出卖食品卫生许可证相比是雷同的，也应当以犯罪论处。因生产的食品质量不能达到食品安全的标准要求而租用、借用食品卫生许可证造成严重食品安全事故时，出租、出借食品卫生许可证者难辞其咎，由于他们的出租、出借行为让不安全食品生产者逃避监管。因此，笔者认为，食品卫生许可证的出租、出借者应当对受租、受借者的生产经营行为尽到谨慎监督注意义务，如果未尽到相应的监管义务而造成食品安全事故的过失监督者应当受到刑法的惩处。

6.4 食品安全监督过失犯罪注意义务

食品安全监督关系主体包括纵向监督关系主体和平行监督关系主体。制造商在与以原料商为代表的上游分工者交往过程中，制造商负有对原料质量安全的独立控制义务，但不适用信赖原则。事实上制造商与销售商等下游分工者在交往关系中负有特殊提示义务，我们应承认信赖原则对制造商监督义务的缓和与限定。制造商与消费者的交往关系中，售前、售中、售后三个阶段均有出现相关注意义务，认定较为复杂。

边沁曾指出，法律要有四个目标，即供给口粮、促进平等、达到富裕和维护安全。② 对于民生的刑法保护，其本质含义是保护民众社会安全感的立法。

---

① 蒋冰冰. 食品犯罪立法问题研究 [D]. 上海：上海社会科学院，2009：43 – 44.

② 程燎原，王人博. 权利及其救济 [M]. 济南：山东人民出版社，1998：223.

夏勇教授形象地将工业社会物质短缺期的需求比喻为"我饿",将风险社会科技引发危险威胁期的需求比喻为"我害怕"。① 风险社会的刑法应将安全作为基本价值取向,安全是一个典型具有现代化特色的概念,它体现了现代社会中人们保持应付不测的警觉以及反应能力。② 近年来,国际国内食品安全事故频发,虽然没有发生像 2008 年的三鹿奶粉事件那样的食品安全大案,但地沟油、苏丹红、毒大米、染色馒头、双汇瘦肉精、镇江西瓜炸裂、广东墨汁粉条、金浩茶油致癌等一系列愈演愈烈且屡禁不止的食品安全事件,严重损害了民众对基本生活安全的信心,并引发了来自国际社会的一系列关注。食品安全带来的问题远远不局限于食品安全问题的本身,2020 年初突发的由新型冠状病毒引起的传染性肺炎在我国悄无声息大规模地扩散,究其源头同样是源于食品。有学者认为,危害食品安全犯罪所造成的损害是"社会性损害",即"违法行为损害的直接对象是社会——由处于一定时空中不同的个体,据一定的规范互动形成的关系状态,而非具体的个人,因而,从受害人看,具有受害人的不特定性、众多而不确定性。同样,从造成损害程度看,因受害者人数众多且不确定,因而,损害巨大且难以估量"。③ 就实践而言,在重大食品安全事故中,由于监管刑事责任常常缺位。2008 年三鹿奶粉事件的最终处理上,三鹿集团负责人被判定为生产销售伪劣产品罪,原料提供者则被判定为生产销售有毒有害食品罪。这是两个故意犯罪——而值得注意的是,这些制造商们在法庭上的辩词中说:自己在接到消费者投诉后,积极主动地对产品进行检验,其结果均为合格,而当时国家规定的对奶制品必须检测的项目名单中,尚没有三聚氰胺一项——借此他们极力否认自己存在犯罪的故意。涉案的毒奶粉竟然是经检验"合格"的名牌产品,监管的失职不言而喻。人们不禁思考:倘若只有在故意制售问题食品的行为出现时才能对食品生产经营者进行刑事追责,无异于降低了食品安全保障的底线,将更加不利于食品安全问题的解决。在我国现行刑法理论框架下,追究监管者不当行为的刑事责任仍然存在障碍。如何强化食品生产经营者的责任和意识? 食品监管者监督过失责任主体是仅指纵向监督关系主体,还是包括横向监督关系主体? 监管刑事责任是否等同于渎职罪责任? 至此,我国学者开始另外寻找监管刑事责任的实现途径,这就必须解决食品安全监管中过失认定的

---

① 夏勇. 民生风险的刑法应对 [J]. 法商研究, 2011 (4): 36.

② (澳) 柯武刚, 史漫飞. 制度经济学: 社会秩序与公共政策 [M]. 韩朝华, 译. 北京: 商务印书馆, 2002: 97.

③ 刘长林. 从个人权利到社会责任——对我国食品安全法的整体主义解释 [J]. 现代法学, 2010 (3).

难题，而过失又以注意义务为核心。监督过失理论之研究首先在于解决过失犯罪中的注意义务问题，尔后则根据注意义务的确定对违反注意义务的主体进行追责。而违反注意义务的成立，则包括三个要件：存在注意义务，有注意能力，怠于注意。①

通说将监督过失定位为领导责任，具体来说就是监督、领导、管理地位的人员是否应负刑事责任，如何负刑事责任的问题。② 我国学者林亚刚教授进一步指出："从原则上讲，只要是涉及业务过失犯罪的，都存在应当考虑监督过失的问题。"但也有论者认为，虽然领导责任是监督过失责任的主要表现形式，监督过失并不仅限于领导责任，在业务领域范围内的协作性关系中，对于处于监督、管理地位的人懈怠履行其监督、管理义务也可以肯定监督过失的成立。将监督过失定义为："处于领导或业务领域范围内的协作性关系地位的人违反监督、管理义务，对其应当避免的危害结果因疏忽大意或过于自信而导致结果发生的过失心理状态。"③ 也有学者进一步指出：把监督关系定位为监督与被监督的从属关系或领导关系，只看到了事实层面的一部分，其外延具有不周延性。因为在现实中，除了领导责任的上对下的监督关系外，还有平行主体之间的横向监督关系，即平行监督关系，例如值夜班的看守人员，食品生产者、销售者和原料商交往过程中的关系等。就横向的监督关系而言，行为人之间不是从属关系，也不是领导关系。④ 本书认为，监督者与被监督者的关系可以分为两种类型：一是共同利益体内部的监督关系，如医生和护士、制造商与原料商；二是外部监督关系，如食品监管部门对食品生产、流通领域的监督。

就大部分涉及食品安全问题的相关参与者而言，导致食品安全监督过失犯罪的原因往往是其主观上没有保持必要的小心谨慎态度，即怠于履行注意义务。以"承上启下"的制造商作为关键点切入来看，出现食品安全上的监督过失犯罪，其情况不外乎以下两种：一是在生产环节中，制造商本身或是与制造商紧密联系的其他分工者（分为上游分工者和下游分工者）没有尽到注意义务而导致生产出来的食品不安全或是安全食品出厂后发生质变，进而造成足以追究其刑事责任之后果；二是经过各个环节的严密监控，制造商生产出来的食品是安

① 刘期湘. 过失犯中的违反注意义务研究 [M]. 北京：经济科学出版社，2009：32.
② 林亚刚. 犯罪过失研究 [M]. 武汉大学出版社，2000：249.
③ 刘期湘. 过失犯中的违反注意义务研究 [M]. 北京：经济科学出版社，2009：184.
④ 高铭暄，陈冉. 监督过失理论在食品监管渎职罪中的理解与适用 [M] //朱孝清，莫洪宪，黄京平. 社会管理创新与刑法变革. 北京：中国人民公安大学出版社，2011：1304.

全的，但这些食品有特殊的贮存或使用方法，制造商在面对消费者时，没有尽到足够的说明义务，或是已经尽到该义务而消费者没有注意到，再或者虽然消费者注意到了却没有遵守，而导致消费者伤亡事故的。在上述两种情况中，主要的参与者包括原料商、制造商、销售商和消费者，对他们进行过失责任认定，需对生产、销售环节和消费终端两个节点中涉及的注意义务准确把握。正如有学者所言："在确定食品生产经营者的注意义务时，一定要将生产、销售及其他市场运作过程的特殊性作为最基本的出发点。"①

6.4.1　制造商与原料商等其他分工者交易关系中的注意义务

6.4.1.1　制造商与原料商等上游分工者交易关系中的注意义务

制造商和原料供应商交往关系中，食品事故是因制造商疏于监督而引发，制造商没有生产伪劣食品的故意，能否认定其成立过失犯罪，则应当考虑制造商有无监督其他分工者的义务，以及有多大程度的监督义务，制造商能否主张因信赖其他分工者会提供质量上有保障的产品而免除自己的监督义务。目前，理论上有两种见解：极度的监督义务之见解、有限的监督义务之见解。②

笔者认为，在与以原料商为代表的上游分工者交往过程中，制造商负有对原料质量的安全控制义务。该义务来源于《食品安全法》第 50 条之规定。《食品安全法》第 50 条，食品生产者采购食品原料、食品添加剂、食品相关产品，应当查验供货者的许可证和产品合格证明；对无法提供合格证明的食品原料，应当按照食品安全标准进行检验；不得采购或者使用不符合食品安全标准的食品原料、食品添加剂、食品相关产品。食品生产企业应当建立食品原料、食品添加剂、食品相关产品进货查验记录制度，如实记录食品原料、食品添加剂、食品相关产品的名称、规格、数量、生产日期或者生产批号、保质期、进货日期以及供货者名称、地址、联系方式等内容，并保存相关凭证。记录和凭证保存期限不得少于产品保质期满后 6 个月；没有明确保质期的，保存期限不得少于 2 年。制造商的控制义务具有独立性，即制造商在履行该义务时不受其上游分工者相关义务履行状况的影响，不管原料商等上游分工者是否履行对所供之

---

① 刘期湘，张斌. 论食品安全监督过失责任 [J]. 法学杂志，2012（2）：63.
② 参见王海涛. 食品、药品事故中制造商刑事责任认定的难点探讨 [J]. 中国刑事法杂志，2010（9）. 极度的监督义务是指食品的制造商必须尽完备的注意，不能以对原料商生产产品的质量存在信赖为由而免除监督义务；有限的监督义务是指食品的制造商对于原料商的监督义务是有限度的，可以依赖信赖原则缓和监督义务。

货品的安全监督义务，也不管他们的履行效果如何，制造商在收到货品时都必须对它们进行安全控制。这种独立义务与传统义务相比，在责任划归上有所不同（如图6-3）：

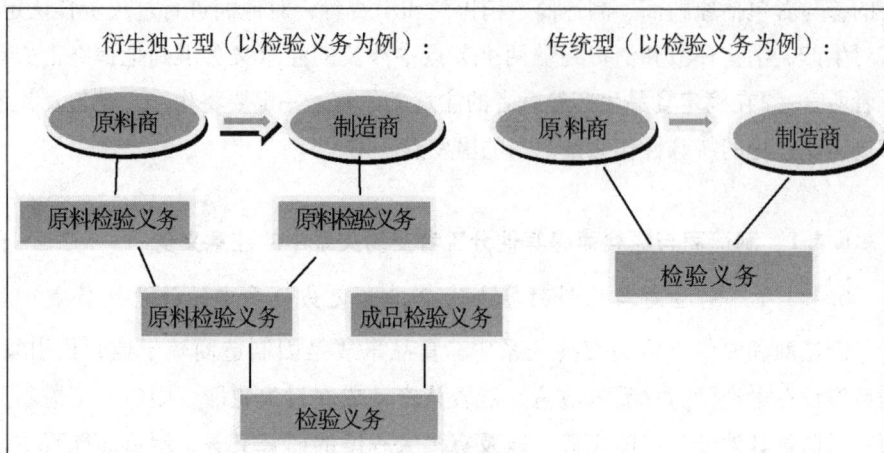

衍生独立型（以检验义务为例）：　　　　传统型（以检验义务为例）：

原料商　➡　制造商　　　　原料商　➡　制造商

原料检验义务　　原料检验义务

原料检验义务　　成品检验义务

检验义务

原料检验义务

检验义务

图6-3　检验义务类型

前者将同一性质的注意义务衍生成两个独立的、核心内容一致（但可能存在具体差别）的部分，分别划归给两个不同的主体，彼此间的责任界限分明，相互独立，可以说是"为自己负责"；后者则是将同一性质的注意义务作为一个义务整体，让两个或两个以上的义务主体同时履行该义务，尽管在理论上来说这两个义务主体都必须对此义务负责，但在实际中会因为此种义务分配方式在责任划分上并不清晰，单个责任人会产生对其他责任人的心理依赖，进而出现责任人相互推诿的状况，将会出现"多头负责等于无人负责"的传统责任制弊病。独立义务的设立同样也存在弊端。反对者认为，这会"加重制造商的负担、造成资源的浪费，也使产业分工失去了意义，并构成了对效率的妨碍，而且重复进行不必要的检测，会提高食品药品的制造成本，毫无疑问这些增加的成本最终会通过价格机制转嫁到消费者的头上"。从宏观角度来分析，一方面，让制造商履行控制义务能降低致害风险，将食品安全从原料上把握住，若制造商不完全履行此义务，将会导致事后处理不合格产品所耗费资金以及由食品安全事故带来的经济损失与履行义务呈现负相关的形态——尤其是在我国食品生产企业内部监管制度普遍不严格，而在公众对食品安全关注度日益升高的大背景下，制造商小小的失误很可能就成为其经营的终点。总而言之，这种注意义务的设置能够引导制造商们主动建立一套严谨的生产监管制度。与此同时，对于某些特定种类（如罐头）的食品企业来说，根据 HACCP 模式①中的"关键点控制"理论来看，其产品制造的关键点之一就是原料输入，表明该义务与 HACCP 制度在保护目的上的吻合之处，它能为我国推行 HACCP 模式奠定基础。另一方面，消费者更愿意将钱花在安全食品上而不是医药治疗上。从社会整体来看，人们更希望将精力放在预警制度建设上而不是事故追责处理上。这种义务成本因监管体制落后而产生，其实质是制度成本。若要以人身安全为代价来减少成本，这是违背"以人为本"之原则的。

在实践中有两种观点需要注意：一是"流程分立型"义务说（如图 6-4），即把性质同一，但属于不同流程的义务划归给不同的主体。

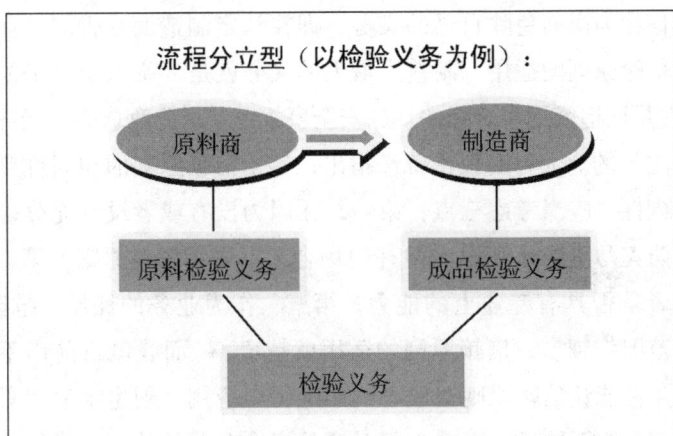

图 6-4 检验义务：流程分立说

这些义务都是相互独立的，在责任划分上也是清晰的。与"衍生独立型"义务说相比，虽然二者都能够很好地解决传统义务分配上出现的责任模糊问题，但"流程分立型"义务说的责任主体之间在内容上存在一定的重复性、不必要义务免去的同时，也将必要的重复性义务给取消了，对社会整体利益来说，有些得不偿失，有违企业的社会责任，因此在实践中不用为好。

二是信赖原则适用说。信赖原则，即行为人为某种行为之时，信赖被害者或第三人的适切行动且该信赖是在相当的场合，即使因为被害人或者第三人的

---

① HACCP（Hazard Analysis and Critical Control Point）危害分析和关键控制点，根据国家标准 GB/T15091-1994《食品工业基本术语》对 HACCP 的定义为：生产（加工）安全食品的一种控制手段；对原料、关键生产工序及影响产品安全的人为因素进行分析，确定加工过程中的关键环节，建立、完善监控程序和监控标准，采取规范的纠正措施。

不适切行动导致结果（法益侵害）发生的情形下，对此不负责任。① 在有关多数人的事件中，与该事件有关的人，信赖其他有关人遵守规则采取适当行动的相当场合，如果其他有关人无视规则等采取不适当的行动，它与自己的行动相结合发生构成要件的结果，对其结果不追究过失责任的原则。支持者认为："在其他分工者提供原料、辅料或半成品，已经被国家相关部门检测为合格时或者其自行检测的结果被国家相关部门认可时，相当于国家以其信用确保该提供的产品不存在品质上的缺陷。"但本书认为，第一，在国家信用大打折扣之时，我国却并没有为此设立相应的国家赔偿制度。过于依赖国家信用来减少制造成本、增大社会风险的做法并不可行。第二，制造商不能以对其他分工者提供之产品的质量存在信赖为由而免除自己的义务，即在认定制造商是否因此而成立过失犯罪时排除信赖原则的适用。制造商最大的义务就是"举万全之措施保障产品之品质"，在足以追究刑事责任的食品安全事故中，制造商总是"最先受到来自追责者之关注"的。大谷实教授曾经指出，鉴于信赖原则的相当性判断不可避免地具有模糊性，应当考虑三点：第一，在因为没有或者没有充分确立分业而有必要进行防灾乃至防止失误的检查的场合，不适用信赖原则；第二，总是考虑业务分担者是否具有专业上的能力；第三，作为业务的性质，危险度越高，注意义务的范围就越广，信赖原则的适用就越窄。② 而我国目前尚不具备这样一种完善的条件能让信赖原则被放心大胆地得以应用，硬生生适用只会在制造商的责任认定上留下缺口，影响人们对食品安全监管的认识，降低公众对政府的信赖度，人们对食品安全中存在的"常见问题"越来越"容忍"，不利于食品安全水平的整体提高。但这不排斥其他规范中对信赖原则的适用，根据《中华人民共和国食品安全法实施条例》第 25 条的规定，实行集中统一采购原料的集团性食品生产企业，可以由企业总部统一查验供货者的许可证和产品合格证明文件，进行进货查验记录。也就是说，"实行集中统一采购原料的集团性食品生产企业"在原料进购中出于对效率和实施可能性的考虑，可以有条件地适用信赖原则，不必进行检验——注意，这是非常个别的情况，且主体限定为"实行集中统一采购原料的集团性食品生产企业"——仅阻却了检验义务，并未阻却控制义务，因此从控制义务的角度而言，仍然是不适用信赖原则的。正如我

---

① （日）西原春夫. 交通事故と信赖の原则［M］. 成文堂，1969：14.

② （日）大谷实. 危险的分配与信赖的原则［M］//藤木英雄. 过失犯——新旧过失论争. 学阳书房，1981；转引自高铭暄，赵秉志. 过失犯罪的基础理论［M］. 北京：法律出版社，2002：10－11.

国台湾地区学者所言："制造业者对于原料商提供的货品加以注意，并不会妨碍自身业务的正常运作时，就必须苛以部分的注意义务，因此企业所生之危险，不得以受第三人之疏失影响，而对直接被害人主张信赖原则。如食品之品质不良，制造商不得以信赖供应商供应之原料无瑕疵而免除责任，因此制造商对消费者应负品质保障之责任，否则社会共同生活即丧失安全性。"①

6.4.1.2 制造商与销售商等下游分工者交易关系中的注意义务

下游分工者主要包括运输商和销售商，而以销售商为主（自产自销的制造商除外）。制造商在与他们的交往过程中，应负有特殊提示义务。该义务的实现不仅对制造商本身来说意义重大，对销售商来说，也是积极履行注意义务的一个前提：制造商在将产品交付给销售商时，若该产品在储存、使用、销售等方面存在需特殊注意的情况，则制造商有提示的义务，让销售商具备主观上认识、预见危害结果发生的能力和行为上积极避免的可能性。因此，应当承认信赖原则对制造商监督义务的缓和与限定：制造商不必也不可能对销售商的相关销售行为保持十足的注意力。在具有长期合作关系的前提下，制造商有足够的理由相信销售商会依照一直的惯例来对产品进行储存和销售，此时制造商的提示义务将受到信赖原则的冲突。

6.4.2 制造商与消费者交易关系中的注意义务

从绝对保护消费者人身安全的角度出发，制造商应当尽到最大限度的注意义务，避免消费者因货品之缺陷而受害。制造商与消费者的交往关系较为复杂，其中涉及的相关注意义务问题在售前、售中、售后三个阶段均有出现，在责任认定上也颇为不易。

6.4.2.1 售前阶段

这个阶段是指生产过程完成之后到产品正式上市之前的时间段。制造商在出售产品之前，必须确认产品是否存在质量问题及质量隐患，如包装是否完整、食品是否发生霉变或虫害、沉淀反应是否正常等。售前产品安全控制义务，与之前的原料安全控制义务不同，该义务特征为积极性，制造商必须保持高度的紧张和应有的严密状态，主动地采取一系列措施对其产品"保优除劣"，而不是消极地等待销售商或消费者来发现问题。其义务对象包括已知的产品问题和可能存在的安全隐患。

---

① 褚剑鸿. 过失与信赖原则［J］.（台湾）法令月刊，46（6）.

6.4.2.2 售中阶段

在这一阶段，制造商应尽到告知义务，通过采取相应措施，使消费者在购买时注意到产品，尤其是有着特殊属性需要予以特别注意之产品的储存和使用方式，提供充分的产品相关信息，包括适宜人群或不适宜人群，在正常情况下食用后可能产生的不良反应、食品生产日期、保质期，等等。例如槟榔、龟苓膏之类的产品。告知义务的履行需要制造商对危害结果具有一定的预见性，此义务的履行过程往往发生在进入销售阶段之前，比如在包装上贴警示标签。由于真正产生履行效果是在销售过程中消费者与产品接触的那一刻，所以告知义务的履行不能流于形式，否则制造商仍然应当承担因履行不当带来的过失责任。告知义务的充分履行，应该包括以下三点：全面的告知范围、到位的告知方式、准确地告知内容。如果制造商在义务履行过程中欠缺了其中之一，则认为制造商没有尽到履行的责任。

6.4.2.3 售后阶段

售后阶段通常是产品质量问题的反馈时期。在这期间，一方面制造商在对市场信息的掌控过程中会收到来自消费终端的回应；另一方面则是制造商在对其产品进行监控的过程中发现相关安全问题，以这两条信息链为基础，制造商在其产品售后阶段负有危害防减义务，包括危害信息发布义务、产品召回义务等。

以上关于制造商的注意义务，均不适用信赖原则。那种认为在制造商尽到注意义务之后方可适用信赖原则的说法，单从信赖原则理论上来看，就是站不住脚的，因为信赖原则之"功效"在于阻却相关的注意义务，缓和及限定义务人责任，既然之前已经完整地履行了相关注意义务，又何来适用信赖原则之说？从实际来看，消费者是一个十分广泛的概念，制造商无法确定这样一个假设前提的存在：作为销售对象的消费者是一群具有一般生活常识的理性人——那么制造商也就无法获得充足的理由来相信消费者会尽到自己的注意义务，在这样的客观条件下，他人违反注意义务的可能性就成了难以确定因素，此时是绝对不适用信赖原则的。再从绝对保护主义来看，则必须严格规定制造商的注意义务，不能视消费者之人身安全如儿戏。这样做的最主要原因在于，制造商与消费者之间在知识掌控上的差距正日益拉大。制造商的生产过程越来越现代化、专业化、技术化，在信息掌控上存在明显优势；反过来则意味着消费者在自我保护能力上的削弱，因为他们对产品"背后"信息的有效了解在各方面都远不及制造商对自家产品的了如指掌。消费者成了相对困难群体，那么让制造商承担起相应的注意义务——或者说是帮助消费者承担一部分风险，就是理所当然的了。制造商在处于优势地位的情况下，不仅有完善尽到注意义务的责任，而且不受信赖原则之保护，以此来衡平双方在交往关系中因地位差距而产生的不公。

接下来就不得不考虑到消费者的责任问题，毕竟没有一个制造商愿意当冤大头，什么责任都自己承担。用德国学者埃塞尔和列奥·魏耶斯（Leo Weyers）等人的话说，就是"违法性的成立，须以行为人未尽避免侵害他人权利的注意义务为必要。注意义务的违反系违法性的特征。易言之，若行为人已尽必要注意义务时，纵因其行为导致侵害他人权益的结果，也不具有违法性"。① 在制造商完全尽到了自己的注意义务的情况下，纯粹是因为消费者自身的主观过失，进而导致的安全事故，则消费者就应当为自己的过失行为——也就是没有尽到属于自己的注意义务而产生的不利后果负责任。对于制造商来说，虽然他们无法确定"消费者都是理性人"这一假设，但他们也一定不会推测出"每一个消费者都不是理性人"这样的结论，对于消费者的不正当行为，他们欠缺必要的预见可能性，少了这一要件，便不得判定制造商在主观上是有过失的。如此则有利于平衡双方的法律关系，并激发制造商的生产积极性与创新力。

从食品监管领域的监督过失来看，食品安全关系民众生存之根本。霍布斯说："人民的安全乃是至高无上的法律。"② 作为食品安全的监管者，所起作用主要是通过自己的监督行为降低被监督者对法益侵害风险的扩大。反之，监督者疏于监督的行为会提升被监督者之行为侵害法益的风险程度。有学者在判断监管者因果关系是否存在时，借鉴"客观归责理论"提出从四个方面判断。③ 然而在当前情况下，我国不得不顶着巨大的制度成本进行质量监督工作。其主要原因在于"风险高"，而从理论上排斥信赖原则的适用、在生产销售环节确立权责明晰的监督体系、在消费终端控制与平衡各方的权利义务。

---

① Vgl. ESSER, JOSEFund WEYERS, LEO. Schuldrecht, Bandii：Besondere Teil. 7. Aufl, 1990. S. 558.

② （美）博登海默·E. 法理学：法律哲学与法律方法［M］. 邓正来，译. 北京：中国政法大学出版社，1999：293.

③ 刘丁炳. 监督管理过失犯罪研究［M］. 北京：中国人民公安大学出版社，2009：135. 这四个方面是：其一，监管行为为危害结果的发生制造了法律所不允许的风险，并且这种危险最后变成了现实；其二，为其他因素所具有的造成危害结果的危险变成现实提供了有利条件；其三，监督管理过失行为使已经存在的某种风险提前变成现实；其四，监督管理过失行为使已经发生的危害结果进一步扩大规模，从而增大了损害程度。

6.5　食品安全监督过失犯罪经济学分析

刑法的经济分析——有关规则的设置、制度的安排以及实现运行的成本与代价。刑法的成本性决定刑法内部具有经济性。刑法成本包括刑法自身的成本、刑法实现的成本、刑法机会的成本、不必要的代价。刑法上述各种成本之间具有内在的密切联系，各种成本在相互关系中所处的地位和所起的作用是不同的。其中，刑法自身的成本处于核心地位，并对其他类型成本的存在与否、成本状况具有制约性。刑法经济分析的根本目的在于降低刑法成本，提高刑法效益。从这个角度来说，刑法经济分析理论的核心是效益。对于为何实施追究食品安全的犯罪，究其根本原因，是基于各种利益的驱使。本节将立足于经济学的角度，用成本‐收益模式、博弈模式来分析食品安全监督过失犯罪的现象及其原因，从而提出预防该类犯罪的方法和对策，确保食品安全，维护社会主义市场经济的稳定。

著名的发展经济学家罗斯托在《经济成长的阶段》一书中提出了追求生活质量将是未来消费的必然趋势。在我国，随着经济的快速发展，人们收入水平的不断提高，人们对消费质量的要求越来越高，消费方式也从过去的"温饱型"向"小康型"转变，而人们的食品消费也从传统的"数量型"向现代的"健康型""营养型""绿色型"转变。在全面建设小康社会的阶段，人们对食品安全的关注无疑是比过去大大提高了。① 众所周知，食品安全不仅与广大人民群众的身体健康和生命安全是密不可分的，而且直接关系着一个国家能否健康的发展？社会能否和谐稳定？对外经济合作中的信誉和形象能否很好地树立？而今，食品安全问题迫在眉睫，如何防范食品安全事故的发生，如何提高我国食品安全整体水平，如何切实保证食品安全，如何有效保障民众的身体健康和生命安全，是值得我们深深思考的问题。从发展趋势来看，控制食品安全最有效且最经济的方法是基于风险评估和过程控制，而不是对产品最终严格的检测。②

6.5.1　食品安全监督过失犯罪经济学分析的假设前提

20 世纪 60 年代，美国兴起一门交叉性、边缘性学科——经济分析法学，也

---

① 李彦. 中国食品安全：在三个层面上被高度关注 [N]. 上海证券报，2007.
② 周小梅等. 食品安全管制长效机制——经济分析与经验借鉴 [M]. 北京：中国经济出版社，2011：3.

即法经济学，随之以加里·S. 贝克尔、理查德·A. 波斯纳等为代表的著名法经济学家便开始以独特的经济学视角及其分析方法来研究犯罪和相关的法律制度。"经济分析法学是用经济学的方法来分析法律问题的边缘学科，主要是立足在新制度经济学理论基础上，运用微观经济学、公共选择理论及其他有关实证和规范方法考察、研究法律制度的形成、结构、过程、效果、效率、创新及未来发展。"① 该学科在研究食品安全监督过失犯罪中具有重要的意义。

在食品安全监督过失犯罪中，用经济学的角度来分析这一犯罪行为，首先以三个假定条件成立为其前提：第一，微观经济学理论认为，在市场经济环境下，每个人都被假设是一个"理性人"，在发生某种行为时内心会进行成本与收益的博弈。第二，食品安全监督过失犯罪行为人必定会受到刑罚的处罚，这就符合刑法中人人平等原则。第三，刑法中所提出的"罪责刑相适应"原则，也即，犯罪情节的轻重直接影响着刑罚后果的严重程度。由于食品安全监督过失犯罪行为人的动机与年龄、学历、职业、家庭状况等各种因素有关，每一个此类案件的罪犯实施犯罪所花的成本也各不相同，这样分析其犯罪成本将会复杂麻烦。就如美国法经济学协会主席 A. 米切尔·波兰斯基指出："经济学家之所以做假设，原因很简单，从经济学的角度来看，如果不借助若干抽象的话，这个世界未免太难以理解了。"② 因此，在前文所述的三个假设条件成立的基础上，通过对犯罪行为的成本、收益进行量化的比较分析，才能很好地控制犯罪。

6.5.2 经济学视角下食品安全监督过失犯罪成本收益分析

食品安全监督过失犯罪是典型的经济行为，之所以会犯罪是因为犯罪的预期收益大于成本。因此，受获利本能的驱使，"理性行为人"唯利是图，无视法律法规，不讲诚信道德，不顾人们的生命财产安全，走上犯罪的道路。由此可知，"理性行为人"的假设在经济学分析中是至关重要的。"理性犯罪人"理论法哲学基础直接来源于贝卡利亚的古典犯罪学说。贝卡利亚认为，犯罪是人们介于欢乐和痛苦这两种支配感知物动机权衡的结果。③ 而德意志"旧唯物主义大师""近代刑法学之父"——费尔巴哈，提出的著名"心理强制说"认为，人都具有"趋利避害心理"，人们犯罪是因为在自然规律的支配下失去自由，人

① 钱弘道. 经济分析法学 [M]. 北京：法律出版社，2005：8.
② （美）A. 米切尔·波兰斯基. 法和经济学导论：第三版 [M]. 郑戈，译. 北京：法律出版社，2009：21.
③ （意）贝卡利亚. 论犯罪与刑罚 [M]. 黄风，译. 北京：中国大百科全书出版社，1993：65.

们正是为了追求犯罪而获得快乐和感性冲动的"自由"。① 费氏的"心理强制说"与古典学派代表人物边沁的"功利主义"原则不谋而合，而理性人作为社会科学研究的一项基本理论假设并逐渐发展，经济学对其作出了不少贡献。此外，国内外学者也对"理性犯罪人"的假设深有研究，把经济学中理性人和理性选择概念真正纳入犯罪学理论的研究活动始于 20 世纪六七十年代。经济学家们首先假设一个能够权衡利弊、计算得失的理性人的存在，而理性犯罪人的假设前提是行为人总为了谋求收益最大化和成本最小化，犯罪是理性人计算收益产出后行为选择的结果。美国著名的经济学家加里·贝克尔（Gary S. Baker）用经济学分析的方法来解释人类行为：当某人从事违法行为的预期效用超过时间及另外的资源用于从事其他活动所带来的效用时，此人便会从事违法，由此，一些人成为"罪犯"不在于他们的基本动机与别人有什么不同，而在于他们的利益同成本之间存在的差异。② 我国著名学者卢建平教授认为，"犯罪经济人"也即"理性犯罪人"是"利用不合理的、非法的甚至犯罪手段追求自身利益最大化的人"。③ 综合众多学者的观点，我们可以知道犯罪行为人作为"理性人"，所实施的犯罪行为是其做出的"理性行为"，也就是说，犯罪行为人在选择要实施某种犯罪行为时就像经济活动中的选择一样，他们会对比犯罪行为的成本和收益，从而权衡犯罪行为可能带来的效益和损失。所以接下来才好运用成本收益模式来对犯罪行为分析。

6.5.2.1 食品安全监督过失犯罪的成本分析

对犯罪进行经济学分析的首创者是美国芝加哥大学诺贝尔经济学奖获得者加里·贝克尔。他认为，"犯罪"可以看成是一种重要的活动或者产业。他把犯罪行为与其他经济活动如消费、生产等同起来，认为其中也存在成本收益及最优状态等典型的经济学问题。在他的这一经济学分析体系下，犯罪成本主要包括直接成本、机会成本和刑罚成本。而什么是犯罪成本呢？犯罪成本就是因为犯罪而发生的支出。具体而言，犯罪成本有广义和狭义之分。广义上的犯罪成本是指一切与犯罪相关的社会总支出，而狭义上的犯罪成本仅指犯罪行为人因为实施犯罪而付出的代价。为了深入细致地解析食品安全监督过失犯罪，本文将着眼于狭义上的犯罪成本分析。我们都知道任何一种犯罪站在不同犯罪行为

---

① 马克昌. 近代西方刑法学说史略 [M]. 北京：中国检察出版社，1996：82–83.
② （美）加里·S. 贝克尔. 人类行为的经济分析 [M]. 王业宇，陈琪，译. 上海：格致出版社，2008：63.
③ 刘洋. 理性犯罪人假设的法经济学分析 [EB/OL]. 中国期刊网，2010（9）.

人的角度，其犯罪动机都是各不相同的，所以在经济学的视角下将其犯罪量化便于更好地深究犯罪的特性。本着这一思想，在食品安全监督过失犯罪中笔者综合各家之言将其犯罪成本主要分为四个方面：

一是直接成本，也即物质成本，是指犯罪行为人为了实施某种犯罪行为而付出的必要经济成本。在进行犯罪前，行为人会做出一些准备。例如，在作案前，犯罪人要收集一些信息所要产生的成本（行为人购买作案的工具，对他人进行行贿等）。还有，在实施犯罪的过程中所产生的必要成本。另外，犯罪人作案结束后，为了逃避刑罚，藏匿自身或者逃跑所产生的成本。这些成本是可以用货币衡量的，必不可少的。

二是精神成本，从某种程度上来说可以概括为道德成本。孔子曰，"人之初，性本善"，每个人心中都会存在一丝善念，都是有一点良知的。因此，犯罪行为人也会因为犯罪而受到良心的谴责，心理上，他们害怕犯罪行为被发现而受到道德和法律的惩处。在食品安全监督过失犯罪中，犯罪行为人由于自己的过失，没有尽到监督义务，这种注意义务对于犯罪主体来说，是一种"危惧感"，即他们本应该知道如果犯罪就会导致不堪设想的社会后果甚至自身也会受到法律的制裁，从而产生的危惧心理。最终可能会导致发生严重的食品安全事故，造成民众身体健康方面的损失，甚至会夺取消费者的生命，而感到心理不安和害怕。以及犯罪行为人心里感到内疚，他们可能会换位思考，假设自己是消费者，消费有问题的食品，会如何作想。如此一来，犯罪行为人基于精神上的压力，会放弃犯罪。

三是机会成本，经济学中机会成本是指为了得到某种东西而必须放弃的东西。① 在犯罪经济学中机会成本则是关于一个时间概念，大家都知道时间是无价的，时间流逝就将不再复返。因此行为人为了实施某种犯罪行为而放弃通过合法方式完成其他工作所获得的收益，同时他也放弃了该段时间。为什么行为人可以合法正当地收益，还要冒着风险去实施犯罪呢？马克思在《资本论》中引用英国政治评论家登宁的一段话可以对此解释，"像自然据说惧怕真空一样，资本惧怕没有利润或者利润过于微小的情况。一有适当的利润，资本家就会非常胆壮起来。只要有10%的利润，它就会到处被人使用；有20%，就会活泼起来；有50%，就会引起积极的冒险；有100%，就会使人不顾一切法律；有300%，就会使人不怕犯罪，甚至不怕绞首的危险。"正是因为在食品安全监督过失犯罪中其收益是远大于其成本的，此外，人的本性又是利己的，所以才会

---

① 胡晓庆. 对犯罪的经济学分析 [J]. 知识经济，2011：19.

有很多人冒险去实施该类犯罪。

四是刑罚成本，因为犯罪给他人生命、财产、名誉等一些权利造成损失而要受到的法律上的制裁。市场上任何一个企业都面临着激烈的生存竞争，竞争的压力迫使它必须讲究信誉，否则就无法实现利润最大化。① 这个成本的大小又受到三方面的影响：第一，刑罚的确定性，是指犯罪行为人被抓之后要受哪种判处是明确的，不是模糊不清，无法作出处罚的，换句话来说就是犯罪行为人被定罪量刑的概率。第二，刑罚的严厉性，是指犯罪人因其犯罪行为而受到法定刑的轻重。第三，刑罚的及时性，是指行为人犯罪后是否尽快得到处罚的成本。

任何犯罪中，犯罪行为人都会因为各种因素，影响着其犯罪行为，而这些原因会因为每个犯罪行为人所处的环境不同而纷乱复杂。所以对于每个犯罪行为人在同一犯罪中都是一个特例，如果这样便难以分析同一犯罪的原因。为了很好地研究食品安全监督过失犯罪，将其犯罪动机的影响因素进行量化。作为一个理性的犯罪行为人在实施犯罪时会考虑直接成本、精神成本、机会成本和刑罚成本这四个方面。这些成本因素高低直接影响着犯罪行为人的决策。

6.5.2.2　食品安全监督过失犯罪的收益分析

美国法学家波斯纳认为："由于犯罪对他的预期收益超过其预期成本，所以某人才实施犯罪。其收益是来自行为的各种不同的有形或无形的满足。"② 因此，对犯罪收益的分析是不可或缺的，然而，何为犯罪收益呢？犯罪收益是指行为人实施某种犯罪后获得非法利益和满足，这种收益可以分为两类：

一是物质收益，是指犯罪人完成犯罪行为后获得的利益，这种利益是可以用金钱来衡量的，在食品安全监督过失犯罪中，犯罪行为人大都是为了获得金钱利益或者不是直接以金钱的方式展现的其他一些利己收益（例如，升职），这种收益是可观的。

二是精神收益，是指犯罪人通过其犯罪行为获得精神上或者心理上的满足。"当某人对未来某一事件中所肯定的方面下赌注时，他的兴趣在于该事件的发生，其程度与所下赌注的数额成正比。如果该事件为法律所禁止，他则与犯罪有利害关系。他甚至受到双重刺激，一方面受到金钱承诺的收买，另一方面仿

---

① （美）亚龙·布鲁克，唐·沃特金斯. 自由市场革命：终结大政府之路 ［M］. 启蒙编译所，译. 上海译文出版社，2014：214.

② 钱弘道. 经济分析法学 ［M］. 北京：法律出版社，2005：218.

佛又与庄重的刑罚结下不解之缘。"① 例如，成就感、报复感、反社会反民众后的快感等。在食品安全监督过失犯罪中这种收益很少见，但是也会有一些心理反常的行为人为了精神收益而实施犯罪。

据吴恒主办的网站《掷出窗外——面对食品安全危机，你应有的态度》上写的《易粪相食——中国食品安全状况调查（2004—2011）》，我们可以了解到 2004 年—2011 年各地区关于食品安全问题新闻曝光数量及排名，如图 6-5 所示：

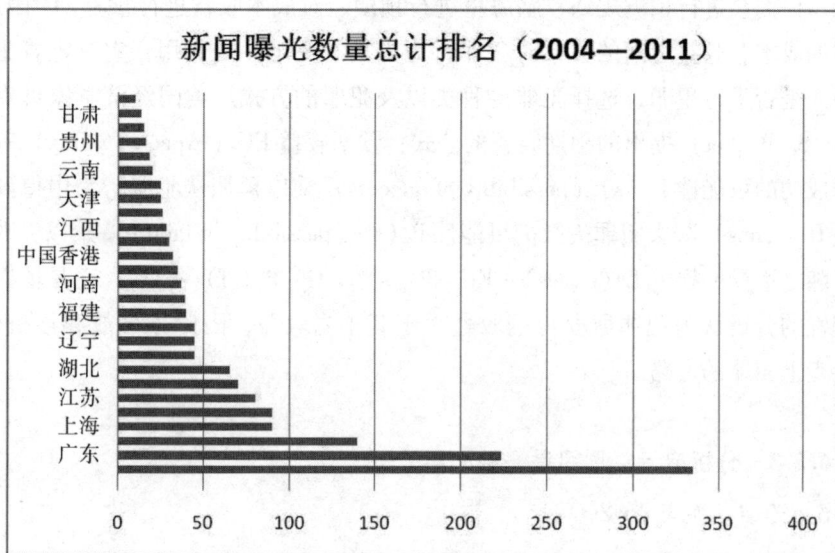

图 6-5　新闻曝光食品安全数量总计排名②

2006 年到 2012 年《掷出窗外》网上报道的关于几种食品问题的发生率，如表 6-1 所示：

表 6-1　网曝食品危机状况

（年份）（名称）	2006	2007	2008	2009	2010	2011	2012
牛奶	12.6%	14.4%	10.3%	17.2%	10.0%	11.8%	23.7%
猪肉	11.3%	8.5%	21.7%	12.4%	7.4%	11.9%	26.8%
奶粉	12.7%	13.0%	20.3%	9.8%	10.4%	16.6%	17.2%

---

① 高晴. 经济犯罪的经济学分析 [J]. 河北公安警察职业学院学报，2011（3）.
② 数据来源：各年度食品安全互联网新闻统计.

通过对上述图表的分析，究其缘由，主要是因为食品安全监督主体的监管手段与力度不到位，在实施监督行为时没有尽到注意义务，才会导致犯罪行为人的直接成本下降，使犯罪行为人的心里没有社会责任感，导致犯罪的道德成本下降。在刑罚条件不变的情况下，犯罪行为人在实施犯罪时会综合对比成本与收益的关系。在经济学中，把这一过程称为成本—收益的分析，"理性人"的决策，用社会生态学家的话更能形象生动地描述：犯罪行为人就像一个战略投资者，他们会进行预测规划、脑海里进行预演、对成本收益进行预算。[1] 因此，犯罪的成本和收益之间的关系对犯罪行为人具有决定性的作用，它决定着犯罪行为人是否进行犯罪、选择犯罪的种类以及犯罪的方式。美国经济学家贝克尔（Gary S. Becker）提出的预期收益的公式：预期收益 EU（expected utility）等于犯罪成功的可能性 P（s）（possibility of success）乘以预期从犯罪行为中得到的利益 G（gains）减去犯罪失败的可能性 P（f）（possibility of failure）乘以失败后就会随之遭受的损失 L（losses）：$EU = P（s）×G - P（f）×L$[2]。正是他们通过理性的分析认为犯罪所获得的收益大于其正当收益，因此才会放弃该机会，最终走上犯罪的道路。

6.5.3 分析启示：刑罚是一种必要的恶

6.5.3.1 刑罚的必要性

著名的德国刑法学家冯·巴尔曾经指出："刑法奠基对那些不道德的行为不可避免的道义非难，这些不道德的行为危害了人类社会赖以存在和发展的条件。"[3] 刑罚不仅是事后制裁而且是通过对犯罪行为的否定以及对犯罪行为人的惩罚来保护权利，从而起到一种犯罪预防的功能。

《刑法修正案（八）》第四十九条规定："在刑法第四百零八条后增加一条，作为第四百零八条之一：负有食品安全监督管理职责的国家机关工作人员，滥用职权或者玩忽职守，导致发生重大食品安全事故或者造成其他严重后果的，处五年以下有期徒刑或者拘役；造成特别严重后果的，处五年以上十年以下有期徒刑。徇私舞弊犯前款罪的，从重处罚。"此外，《刑法》第一百四十三条的"生产、销售不符合卫生标准的食品罪"中的"卫生"改为"安全"，并将该条与第一百四十四条"生产、销售有毒、有害食品罪"中的"并处或者单处销售

---

① 胡晓庆. 对犯罪的经济学分析［J］. 知识经济，2011（19）．

② 转引自许福生. 刑事政策学［M］. 北京：中国民主法制出版社，2006：120.

③ 谢望原. 世纪之交的中国刑法学研究［M］. 北京：中国方正出版社，2000：74.

金额百分之五十以上二倍以下罚金"改为"并处罚金"。这些有关食品安全方面的刑事立法的改进，进一步保障了食品安全。

总的来说，《刑法》中对食品安全监督过失犯罪的行为人主要有以下几种：一是财产刑，是对犯罪行为人进行一定的财产惩罚，这样会起到警示作用；二是资格刑，这种惩处是剥夺犯罪行为人的某种资格，导致再进入原本的工作领域将会受到一定的限制；三是自由刑，就是对犯罪行为人的人身自由进行约束；四是死刑，这是最严酷的刑罚，是剥夺犯罪行为人的生命，从另一方面来讲，这是永久地剥夺了犯罪行为人的再犯能力。为了打击食品安全监督过失犯罪，我国在刑法上的这些立法规制是很有必要的。

6.5.3.2　刑罚的有限性

刑法规定了食品安全监督过失犯罪，这在一定程度上打击了此类犯罪，然而还是有很多食品安全问题危害我们的生命健康。因为犯罪行为人总是在心理上存在的"侥幸感"，即犯罪行为人总是抱着不会被发现的心理去实施犯罪，犯罪之后又不会受到法律的制裁。虽然有时犯罪成本较高，特别是对于食品安全这类犯罪，更是有高额的利润可得，经济学中有句话这样说道："风险越高，利润越大"，致使犯罪行为人怀着"侥幸感"，在其非法收益和国家刑罚之间做博弈，最终放弃合法方式取得收益而走上犯罪的道路。正如现代西方著名的经济学鼻祖亚当·斯密在其所著的《国富论》中阐述，"经济理性人"的基本特征之一便是"自利的动机是他们与生俱来的本性"，所以说犯罪人在实施犯罪时所做的博弈是必要的，因为行为人要衡量在其犯罪中是否对自己有利。下面笔者将建立经济学中的博弈论模型来阐述犯罪行为人的那种"侥幸感"。那么什么又是博弈论呢？博弈论是在对局中人理性行为假设的基础上建立起来的。[①]

在食品安全监督过失犯罪中所运用到的博弈论是当一个犯罪行为人 A 的选择行动会受到另一个与此有关的局中人 B 的策略选择的影响，反之，该策略的选择又影响犯罪行为人 A 的行动时，为选择最优的行动结果，该如何作出决策的问题。以下笔者将用刑罚博弈矩阵模型来描述这其中的关系。

以 A 表示犯罪决策人，以 P = ｛食品安全监督过失犯罪，不犯罪｝表示犯罪决策人的策略集合。以 B 表示犯罪刑罚决策人，Q = ｛刑罚，不刑罚｝表示犯罪刑罚决策人的策略集合。U：$P \times Q \to R \wedge 2$ 为支付（又称盈利）函数[②]表示各

---

① （美）罗杰·B. 迈尔森. 博弈论——矛盾冲突分析 [M]. 于寅，费剑平，译. 北京：中国经济出版社，2001：198.

② 张维迎. 博弈论与信息经济学 [M]. 上海人民出版社，2001：78.

种不同的策略组合下两个局中人的收益状况。在不同策略组合下的收益矩阵，如表6－2所示：

表6－2　食品安全监督过失犯罪－不刑罚作为均衡策略的博弈矩阵

		A	
		食品安全监督过失犯罪（以下简称犯罪）	不犯罪
B	刑　罚	（－1，0）	（0，0）
	不刑罚	（1，1）	（0，1）

下面笔者向大家介绍上面矩阵所表示的详细情况：

（1）U₁（刑罚，犯罪）＝（－1，0）表示犯罪决策人A实施了犯罪策略，而犯罪刑罚决策人B秉公执法，及时地、确定地对犯罪决策人A给予相应的刑法处罚，这时A的收益就是－1，也就是说，犯罪行为人在实施犯罪后没有达到预期的收益，反而，要受到严厉的刑法惩罚，因此其收益为－1；而犯罪刑罚决策人B由于履行了自己的职责，同时得到了职务收益，没有不当得益，故收益设为0。

（2）U₂（刑罚，不犯罪）＝（0，0）表示犯罪决策人A在犯罪刑罚决策人B所决策的刑罚种类、轻重的威慑下，遵纪守法，没有实施犯罪，那么A就没有犯罪的预期收益，即为0；犯罪刑罚决策人B尽了自己的职责，同时享有了与担负的职责相一致的酬劳，也没有不当得益，故收益也为0。

（3）U₃（不刑罚，犯罪）＝（1，1）表示犯罪决策人A实施了犯罪策略，然而犯罪刑罚决策人B却没有对其进行严重的刑罚，甚至任由其实施犯罪行为，此时，A实施犯罪后达到预期收益的效果，这时A的预期收益为1；而由于犯罪刑罚决策人B不刑罚的渎职行为，才致使A的犯罪行为发生，B没有尽到职责，却也没有受到责任追究，仍然享有与以往相同的职务待遇，这时其收益与其担负的责任不相称，属于不当得益，故收益设为1。

（4）U₄（不刑罚，不犯罪）＝（0，1）表示犯罪决策人A虽然在犯罪刑罚决策人B没有实施刑罚下，仍然没有决策实施犯罪，那么这种情况下，A的预期收益就是0；而犯罪刑罚决策人B没有严格审查，没有尽到自己的职责，但其职务收益未受到影响，这时决策人B没有付出努力而仍然享有职务回报，属于不当得益，故收益设为1。

综合上述，我们明显地可以看出在该模型中，无论犯罪决策人A采取什么样的策略，犯罪刑罚决策人B实施不刑罚行为的收益总是要优于刑罚的策略，从个人收益最大化角度，犯罪刑罚决策人必然会选择不刑罚的优势策略。而犯罪决策人就会考虑到犯罪刑罚决策人可能的这种不刑罚策略，为了最大化自己的收益，其最佳策略显然是实施犯罪，以实现其预期的犯罪收益。所以该博弈唯一 Nash 均衡解为（不刑罚，犯罪），这是犯罪决策人 A 与犯罪刑罚决策人 B 两方稳定的策略选择，因为在该策略组合下博弈双方的收益都为 1，这也是社会资源合理配置的体现。该模型所反映的现实情况是，在食品安全监督过失犯罪中监督机关或者执法机关对犯罪行为人的犯罪行为没有给予严厉刑罚的情况下，不管恪守职责还是玩忽职守，其工作待遇不受任何影响的情况下，不负责任的不刑罚策略必然成为其最偏爱的选择。出不出力都享受一样的工作酬劳，作为追求个人利益最大化的理性决策人，当然不愿多出力气。考虑到犯罪刑罚决策人 B 将采取不刑罚的行为，犯罪行为人因此抱着"侥幸感"，相信只要自己足够小心，就可以避免刑罚的处罚，进而为了追求最大化的利润而进行犯罪。又如图 6-6 所示：

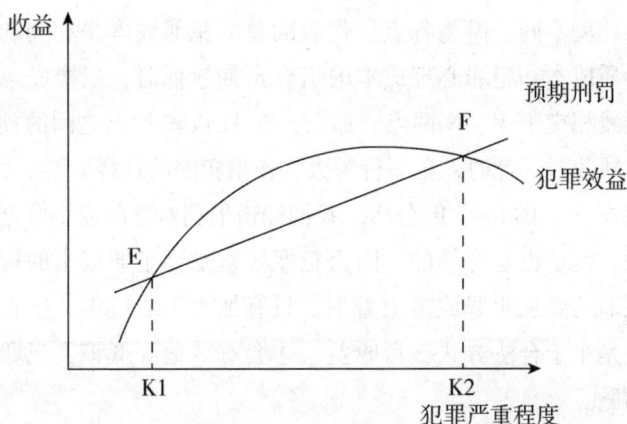

图 6-6 预期刑罚 - 犯罪效益曲线（犯罪效益 = 犯罪收益/犯罪成本）

在上图中，当预期受到法律制裁的风险较小时，预期刑罚曲线将与犯罪效益曲线相交。假设这两点为 E、F，在从 E 到 F 这一区域中，犯罪的刑罚成本小于预期的犯罪收益。此时，具有犯罪动机的潜在罪犯将在预期收益的驱动下走上犯罪的道路。此时，相应的犯罪严重程度为 K1 和 K2。也就是说，对于预期犯罪成本和预期犯罪收益的权衡，不仅决定了一个人是否最终决定犯罪，而且决定了罪犯最终采取何种方式实施犯罪。因为犯罪的严重程度也决定了预期成本和预期收益孰大孰小。

又如图 6-7 从物质成本（直接成本）和心理成本（精神成本）来说：

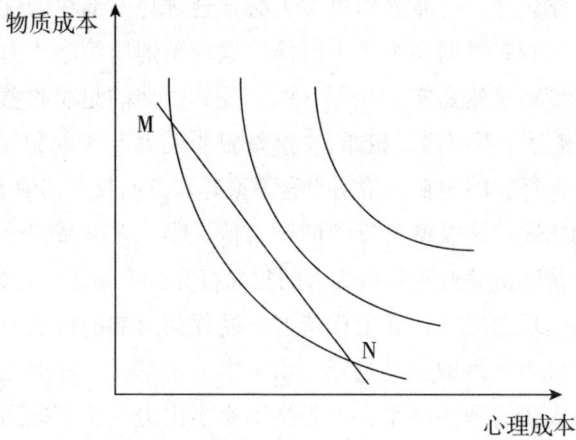

图 6 - 7　物质成本 - 心理成本曲线

在一条犯罪成本组合的无差异曲线上，虽然各点处犯罪物质成本和犯罪心理成本所占的比例不同。但是各点所代表的总的犯罪成本是相同的。当犯罪行为人对犯罪物质成本和犯罪心理成本的组合预期较低时，犯罪成本组合曲线将于犯罪效益曲线相交于 M、N 两点。那么，在 M 点和 N 点之间的预期组合成本将小于预期犯罪收益。此时，犯罪行为人将作出犯罪的选择。

通过对图 6 - 6、图 6 - 7 的分析，我们知道刑罚对食品安全监督过失犯罪的打击是必要的，但是也是有效的。因为犯罪效益受到犯罪成本的影响，所以为了打击该类犯罪还要从犯罪成本上着手。只有加大犯罪成本，让犯罪行为人认识到犯罪收益是小于合法方式获得收益，才会有效地降低该类犯罪，很好地解决食品安全问题。

6.5.3.3　从经济学的角度降低食品安全监督过失犯罪的发生率

上述分析食品安全监督过失犯罪受预期成本和预期收益的影响，降低犯罪发生率可以从以下几点出发：

一是从食品安全监督过失犯罪的直接成本出发：加大行为人的直接成本。例如，在官员或者领导者中制定严格的非法收入监督体制，一旦发现非合法收入来源不明，应该立即调查，对被查处者给予严厉的处罚。这样可以有效地打击受贿行为，同时也给犯罪行为人为了实施犯罪而行贿加大门槛，进而让其很难进行下一步的犯罪行为。又如，各个监管部门，加大力度监管工作，公安部门可以在网上发布犯罪行为人的相关信息，在其他省份也发出犯罪行为人的相关信息，这就有效地防止犯罪行为人在实施犯罪后逍遥法外。此外，切实地贯彻食品安全监督举报的奖励制度，当每个人都彼此相互监督的时候，犯罪行为人获得犯罪行为的信息、工具的成本也就加大了。

二是精神成本，主要从道德方面来说。各个地方的食品安全部门，应该将每年发生的食品安全事故作出统计发布出来，让大众媒体传播，让民众知道食品安全问题的严重性，以及它所带来的危害。同时，潜在的食品安全监督过失犯罪人也会看到，他会认识到此种行为带来的恶果。毕竟在这个社会当中，人不是单独存在的，生存环境中有家人、朋友等，更应该预见到自己的行为会给自己身边的人带来损失。这就唤醒了行为人道德上的良知，这种良知在某种程度上会抑制犯罪人的犯罪心理，最终可能会导致行为人放弃或者中止犯罪。

三是国家建立合理的工薪制度和税收制度。当行为人做好自己的本职工作所获得的收益大于冒险所获得的非法收益时，犯罪经济学中所说的"理性人"就会考虑这种机会成本，是否有必要实施这种犯罪行为。

四是加大刑罚的惩罚力度。边沁曾经说过："一个不足的刑罚比严厉的刑罚更坏，因为一个不足的刑罚是应该彻底抛弃的恶，从中得不到任何好处，对公众如此，因为这样的刑罚似乎意味着他们喜欢罪行；对罪犯如此，因为刑罚未使其变得更好。"①

因此，法律不仅要明确规定该类犯罪的轻重程度，还要体现它的及时性。在犯罪人实施犯罪行为后，能及时地受到惩罚，才能威慑其他潜在的犯罪行为人，最终有效地降低犯罪率。对于食品安全监督过失犯罪，《刑法》中规定的刑罚，如财产刑，这类刑罚是最为廉价的，不用修建监狱，犯罪行为人也不会被隔离社会，但能够预防和惩罚犯罪，同时还能给国库带来一定的收入，因此波斯纳说："从经济学的角度来看，我们应该鼓励适用罚金刑而不是使用自由刑。这就在于，自由刑的社会成本要高于从有偿付能力的被告处征收罚金的成本。"但是这种罚金刑，对于富人来说，没有起到警示作用，因此，要完善罚金金额制度。严惩的法律制度把生产不安全食品的成本内化为企业自身的成本，并对管制机构在食品安全管制过程中的"不为"行为形成了强有力的约束。

6.6 食品安全监督过失犯罪创新规制重构

由于近几年来食品安全问题的频发，食品安全事故中负有注意义务的间接

---

① 边沁. 立法理论－刑法典原理［M］. 北京：中国人民公安大学出版社，1993：68.

监督者的过失责任成为我国传统的食品安全规制模式中的立法空隙，现有的食品安全规制已无法应对风险社会对食品安全治理的要求。"当承担着区域发展、税收、就业等政策性负担的食品企业发生食品安全事故时，地方政府出于政策目标及政治绩效等方面的考虑，往往不得不放任、掩饰甚至庇护企业，企业也会挟此为获取更高利润而牺牲食品安全。"① 故重构食品安全监督过失犯罪创新规制，已成为刻不容缓的重大课题，即"中国提高食品安全监管绩效不可回避的挑战"②。本文通过分析现有食品安全规制的不足，以刑法价值、立法体系和执法方式三方面为切入点，将目前的刑法功利价值转向自由价值、从被动恐慌性立法到主动融入风险权利义务体系、从形式合理性转向实质合理性。同时，从程序方面对食品安全监督过失犯罪进行规制，研究出切实可行的刑事执法与行政执法无缝对接方案，改变传统的运动式执法抑或常态执法，配合食品安全监督过失犯罪的实体规制，重构全面系统的食品安全规制，以真正做到"有法可依、有法必依、执法必严、违法必究"，从根本上解决食品安全问题。

6.6.1 我国食品安全监督过失犯罪的规制现状

6.6.1.1 食品安全监督过失犯罪实体规制的不足

（1）食品安全监督过失犯罪核心条款的缺失

食品安全犯罪分布于加工、生产、储存、运输、销售等各个环节，虽然政府主管部门对每个环节均建立有监管制度，但仍旧难以有效遏制食品安全问题频发态势，③ 在追究食品安全监督过失犯罪相应的行为人的责任时，我国刑法理论并未明确规范"监督过失犯罪"的概念，现行《刑法》中可以适用于食品安全犯罪的罪名有："重大责任事故罪""玩忽职守罪""滥用职权罪"和"受贿罪"，除此之外，常见的罪名还有"生产、销售伪劣产品罪""生产、销售不符合安全标准的食品罪""生产、销售有毒、有害食品罪"以及《刑法修正案（八）》所增加的第四百零八条之一"食品监管渎职罪"。其中符合本文的共同利益体监督关系如食品监管部门对食品生产、加工、流通领域的监督关系，能适用于食品安全监督过失犯罪的罪名仅有"滥用职权罪""食品监管渎职罪"

---

① 龚强，雷丽衡，袁燕. 政策性负担、规制俘获与食品安全 [J]. 经济研究，2015（8）：4 – 15.

② 马英娟. 走出多部门监管的困境——论中国食品安全监管部门间的协调合作 [J]. 清华法学，2015（3）：35.

③ 江岚. 食品安全的风险管控及刑法规制 [J]. 湖北大学学报（哲学社科版），2018（2）：111.

和"玩忽职守罪",但这三个罪名的主体仅限于在生产、作业中违反食品安全管理规定的直接业务人员和负有食品安全监督管理职责的国家机关工作人员,而不包括具有注意义务的间接责任人员。并且这三个罪在刑事责任的追究过程中仅仅只运用了33%,其他可能涉及的有"商检失职罪""过失致人死亡罪",等这些罪名的入罪都是以"大"含"小",缺乏明确的入罪标准,属于兜底型条款,在食品安全监督过失犯罪问题上情节适用性更小,其罪与非罪的界定更难。这就导致在发生的食品安全事故中,一旦存在有注意义务的间接责任人员存在监督过失责任时,直接处罚则违背了《刑法》罪刑法定的原则,但若不处罚,又姑息了违法犯罪分子。因此,重构食品安全规制,首要任务便是解决食品安全监督过失犯罪定罪处罚的核心条款的缺失问题。

（2）食品安全监督过失犯罪立法衔接不到位

《食品安全法》将行政责任与刑事责任一并加以规定。对于刑事责任仅在第一百四十九条规定:"违反本法规定,构成犯罪的,依法追究刑事责任。"这种立法的原意是避免重复《刑法》中已经加以规定的食品安全监督过失犯罪罪刑,从而避免食品安全行政执法涉嫌犯罪的脱节。但是在实际操作中却事与愿违,恰恰由于这种粗略的规定,使得在食品安全行政责任的认定与刑事责任的认定中,出现了一定程度的脱节。由于《食品安全法》中并没有指明依照《刑法》哪一个具体罪刑条款追究刑事责任,也没有直接规定罪状和法定刑,而且2015年10月1日起施行的《食品安全法》在内容上有了很大的变化,尽管《刑法修正案（八）》为此专门作出了修改,但由于《食品安全法》的超前性,使得刑法条款和食品安全法的条款难以一一对应,甚至出现《食品安全法》的处罚法则中规定要依照刑法追究刑事责任,但在刑法典中却找不到相应的制裁条款或者是适用的处罚标准不一致等问题。例如,《食品安全法》所确定的罚款标准由原来的"违法所得"变更为"货值金额",而《刑法》在相应的各罪中使用的仍是"销售金额"。

此外,《食品安全法》在法律责任部分加大了处罚力度,尤其是对于罚款幅度的规定,由原《食品卫生法》规定的"并处违法所得1倍以上5倍以下的罚款"提高到"并处货值金额5倍以上10倍以下的罚款",在《刑法》中虽然也有提高,如将其第一百四十三条修改为:"生产、销售不符合食品安全标准的食品,足以造成严重食物中毒事故或者其他严重食源性疾病的,处三年以下有期徒刑或者拘役,并处罚金;对人体健康造成严重危害或者有其他严重情节的,处三年以上七年以下有期徒刑,并处罚金;后果特别严重的,处七年以上有期徒刑或者无期徒刑,并处罚金或者没收财产。"但是,该条仅规定了并处罚金,而没有明确的罚金幅度,这就给予了法官大大的自由裁量权,也可以说在一瞬之间提高了对法官审案综合素质水平的要求，这样"超越当前的进步"，使得真正做到对食品安全监督过失犯罪的罪刑相适应存在乌托邦之嫌。

这种实质入罪上的脱节使得食品安全监督过失犯罪难以明确移送标准，进而直接造成行政责任和刑事责任认定衔接不到位的问题。因此，解决食品安全监督过失犯罪的立法衔接问题，并不是能一步到位的，而是需要根据当前中国国情、立法需求来规制。

6.6.1.2 食品安全监督过失的程序规制的缺陷

（1）食品监督过失涉嫌犯罪案件移送程序标准过于烦琐

在程序上，2010年下发的《最高人民检察院关于加强和改进新形势下惩治和预防渎职侵犯犯罪工作若干问题的决定》中明确："涉及渎职侵权犯罪的相关证据的，检察机关可直接进行调查，对重大渎职侵权犯罪案件所涉及的必须及时查清的案件，经上级检察机关同意，可以并案查处"，即如果某食品生产商涉嫌生产有毒食品罪的证据，也是检察院侦办的食品安全玩忽职守罪的证据，检察院可以直接对生产有毒食品罪的相关证据进行调查；如果某地级市检察院查处该市发生的重大安全事故，触及食品安全监管者玩忽职守罪时，应先查清造成此次事故的生产有毒食品罪案情况，然后经省检察院同意，该市检察院才能并案侦查。这样就使得办案程序太过烦琐、复杂。

我国涉嫌犯罪案件具体的移送办理流程如图6-8所示：

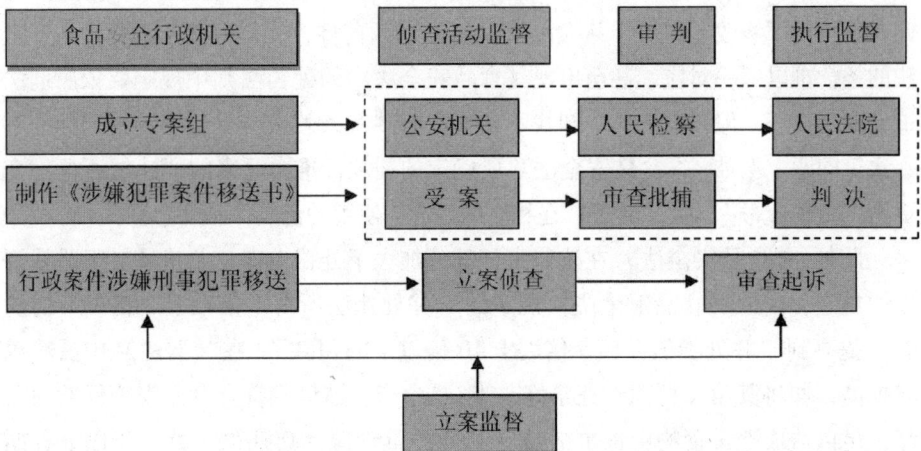

图6-8　涉嫌犯罪案件移送办理流程图①

---

① 陈辉. 食品安全涉嫌犯罪案件移送指南 [M]. 北京：中国法制出版社，2009：1.

（2）检察机关监督不力

《食品安全涉嫌犯罪案件移送指南》中规定：公安机关决定立案或者不立案，应当书面告知移送案件的食品安全行政执法机关、人民检察院以及相关权利人。食品安全行政执法机关对公安机关的不立案决定有异议的，在接到不立案通知书后的 3 日内，可以向作出不立案决定的公安机关提请复议，也可以建议人民检察院依法进行立案监督。可见，检察机关对行政执法机关执法过程的监督行为比较被动，一般需要相关权利人提请才会提起公诉或抗诉。但无论是提起公诉还是抗诉都只是事后监督，这就直接导致了对行政执法机关的执法不敢监督或不想监督。而且，行政机关、司法机关与监督机关在执法过程中由于联系较少、各自独立，导致信息交流不畅，使得一些不移送的案件难以发现。检察机关在行使检察权过程中发现行政执法机关违法处理涉嫌犯罪案件的监督手段比较软弱，对广泛的行政执法机关在行使行政执法权过程中存在的"以罚代刑"现象，就更显得无能为力。

（3）以罚代刑现象严重

即使食品安全问题来自社会多层面的监督，企业的不良行为也会更容易地被发现，食品安全问题者将会承担社会严厉的惩罚，企业生产劣质食品的动机也会降低。① 但仍然存在些许问题，我国关于食品安全的监督和刑事执法移送的程序制定过于复杂、烦琐，且公安、行政机关对移送的案件重视不够，部门与部门之间缺乏衔接与制约机制，食品安全监管领域存在"三多三少"现象：行政违法犯罪案件实际发生多、得到查处少，行政处理多、移送司法机关追究刑事责任少，判缓刑多、判实刑少。根据湖南省检察院侦查监督部门 2011 年 6 月《关于开展对行政执法机关移送涉嫌犯罪案件专项监督活动》情况报告：2008 年以来，湖南省各级行政执法机关共向公安机关移送涉嫌犯罪案件 4179 件，公安机关立案 2070 件，移送后立案率 49.53%。根据四川省检察院调研，2008—2010 年四川省公安机关对行政执法机关移送的案件共立案 1388 件，在公安机关立案侦查的 1388 件 1937 人中，提起公诉 737 件 1182 人，占立案数的 53.1% 和 61.2%，即近 40% 的犯罪嫌疑人在立案后没有进入公诉和审判环节。

（4）执法者认识上的偏差

由于缺乏案件移送的可操作性规定，造成行政执法机关和公安、检察机关认识上的严重分歧。

---

① 龚强，张一林，余建宇. 激励、信息与食品安全规制 [M]. 经济研究，2013（3）：135.

首先，行政执法机关对移送涉嫌食品安全犯罪案件在认识上存在偏差，影响了执法力度。一是有些地方的行政执法机关在办案中，认为只要把违法犯罪者损害的国家经济利益追回来就可以了，没有必要给予刑事制裁；二是对行政执法机关向司法机关移送涉嫌犯罪案件前是否可以进行行政处罚认识不一。对行政执法机关移送的已作罚款处罚的食品安全犯罪案件，有的公安机关趁机推诿责任，滥用"一事不再罚"原则，坚持不再立案查处；三是对公安机关能否直接立案查处与行政执法管辖相关的食品安全犯罪案件认识不一。通常，食品安全事故发生时，行政执法机关多是第一步查明事实、采取行政处罚。但实际上某些食品安全事故中存在的违法性已经触犯了《刑法》，可由公安机关直接立案查明。

其次，有的执法人员对经济行政业务不够熟悉，办案能力不强，影响了违法犯罪案件的查处。有的办案人员对《刑法》规定的相关罪名的法律适用不够清楚，分不清"罪"与"非罪"的界限，凭经验办案，导致一些可以移送的案件以罚代刑或不了了之，甚至发生定性不准、处罚失当的问题。① 部分司法工作人员对案件移送存在认识上的错误，认为既然法律要求构成犯罪时才能移送，那么行政执法机关移送犯罪时必须有足够的证据证明行为人的行为构成了犯罪，否则就以行政执法机关没有足够的证据证明构成犯罪而无端推诿。但相对刑事执法而言，行政执法力度较弱，缺乏必要的手段，被监督单位不配合，未如实提供违法所得和可能涉嫌构成犯罪的证据，缺乏构成犯罪的证据也就难以对案件移送。还有的对司法机关能否直接立案侦查涉嫌犯罪的行政案件认识不统一，片面夸大行政执法机关的职权作用。② 这种执法者对食品安全监督过失犯罪移送标准的认识上存在偏差，纵容了责任者的违法犯罪行为，助长了其监督过失的气焰。

（5）移送案件得不到及时的依法处理

在实践中，也会出现行政执法机关将涉嫌犯罪的案件移送给公安机关或检察机关，却得不到及时依法处理的情形。这就更加打击行政机关移送案件的积极性。据全国"打击侵犯知识产权和制售假冒伪劣商品专项行动"领导小组办公室统计，专项行动期间，行政执法机关共立案 155948 起，移送司法机关 1702起，移送数仅占 1.1%，这与相关领域犯罪案件多发的现实显然不符，也在一定

---

① 徐燕平. 行政执法与刑事司法相衔接工作机制研究 [J]. 犯罪研究，2005（2）：51.
② 方新建，陈金灿，徐玉证. 行政执法与刑事执法的案件信息共享 [J]. 浙江检察，2005（11）.

程度上影响到"专项行动"的深入开展。另外，根据湖南省检察院在开展高检院等四部门部署的"对行政执法机关移送涉嫌犯罪案件专项监督活动"中的调研，2008年以来，湖南省各级行政执法机关共立案查处各类行政处罚案件323526件，作出行政处罚316891件，向公安机关移送涉嫌犯罪案件4179件，移送率1.29%。在移送比例上前后两个数据基本吻合，由此我们可以基本判断目前行政执法机关移送涉嫌犯罪案件的比例也仅占其查处案件的1%左右，数量较少。①

6.6.2 食品安全监督过失犯罪创新规制的重构

制度指的是"一系列被制定出来的规则、服从程序和道德、伦理的行为规范"。② 制度的目的是个人沿着特定方向的行为提供指引，从而降低不确定性。③ 外在的环境变化如果能够被特定行为团体利用，那么它就有可能给行为团体带来收益的增加。如果这种收益的增加能够在现有的制度安排结构内实现，那么相对更少的成本会激励他们在制度内"套利"，而不是去改变制度安排。但是，如果收益的增加无法在现有的制度安排结构内实现，那么制度的均衡就有可能被打破，制度变迁就会发生。通过以上对食品安全监督过失犯罪实体和程序规制现状的分析，针对现有的不足，"扩大食品安全法的调整范围，提升食品安全法为基本法律，加快配套法规的立法进程，确立统一监管模式，强化和落实地方政府的食品安全监管责任，以增强食品安全治理的整体性"④，从实体、程序及目标三方面对食品安全监督过失犯罪的创新规制重构。

6.6.2.1 我国食品安全监督过失犯罪的实体规制的重构

（1）从刑法功利价值转向自由价值

法体现了人在社会生活中的价值取向，是为了满足人的需要而被人创制的。法的价值是任何法律在创制时就必须被考虑的重大问题，是立法的思想先导和动力根据。严格意义的立法活动都是在一定法的价值观指导之下的国家行为。法在社会中的发展必然会出现这样的悖论：一般法是为适应社会需要、促进社

① 原维宁，芦春贤. 行政执法机关移送刑事案件立案监督探析［J］. 人民检察，2004（1）：2.
② （美）达格拉斯·C. 诺斯. 经济史中的结构与变迁［M］. 陈郁，罗华平，等，译. 上海三联出版社，1994：225－226.
③ （美）埃里克·弗鲁博顿，鲁道夫·芮切特. 新制度经济学——一个交易费用分析范式［M］. 姜建强，罗长远，译. 上海三联出版社，2006：7.
④ 张志勋. 系统论视角下的食品安全法律治理研究［J］. 法学论坛，2015（1）：99.

会发展而产生，应为社会所依赖，最后竟背离社会需要、阻碍社会发展，为社会所抛弃。法从正面走向反面的矛盾性，是其自身中就存在的。① 不同的法体现不同的价值准则，因此，应通过法律实践，根据不同的时代、国家和阶级对法律理论的认识，来调整法的价值位阶，解决法的价值冲突。通说将刑法的价值分为自由、秩序、正义和功利。② 我们也可以把功利看作对社会秩序的追求，把自由看作正义的向往。边沁将休谟的功利理论结合贝卡利亚的"最大多数人的最大幸福"公式，提出了功利主义的主张。他认为，人类的任何行为都具有追求快乐与幸福的目的，"自然把人类置于两位主公——快乐和痛苦——的主宰之下，只有它们才指示我们应当干什么，决定我们将要干什么。是非标准，因果联系，俱由其定夺"，"不过，在大多数场合说功利更好：功利一语更为清晰，因为它更明确地指痛苦和快乐"。③ 功利主义由以下几个理论构成：它们是福利论（welfarist）——功利主义的"效用"或"功利"相当于人类的福利；后果论（consequentialist）——主张行动的正当性在于它所预期的事态至少和在其他可选择行为所导致的事态一样好；集合论（aggregative）——主张将每个人的功利集合成一种整体全面的功利；最大化论（maximising）——提出将功利作为一个有价值的目标，那么一个人越为充分地促进它就越好；以及普适论（universalist）——历史上功利主义的一个观点，如今已不大被功利主义者赞同。我们可以用蒙塔古的如下概括来总结边沁在功利主义上的整体立场，这种立场注重的是功利主义的政治法律制度的安排对于个人利益和公共利益的实现途径："他（边沁）对人性的理论可以归结为人性卑劣的部分远远多于高尚的部分。他认为人们只能追求自己的幸福，每个人自身的利益就是他一切努力的目的。如果说他期望有一种像千年太平盛世的时代来临的话，那么他不是期望这种盛世从四海之内皆兄弟这类境界中产生出来，而是期望有一种巧妙的社会安排，使个人利益和公众利益相符合，然后产生千年太平盛世。"所以曲新久教授说：

---

① 卓泽渊. 法的价值总论［D］. 北京：中国社会科学院研究生院，1999：37.

② 学界对刑法的价值存在两种说法：第一种是曲新久教授所主张的自由、秩序、正义和功利，所谓功利，是指任何客体的这么一种性质：由此，它倾向于给利益有关者带来实惠、好处、快乐、利益或幸福，或者倾向于防止利益有关者遭受损害、痛苦、祸患或不幸；如果利益有关者是一般的共同体，那就是共同体的幸福，如果是一个具体的个人，那就是这个人的幸福；第二种是陈兴良教授所主张的公正性、谦抑性和人道性，所谓谦抑，是指缩减或压缩。刑法的谦抑性，是指立法者应当力求以最小的支出——少用甚至不用刑罚（而用其他替代措施），获取最大的社会效益——有效地预防和控制犯罪。

③ （英）边沁. 道德与立法原理导论［M］. 时殷弘，译. 北京：商务印书馆，2000：11，74.

"人类的任何活动——无论个体的还是社会的，都基于一定的功利目的，这本身就是正义的体现。在许多情况下，正义也是一种功利，但是为了正义而正义，毫无功利可言的人类活动，是不存在的，也必定是不正义的。"

不过，功利主义也同样面临各种批判。这些批判归结为一点，就是认为功利主义背离了自由主义的立场，会损害自由而不是促进自由。自由，是人类最重要的需要之一，是人类孜孜不倦追求的目标。从亚里士多德到西塞罗一直到17、18 世纪拥护自由主义的启蒙思想家，再到近代的斯宾诺莎、洛克、孟德斯鸠和柏林等思想家，从不同的角度阐述了自由的含义及意义。在现代法治社会，刑法的最高价值就在于通过维护社会秩序来实现人的自由的保障。而功利主义"拿人与人之间的差别不当回事"，它往往在追求普遍福利的过程中牺牲了重要的个人自由尊严，功利主义从而也就没有对人与人的价值一视同仁，而只是把人视为"工具性"的关注。正如德沃金对功利主义的批判，他用种族歧视的案例提出了反驳功利主义的第一个具体理由，即功利主义无法满足社会理想意义上的社会情境的改善，没能把社会所有的成员当作平等的个人来尊重和对待。从这一理论出发，德沃金也找到了反驳功利主义的现实的、而非虚幻道德的理由：我们在一般意义上承认功利主义对于维护自由制度的好处，但功利主义并不能提供那些利益将要被牺牲的人在牺牲自己利益时的决定和声音。① 在此基础上，德沃金进一步驳斥功利主义在实践层面对于幸福和痛苦的计算方法问题：人们在衡量快乐和痛苦时的内在偏好（为个人的选择）和外在偏好（为他人的选择）。这也会使自由的实现模糊不清。② 如果这些问题不予廓清，也就没法说明功利主义与自由主义的内在关联。另外，功利主义本身就具有局限性。传统刑法为了追求安全、秩序价值，在向功利价值调整的过程中难免会削弱自由和正义的保障。一方面，刑法的归责依据由传统的"非难可能性"逐渐转变成了"预防必要性"，功利导向突显出来，刑法的刑事政策化愈发明显。③ 这种功利导向的政策化刑法往往具有强烈的目的性，存在为达目的而忽略手段正当性的危险，甚至对公民自由的保障形成威胁，也容易造成重刑威慑等侵害个人自由的后果。另一方面，刑法为了满足人们日益增长的功利需求，强调对社会的保护机能，以功利为主要目标势必会在一定程度上造成对个体法益保护的削弱或

---

① 谌洪果. 法律实证主义的功利主义自由观：从边沁到哈特 [J]. 法律科学（西北政法学院学报），2006（4）：17，23.

② （英）哈特. 法理学与哲学论文集 [M]. 北京：法律出版社，2005：214 –216.

③ 赵俊甫. 风险社会视野中的刑事推定——一种法哲学的分析 [J]. 河北法学，2009（1）：186 –191.

抛弃，产生对个人自由保障不力的后果。毕竟法的目的是保障自由，而不是限制自由。因此，在风险社会中，刑法不能为了满足公众的安全感而威胁或侵犯公民的自由，也不能因为对风险的控制会削弱对公民自由的保障而对风险坐视不理。刑法也是一样，其制定与实施是为了维护个人的自由价值，体现了人类的功利追求。可见，人们在追求功利目的过程中，又务必受到自由原则的制约，追求不保障自由的功利是实现不了的。

因此，在食品安全监督过失犯罪中，即使由于其监督过失行为侵害了他人的生活利益，也并非一定要直接动用刑法，刑罚是保护法益和维护秩序的最后手段，刑罚执行的目的是恢复社会公正、威慑犯罪分子和促使犯罪人再社会化，而不是惩罚犯罪人，更不是单纯地折磨犯罪人。在必须用刑罚来惩治时，应以个人自由为优先选择，以罚金刑为主，自由刑和生命刑为辅，从而以最小程度的强制来换取最大限度的自由，确保刑罚不至于过分残酷而妨碍自由价值的实现。从传统的刑法功利价值转向自由价值，以在维持社会共同生活秩序的同时，又保护个人的自由法益。

（2）从形式合理性转向实质合理性

法律的合理性①，就是法律符合理性。法的形式合理性主要归结为手段和程序的可计算性，即指法的外部形式具有普遍适用性，是一种客观的合理。"法律需要通过一套形式化的概念术语和体系结构获得外在表达。"② 它要求法律具有可预测性、普遍性和自主性，其判断标准在于解决纠纷的程序、结果符合现行法律的规定，而不考虑是否符合法律的正义价值。实质合理性是与形式合理性相对的一个概念，其强调法的内容的合理性，即解决纠纷的结果根据道德、政治等环境具体处理，而不是严格按照固定法律规则来处理社会问题。它的目的在于维护平等和促进自由。学界一般将德国的社会学家韦伯作为合理性理论的始祖，但刘艳红教授认为，韦伯只是首次明确提出价值合理性与工具合理性、形式合理性和实质合理性这两对概念，最早对合理性问题进行相对深入的理论分析的思想家是黑格尔，他认为形式合理性和实质合理性就是形式和内容的关系，提出了形式和内容的统一辩证哲学主张。从这种辩证哲学出发，他指出法律是实质和形式的统一，形式是首要的，实质的内容只有借助于形式上的理性

---

① 合理性，其基本含义在于要求使人的思想和言行合乎科学、合乎客观规律，要求人们减少行为的神秘性和盲目性，而增强自觉性和可预测性。

② 熊丙万. 法律的形式与功能 以"知假买假"案为分析范例 [J]. 中外法学，2017（2）：40.

才能获得有效性。在黑格尔哲学之后兴起了新康德主义①，韦伯作为一名新康德主义的社会学家，将社会行动分为合理性与非合理性两大类。而合理性又被分为工具合理性与价值合理性两大类，工具合理性即形式、客观合理，价值合理性即实质、主观合理。他认为形式合理性是一种客观的事实判断，具有稳定性和可预测性，是自由的保证；实质合理性则是一种主观的价值判断，无法排除传统的约束和任意专断。因而形式合理性与实质合理性是紧张对立的关系，主观的权力只能产生于客观的准则，法律从实质合理性转向形式合理性是一个由原始到现代、由落后到进步的发展过程②。在韦伯的法律合理性的理论基础之上，英国法哲学家麦考密克进一步对法律的合理性进行了深入探讨。他对形式合理性的概念分析与韦伯看法一致，但在形式合理性与实质合理性的关系上批判了韦伯将它们对立起来的观点，而认为"如果没有智慧、同情和正义感的话，仅有合理性就似乎可能让我们有理由去做真正无理的事"，③即主张在追求法律的形式合理性的同时，还应追求实质的合理性。

而后，经过传统自然法学派与实证法学派对形式合理性和实质合理性两者关系的博弈较量，现代学者结合二者观点提出新的主张。有学者指出法律的规则性、客观性、体系性、统一性、普遍性等基本而重要的形式特征，保证了法律的正义、公平等抽象的性质，主观实质的合理性与透明性；法律的正义、公平等价值理性内涵，则保证在法律规则不够明确时，可以依据这些人类理性在形式合理性的范围内对法律进行目的价值的解释，以保证法律的形式合理性能得到最大限度的维护与遵守，使法律的形式合理性具有长久的价值。在法律的形式合理性与实质合理性发生冲突时，承认法律形式合理性是对实质合理性的前提，决定了在追求形式合理性时，不能抛开实质合理性，从而导致价值虚无主义；在追求实质合理性时，不能抛开形式合理性的限制，以至于突破法律的外在形式，从而导致法律虚无主义。也就是法律形式的合理性是第一位，实质的合理性是第二位，只有在坚持形式合理性的前提下追求实质的合理性。④

形式合理性与实质合理性是对立统一的矛盾体系。首先，形式合理性和实

---

① 苏国勋．理性化及其限制 ［M］．43–46．新康德主义：一方面继承理性主义的思想观念，强烈反对非理性主义和思辨的自然主义；另一方面又带有对过去理性主义形式的批判和自我反思的性质。

② 刘艳红．实质刑法观 ［M］．北京：中国人民大学出版社，2009：28.

③ 麦考密克，魏因贝格尔．制度法论 ［M］．周叶谦，译．北京：中国政法大学出版社，2004：248.

④ 刘艳红．实质刑法观 ［M］．北京：中国人民大学出版社，2009：47.

质合理性的最终目标都是实现正义。法律形式合理性实质上就是普遍正义的体现，即哲学上矛盾的普遍性；实质合理性则是个案正义的体现，即矛盾的特殊性。传统观点是两者冲突情况下，普遍正义优于个案正义，个案正义应当服从于普遍正义，也就是说，为了普遍正义，应当牺牲个案正义。① 但是，在哲学意义上，普遍性与特殊性是辩证统一的关系。普遍正义存在于个案正义之中，只能通过个案正义而存在；任何个案正义都包含着普遍正义，普遍和特殊的区分是相对的，在一定条件下可以相互转化。在理性化的法律制度中，形式合理性是形式化了的实质合理性。法律制度的形式合理化，也就意味着把实质合理性尽可能地转化为可计量的形式合理体系，并借助于这个体系来实现实质合理性的要求。② 其次，法的形式合理性与实质合理性分别属于法的实然性和应然性的哲学范畴。哲学意义上的实然与应然关系往往表现为事实本身与价值判断之间的关系，在现实生活中还表现为社会现实与道德伦理之间的关系问题，它们是对立统一的。如果实然法严重频繁偏离法度，实然性在哲学意义上就没有意义了，适度的离度性是法的实然性范畴的前提，因此，只有做到法的实然性与应然性的统一，使法的实然性从根本上反映法的应然性才是法治的最终追求。③ 再者，传统学说将坚持形式合理性作为法治的表现形式，而适用实质合理性是人治的表现形式。笔者认为，法治也存在着形式法治和实质法治，并非实质合理性就只能是人治。我国刑法的罪刑法定原则便是实行法治的最重要标志，而罪刑法定原则也存在形式和实质之分，刑法规范的明确性就是罪刑法定原则的实质侧面。法治以法律制度为前提，具有明显的优越性，但是立法者的认识具有局限性，使得法律具有滞后性，严格按照既定的法律规则处理案件时会违背法治的根本目的，要践行真正意义上的法治就不能为了满足形式合理性的要求，让司法时时刻刻死守上一个时代的教条不放。我们为了保持法律和社会现实之间最大程度的亲和力，司法还必须对法律之外的各种因素给予适当的关注，公共政策、大众观念、利益集团的对峙以及整体社会利益和社会目标的轻重权衡不能在任何情况下完全封闭在法官的视野之外。要在稳定与变动、保守与创新、原则与具体、整体与部分这些彼此矛盾的因素之间寻找一个恰当的均衡点，坚持立法的形式合理性与司法解释的实质合理性相结合，最大化寻求

---

① 郑成良，张英霞，李会. 中美两国司法理念的比较 [J]. 法制与社会发展，2003（2）：4.

② 郑成良. 论法律形式合理性的十个问题 [J]. 法制与社会发展，2005（6）：27－28.

③ 王静. 试论刑事司法中的形式合理性与实质合理性 [D]. 苏州大学，2010：9.

个案正义与普遍正义的统一。要实现食品安全监督过失犯罪刑罚法规的适当性要求，应在坚持入罪形式合理的基础上，根据社会危害性从实质角度解释、适用刑法。如下图所示：

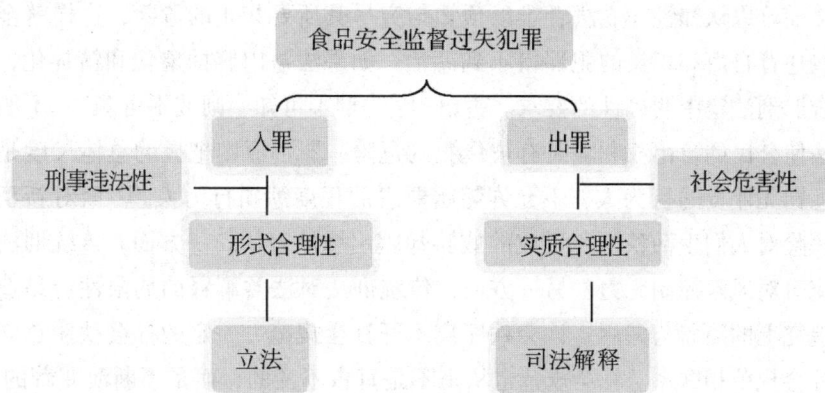

```
                    食品安全监督过失犯罪

            入罪                        出罪

刑事违法性 ──┐                        ┌── 社会危害性
            形式合理性              实质合理性

            立法                      司法解释
```

图6-9 食品安全监督过失定罪形式

（3）从被动恐慌性立法到主动融入风险权利义务体系

20世纪以来，随着科学技术的快速发展和全球化进程的加速，人类社会正在发生着根本性的变革。风险已经成为现代社会的主要特征，所有国家都要学会面对安全和健康方面的风险，尤其应当在处理丧失理智的恐慌方面取得进步。① 风险社会的概念是早在1986年就由德国社会学家乌尔里希·贝克提出来的，用以描述西方社会在高速发展的同时也面临着现代化带来的风险威胁的社会现象。在风险社会里，个体感知、家庭生活、社会角色、民族认同以及民主政治等都被风险化了，一切个体存在的方式就是风险生存。现代风险较之传统风险更难以感知、难以计算、难以预测，并且影响范围更广，带来的破坏性也更严重。风险社会加剧了人们的不安和紧张，现代社会的高速发展在给人们的生活带来便利的同时，也带来了巨大的危险和不安全感。② 我们不能消极地对待风险，畏惧无法改变风险，回避无法驱逐风险，只有在对风险加以认真分析和思考的基础之上，妥善地找出解决方案，才能最大限度地降低风险给人类带来的不利和负面影响，将风险控制在大众能承受的范围之内，并充分发掘寓于

---

① （美）凯斯·R.孙斯坦.风险与理性——安全、法律及环境 ［M］.师帅，译.北京：中国政法大学出版社，2005：1.

② 郝艳兵.风险社会下的刑法价值观念及其立法实践 ［J］.中国刑事法杂志，2009（7）：17.

风险之中的机遇。

我国目前由于食品安全规制建设起步较晚,基础规制体系还不完善,以罪刑法定原则为例,该原则要求刑法必须遵守明确性原则,然而风险社会中风险常常伴随难以认知性,立法者难以预知与穷尽其所要禁止的危险,这样就会导致某些违背自由和正义的犯罪得不到惩治。如果法益内容抽象化和精神化,就不符合罪刑法定中明确性的要求。古语曰:"刑不可知,则威不可测",不明确的立法使公民的自由权利随时有被侵犯的危险。罪责原则把握的总体尺度是不允许惩罚无罪责的行为人,不允许超越罪责的程度惩罚行为人。① 面对新型的社会风险对人们生活秩序所形成的威胁却露出尴尬表情。一方面,传统刑法的事后应对对风险控制无力。另一方面,传统刑法对法益解释的局限性容易造成责任追究上的障碍与漏洞。社会秩序离不开社会规范,一定的社会秩序总同一定的社会规范相联系。社会规范也从来不是亘古不变的,而是不断演变着的。② 此外,刑法越来越强调其预防的功能。传统刑法在风险社会的尴尬处境缘于其过分关注危害结果,以危害结果为构成要件,从而使其在风险转化成巨大的后果时却束手无策。正如贝克所描述的,人类社会正在文明的火山上生活,我们不知风险火山何时爆发,也不知其会产生何种灾难性的后果,必须通过事先预防以应对可能造成的巨大危害后果。③

6.6.2.2 我国食品安全监督过失犯罪的移送程序规制的重构

（1）刑事执法与行政执法的无缝对接④

我国现有的食品安全行政执法体制采取的是以食品安全委员会为权威协调机构,地方政府对本行政区域食品安全负总责,采取"分段执法为主、品种执法为辅"的方式,按照"一个环节由一个部门执法"的原则,实行"综合执法"与"具体执法"相结合的多部门共同执法的执法体制模式。具体如图6－10所示：

一旦发生食品安全事故,则须先由行政执法部门依法处理,倘若是违法案件,则交由公安机关立案侦查,再由公安机关审查是否触犯刑事法律,决定是否移送检察机关审查起诉,由检察机关对此进行法律监督。在实践中,行政执法部门向公安机关移送案件时往往附有大量的材料,由于执法主体不同,行政

---

① 夏勇. 邓玉娇案件与罗克辛的客观归责理论 [J]. 北方法学, 2009（5）：31－39.

② 龙敏. 秩序与自由的碰撞——论风险社会刑法的价值冲突与协调 [J]. 甘肃政法学院学报, 2010（112）：145.

③ （德）乌尔里希·贝克. 风险社会 [M]. 何博闻, 译. 南京：译林出版社, 2004：35.

④ 王晨光. 食品安全法制若干基本理论问题思考 [J]. 法学家, 2014（1）：37.

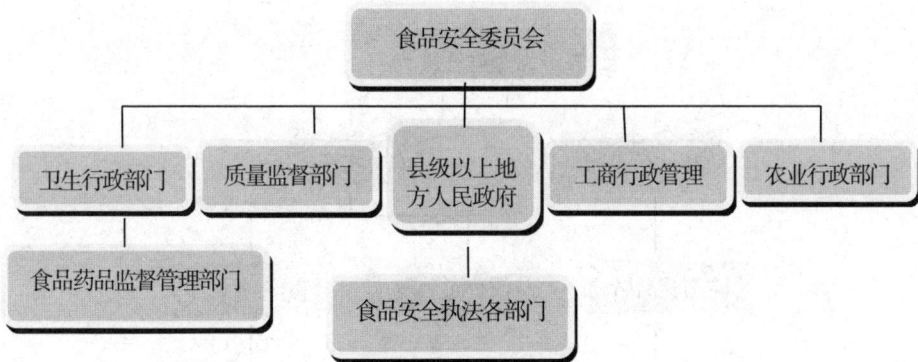

图6-10 我国的食品安全执法体制模式①

案件和刑事案件证据标准和规格要求不同，对于行政部门移送的涉嫌刑事犯罪的案件材料，公安机关往往需要将行政执法部门调取的材料转换为刑事案件的材料，客观上形成重复劳动，在一定程度上造成资源浪费。②

综观世界各国有关食品安全执法的先进协调机制，主要有以下两种类型：第一类是以欧盟为代表实行的完全集中食品安全综合执法模式，即由一个部门完全负责食品安全执法工作；第二类是以日本和美国为代表实行的相对集中食品安全综合执法模式，即成立一个权威的综合协调机构，对各食品安全执法机构的执法行为进行协调，其中美国是以食品种类为划分进行执法，而日本则是以食品生产环节为划分进行执法。欧盟、日本和美国的食品安全执法体制具体如图6-11、图6-12、图6-13所示：

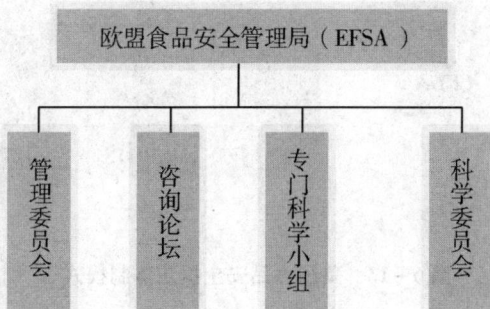

图6-11 欧盟的食品安全执法体制模式

---

① 万进福. 我国食品安全执法研究 [D]. 重庆：西南政法大学，2010：9.
② 盛丰. 我国食品药品案件行政执法与刑事司法衔接模式重构探析——从食品药品刑事案件移送审查起诉权的角度 [J]. 公安研究，2012（3）：32.

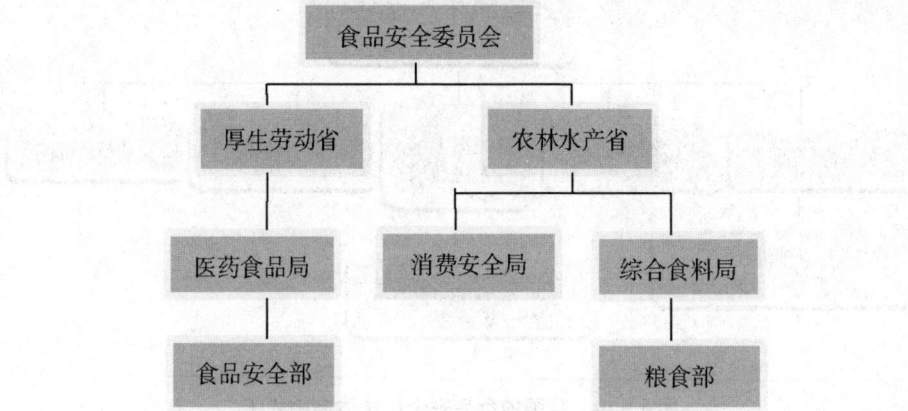

图 6 - 12　日本的食品安全执法体制模式

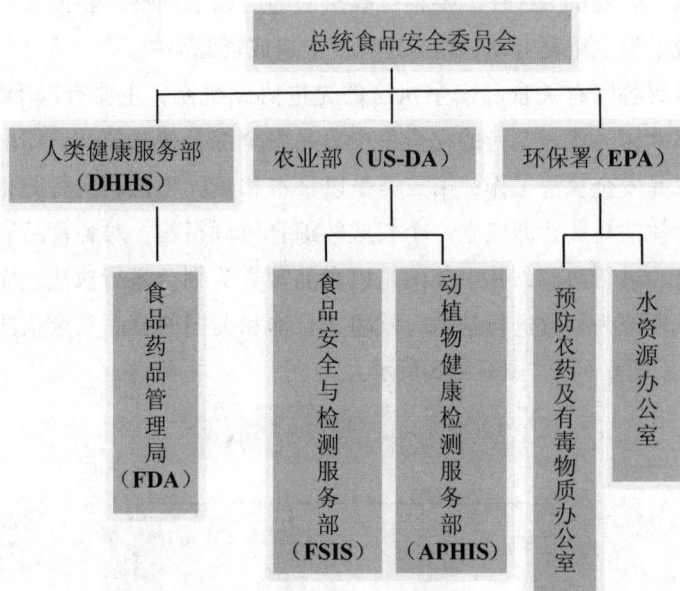

图 6 - 13　美国食品安全执法体制模式①

　　不难看出，世界各国的食品安全执法体制模式从过去只注重事后执法到事前预防、事中控制和事后执法相结合，从政府部门执法为主转向重视发挥社会

----

　　① 万进福. 我国食品安全执法研究［D］. 重庆：西南政法大学，2010：18，20，21.

力量的作用等的总体发展趋势。这种集中执法模式明确了食品药品市场监管的责任主体，避免了效率低下、资源浪费和相互推诿等现象的发生。借鉴国际经验，针对我国的食品安全刑事执法与行政执法的无缝对接的问题，有学者提出借鉴欧盟的经验，实行完全集中的食品安全综合执法体制，由一个部门负责所有的食品安全执法，改多头执法为集中统一执法的主张，从而避免权力交叉、权力真空。① 也有学者认为，我国应当学习美国或日本实行相对集中的食品安全综合执法体制，推行食品安全联席会议制度，协调各职能部门之间的执法工作，及时解决权力交叉、填补权力真空。② 诚然，以上观点都有一定的理论依据，但任何制度的借鉴都必须考虑到本土化和制度的兼容性问题。考虑到我国地域范围广且发展极不平衡，以及本国具有中国特色社会主义的具体国情，目前在我国采取欧盟实行的由一个部门来完成所有的食品安全执法工作体制是不现实的。同理，完全照搬日本或美国的食品安全监管执法模式，也解决不了我国食品安全执法体制中行政执法与刑事执法移送程序不到位的问题。对此，有学者提出结合美国和日本的食品安全执法模式，赋予行政执法部门将涉嫌的食品安全刑事案件直接移送检察机关审查起诉权，建立食品安全行政案件执法和刑事案件移送由行政执法部门一体使用的食品安全执法模式。这样，不仅可以解决目前我国食品安全领域政出多门、各自为政的局面，"提升食品安全能力建设；对抗贸易保护主义"③，还可以保证食品安全执法的高效进行。但是，如果采用这种方式，就需要对我国的行政执法体制进行一次彻底的"大手术"。而目前我国食品安全执法权分散在多个部门中，要进行这样的彻底改革，其面临的难度和阻力是可想而知的，并且这种体制的形成不是一蹴而就的。因此，从目前看，采取这种模式仍有一定难度。④ 建立媒体、资本市场与政府共同监督、协同治理的长效机制，是食品安全监督的有效模式，并且本文提出三方各自应该发挥的作用，使食品企业"不敢违规、不能违规、不想违规"。⑤

（2）改变运动式执法抑或常态执法

"运动式执法"是传统社会时期中国最常见的一种执法模式，是指执法机关

---

① 郝武.试论加强和完善对食品安全的管理与立法［J］.浙江工商大学，2003（3）：43.
② 卢维理.保障食品安全的法制问题［J］.人大研究，2005（1）：23.
③ 韩永红.美国食品安全法律治理的新发展及其对我国的启示——以美国《食品安全现代化法》为视角［J］.法学评论，2014（3）：92.
④ 万进福.我国食品安全执法研究［D］.重庆：西南政法大学，2010：32.
⑤ 周开国.食品安全监督机制研究——媒体、资本市场与政府协同治理［J］.经济研究，2016（9）：60.

通过集中优势的人力、物力和财力，对某些突发性或国内重大的久拖不决的社会疑难问题进行专项治理的一种暴风骤雨式的、有组织、有目的、规模较大的群众参与的重点治理的执法行为。"在漫长的中国历史上，国家治理主要建立在官僚制的常规机制之上，但官僚制度有着内在困难，而且这些困难在中国官僚制度特定形式下加剧放大，常常导致组织失败和危机。因此，国家治理过程中演变出运动型治理机制以应对之。"① 这种执法方式在不同领域有不同的表现方式：在立法方面，运动化的主要表现是片面追求立法数量和法律调控范围的无限扩大；在刑事执法方面，运动化的最典型例子就是一次又一次的"严打"；在司法方面，运动化可以表现为公、检、法及行政部门的联合办案；在行政执法方面，形形色色的专项整治则是运动化的常见面孔；在法制宣传教育方面，表面轰轰烈烈的法制宣传运动，过多地注重了形式而少了内容。② 运动式执法的过程可以大致简化如下几个环节：治理客体的出现—成立专项治理领导小组—制订实施方案—召开动员大会—实施治理—检查反馈—回头看—总结评估八个环节。从运动式执法的概念、表现形式和执法过程可以看出其具有自身鲜明的特征：第一，运动式执法的主体可界定为中国党政机关、行政执法机关或授权的企业事业单位，具有较强的权威性；第二，运动式执法的客体是指主体实施专项治理的特定对象，具有特定性；第三，运动式执法治理方式的集中性；第四，运动式执法治理时间的短期性；第五，运动式执法打击力度大、成果显效快、执法效率高。运动式执法在我国的存在具有深厚的历史渊源，新中国成立后，我们很多社会问题都习惯以运动方式解决。处于社会转型期后，不成熟的社会状态在带给人们巨大物质财富的同时也诱发了大量违法违规行为，客观上导致了大量违法行为处于空白或薄弱地带。再加上我国行政执法权横向分散、职权交错等特点，使得运动式执法模式具有一定的必然性和合理性。

但是，在总结运动式执法的合理性的同时，我们也不得不指出运动式行政执法存在的诸多缺陷。首先，运动式执法的临时性、运动性和反复性等特点与法治的预见性、稳定性和确定性要求背道而驰。运动式行政执法自始是以法治精神的流失为代价的，它所弥漫的是一种宽猛相济式的人治原则，而不是一断于法的法治原则。这不仅损害了法治的尊严，同时也影响了政府的信用和形象。

---

① 周雪光. 运动型治理机制：中国国家治理的制度逻辑再思考 [J]. 开放时代，2012（9）：105.

② 崔晓燕. 运动式执法的价值与困境——以北京市整治黑车的行动为个案 [D]. 上海：复旦大学，2010：8.

其次，运动式执法使执法者疲于应付，助长了违法者的投机取巧心理，暗示他们只要违法行为不特别严重、没有被发现，就可以姑息。这在客观上纵容了非运动时期的食品安全监督过失犯罪，不利于打击目的的实现。再者，运动式执法过分强调高效率、高数量，往往忽视了因此而增加的执法成本和执法的公正性，降低了打击食品安全监督过失犯罪的整体效益。另外，根据法律经济学"所有制度和规则在旅行中都会给当事人或行为者带来收益或成本"的理论框架，运动式执法采取集中专项治理模式，事先缺乏全面性和科学性研究，盲目调动人力、物力和财力，必然会造成行政司法资源的极大浪费，执法成本高昂，降低整体效益。

针对运动式执法过程中逐渐显现出来的种种弊端，并且弊大于利，因此我们迫切需要一种能够规避或解决这些弊端的执法模式。这种执法模式应该以人为本，坚持程序正义，从而为和谐执法提供一条切实可行的路径，我们暂时将这种执法模式称为常态执法模式。常态执法要求我们建立食品安全信用管理机制，各食品安全执法机关根据日常监管及消费者投诉处理情况，采取资料评价，作出保持或升降的评定。累计信用两次不合格的，由监管部门下达限期整改通知书，督促其达到食品安全生产经营的要求；对不按期整改的，由监管部门依法吊销相关执照，停产关闭。并建立信息披露机制，提高食品安全信息的公开性和透明度，加强公众参与和监督。① 通过建立规范、合理、科学的常态执法模式，将理论结合实践，对食品安全问题防患于未然。

6.7 风险社会语境下食品安全监督过失犯罪对策建议

"语境"即"语言环境"的简称，其有两层含义。一是指"说话的现实情境"，即运用语言进行交际的具体场合，包括社会环境、自然环境、时间地点、听读对象、作（或说）者心境、词句的上下文等项因素。二是指某个语言成素（主要是句子）出现的"上下文"。② 在中国法学界，"语境"也正在成为一个日趋频繁使用的词汇。这是因为，我们都处在特定语境中，研究任何法律问题都有

---

① 吴湛微，禹卫华. 大数据如何改善社会治理：国外"大数据社会福祉"运动的案例分析和借鉴［J］. 中国行政管理，2016（1）：118.
② 夏征农. 辞海：缩印本［M］. 上海辞书出版社，2000：481.

特定语境。① 风险社会是一种反思性社会，它并不必然是一种消极负面的社会。相反，这种反思性社会可以引导人们对传统刑法有更深刻的理解，可以引发对传统刑法更加深入的讨论。当风险社会成为人们认知的框架和模式的时候，选择什么样的刑法作为风险治理路径就成了真正需要深入思考的问题。刑法作为现代法律体系的一个重要组成部分不能逃避风险，而是要积极面对风险，努力寻找防范风险的方法和途径。在传统刑法应对风险出现困难的情况下，就必须抛弃传统的思维和行动模式，发挥想象力"再造刑法"，实现革命性的变革。

6.7.1　实现《刑法》与《食品安全法》立法协同

实践证明，重刑并不必然阻止人们对高利润的追求。在食品安全监督过失犯罪中，即使由于其监督过失行为侵害了他人的生活利益，也并非一定要直接动用刑罚，刑罚是保护法益和维护秩序的最后手段，刑罚执行的目的是恢复社会公正、威慑犯罪分子和促使犯罪人再社会化，而不是惩罚犯罪人，更不是单纯地折磨犯罪人。在必须用刑罚来惩治时，应以个人自由为优先选择，以罚金刑为主，自由刑和生命刑为辅，从而以最低程度的强制来换取最大限度的自由，确保刑罚不至于过分残酷而妨碍自由价值的实现。正如马克思在《资本论》中所提出的："像自然据说惧怕真空一样，资本惧怕没有利润或者利润过于微小的情况。一有适当的利润，资本家就会非常胆壮起来。只要有 10% 的利润，它就会到处被人使用；有 20%，就会活泼起来；有 50%，就会引起积极的冒险；有 100%，就会使人不顾一切法律；有 300%，就会使人不怕犯罪，甚至不怕绞首的危险"。中国的食品犯罪案例中，恰恰就有超过 300% 的利润。实践证明，重刑并不必然阻止人们对高利润的追求。有学者建议我国在罚金刑的立法上可以借鉴国外的"高罚金制度"，如日本《食品安全法》规定，违法者最高可判处 3 年有期徒刑和 300 万日元罚款，对企业法人最高可处以 1 亿日元的罚款。因此，完善《刑法》与《食品安全法》的立法衔接，建议将《刑法》中的"销售金额"改为与《食品安全法》相衔接的"经营金额"或"货值金额"；将"并处罚金"改为"并处货值金额 10 倍以上的罚款"，给予法官一定的自由裁量权，这样不仅使违法犯罪分子追求高利润的目的泡汤，也实现了犯罪分子的人权保障。在惩罚的同时，也给予了犯罪分子重新改过、为国民经济增值的机会。

---

① 刘星. 语境中的法学与法律［M］. 北京：法律出版社，2001：序.

6.7.2　在刑法典中设置"食品安全监督失职罪"

面对风险社会对人类社会提出的挑战，刑法可以从以下几个方面作出适当的反应，顺应社会发展变化的要求作出内在变革：

第一，从主观要件上降低食品安全犯罪入罪门槛。在风险社会，过失犯罪的数量和类型都出现了较大增长，Binding 提出："与过失理论相比，故意理论是相对容易的"，因为过失理论是刑罚的灰色地带，在刑法史上，过失犯罪一直在罚与不罚之间摇摆不定，① 而过失理论在 20 世纪的德国和日本刑法理论界受到了广泛关注，"过失犯罪的实践意义，随着技术逐渐对手工的取代，这一现象产生的危险呈现出跳跃式增长的态势；在所有的犯罪行为中，已经有大约一半是过失犯罪了。"在食品安全领域，行为人出于过失心态实施危害食品安全的行为也越发增多，例如生产者应当对采购的食品原料和生产的食品、食品添加剂、食品相关产品进行检验，但其依仗自己的感性经验判断而没进行详细技术检验，从而最终导致严重危害结果发生的，根据现行刑法第 141 条、第 143 条以及第144 条均无法对这些过失行为进行刑事处罚。为了对风险社会的食品安全构筑更严密的刑法防线，就应当降低食品安全犯罪在主观方面的入罪门槛，将以上这些过失行为划入犯罪，圈入刑法规制中。② 刑法中涉及食品安全监督过失责任的罪名有"重大责任事故罪""食品监管渎职罪"以及"玩忽职守罪"，这在上文已讨论过，在此不再重述。对于食品安全监督过失而言，实践中多以"领导责任"来进行处罚。不可否认，权力与责任具有一体性，是事务之一体的两面，权力的本质是公共组织对社会的强制管理资格，③ 具体到食品安全事故中，领导对于食品安全问题具有强制性管理资格与能力，而其因疏忽大意导致的管理失范，最终出现食品安全事故自然需要追责，但是，在刑法领域"领导责任"不能替代刑事责任的追究。首先，"领导责任"违背了刑法的罪刑均衡原则。根据日本的新新过失理论，监督过失理论是建立在危惧感说之上的，行为人的"注意义务"要高于普通过失犯，其责任也应当比普通过失责任重。④ 这已是刑法理论的基本共识。因此，以"领导责任"替代刑事责任，似有包庇"领导者"之嫌。同时，同样处于监督者的地位，同样存在监督过失，也不应只由生

---

① 刘艳红著. 实质犯罪论［M］. 北京：中国人民大学出版社，2014：180.

② 龙在飞，梁宏辉. 风险社会视角下食品安全犯罪的立法缺憾与完善［J］. 特区经济，2012（1）：257.

③ 谢晖著. 法学范畴的矛盾辨思［M］. 北京：法律出版社，2017：241.

④ 马克昌. 比较刑法原理［M］. 武汉大学出版社，2002：266.

产经营管理者、销售者承担刑事责任而国家公职人员仅以承担"领导责任"了事。可见，以"领导责任"替代刑事责任，会导致"责任倒挂"的现象，易生"头部无罪而手脚有罪"之弊。① 其次，"领导责任"不利于食品安全责任事故的防范。2007年5月，最高人民检察院渎职侵权检察厅披露了《检察机关立案查处事故背后渎职犯罪情况报告》。该报告列举了矿山责任事故中渎职犯罪的七种表现形式，并指出，此类事故的发生，与负有监管职责的国家机关工作人员在采矿安全生产监管过程中放弃监管职责，乃至滥用职权的渎职犯罪行为密不可分。高检院渎检厅负责人分析认为，预防和减少重大责任事故、重大安全生产事故的发生，必须特别注重查办事故涉及的国家机关工作人员玩忽职守、滥用职权等职务犯罪。② 因此，如果仅以"领导责任"替代刑事责任的追究，容易造成某些地方主管部门对责任性质的模糊认识，不利于从源头上防范和杜绝食品安全责任事故的发生。

此外，玩忽职守也不能替代监督过失责任。相关负有间接监管职责的国家公职人员的行为应当属于监督过失犯罪，而玩忽职守与监督过失有着本质区别，以前者替代后者，实有张冠李戴之嫌，更有违罪刑法定原则。刑法修正案（八）专门增设了食品监管渎职罪，一方面强调了我国食品安全领域重视程度，另一方面也廓清了食品安全领域监督过失与玩忽职守的界限。③ 监督过失与玩忽职守的区别大体如下：首先，基本构造不同。玩忽职守罪属于普通的职务过失犯罪，其基本构造一般表述为：公职人员的玩忽职守行为→危害结果；而职务关系中监督过失的基本构造则是：公职人员的过失 + 被监管企业或者从业人员的行为→危害结果。可见，在食品安全监督过失犯罪中，事故和危害结果的发生，并非公职人员直接的作为或不作为造成的，而是介入了被监管者的行为，即危害结果的发生是由被监管者的行为直接导致的，只是有注意义务的监管者没有对被监管者尽到监督义务，才导致了监督过失责任的发生。其次，二者的因果关系不同。中外刑法理论因果关系并未统一，由早期的必然因果关系、偶然因果关系以及其他关系哲学衍生的认定方式，发展至大陆法系中的条件说、因果关系理论和客观归责理论以及英美法系的双层因果关系，至今仍处于不断争议之中，④ 监督过失罪在判断方式上与玩忽职守罪并不一致。从形式上看，玩忽

---

① 韩玉胜，沈玉忠. 监督过失论略 [J]. 法学论坛，2007 (1)：48.

② 王新友.《检察机关立案查处事故背后渎职犯罪情况报告》解读 [EB/OL]. http：//fdzqq. spp. gov. cn/shownews. aspx? newsid = 275，2007 - 05 - 22.

③ 卢建平. 我国食品安全的刑法保护 [J]. 人民检察，2017 (3)：9.

④ 任晶晶. 玩忽职守罪因果关系认定之三步拆解法 [J]. 人民检察，2015 (3)：65.

职守罪中行为人的行为与危害结果之间的引起与被引起关系突出，比较直观地符合"如果没有"的判断标准。① 而监督过失罪中，监督者的行为与危害结果之间并没有直接联系，前者仅仅为后者的发生提供了起较大作用的客观条件，这种条件相当于相当因果关系中的原因：监督者无过失，不意味着被监督者的行为一定适法，危害后果一定不发生，反之亦然，这里的"无过失"只是监督者阻却责任的构成要件。行为人的监督过失行为，已经包含了"危险实现"的可能，尽管有被监督者行为的介入，仍然可以认定因果关系的存在。② 根据刑法中"被允许的危险"理论，"如果禁止所有危险，社会就会停滞"，食品安全责任事故属于高危行业，所以，必要的风险在食品行业中是被允许的。③ 但是出于利益平衡的考量，风险被允许的前提是要求相关人员负有高于一般人的注意义务。如果行为人违反了这种注意义务，则行为所致的危险就不再是被允许的危险了。如果被监督者的行为起到积极作用，且最终这种危险被实现，那么就形成了监督过失罪中的因果关系。再次，二者的注意义务不同。过失犯罪都是对一定注意义务的违反行为。从我国《刑法》第15条关于过失犯罪概念的表述来看，包括玩忽职守罪在内的通常意义上的过失犯罪中的注意义务属于结果预见义务。但新新过失理论以危惧感说为基础，认为在食品事故等现代型犯罪中，"所谓预见可能性，并不需要对结果有具体的预见，仅有模糊的不安感或者危惧感就够了"。④ 危惧感说将注意义务理解为结果避免义务，因此监督过失中的注意义务不是结果预见义务，而是结果避免义务。

第二，扩大"食品监管渎职罪"入罪主体外延。刑法中涉及食品安全监督过失责任的罪名有"重大责任事故罪""食品监管渎职罪"以及"玩忽职守罪"等罪名。其中"食品监管渎职罪"的主体范围仅限于负有食品安全监督管理职责的国家机关工作人员。但是，本书通过对食品安全监督过失犯罪主体范围的研究，发现其主体不仅包括负有监督职责的国家机关工作人员，还包括从事生产、作业单位负有监督职责的人员。简而言之，监督过失主体存在于业务监督关系领域和公务监督关系领域。

因此，"食品监管渎职罪"的入罪主体外延过于狭窄，不足以涵盖司法实践中的食品安全监督过失犯罪问题。食品安全监督过失犯罪罪名的确定，需要遵

① 赵秉志. 英美刑法学 [M]. 北京：中国人民大学出版社，2004：41.
② 廖正豪. 过失犯论 [M]. 台北：三民书局，1993：231.
③ 吕英杰. 监督过失的客观归责 [J]. 清华法学，2008（4）：111.
④ 张明楷. 外国刑法纲要：第二版 [M]. 北京：清华大学出版社，2007：240.

循合法性、科学性与概括性的原则，充分发挥罪名的概括功能、个别化功能、评价功能、威慑功能。① 据此，以刑法修正案的方式，将《刑法》第四百零八条之一"食品监管渎职罪"修改为"食品安全监督过失罪"更为合理。

第三，设置"食品安全监督失职罪"的具体构想。

首先，"食品安全监督失职罪"在《刑法》分则中的位置。

监督过失责任不能适用生产、销售伪劣产品一节的罪名。理由是，该节所有罪名都是故意犯罪，即被监督者的行为是故意行为，即使是存在监督者监督失职的情况，也只能追究监督者直接的失职责任，不在我们所讨论的监督过失范围之内。而如果食品生产企业的行为人过失在食物中掺有有毒、有害物质，并造成了严重危害结果，构成犯罪的，应当认定为过失投放危险物质罪或者过失致人死亡罪，如果其上层监督者有监督、领导、管理上的注意义务的违反，同样应当追究监督者的监督过失责任，如果存在具备国家机关工作人员身份的监督者，即国家食品监督管理机构中具体负责食品监督管理的监督者由于其怠于监督企业的生产销售活动，监督者可能构成玩忽职守罪。而如果生产销售企业内部的负有质量监督管理职责的主管人员由于过失没有把好质量关致使有毒食品产生的，该主管人员可能与被监督者（行为人）承担同样的罪名，即过失投放危险物质罪或者过失致人死亡罪。这种差别是由于监督者身份的不同造成的。

若将"食品监管渎职罪"修改为"食品安全监督过失罪"，则其主体便不再是单纯的国家机关工作人员，将其继续设置在渎职罪中已不恰当。且考虑到"食品安全监督失职罪"包含造成不特定的多数人伤亡或者使公私财产遭受重大损失的危险，其伤亡、损失的范围和程度往往是难以预料的，在普通刑事犯罪中危害性极大。因此，可以将该条文设置在《刑法》危害公共安全罪这一章中，在刑法第一百三十四条"重大责任事故罪"后增加一条，作为第一百三十四条之一："负有注意义务的间接监督管理职责的工作人员严重不负责任，导致发生重大食品安全事故，致使公私财产、国家和人民利益遭受重大损失的，处……；负有注意义务的间接监督管理职责的国家工作人员犯前款罪的，应从重处罚。"

独立的"食品安全监督失职罪"罪名的设立，一方面可以涵盖食品生产业务关系中具体的监督过失犯罪，避免立法的烦琐；另一方面也可以为司法机关在安全责任事故等犯罪中适用监督过失追究业务人员和国家机关工作人员刑事责任提供统一的依据，避免无法可依或者张冠李戴的尴尬。其中的"国家工作

---

① 张明楷. 刑法学：第四版 [M]. 北京：法律出版社，2011：510－514.

人员从重处罚"是注意规定，如前所述的，一般的责任人员都惩罚了，那么有注意义务而没有履行注意义务的国家工作人员更应该加重惩罚。

其次，在《刑法》总则增设"监督过失"概念条文。过失可以包括监督过失，因而在《刑法》总则"过失"的定义后直接增加一款来规定"监督过失"的概念，既可以明确监督过失犯罪与普通过失的界限，也可以为在分则相关条文中规定和司法实践中适用监督过失犯罪提供总则性指导。具体建议在《刑法》第十五条后增设一款，来规定"监督过失"的概念，该款可表述为："处于监督、指挥地位的监督人怠于履行监督义务，致使被监督人实施了发生危害社会后果的行为的，是监督过失。监督过失犯罪，既包括业务关系中的监督过失犯罪，也包括职务关系中的监督过失犯罪。"

第四，刑罚介入前置化，积极预防食品安全犯罪的发生。刑罚介入前置化，就是将刑法处罚的阶段提前。世界各国运用增加危险犯①、未遂犯、预备犯来实现刑罚介入的前置。我国刑法生产、销售伪劣商品罪一节的罪名一般为实害犯，只有第 143 条生产、销售不符合安全标准的食品罪为具体危险犯。在实践中，司法机关在追究刑事责任时往往难以证明个案危险状态是否符合该种具体危险构成要件而无法定罪，或者为了强行定罪而降低司法认定的规范性与技术性标准。②有鉴于此，笔者认为应将该罪作为抽象危险犯予以处罚，对该罪罪状进行修改，即删除"足以造成严重食物中毒事故或者其他严重食源性疾病的"这一构成要件，比照实害犯从轻或减轻处罚。这样既有利于降低该罪的入罪门槛，减轻控方追诉负担，更有利于提高公众食品安全法规范风险意识。

6.7.3　刑事执法与行政执法无缝对接

《刑法修正案（八）》对食品犯罪由原来的卫生标准变为安全标准实质上拔高了食品安全犯罪的入罪门槛，③ 随之而来的是刑法与行政法关于食品安全问题的管控范围也需要进一步调整，实现刑事执法与行政执法之间的无缝对接。将美国、日本和欧盟的食品安全执法模式理念运用到中国的食品安全执法体系中，即建立案件线索信息共享平台，行政处罚结果信息共享，法律文件、数据

---

① 危险犯分为具体危险犯和抽象危险犯，具体危险犯是指在法条中明示规定危险的发生为成立条件，抽象危险犯则指在法条中规定以遂行一定的一般具有法益侵害危险的行为为为成立条件。

② 龙在飞，梁宏辉. 风险社会视角下食品安全犯罪的立法缺憾与完善 [J]. 特区经济，2012（1）：257.

③ 黄晓亮. 食品犯罪的行政法基础论析 [J]. 法学杂志，2019（3）：51.

规定共享，案件处理程序信息共享机制为一体的食品安全信息共享网络平台是潮流所趋。公安机关、人民检察院和行政执法机关三者在充分发挥各自职能作用的基础上，行政执法机关与刑事司法机关建立数据平台、技术资源等方面紧密的信息共享机制，并在加强保密工作的前提下，逐步实现各行政执法机关信息管理系统与公安机关、人民检察院的信息共享，这不仅可以消除信息孤岛现象，避免重复工作，节约了时间和资金，更有利于提高食品安全执法效率，增加食品安全案件处理的透明度，促进行政执法机关、公安机关和人民检察院密切合作，形成行政执法与刑事司法的无缝对接。

首先，行政执法部门是食品安全部门的管理者，对于食品安全事故必须依法处理，及时将市场出现的问题以及行政处罚结果在食品安全信息共享网络上通报。其次，公安机关要充分发挥职能作用，跟踪食品安全信息，对于行政执法机关移送的案件进行审查，并及时将立案与否的决定在食品安全信息共享网络平台通报，对于立案侦查的案件，将收集的证据、涉案物品的检验报告和鉴定结论予以通报并保存，行政执法部门对结果不服的可以申请复议。再次，人民检察院要强化法律监督，对公安机关不予立案的决定依法进行监督，及时跟踪网络共享信息动态，对立案后久侦不决的案件加强督促。另外，必须明确信息录入实现问题。建议配合《刑事诉讼法》和《行政诉讼法》的规定，凡达到刑事追诉标准的案件，行政执法机关应在移送案件后 3 日内录入信息，其他案件应在立案后 7 日内录入信息，若在调查过程中案情发生变化的，应及时更新信息，并在作出行政处罚决定后 3 日内录入处罚信息，公安机关、检察机关受理移送案件的信息，应在案件作出处理决定后 3 日内录入。对某些行政机关处理某些案件不上网的做法，作出硬性规定，建立网上信息共享平台后，所有的行政执法案件都必须在这个信息共享平台上处理，只有在这个平台上处理才能对行政相对人作出行政行为，这样检察机关则可监督每一件行政机关的行政执法案件，避免出现某些案件不上信息共享平台的做法。

建立配套不移送案件的责任追究制度。食品安全犯罪涉及的品种由单一向多元化演进，范围由个案向行业领域扩散，[①] 过于强调行政手段规制食品安全问题会导致惩治与震慑力不足，基于此，对食品安全犯罪案件实行行政与刑事双重处罚时，应当遵守刑事优先的原则。处理食品安全犯罪案件，首先，行政执法部门、公安机关和检察机关要明确自身职责，分工负责、相互配合、相互监督：第一，明确行政执法机关的职责。行政执法机关在执法过程中发现涉嫌

---

① 舒洪水 . 食品安全犯罪刑事政策：梳理、反思与重构 [J]. 法学评论, 2017（1）：72.

犯罪案件，应及时向同级公安机关移送，同时报送同级检察机关备案。第二，明确公安机关接受移送涉嫌犯罪案件的职责。公安机关认为没有犯罪事实或者犯罪事实显著轻微，不需要追究刑事责任，依法不予立案的，应当说明理由，书面通知移送案件的行政执法机关，退回案卷材料，并通报同级检察机关。第三，明确检察机关依法监督的职责。逐步扩大专项检察监督范围，一方面以行政执法机关移送案件为重点，使检察机关能提前介入行政执法过程，形成对行政执法机关的有力制约，增大行政执法过程的透明度；另一方面加强对公安机关的监督，应扩大立案监督范围，不仅对公安机关立案之后的活动进行监督，也要对立案前的活动进行监督。其次，要明确案件移送标准，即案件达到一个什么标准就必须移送以及向谁移送的问题。行政执法机关、公安机关内部对把握不准是否应当移送立案的违法案件，在实践中形成统一的案件移送标准。再者，要提高行政执法和刑事司法人员的业务素质和道德修养。可以通过举办工作经验交流、执法业务知识培训、法律法规学习以及业务座谈会，不断总结办案经验，提高执法水平。对行政执法机关逾期不依法移送，或者以行政处罚代替移送食品安全涉嫌犯罪案件的，由实行垂直管理的上级行政执法机关责令限期移送，也可以由本级或上级人民政府责令限期移送，将行政执法机关是否按规定移送案件作为对该机关及主要负责人考核的重要评价指标，并对其正职负责人或者主持工作的负责人、直接负责的主管人员和其他直接责任人员根据情节轻重，分别给予相应的行政处分；构成犯罪的，依法追究刑事责任。同样地，对于公安机关不依法接受行政执法机关移送的涉嫌犯罪案件，或者逾期不作是否立案决定的，除由人民检察院依法实施立案监督外，还可以由本级或者上级人民政府责令改正，对其正职负责人、直接负责的主管人员和其他直接责任人员根据情节轻重，给予相应的行政处分；构成犯罪的，依法追究刑事责任。

6.7.4 食品安全监督过失犯罪控制的目标模式：网链法律控制

我国传统的食品安全风险规制模式属于自上而下模式，《食品安全法》的颁布与实施强化了该模式。我国正处于社会转型期，社会结构分化程度之深、速度之快，达到了过去难以企及的程度；而新的结构整合机制却发育缓慢；由此而产生的分化与整合的不同步、不协调、不一致则催化了当代中国社会风险的生成与繁衍。[1] 面对当前我国频繁发生的食品安全事件，自上而下的规制模式在风险议题形成、安全标准制定、风险评估、风险信息沟通和风险管理等方面面

---

① 黄晓亮. 食品犯罪的行政法基础论析 [J]. 法学杂志，2019（3）：51.

临全面挑战。对于目前我国食品安全监管的困境以及严重的"碎片化"状态，人们常常用"十几个部门管不好一桌饭""七八个部门管不好一头猪"来形容。这种"碎片化"状态折射的是我国食品安全组织运行的横向阻隔和部门分割。① 食品安全是一个不断发展变化的动态复杂系统，食品安全控制理论的发展已呈现出系统化、综合化趋势，表现为两个方面：一是控制的手段从传统的食品安全控制向危害分析与关键控制点控制再到食品质量与安全的集成化、一体化控制发展；二是控制点从食品供应链单个环节向整条食品供应链转移。② 如前所述，制造商与消费者的交往关系较为复杂，其中涉及的相关注意义务问题在售前、售中、售后三个阶段均有出现；对于运输环节的食品安全监管责任，目前相关法律制度尚无明确规定；目前食品安全法规并没有对由于加工方法造成的食品不安全作出限制，存在法律上的空白；食品生产、加工、流通等环节的技术需求日益增加，时代正在呼唤一种新的食品安全法律控制模式。2012 年 1 月，最高人民法院、最高人民检察院、公安部联合下发了《关于依法严惩"地沟油"犯罪活动的通知》，该《通知》存在以下问题：首先，《通知》将地沟油犯罪的概念扩大化，这与《刑法》第 144 条相违背；其次，《通知》中关于推定的部分违反了刑法的基本原则，这也许是一种司法的倒退。2013 年全国"两会"领导层决策对食品安全监管实行"大部制"改革对策，主张设立统一的食品安全规制机构作为化解问题的良药，这种模式与"碎片化"模式相比较大有进步。但在规范层面上，该模式的制度框架仍有不可避免的局限性。有鉴于此，本书提出我国食品安全监督过失犯罪控制的目标模式选择：食品安全"网链法律控制"模式（见图 6 - 14）。

食品安全"网链法律控制"模式包括食品生产链、食品加工链、食品运输链、食品销售链、食品安全管理链、食品安全科技链、食品安全信息网七大要素。其中，"网链"是食品安全的整体，模式成功的关键在于设计一套能有效消除或减少食品生产与经营过程中的信息不对称和激励性功能的"从农田到餐桌"的整体法律控制体系。"从农田到餐桌"全程控制理念已被许多国家采纳，并已成为食品安全控制的现代理念。《欧盟食品安全白皮书》指出，食品安全政策的制定必须建立在统一综合的方法基础上，也就是贯穿"从农田到餐桌"整个食物链，包括所有食品、各成员国之间、欧盟内部和欧盟以外的其他国家地区，

---

① 颜海娜. 食品安全监管部门间关系研究——交易费用理论的视角［M］. 北京：中国社会科学出版社，2010：67.

② 魏益民，等. 中国食品安全控制研究［M］. 北京：科学出版社，2008：102.

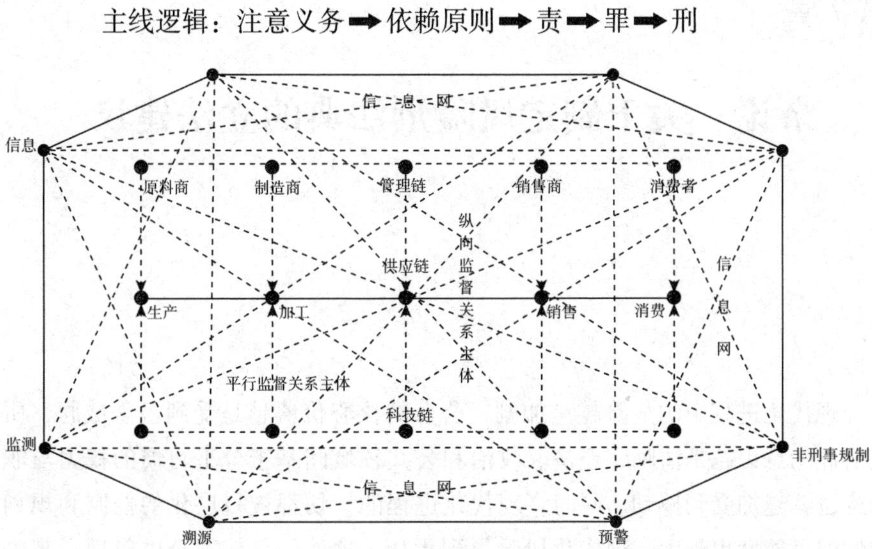

主线逻辑：注意义务 ➡ 依赖原则 ➡ 责 ➡ 罪 ➡ 刑

图6-14 食品安全"网链法律控制"模式结构

国际和欧盟决策论坛上政策制定的所有环节。①

食品安全法律控制理论的发展需要一种更加系统、更加综合、更加注重整体的控制新模式，食品安全法律控制实践的发展也需要一套能有效解决各种食品安全问题的新方法。食品安全"网链法律控制"模式弥补了食品安全监管中的部门机会主义，有助于在食品安全风险规制所需要的理性与感情、科学与民主之间寻求最大化的平衡，是理论和实践发展的最优选择。

---

① 欧共体食品安全白皮书．欧盟食品安全标准及法律、法规专集［J］．中国标准化（增刊），2003：31-33.

第 7 章

余论：关于制定风险刑法典的立法建议

现代化进程中的危险越是加剧，公众的核心价值越是受到显著威胁，所有人对此的意识越是清晰，经济、政治和公共领域间基于分工习惯的权力与职权结构也就越加受到撼动。同时，现代化进程的一切都被科层化的控制和规划所掌控的可能性也越大，现代化风险得到承认，这使得系统本身也出现了某些变化。① 现代风险社会为我们理解和把握现代刑法提供了全新的观察视角，也为反思传统刑法提供了重要的理论工具，受风险社会刑法观的影响，近年来各国都纷纷修改刑法。如日本，国会因为向来对刑事立法持消极态度而被称为"沉默的金字塔"，但近年来一反常态，积极开展了刑事立法活动。② 西原春夫认为，人制定的制度已超出其本来的目的而独立存在，发挥着超越人类意志的力量，而人又受到其束缚和影响。但人也在其范围内有意识地实施自己的行为，进而反过来又有意识地修正独立存在的制度轨道，或加以废除。③ 风险刑法理论便是在这样的意识驱动下诞生的。风险刑法在观念、功能和归责等方面与传统刑法有显著不同，对传统刑法基本原则构成挑战，并对传统刑法价值体系进行裂解，风险社会中刑法已不再作为惩罚法，而成为管理不安全性的风险控制工具，政策性因素成为影响刑法体系构造的参数，对刑法规范的塑造与刑法解释产生重大的影响，由此而生成政策型刑法，这种偏重于预防的刑法隐含有摧毁自由的巨大风险④。正因为存在这样的分歧，劳东燕教授在编写《风险社会中的刑法》一书时曾提到，要学会在描述与批判之间保持必要的平衡。就风险

---

① （德）乌尔里希·贝克. 风险社会新的现代性之路［M］. 张文杰，何博闻，译. 南京：译林出版社，2018：89.

② 黎宏. 刑法总论问题思考：第二版［M］. 北京：中国人民大学出版社，2016：38.

③ （日）西原春夫. 刑法的根基与哲学［M］. 顾肖荣，等译. 北京：中国法制出版社，2017：120.

④ 劳东燕. 风险刑法理论的反思［J］. 政治与法律，2019（11）：31.

社会理论与刑法体系的关系问题来说，重要的不是强调立场之争，而是要去关注已经经历或是正在经历的重要事件。在风险社会的背景之下，古典刑法理论遭到了全方位的改造，但这样的改造是基于维持原有面貌这一前提之下的，并未要放弃原有的理论。① 因而，在风险社会，可以采用传统刑法与风险刑法并存的方式，以弥补传统刑法在功能上的不足和责任追究上的漏洞，两者互相支持，共同达成维护社会秩序和安全的目标。

7.1 制定风险刑法典的目的和宗旨

国家制定刑罚法规的目的，是以对刑罚及刑罚法规所具有的正常机能予以期待为前提的。如果国家所希望的是防止非法行为，维护本国国民或居民的利益，而正好刑罚和刑罚法规又能够满足这种希望，那么，制定刑罚法规的必要性就显而易见了。② 当前我国有关风险刑法理论的探讨，大都将风险社会理论对于刑法的影响囿于一个狭窄的领域，并未意识到风险社会中刑法体系所经历的是一种结构性的变化。因而在制定风险刑法典之前，有必要先对风险社会中的风险景观作一个认识，并准确地抓住风险社会理论的定位，这样才能更好地进行下一步的行动。③ 风险刑法典，是指通过规制行为人违反规范的行为导致的风险，以处罚危险犯的方式更加早期地、周延地保护法益，进而为实现刑罚的积极的一般预防目的而形成的一种新的刑法体系规范。④ 一方面，制定风险刑法典的目的是"防患于未然"的政策意图，现代刑法学意义上的预防要解决的是道德和社会上的双重困境，后者往往要求在存在可能的风险时便加以预防，由此导致刑法评价的节点前移。刑法的目的影响其功能，故而风险刑法典应集中表达民众对社会风险的不安和焦虑，通过制定规范积极干预不确定性和极大破坏性的社会风险，以避免刑法的滞后现象。⑤ 另一方面，制定风险刑法典旨在：第一，提供刑罚依据。明确风险社会刑法的多元价值，为某些新领域犯罪的刑罚提供正当性根据。并以此来为新领域的新问题如公共安全责任事故中的

---

① 劳东燕. 风险社会中的刑法 [M]. 北京大学出版社，2015：4-6.
② （日）西原春夫. 刑法的根基与哲学 [M]. 顾肖荣，等译. 北京：中国法制出版社，2017：60.
③ 劳东燕. 风险社会中的刑法 [M]. 北京大学出版社，2015：15.
④ 劳东燕. 风险社会与变动中的刑法理论 [J]. 中外法学，2014（1）：97-98.
⑤ 姜涛. 社会风险的刑法调控及其模式改造 [J]. 中国社会科学，2019（7）：114.

监督过失等提供法律依据，使刑法由针对侵害逐步转向针对风险。第二，保护"集体法益"。集体法益是一种"风险＋预防"的功能性构建，社会风险决定集体法益的内涵，它假定在一个社会系统中，越是强调内在的秩序和安全（确定性），风险发生的可能性就越小，对集体法益的保护力度也就越大。当前公共安全、社会秩序等超个人法益已然成为新的法益类型，① 如，食品安全等抽象利益成为刑法的适格法益。第三，弥补传统刑法的不足。通过补强传统刑法，改变传统刑法对某些罪行处罚过于滞后的做法以及解决传统刑法的个别归责难题。在传统刑罚体系中个人化的、物质性的、静态的法益范畴无法涵盖新的权益类型。而风险社会中，遭受威胁或损害的对象不限于特定的个人，也不限于传统意义上的不特定多数，还包括未出生的后代的权益与自然的利益。②

7.2　风险刑法典的基本内容设计

7.2.1　风险刑法典应遵循的原则

7.2.1.1　坚持宪法的适当性原则

从宪法的层面上看，风险刑法的立法行为在其手段与所欲实现之目的间，应有合理、适当及公允的比例关系。也即，宪法学中的适当性原则。其包括目的正当性原则、手段必要性原则以及比例性原则。刑事立法中，刑法在本质上仍是一种恶，这是传统刑法秉持的谦抑性的逻辑基础，就此在风险刑法典的制定中仍有意义，也是刑事立法适当性的重要保障。就法的运行上而言，比例原则可以知道犯罪圈的划定和刑法配置，保障刑事立法的正当合理性。③ 故而若无必要不必动用刑法，就此意义上来看风险刑法并不应是对于刑法谦抑观的全盘否定，而是对其进行扬弃。此外，就立法上而言，为保护刑法文本的稳定，该原则不认同进行频繁地立法，而应是有效且适当。针对当前空前的刑事立法活跃期④，强调刑事立法应坚持宪法的适当性原则是必要的。

---

①　姜涛. 社会风险的刑法调控及其模式改造［J］. 中国社会科学，2019（7）：117.

②　劳东燕. 风险社会中的刑法［M］. 北京大学出版社，2015：37.

③　于改之，吕小红. 比例原则的刑法适用及其展开［J］. 现代法学，2018（4）：136.

④　自1997年以来20多年间我国通过了十部刑法修正案。

7.2.1.2 坚持刑法的机能性解释原则

不同于传统刑法基于限制国家权力保障人权的理念，认为刑法应恪守谦抑性，通过形式解释来固守立法权与司法权间的边界，如陈兴良教授所言："形式解释论基于罪刑法定原则所倡导的形式理性，通过形式要件，将实质上值得科处刑罚但缺乏刑法规定的行为排斥在犯罪范围之外。"① 相反，风险刑法提倡机能性的刑法解释合理回应社会动态，反对以刑法谦抑性为由主张无罪的霸王解释路径。因为面对风险社会中产生的新问题，如果一味地强调刑法的谦抑性，必然会导致事事都得出非犯罪化处理的结论，这种一味排斥的态度显然忽视了流动的生活事实。当然地，也要警惕功能主义下刑法解释有过度扩张的风险，"宽容且谨慎"才是正确进行刑法解释的态度。

7.2.1.3 坚持刑罚处罚的实效性原则

处罚界限不够明确的内在危险使风险刑法极有可能沦为象征刑法。所谓象征刑法，是指在一个纯粹的功能刑法体系下，刑法最大的功能在于象征性的功能——仅仅在于宣示对刑法规范违反的不允许的态度以及培育国民信赖法秩序的期待。但是在司法上，其往往容易因为不具有任何的可操作性变为"死亡条款"。

7.2.1.4 风险防范与法益保护并重原则

面对社会发展中出现的新问题，风险防范与法益保护两者共同对其规制提供正当性。在社会风险确实客观存在这一前提下，现代刑法不同于传统刑法一般通过惩罚实害来发挥其预防功能，为应对这一情况，"法益"这一基石性概念在其外延上不断退让，刑法的谦抑性出现一定的消退，由此映射在刑法典上使得刑法处罚的提前化。② 如，自刑法修正案（五）之后，在生产、销售假药类犯罪在刑法修正案由具体抽象危险犯到抽象危险犯的转变，其不再考量生产、销售假药的行为与最终的危害结果之间存在刑法上的因果关系作为成立该罪的必要构成要件要素，即造成危害公众药品安全的危险不再要求其具象化。这正是刑法对于风险社会回应的一个侧影。

7.2.2 风险刑法典归责制度

刑法中归责的复杂化其实源自规范的复杂化，更准确地说，是由规范成为

---

① 陈兴良. 形式解释论的再宣示 [J]. 中国法学, 2010（4）：27.

② 薛宁远. 风险刑法批判误区之检视 [D]. 重庆：西南政法大学, 2018：15－16.

归责判断中的施力点而引起。而为什么规范会日趋复杂化，从根本上说是取决于主流社会对风险分配与危险控制的态度及观念的转变，取决于风险社会背景下刑法机能的调整：首先，在出现危害结果的场合，必须有主体来对之负责，不能像早前那样，偏重于行为主体个人自由的保障，让受到损害的人自认倒霉；其次，为了有效防范危险变成现实，有效地保护社会，刑法有必要在行为具有危险性的时候就进行一定的介入与干预，惩罚将不再是刑法的主要目的，预防或者震慑才是。①

在此背景下，风险刑法典的归责制度具体内容应当包括：第一，主体方面。个人和单位都应该纳入追究主体的范围并且应当包含国家工作人员在内。同时对于不同的主体应当规定不同的门槛，例如在矿山生产中的监督过失情况下进行追责监督管理者的门槛应该低于直接行为人。第二，客体和客观方面。行为应当具有违反风险刑法典的内容并且其行为只要造成一定的风险即可而不一定要是实害犯，以及其行为应该与风险之间存在因果关系。第三，主观方面。行为人可以是出于故意同样可以是过失，并且在过失情况下追究刑事责任应该作为风险刑法典的重点内容。

7.2.3　风险行为的特别调查措施和特别侦查措施

首先，在调查措施上，应当包括：向有关单位查询有关的预防风险的措施，向有关单位和个人查阅有关文件和资料，勘验或者检查犯罪现场，提取有关物品和资料，传唤和询问相关直接责任人，监督管理者等。其次，在侦查措施上，由于风险行为往往存在利用现行风险无法预见或者受到行政权力的影响。因此在风险刑法典中的特别侦查措施应包括：赋予侦查官员相对宽松的搜查程序，例如无证搜查、强行搜查、要求有关人员提供犯罪证据、要求嫌疑人说明自己已经履行注意义务以及承担举证责任；在特殊情况下，允许一定级别的官员行使限制犯罪嫌疑人转移财产以及进入风险现场、行使查封、冻结银行账户或财产、扣押与损失相对应的财产、收缴犯罪嫌疑人的旅游护照证件、限制其出境的权力；同时还应赋予所有侦查人员在行使侦查公务时均可要求得到相应的人协助的权力。

7.2.4　对风险行为的定罪与量刑

风险刑法典在罪名方面，首先应当将与风险行为相关的罪名按同类客体原

---

① 劳东燕. 风险社会中的刑法［M］. 北京大学出版社，2015：94－95.

理分类和排序。其次应该加入食品安全监督过失犯罪、矿山安全生产监督过失犯罪等监督过失类的犯罪。在量刑方面应当包括无期徒刑、有期徒刑、拘役、管制、罚金刑以及资格刑。并且在罚金刑方面应该具体规定不同的刑罚档次，设立各种涉案金额级别，然后针对不同的级别设置不同的刑罚种类和刑罚轻重。

7.2.5 妨碍查处风险行为的法律责任

查处造成风险行为阻力较大，这些阻力来自四面八方，如犯罪分子利用职务上监督管理关系进行干扰；犯罪分子家属或员工的隐匿、转移、销毁证据；主管领导的包庇；知情人不揭发不作证；有关单位不协助调查，等等。要想及时、准确查处风险行为就必须通过立法对这些妨碍查处的行为人予以制裁。针对以上阻力，阻碍侦查的法律责任具体可以规定为以下六种：第一是干扰办案、侦查的法律责任；第二是包庇犯罪人的法律责任；第三是逃避侦查的法律责任；第四是知情不报的责任；第五是拒绝协助侦查的法律责任；第六是不依法行事的法律责任。

综上，设置传统刑法典与风险刑法典并存立法模式已势在必行。笔者建议所要制定的风险刑法典与我国现行的传统刑法典是特别法与普通法的关系。这部特别法是对传统刑法中有关风险行为规定方面的具体化以及缺陷的弥补，其依据仍然是传统刑法中的相关规定。① 在风险刑法典中有关风险行为没有规定的，仍然依据传统刑法典有关规定进行处理。风险刑法典在法典结构的设计上留待下一步继续研究。

---

① 参见冯军. 刑法教义学的立场和方法 [J]. 中外法学, 2014 (1): 175 – 176.

附件 1

防治高危行业监督过失犯罪对策或建议

1. 课题组采广义高危行业监督过失概念。将高危行业监督过失定义为：在高危行业领域中，处于领导或业务领域范围内的协作性关系地位的人违反监督、管理义务，对其应当避免的危害结果因疏忽大意或过于自信而导致结果发生的过失心理状态。广义的监督过失说符合高危行业监督过失的本意，监督过失责任在我国的适用范围，应当不局限于业务领域，在职务活动领域也有广泛的适用余地，但是一般情况下，不应当存在于业务与职务活动之外的日常社会生活领域。

2. 高危行业监督过失犯罪责任主体分为纵向范围主体和横向范围主体。监督过失责任主体的纵向范围，包括业务领域和公务领域中上下级之间从属性监督关系的监督者。监督关系是监督过失犯罪存在的前提条件，在确定监督过失责任主体时，首先确认事故的直接责任人，以他们为起点，"回追"其上级的管理责任。具体包括以下几个层次：第一，对物具有监督管理义务的直接作业人员。第二，直接作业人员的直接监督者。第三，直接作业人员的间接监督者。第四，国家监督者。

高危行业监督过失犯罪主体横向范围是指处于同一地位但拥有不同业务水平的人之间因行业规范和社会道德约束而产生的指导与被指导、监督与被监督的关系。如老工人与其带领的新工人之间的关系，医生与护士之间的关系，食品原料商、制造商与销售商之间的关系。

高危行业监督过失犯罪责任主体范围及其认定标准具体思路图如图一所示：

3. 高危行业监督过失犯罪主体的具体认定标准：首先，根据监督过失主体存在范围的纵向标准和横向标准，参考具体事故中相关企业单位的内部规章制度、行业惯例以及国家机关的规章制度等事项，结合判断行为人在实际工作中管理、监督权限的有无来初步确定具体的监督过失主体范围。其次，判断行为人是否履行其应尽的监督、管理义务，认定监督过失犯罪主体是否承担监督过

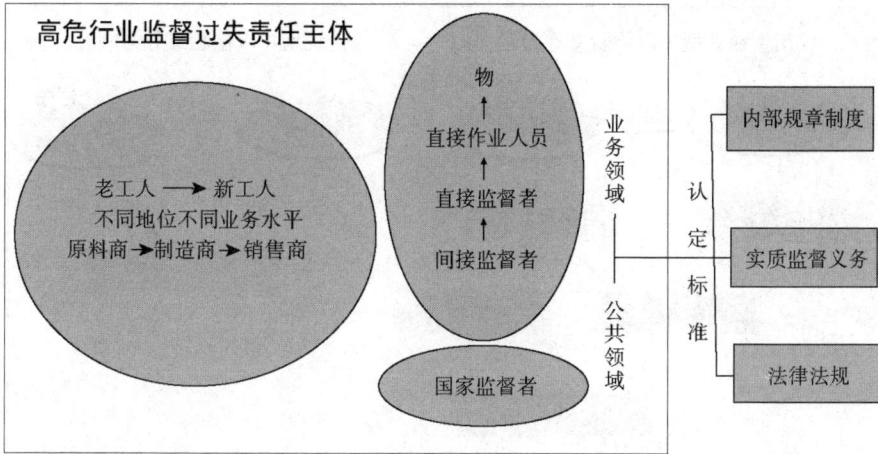

图一　高危行业监督过失责任主体

失责任。最后，结合法律法规规定确定具体案件监督过失责任主体应承担的监督过失责任。

4. 在刑法典中增设"矿山安全监督失职罪"。在立法层面抓住重点价值目标，完善立法技术，完善刑事立法，并采取一定程度的"重刑主义"；设置罚金刑以及将该罪规定为过失危险犯，将矿山安全监督失职罪设定为三个法定刑幅度："致使公共财产、国家和人民利益遭受重大损失的，处三年以下有期徒刑或者拘役；情节恶劣的，处三年以上七年以下有期徒刑；情节特别恶劣的，处七年以上有期徒刑。""重大损失"的标准参照检察机关的立案标准，情节轻重的评价因素有死亡人数、经济损失的数额以及社会影响的大小等；在司法层面通过制定统一的渎职犯罪定罪量刑指导意见以及在矿山生产事故中实行举证责任倒置来实现司法中的监督过失制度的重构；在行政执法层面健全矿山安全生产领域的安全监察制度，理顺矿产资源产权法律关系以及建立完善的矿产行业准入制度来弥补行政执法领域矿山安全生产中监督过失责任的漏洞。

5. 食品安全监督关系主体包括纵向监督关系主体和平行监督关系主体，主要包括原料商、制造商、销售商和消费者。其中制造商在与以原料商为代表的上游分工者在交往过程中，制造商负有对原料质量的安全独立控制义务，这种独立义务与传统义务相比，在责任划归上有所不同（如图二），而且不适用信赖原则。制造商与销售商等下游分工者交往关系中负有特殊提示义务，应承认信赖原则对制造商监督义务的缓和与限定。制造商与消费者的交往关系中，售前、售中、售后三个阶段均有出现相关注意义务，认定较为复杂。

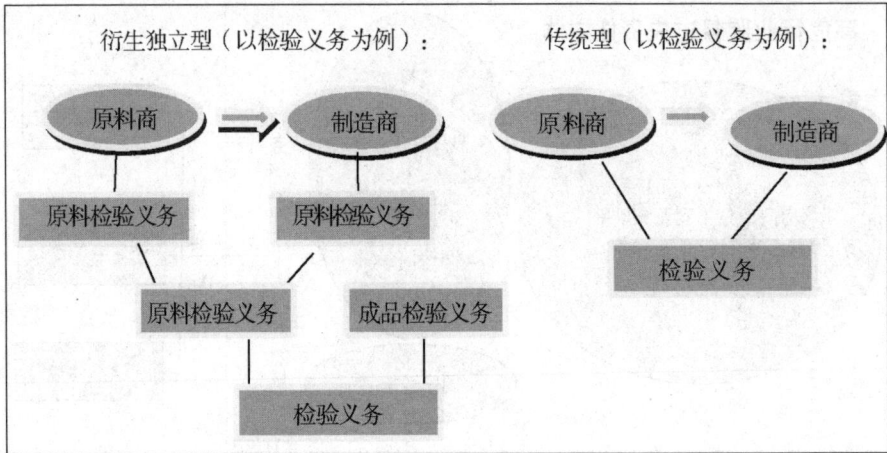

图二　检验义务类型

6. 完善《刑法》与《食品安全法》立法衔接的建议。建议将《刑法》中的"销售金额"改为与《食品安全法》相衔接的"经营金额"或"货值金额";将"并处罚金"改为"并处货值金额10倍以上的罚款"。

7. 将"食品监管渎职罪"修改为"食品安全监督失职罪"的建议。将该条文设置在《刑法》危害公共安全罪这一章中,在刑法第一百三十四条"重大责任事故罪"后增加一条,作为第一百三十四条之一:"负有注意义务的间接监督管理职责的工作人员严重不负责任,导致发生重大食品安全事故,致使公私财产、国家和人民利益遭受重大损失的,处……;负有注意义务的间接监督管理职责的国家工作人员犯前款罪的,应从重处罚。"以扩大"食品监管渎职罪"狭窄的入罪主体外延,使惩罚成为食品安全监督过失犯罪的必然;相应地在《刑法》总则增设"监督过失"概念条文,并将刑法介入前置化。

8. 建立食品安全信息共享网络平台的建议。提出我国食品安全监督过失犯罪移送执法创新模式,创制刑事执法与行政执法的无缝对接机制,建立集案件线索信息共享,行政处罚结果信息共享,法律文件、数据规定共享,案件处理程序信息共享机制为一体的食品安全信息共享网络平台,并建立配套的不移送案件责任追究制度,真正做到有责必究,有罪必罚。

9. 创制"网链法律控制"目标模式的建议。"网-链法律控制"目标模式包括食品生产链、食品加工链、食品运输链、食品销售链、食品安全管理链、食品安全科技链、食品安全信息网七大要素。其中,"网—链"是食品安全的整体,模式成功的关键在于设计出一套能有效消除或减少食品生产与经营过程中的信息不对称和激励性功能的"从农田到餐桌"的整体法律控制体系。具体如图三所示：

主线逻辑：注意义务 ➡ 依赖原则 ➡ 责 ➡ 罪 ➡ 刑

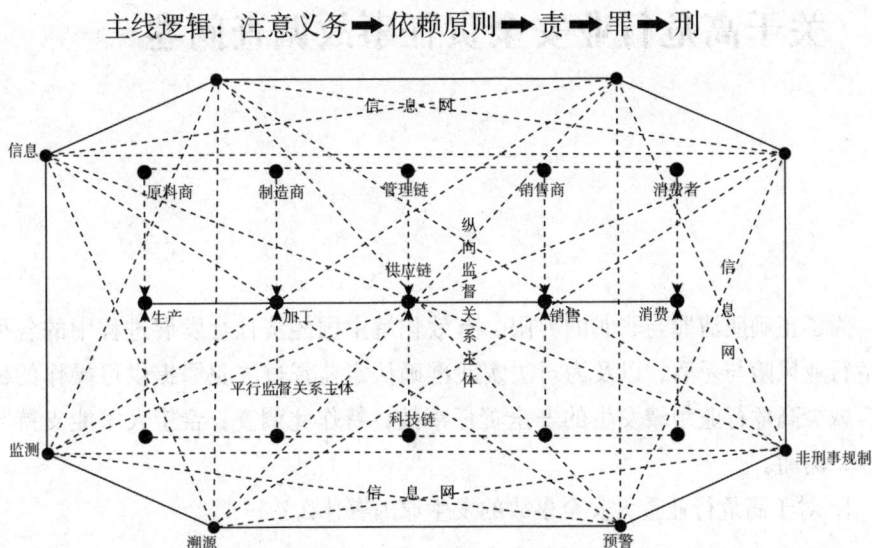

图三　食品安全"网链法律"控制"模式"结构

10. 制定风险刑法典的建议。提出制定风险刑法典以应对当今风险社会的特征，采用传统刑法与风险刑法并存的方式，弥补传统刑法在功能上的不足和责任追究上的漏洞，以传统刑法为轴心创建刑法规范体系：传统刑法作为核心部分，具有稳定的核心内涵；风险刑法则作为补充并以传统刑法的内涵为基础，各自有不同的任务与功能，两者相互支持，共同达成维护社会秩序和安全的目标。

附件 2

关于高危行业安全责任事故调查问卷

　　为了正确厘清罪与非罪的界限，有效化解中国经济社会发展进程中的各种高危行业风险与矛盾，以及为司法实践准确认定监督过失犯罪提供可操作的标准，减少高危行业领域发生的安全责任事故，特作此调查，希望大家能支持与配合，谢谢。

　　1. 对于高危行业重大安全事故的发生原因有什么？

　　2. 能否分辨高危行业监督过失犯罪与非罪？
　　A. 能　　　　　　　　　B. 不能　　　　　　　　　C. 基本能分辨
　　3. 如果发生重大安全事故，高危行业监督过失犯罪中监督者是否应承担过失责任？
　　A. 应该　　　　　　　　B. 不应该　　　　　　　　C. 不知道
　　4. 责任主体的范围应该在什么范围内？
　　A. 直接作业人员　　B. 直接监督者　　C. 间接监督者　　D. 国家监督者
　　5. 监督、领导者要做到怎样程度的监督或注意？
　　A. 对直接从业人员过失的预见
　　B. 对从业人员过失的预见及对它的回避
　　C. 对从业人员过失所导致的结果的预见
　　D. 对结果的预见与回避
　　E. 其他
　　6. 监督、领导者的什么样的行为会让您觉得他存在过失？
　　A. 对从业人员缺乏应有的了解（技术水平、生活、工作情况）
　　B. 疏忽大意
　　C. 过于自信
　　D. 缺乏了解

E. 过分追求利益而忽略相应技术、设备的更新

F. 未制定一套切实可行的管理方法

G. 风险意识不强

7. 对于事故的预防,管理者应做些什么?(多选)

A. 充分发挥、利用自己的知识和经验

B. 提高自己的职业责任心,在情绪、情感处于低潮时不擅自决断

C. 对生产设备等直接影响食品药品安全生产的因素及时更新

D. 定期带头组织力量对生产环境进行检查,对某些易出现问题的环节贴上警示标语

E. 定期进行从业人员安全生产的模拟演练,对他们进行教育提高其认识能力

F. 对工作突出的人给予奖励,调动其工作积极性,但必须防止盲目跟风

8. 对于高危行业,监督者和领导者应否定期进行风险评估?

A. 应该　　　　　　　B. 视情况而定　　　　　　　C. 没必要

9. 食品药品这种高危险行业,为防止事故的发生而施加注意义务,所需要的成本包括哪些?

A. 专项资金

B. 从业人员的福利保障

C. 监督者的认真负责

D. 设备的维修和更新

E. 其他

10. 若企业事故预计损失为100万元(假设对于单位来说为小损失,对单位的运营影响不大),那么您认为实施不同的监督措施情况应如何?以及实施相应措施后事故的发生率为多少?

实施防护—事故发生率

实施措施的程度	实施相应措施所需要的成本	在此措施下发生事故的概率
没有任何措施		
一般措施		
严格措施		

11. 若企业事故预计损失为200万元(假设对于单位来说是一般重要损失,对单位的运营有一定影响),那么您认为实施不同的监督措施情况应如何?以及

实施相应措施后事故的发生率为多少?

实施防护—事故发生率

实施措施的程度	实施相应措施所需要的成本	在此措施下发生事故的概率
没有任何措施		
一般措施		
严格措施		

12. 若企业事故预计损失为300万元（假设对于单位来说为很严重损失，对单位的运营影响很大），那么您认为实施不同的监督措施情况应如何? 以及实施相应措施后事故的发生率为多少?

实施防护措施—事故发生率

实施措施的程度	实施相应措施所需要的成本	在此措施下发生事故的概率
没有任何措施		
一般措施		
严格措施		

13. 如果需要进行风险评估，您认为风险注意成本在什么样的范围内才合理，直观来讲就是这种成本占企业效益的怎样一个比例才是合理的?

A. 0 ~ 5%

B. 5% ~ 10%

C. 10% ~ 15

D. 15% ~ 20%

E. 其他_____

14. 监督者对于从业人员监督是否可以根据其从业年份而有程度上的高低?

A. 对于老员工，基于信赖可要求较低的注意义务

B. 对于新成员必须保持高度警惕

C. 不论是老员工还是新员工，监督者都应保持高度警惕

15. 您认为监督过失事故中谁应该承担举证责任?

A. 由监督者举证，证明自己没有过失

B. 由员工举证

C. 由受害人举证

16. 高危行业监督过失犯罪治理中最棘手的问题是什么？

A. 很难区分高危行业监督过失罪与非罪的界限

B. 罚金低

C. 法律法规得不到有效实施

D. 没有一部系统的法律

17. （1）高危行业监督过失犯罪专门立法的必要性？

A. 应该专门立法　　　　B. 立于不同的法律中　　　　C. 没必要再立法

（2）防治高危行业监督过失犯罪建议

A. 做好培训宣传，让高危行业监督过失犯罪的危害深入人心

B. 建立高危行业监督过失犯罪的预警体系及追责机制

C. 疏通行政服务体系，构建阳光行政

D. 完善投诉渠道

18. 对于日益增多的食品药品安全事故您有什么样的看法？

附件 3

关于矿山安全责任事故的调查问卷

近年来，中国矿难频发，多少痛心疾首，多少血泪交加。悲剧的背后，往往深藏着许多的"必然""悟以往之不见，知来者之可追"，这是我们的一份调查问卷，正拟探讨这悲剧之后的必然，期待您的宝贵帮助！

1. 您认为我省，或者是我国，当今矿难频发的主要原因是什么？（按主次顺序排列）

A. 能源结构不合理，多数煤矿超能力生产

B. 安全生产基础设施差

C. 立法、执法、监察等法制及安全生产监管体制不健全

D. 开采技术落后，煤矿技术人才及安全技术评价管理人才短缺

E. 利欲熏心的矿主及地方官员，官煤勾结，地方保护，腐败严重

F. 矿工自身原因

G. 其他_____

2. 客观地说，由于监督者与被监督者的共同过失，一个灾难事故如矿难的发生，您认为谁应当承担主要责任？

A. 高层监管者

B. 最近监管者

C. 直接致害人（被监管者）

D. 同等责任

3. 是否被监管者有过失就一定认定为监管者有过失？

A. 是，让被监管者有过失就是监管者监管不力的表现

B. 不是，要看被监管者是出于故意还是过失

C. 是，即使被监管者出于故意也可认为是由于监管者监督不力

D. 不是，只要监管者按要求做好了自己就不存在过失

4. 在教育设施重大安全责任事故中，由于某校宿舍电路年久失修，管理人

员曾多次提醒学校领导进行换新，未见其有任何举动，然而正当学校为此进行商讨准备整修电路时，电路突然起火，管理人员又情急之下忘了上报，结果造成重大人员伤亡。对此，应如何处理：

A. 管理人员负责，因为学校马上就要换新电路了

B. 学校领导人员负全责，因为其早已知道电路危险，主观上构成故意

C. 学校属监督过失，管理人员负主要责任

D. 学校负主要责任，管理人员负次要责任

5. 若企业事故预计损失为100万元（假设对于单位来说为小损失，对单位的运营影响不大），那么您认为实施不同的监督措施情况应如何？以及实施相应措施后事故的发生率为多少？

实施防护措施—事故发生率表

实施措施的程度	实施相应措施所需要的成本	在此措施下发生事故的概率
没有任何措施		
一般措施		
严格措施		

6. 若企业事故预计损失为200万元（假设对于单位来说是一般重要损失，对单位的运营有一定影响），那么您认为实施不同的监督措施情况应如何？以及实施相应措施后事故的发生率为多少？

实施防护措施—事故发生率表

实施措施的程度	实施相应措施所需要的成本	在此措施下发生事故的概率
没有任何措施		
一般措施		
严格措施		

7. 若企业事故预计损失为300万元（假设对于单位来说为很严重损失，对单位的运营影响很大），那么您认为实施不同的监督措施情况应如何？以及实施相应措施后事故的发生率为多少？

实施防护措施—事故发生率表

实施措施的程度	实施相应措施所需要的成本	在此措施下发生事故的概率
没有任何措施		
一般措施		
严格措施		

8. 如果作为事故企业的管理者，您认为实施一般预防事故发生的措施所需要的成本应占单位盈利额的多少？（　　　）

　　A. 0~5%

　　B. 5%~10%

　　C. 10%~15%

　　D. 15%~20%

　　E. 其他_____

9. 如果作为事故企业的管理者，您认为实施严格预防事故发生的措施所需要的成本应占单位盈利额的多少？（　　　）

　　A. 0~5%

　　B. 5%~10%

　　C. 10%~15%

　　D. 15%~20%

　　E. 其他_____

10. 以下均为打分题，请您以1~10分为标准对企业应有的注意程度作出规划。其中1分表示完全没有履行注意义务，10分表示所有细节全都考虑到位。

　　(1) 在人员的正确分配方面，您觉得应履行的注意程度要达到_____分

　　(2) 在设备的齐全，检查及完善方面，您觉得注意程度要达到_____分。

　　(3) 在对危险的预测及危险发生时的解决方案方面，您觉得注意程度应达到_____分。

　　(4) 综合上述所有方面，请问您觉得在总体的注意程度上应达到_____分。

　　(5) 您觉得达到上述注意程度时，所花费的成本大概是_____，事故的概率大概是_____。

11. 作为一名监管者，在什么情形下可认定其存在监管过失？（多选）：

　　A. 违反法律法规规定

B. 违反行业标准及企业章程

C. 不符实践操作习惯与惯例

D. 无论怎样，只要有危害结果发生，矿主就难辞其咎（结果无价值论）

E. 其他_____

12. 作为矿山生产等高危行业的监督领导者应具备哪些素质？（多选）

A. 高度的责任感

B. 突出的业务素质

C. 敏锐的预测和把握风险的能力

D. 关心从业人员

E. 其他_____

13. 您认为矿难的发生，从哪些方面可以预见？

A. 设备问题

B. 被监管人员的平时表现

C. 专业人员的分析报备

D. 其他_____

14. 对于事故的预防，管理者应做些什么？（多选）

A. 充分发挥、利用自己的知识和经验

B. 提高自己的职业责任心，在情绪、情感处于低潮时不擅自决断

C. 对生产设备等直接影响食品药品安全生产的因素及时更新

D. 定期带头组织力量对生产环境进行检查，对某些易出现问题的环节贴上警示标语

E. 定期进行从业人员安全生产的模拟演练，对他们进行教育提高其认识能力

F. 对工作突出的人给予奖励，调动其工作积极性，但必须防止盲目跟风

G. 其他_____

15. 作为矿场主，应如何监管才能最大限度地避免矿难的发生？（多选）

A. 定期检查、更新设备

B. 责任到人，管好各部门人员工作

C. 任用具有专业素质的人才

D. 其他_____

16. 当单位上级将任务交代给下级，是否也就意味着权利与责任的转移？（单选）

A. 是，交给他就是信赖他能够做好，所以才放手让他做

B. 不一定，还要看这个下级值不值得信赖

C. 不能完全转移，但如果在交代清楚的前提下承担责任时可适当减轻责任

D. 其他_____

17. 您认为在何种情况下，监管者可以完全信赖其下属？（多选）

A. 该下属有和自己共事多年，深知有极强业务经验

B. 新进职员，但据简历曾在同类企业中工作多年

C. 通过平时的观察，其他职员也认为其有能力胜任

D. 其他_____

18. 某矿主在分配任务时交代甲务必要定期检查矿井安全后再组织矿工下井，但由于某种原因甲并未真正检查就谎报说矿井安全，结果矿井发生非不可抗力瓦斯爆炸，请问，谁应当承担责任？

A. 矿主

B. 甲

C. 矿主与甲共同承担

19. 您觉得，对于防止矿难等安全事故的发生，最大难处在哪？

A. 法律规定过于宽泛，可操作性弱

B. 事发前难以发现

C. 企业内部的自身管理薄弱

D. 其他_____

20. 您认为，作为政府机关如何才能最大限度地避免责任事故的发生，更好地进行监督管理？

附件 4

关于食品安全监督过失犯罪调查问卷

为了正确厘清罪与非罪的界限，从而有效化解湖南经济社会发展进程中的各种高危行业风险与矛盾，以及为司法实践准确认定监督过失犯罪提供可操作的标准，从而减少高危行业领域发生的安全责任事故，特作此调查，希望大家能支持与配合，谢谢。

1. 对于重大食品安全事故，对于监督领导者的过失是否应该追究其责任？

A. 应该

B. 不应该

C. 不知道

2. 如追究监督者责任，能否追究其刑事责任？

A. 能

B. 不能

C. 不清楚

3. 责任主体的范围应该在什么范围内？

A. 只能是直接监督者

B. 企业高层监督、管理者，直接监督者

4. 监督、领导者的什么样的行为会让您觉得他存在过失？

A. 对从业人员缺乏应有的了解（技术水平、生活、工作情况）

B. 疏忽大意

C. 过于自信

D. 对风险缺乏应有的紧张

E. 过分追求利益而忽略相应技术、设备的更新

F. 未制定一套切实可行的管理方法

5. 监督、领导者要做到怎样程度的监督或注意？

A. 对直接从业人员过失的预见

B. 对从业人员过失的预见及对它的回避

C. 对从业人员过失所导致的结果的预见

D. 对结果的预见与回避

E. 其他

6. 对于明知自己不具备作为监督者所要求的素质而实施监督管理行为造成事故的，是否可以追究其刑事责任？

A. 可以

B. 不可以

C. 必须根据监督者是否出于自觉来判断

7. 作为食品企业的监督领导者应具备哪些素质？（多选）

A. 高度的责任感

B. 突出的业务素质

C. 敏锐的预测和把握风险的能力

D. 关心从业人员

8. 对于事故的预防，管理者应做些什么？（多选）

A. 充分发挥、利用自己的知识和经验

B. 提高自己的职业责任心，在情绪、情感处于低潮时不擅自决断

C. 对生产设备等直接影响食品药品安全生产的因素及时更新

D. 定期带头组织力量对生产环境进行检查，对某些易出现问题的环节贴上警示标语

E. 定期进行从业人员安全生产的模拟演练，对他们进行教育提高其认识能力

F. 对工作突出的人员给予奖励，调动其工作积极性，但必须防止盲目跟风

9. 对于食品这种高危险行业，监督者和领导者应否定期进行风险评估？

A. 应该

B. 视情况而定

C. 没必要

10. 食品这种高危险行业，为防止事故的发生而施加注意义务，所需要的成本包括哪些？

A. 专项资金

B. 从业人员的福利保障

C. 监督者的认真负责

D. 设备的维修和更新

E. 其他

11. 若企业事故预计损失为 100 万元（假设对于单位来说为小损失，对单位的运营影响不大），那么您认为实施不同的监督措施情况应如何？以及实施相应措施后事故的发生率为多少？

实施防护措施—事故发生率表

实施措施的程度	实施相应措施所需要的成本	在此措施下发生事故的概率
没有任何措施		
一般措施		
严格措施		

12. 若企业事故预计损失为 200 万元（假设对于单位来说是一般重要损失，对单位的运营有一定影响），那么您认为实施不同的监督措施情况应如何？以及实施相应措施后事故的发生率为多少？

实施防护措施—事故发生率表

实施措施的程度	实施相应措施所需要的成本	在此措施下发生事故的概率
没有任何措施		
一般措施		
严格措施		

13. 若企业事故预计损失为 300 万元（假设对于单位来说为很严重损失，对单位的运营影响很大），那么您认为实施不同的监督措施情况应如何？以及实施相应措施后事故的发生率为多少？

实施防护措施—事故发生率表

实施措施的程度	实施相应措施所需要的成本	在此措施下发生事故的概率
没有任何措施		
一般措施		
严格措施		

14. 如果需要进行风险评估，您认为风险注意成本在什么样的范围内才合理，直观来讲就是这种成本占企业效益的怎样一个比例是合理？

A. 0～5%

B. 5%～10%

C. 10%～15%

D. 15%～20%

E. 其他_____

15. 对食品行业实施监督的国家机关工作人员出现过失导致事故发生，其高层监督者是否该追究刑事责任？

A. 应该

B. 不应该

C. 不清楚

16. 监督者对于从业人员监督是否可以根据其从业年份而有程度上的高低？

A. 对于老员工，基于信赖可要求较低的注意义务

B. 对于新成员必须保持高度警惕

C. 不论是老员工还是新员工，监督者都应保持高度警惕

17. 您认为监督过失事故中谁应该承担举证责任？

A. 由监督者举证，证明自己没有过失

B. 由员工举证

C. 由受害人举证

18 对于日益增多的食品安全事故您有什么样的看法？

主要参考文献

著作类：

[1] 杨雪冬. 风险社会与秩序重建 [M]. 北京：社会科学文献出版社，2006.

[2] （美）George. P. Fletcher. 刑法的基本概念 [M]. 王世洲，等译. 北京：中国政法大学出版社，2004.

[3] 乔卫兵，陈光. 高危行业安全生产责任保险研究 [M]. 北京：中国财政经济出版社，2009.

[4] 刘恒. 典型行业政府规制研究 [M]. 北京大学出版社，2007.

[5] （美）菲利普·费尔南德斯·阿莫斯图. 食物的历史 [M]. 何舒平，译. 北京：中信出版社，2005.

[6] （英）巴鲁克·费斯科霍夫. 人类可接受风险 [M]. 王红漫，译. 北京大学出版社，2009.

[7] 张永伟. 食品安全行政执法办案指南——54 种食品安全违法行为认定与处罚 [M]. 北京：中国法制出版社，2010.

[8] 李兰英. 公害犯罪研究 [M]. 北京：法制出版社，2016.

[9] 胡鹰. 过失犯罪研究 [M]. 北京：中国政法大学出版社，1995.

[10] 刘艳红. 实质犯罪论 [M]. 北京：中国人民大学出版社，2014.

[11] （日）前田亚英. 刑法总论讲义 [M]. 曾文科，译. 北京大学出版社，2018.

[12] （日）山口厚. 刑法总论 [M]. 付立庆，译. 北京：中国人民大学出版社，2017.

[13] 马克昌. 比较刑法原理 [M]. 武汉大学出版社，2002.

[14] （日）藤木英雄. 公害犯罪 [M]. 东京大学出版社，1997.

［15］董芳．监督过失的刑事责任及主体的确定［M］．北京：中国政法大学出版社，2009．

［16］侯国云．过失犯罪论［M］．北京：人民出版社，1992．

［17］孙国祥，余向栋，张晓陵．过失犯罪导论［M］．南京：南京大学出版社，1991．

［18］林亚刚．犯罪过失研究［M］．武汉大学出版社，2000．

［19］王安异．刑法中的行为无价值与结果无价值研究［M］．北京：中国人民公安大学出版社，2005．

［20］（日）大塚仁．刑法概说（总论）［M］．冯军，译．北京：中国人民大学出版社，2003．

［21］张明楷．外国刑法纲要［M］．北京：清华大学出版社，2007．

［22］（日）佐久间修．共同过失与共犯［M］．林亚刚，译//马克昌，莫洪宪．中日共同犯罪比较研究．武汉大学出版社，2003．

［23］（德）汉斯·海因里希·耶赛克．德国刑法教科书［M］．徐久生，译．北京：中国法制出版社，2017．

［24］陈兴良．刑法哲学：第六版［M］．北京：中国人民大学出版社，2017．

［25］黄丁全．过失犯罪理论的现代课题［M］//陈兴良．刑事法评论：第七卷．北京：中国政法大学出版社，2000．

［26］张明楷．刑法学［M］．北京：法律出版社，2016．

［27］陈兴良．教义刑法学［M］．北京：中国人民大学出版社，2017．

［28］刘丁炳．监督管理过失犯罪研究［M］．北京：中国人民公安大学出版社，2009．

［29］（美）劳伦斯·莱斯格．代码2.0网络空间中的法律［M］．李旭，沈伟伟，译．北京：清华大学出版社，2018．

［30］（德）乌尔里希·贝克．自反性现代化——现代社会秩序中的政治、传统与美学［M］．赵文书，译．北京：商务印书馆，2001．

［31］范德繁．犯罪实行行为论［M］．北京：中国检察出版社，2005．

［32］黎宏．过失犯研究［M］//刑法评论：第二卷．北京：法律出版社，2006．

［33］王冠．我国公务员监督过失刑事责任研究［M］．北京：中国检察出版社，2011．

［34］（日）西原春夫．监督过失（1）——白石中央病院事件［M］//

（日）平野龙一，等．刑法判例百选Ⅰ总论：第三版．有斐阁，1991；板仓宏．监督过失（4）——千日デパト事件［M］//平野龙一，等．刑法判例百选Ⅰ总论：第三版．有斐阁，1991.

［35］（日）井田良．犯罪论の现在と目的的行为论［M］．成文堂，1995.

［36］（日）大塚仁，等．大コンメンタル刑法（第二版）：第3卷［M］．青林书院，1999.

［37］（日）林干人．刑法の现代的课题［M］．有斐阁，1991.

［38］（日）中山敬一．刑法总论［M］．成文堂，1999.

［39］（日）大塚裕史．企业灾害和过失论［M］//高铭暄，赵秉志．过失犯罪的基础理论．北京：法律出版社，2002.

［40］（日）大塚仁．刑法概说（总论）［M］．冯军，译．北京：中国人民大学出版社，2003.

［41］陈朴生．刑法专题研究［M］．台北：三民书局，1983.

［42］刘期湘．过失犯中的违反注意义务研究［M］．北京：经济科学出版社，2009.

［43］洪福增．刑事责任之理论［M］．台北：台湾刑事法杂志社，1988.

［44］林山田．刑法通论：下 增订八版［M］．台北：三民书局，2002.

［45］大塚仁．刑法各论（上卷）［M］．青林书院，1990.

［46］张明楷．行为无价值论与结果无价值论［M］．北京大学出版社，2012.

［47］张明楷．刑法格言的展开［M］．北京大学出版社，2013.

［48］甘雨沛，何鹏．外国刑法学［M］．北京大学出版社，1984.

［49］周光权．注意义务研究［M］．北京：中国政法大学出版社，1998.

［50］甘雨沛，等．犯罪与刑罚新论［M］．北京大学出版社，1991.

［51］（日）西原春夫．日本刑事法的形成与特色［M］．李海东，等译．北京：中国法律出版社，1997.

［52］（德）乌尔里希·贝克．风险社会：新的现代化之路［M］．张文杰，何博闻译．南京：译林出版社，2018.

［53］（日）大塚仁．犯罪论的基本问题［M］．冯军，译．北京：中国政法大学出版社，1993.

［54］（日）平野龙一．刑法总论Ⅰ［M］．有斐阁，1972.

［55］（日）松宫孝明．刑事过失论的研究［M］．成文堂，2004.

［56］（德）乌尔斯·金德霍伊泽尔．刑法总论教科书［M］．蔡桂生，译．

北京大学出版社, 2017.

[57] 黄荣坚. 刑罚的极限 [M]. 台北: 台湾元照出版公司, 1998.

[58] 张小虎. 犯罪论的比较与建构 [M]. 北京大学出版社, 2006.

[59] 陈兴良. 本体刑法学 [M]. 北京: 商务印书馆, 2001.

[60] 陈朴生. 刑法专题研究 [M]. 台北: 三民书局, 1988.

[61] 姜伟. 犯罪故意与犯罪过失 [M]. 北京: 群众出版社, 1992.

[62] 侯国云. 过失犯罪论 [M]. 北京: 人民出版社, 1996.

[63] (日) 大谷实. 刑法总论 [M]. 黎宏, 译. 北京: 法律出版社, 2007.

[64] 廖正豪. 过失犯论 [M]. 台北: 三民书局, 1993.

[65] (日) 川端博. 刑法总论二十五讲 [M]. 余振华, 译. 北京: 中国政法大学出版社, 1999.

[66] 狄骥. 国家、客观法和实在法 (选录), 转引自沈宗灵. 现代西方法理学 [M]. 北京大学出版社, 1992.

[67] 陈兴良. 教义刑法学 [M]. 北京: 中国人民大学出版社, 2017.

[68] (日) 甲斐克则. 过失犯的基础理论 [M]. 冯军, 译//高铭暄, 赵秉志. 过失犯罪的基础理论. 北京: 法律出版社, 2002.

[69] 陈红. 煤炭企业重大事故防范的"行为栅栏"研究 [M]. 北京: 经济科学出版社, 2008.

[70] 现代汉语词典 (修订本) [M]. 北京: 商务印书馆, 1996.

[71] 于真, 严家明. 社会主义社会学原理 [M]. 北京: 知识出版社, 1991.

[72] 蔡守秋. 调整论 [M]. 北京: 高等教育出版社, 2003.

[73] 宗建文. 刑法机制研究 [M]. 北京: 中国方正出版社, 2000.

[74] (日) 西田典之. 日本刑法总论 [M]. 刘明祥, 王昭武, 译. 北京: 中国人民大学出版社, 2007.

[75] 黄荣坚. 刑法问题与利益思考 [M]. 台北: 台湾元照出版公司, 2001.

[76] (日) 川端博. 刑法总论讲义 [M]. 东京: 成文堂, 1997.

[77] 陈兴良. 刑法的知识转型 [M]. 北京: 中国人民大学出版社, 2012.

[78] (日) 曾根威彦. 刑法学基础 [M]. 黎宏, 译. 北京: 法律出版社, 2005.

[79] (美) 杰瑞·L. 马肖. 行政国的正当程序 [M]. 沈岿, 译. 北京: 北京高等教育出版社, 2005.

[80] 刘志伟, 聂立泽. 业务过失犯罪比较研究 [M]. 北京: 法律出版社, 2004.

[81] 孙昌军. 现代企业法律风险防范指导 [M]. 长沙: 湖南人民出版社, 2011.

[82] 刘仁文. 法律的灯绳 [M]. 北京: 中国民主法制出版社, 2012.

[83] 刘仁文. 过失危险犯研究 [M]. 北京: 中国政法大学出版社, 1998.

[84] (德) 安塞尔姆·里特尔·冯·费尔巴哈. 德国刑法教科书: 第十四版 [M]. 徐久生, 译. 北京: 中国方正出版社, 2010.

[85] (意) 贝卡利亚. 论犯罪与刑罚 [M]. 黄风, 译. 北京: 中国大百科全书出版社, 1993.

[86] 马克昌. 近代西方刑法学说史略 [M]. 北京: 中国检察出版社, 1996.

[87] (美) 加里·S. 贝克尔. 人类行为的经济分析 [M]. 王业宇, 陈琪译. 上海: 格致出版社, 2008.

[88] (美) 凯斯·R. 孙斯坦. 风险与理性——安全、法律及环境 [M]. 师帅, 译. 北京: 中国政法大学出版社, 2005.

[89] 论语 [M]. 张燕婴, 译注. 北京: 中华书局, 2006.

[90] 原英群, 于始. 食品安全: 全球现状与各国对策 [M]. 广州: 广东世界图书出版公司, 2009.

[91] (美) 菲利普·希尔茨. 保护公众健康——美国食品药品百年监管历程 [M]. 姚明威, 译. 北京: 中国水利水电出版社, 2009.

[92] (德) 罗克辛. 德国刑法学总论: 第一卷 [M]. 王世洲, 译. 北京: 法律出版社, 2005.

[93] (英) 戈登·休斯. 犯罪预防——社会控制、风险与后现代 [M]. 刘晓梅, 等译. 北京: 中国人民公安大学出版社, 2009.

[94] 周小梅, 陈利萍, 兰萍. 食品安全管制长效机制经济分析与经验借鉴 [M]. 北京: 中国经济出版社, 2011.

[95] 哈贝马斯. 公共领域的结构转型 [M]. 曹卫东, 等译. 上海: 学林出版社, 1999.

[96] 宋大维. 中外食品安全监管的比较研究 [M]. 北京: 中国人民大学出版社, 2008.

[97] 陈兴良. 刑法的价值构造 [M]. 北京: 中国人民大学出版社, 2017.

[98] 何秉松. 刑法教科书 [M]. 北京: 中国法制出版社, 1997.

[99] 金凯，章道全．中华人民共和国刑法简明教程 [M]．济南：山东人民出版社，1987.

[100] 张明楷．刑法学 [M]．北京：法律出版社，2011.

[101] 高铭暄．刑法专论 [M]．北京：高等教育出版社，2002.

[102] 王作富．刑法分则实务研究：上册 [M]．北京：中国方正出版社，2003.

[103] 顾肖荣．经济刑法 [M]．上海人民出版社，2005.

[104] 刘明祥，田宏杰．刑事法探究：第三卷 [M]．北京：中国人民公安大学出版社，2009.

[105]（意）杜里奥·帕多瓦尼．意大利刑法学原理（注评版）[M]．陈忠林，译．北京：中国人民大学出版社，2004.

[106]（法）卡斯东·斯塔法尼．法国刑法总论精义 [M]．罗结珍，译．北京：中国政法大学出版社，1998.

[107] 刘远．金融诈骗罪研究 [M]．北京：中国检察出版社，2002.

[108] 陈忠林．刑法总论 [M]．北京：中国人民大学出版社，2007.

[109]（意）切萨雷·贝卡里亚．论犯罪与刑罚 [M]．黄风，译．北京大学出版社，2018.

[110] 程燎原，王人博．权利及其救济 [M]．济南：山东人民出版社，1998.

[111]（澳）柯武刚，史漫飞．制度经济学：社会秩序与公共政策 [M]．韩朝华，译．北京：商务印书馆，2002.

[112]（日）西原春夫．交通事故と信赖の原则 [M]．成文堂，1969.

[113]（美）E. 博登海默．法理学：法律哲学与法律方法 [M]．邓正来，译．北京：中国政法大学出版社，1999.

[114] 钱弘道．经济分析法学 [M]．北京：法律出版社，2005.

[115]（美）A. 米切尔·波兰斯基．法和经济学导论：第三版 [M]．郑戈，译．北京：法律出版社，2009.

[116]（美）亚龙·布鲁克，唐·沃特金斯．自由市场革命：终结大政府之路 [M]．启蒙编译所，译．上海译文出版社，2014.

[117] 许福生．刑事政策学 [M]．北京：中国民主法制出版社，2006.

[118] 谢望原．世纪之交的中国刑法学研究 [M]．北京：中国方正出版社，2000.

[119]（美）罗杰·B. 迈尔森．博弈论——矛盾冲突分析 [M]．于寅，费

剑平，译．北京：中国经济出版社，2001．

[120] 张维迎．博弈论与信息经济学 [M]．上海人民出版社，2001．

[121] （英）边沁．立法理论——刑法典原理 [M]．北京：中国人民公安大学出版社，1993．

[122] 陈辉．食品安全涉嫌犯罪案件移送指南 [M]．北京：中国法制出版社，2009．

[123] （美）达格拉斯·C. 诺斯．经济史中的结构与变迁 [M]．陈郁，罗华平，等译．上海三联出版社，1994．

[124] 埃里克·弗鲁博顿，鲁道夫·芮切特．新制度经济学——一个交易费用分析范式 [M]．姜建强，罗长远译．上海三联出版社，2006．

[125] （英）边沁．道德与立法原理导论 [M]．时殷弘，译．北京：商务印书馆，2000．

[126] （英）哈特．法理学与哲学论文集 [M]．北京：法律出版社，2005．

[127] 苏国勋．理性化及其限制 [M]．北京：商务印书馆，2016．

[128] 刘艳红．实质刑法观 [M]．北京：中国人民大学出版社，2009．

[129] （英）麦考密克，魏因贝格尔．制度法论 [M]．周叶谦，译．北京：中国政法大学出版社，2004．

[130] 夏征农．辞海（缩印本）[M]．上海辞书出版社，2000．

[131] 刘星．语境中的法学与法律 [M]．北京：法律出版社，2001．

[132] 谢晖．法学范畴的矛盾辨思 [M]．北京：法律出版社，2017．

[133] 赵秉志．英美刑法学 [M]．北京：中国人民大学出版社，2004．

[134] 颜海娜．食品安全监管部门间关系研究——交易费用理论的视角 [M]．北京：中国社会科学出版社，2010．

[135] 魏益民，等．中国食品安全控制研究 [M]．北京：科学出版社，2008．

[136] （日）西原春夫．刑法的根基与哲学 [M]．顾肖荣，等译．北京：中国法制出版社，2017．

[137] 劳东燕．风险社会中的刑法 [M]．北京大学出版社，2015．

[138] 黎宏．刑法总论问题思考：第二版 [M]．北京：中国人民大学出版社，2016．

论文类：

[139] 宋丹．监督过失研究 [D]．武汉大学，2004．

[140] 范如国. "全球风险社会"治理：复杂范式与中国参与 [J]. 中国社会科学, 2017 (2).

[141] 肖峰. 我国食品安全制度与责任保险制度的冲突及协调 [J]. 法学, 2017 (8).

[142] （日）藤木英雄. 食品中毒事件之过失与信赖原则——关于森永奶粉中毒案件 [J]. 洪复青, 译. 刑事法杂志, 20 (2).

[143] （德）Roxin. 客观归责理论 [C]. （日）山中敬一, 译//关西大学法学论集. 第44卷 (3).

[144] 马涛. 监督过失责任限制论要——基于新过失论的耦合式架构 [J]. 石河子大学学报（哲学社会科学版）, 2017 (3).

[145] 刘期湘. 论食品安全监督过失责任 [J]. 法学杂志, 2012 (2).

[146] 陈旭. 监督过失犯罪化研究 [D]. 济南：山东大学, 2009.

[147] （日）土本武司. 过失理论的动向与实务 [J]. 警察研究, 第54卷 (8).

[148] 韩勖. 监督过失犯罪研究 [D]. 北京：中国人民公安大学, 2019.

[149] （日）前田雅英. 监督过失 [J]. 吴昌龄, 译. 刑事法杂志, 第36卷 (2).

[150] 赵瑞罡, 杨庆玖. 监督过失论 [J]. 政治与法律, 2001 (4).

[151] 高星. 监督过失犯罪研究——以食品监管渎职罪为视角 [D]. 大连海事大学, 2013.

[152] 张明楷. 监督过失探讨 [J]. 中南政法学院学报, 1992 (3).

[153] 赵慧. 刑法上信赖原则研究 [D]. 武汉大学, 2005.

[154] 刘期湘. 监督过失的概念界定 [J]. 文史博览（理论）, 2008 (6).

[155] 易益典. 监督过失犯罪论 [D]. 上海：华东政法大学, 2012.

[156] 谢雄伟. 论监督过失的限缩：以被允许的危险为视角 [J]. 社会科学, 2016 (10).

[157] 梁凌. 监督过失犯罪研究 [D]. 上海：华东政法大学, 2012.

[158] 易益典. 共同过失视域下的监督过失犯罪 [J]. 江西社会科学, 2016 (7).

[159] 郑延谱. 试论过失共同正犯——立法论而非解释论之肯定 [J]. 中国刑事法杂志, 2009 (7).

[160] 冯卉. 论监督过失的刑事责任 [D]. 济南：山东大学, 2011.

[161] 姜伟. 论普通过失与业务过失 [J]. 中国人民大学学报, 1993 (3).

[162] 顾肖荣. 我国刑法中业务过失犯罪的特征 [J]. 法学, 1986 (4).

[163] 林亚刚. 犯罪过失的理论分类中若干问题的探讨 [J]. 法学评论, 1999 (3).

[164] 邓超群. 刑法上的监督过失责任及其立法探讨 [D]. 北京: 中国政法大学, 2007.

[165] 郝守才, 任彦君. 论监督过失及其在我国刑法中的运用 [J]. 中国刑事法杂志, 2001 (2).

[166] 谢雄伟. 论监督过失的体系定位、本质与类型 [J]. 广西社会科学, 2015 (1).

[167] 李蕤宏. 监督过失理论研究 [J]. 刑事法评论, 2008 (2).

[168] 肖冬梅. 监督过失犯罪研究 [D]. 长春: 吉林大学, 2009.

[169] 赵丽娜. 监督过失犯罪探究 [D]. 郑州大学, 2011.

[170] 陈伟. 监督过失理论及其对过失主体的限定——以法释 (2007) 5 号为中心 [J]. 中国刑事法杂志, 2007 (5).

[171] 李英兰, 马文. 监督过失的提倡及其司法认定 [J]. 中国刑事法杂志, 2005 (5).

[172] 朱艳梅. 监督过失犯罪研究 [D]. 烟台大学, 2012.

[173] 周铭川, 黄丽琴. 论实行行为的存在范围和归责原则的修正 [J]. 中国刑事法杂志, 2005 (5).

[174] 赵俊甫. 过失实行行为研究 [J]. 中国刑事法杂志, 2004 (6).

[175] 王会宾. 监督过失成立犯罪研究 [D]. 石家庄: 河北师范大学, 2009.

[176] 董芳. 监督过失的刑事责任及主体的确定 [D]. 北京: 中国政法大学, 2009.

[177] 易益典. 监督过失型渎职犯罪的因果关系判断 [J]. 法学, 2018 (4).

[178] 陈茵茵. 监督过失责任的认定及适用限制 [J]. 知识经济, 2012 (4).

[179] 王帅锋. 矿难中监督过失刑事责任研究 [D]. 开封: 河南大学, 2011.

[180] 程皓. 注意义务比较研究 [D]. 武汉大学博士学位论文, 2007.

[181] 何明升．中国网络治理的定位及现实路径 [J]．中国社会科学，2016（7）．

[182] 陈璇．注意义务的规范本质与判断标准 [J]．法学研究，2019（1）．

[183] 胡洋．注意义务论纲——基于行为无价值的新思考 [J]．中国刑事法杂志，2016（2）．

[184] 曾根威彦．新旧过失犯争论之总括——从旧过失论的立场出发 [J]．现代刑事法杂志，2000（15）．

[185] 韩玉胜，沈玉忠．监督过失论略 [J]．法学论坛，2007（1）．

[186] 于佳佳．过失犯中注意义务的判断标准 [J]．国家检察官学院学报，2017（6）．

[187] 周治平．可以容许的危险概说 [J]．刑事法杂志，9（2）．

[188] 陈朴生．过失理论之发展及其趋向 [J]．军法专刊，25（6）．

[189] 陈朴生．过失之概念与过失犯之构造 [J]．军法专刊，38（2）．

[190] （日）松生光正．过失犯与客观归属论 [J]．现代刑法杂志，1999（8）．

[191] 许玉秀．主观与客观之间 [J]．春风旭日论坛，1997．

[192] 胡洋．从事实到规范：信赖原则的行为无价值解释 [J]．中国人民公安大学学报（社会科学版），2016（2）．

[193] （日）西原春夫．监督责任的设定与信赖的原则：上 [J]．法曹时报，第30卷第2号．

[194] 韩金秀．过失犯理论之研究 [D]．台北："中国文化大学"法律学研究所硕士论文，1984．

[195] 彭心洁．过失犯注意义务之研究——以医师之医疗行为为中心 [J]．（台湾）"中央警察大学"法律学研究所，2003．

[196] 汤道路．煤矿安全监管体制与监管模式研究 [D]．徐州：中国矿业大学，2014．

[197] 宋耀．我国煤矿安全监管问题探析——论以人为本在煤矿安监中的运用 [D]．成都：四川大学，2006．

[198] 白文军．煤矿安全生产的刑法保障机制研究 [D]．太原：山西大学，2010．

[199] 刘丹．博弈视角下我国矿难频发的经济学分析 [D]．沈阳：辽宁大学，2010．

[200] 胡曼丽. 论医疗犯罪中的监督过失犯罪 [D]. 湘潭大学, 2009.

[201] 潘若喆. 渎职罪中"严重不负责任"要素研究 [D]. 杭州：浙江大学, 2019.

[202] 李欠男, 姜刘志, 赵建成. 海口市矿山生态环境恢复治理法律制度探索及完善 [C] //中国环境科学学会. 中国环境科学学会科学技术年会论文集. 中国环境科学学会, 2018.

[203] 杨雪梅. 煤矿安全事故频发的法律解读与反思 [J]. 黑龙江省政法管理干部学院学报, 2011 (5).

[204] 周光权. 行为无价值论之提倡 [J]. 比较法研究, 2003 (5).

[205] 张明楷. 行为无价值论的疑问——兼与周光权教授商榷 [J]. 中国社会科学, 2009 (1).

[206] 张茹, 黄纠, 董霁红. 全球主要矿业国家矿山生态法律比较研究 [J]. 中国煤炭, 2017 (6).

[207] 汤道路. 从对抗到合作：美国矿山安全卫生执法模式沿革与启示 [J]. 河北法学, 2014 (3).

[208] 李龙. 我国矿业生产安全刑事治理探析 [J]. 重庆科技学院学报, 2011 (8).

[209] 张克文, 齐文远. 资源开发领域腐败问题透视 [J]. 中国纪检监察, 2016 (10).

[211] 许玉秀. 最高法院七十八年台上字第三六九三号判决的再探讨——前行为的保证人地位与客观归责理论初探 [J]. 刑事法杂志, 35 (4).

[212] 林静. 高法高检解读《解释》 [J]. 劳动保护, 2007 (4).

[213] 罗丽, 代海军. 矿山职业安全与健康的监管机制创新——兼论我国《矿山安全法》的修改与完善 [J]. 中州学刊, 2016 (3).

[214] 和军, 任晓聪. 美国煤矿生产监管的主要做法及启示 [J]. 经济纵横, 2016 (2).

[215] 王彦凯. 我国矿山安全监管的困境及其法律应对——以政企间大数据共享为视角 [J]. 中国集体经济, 2019 (1).

[216] 蒋楠洋. 浅议煤矿安全监察体系的建设 [EB/OL]. 期刊网, 2018 - 01 - 26.

[217] 李天发. 论德国罚金刑执行及其对中国的启示 [J]. 首都师范大学学报（社会科学版）, 2018 (3).

[218] 刘洋. 理性犯罪人假设的法经济学分析 [J]. 中国城市经济, 2010

（9）.

[219] 张忠民. 矿业权纠纷司法救济的学理与裁判 [J]. 求索, 2019（4）.

[220] 石小石, 白中科, 刘卿斐. 整体性治理视阈下的闭矿环境管理研究 [J]. 资源与矿业, 2017, 19（2）.

[221] 熊宇, 贾靖. 论我国食品安全监管的法理辨析及制度构建 [J]. 四川教育学院学报, 2011（9）.

[222] 刘期湘, 李希慧. 论量刑情节的法理基础 [J]. 甘肃政法学院学报, 2006（6）.

[223] 徐兴利. 国外食品安全立法现状 [J]. 中国食品, 2010（16）.

[224] 李怀. 发达国家食品安全监管体制 [J]. 东北财经大学学报, 2005（1）.

[225] 张如意. 人人有责的日本食品安全结构 [J]. 食品与生活, 2010（2）.

[226] 李忠东. 德国制造的深刻含义——食品安全从细节抓起 [J]. 广西质量监督导报, 2008（9）.

[227] 丁声俊. 德国食品安全保障和食品风险防范措施 [J]. 中国食物与营养, 2011（17）.

[228] 马淑芳, 王靖. 国外食品安全法律制度及其启示 [J]. 学术交流, 2009（12）.

[229] 朱其太, 刘天鸿, 孟祥龙. 美国《FDA 食品安全现代化法案》解读及其应对措施 [J]. 中国动物检疫, 2011（4）.

[230] 廉恩臣. 欧盟食品安全法律体系评析 [J]. 政法丛论, 2010（2）.

[231] 高启臣. 德国食品安全监管招数多 [J]. 北京农业, 2011（19）.

[232] 毛乃纯. 论食品安全犯罪中的过失问题——以公害犯罪理论为根基 [J]. 中国人民公安大学学报, 2010（4）.

[233] 解志勇, 李培磊. 我国食品安全法律责任体系的重构——政治责任、道德责任的法治化 [J]. 国家行政学院学报, 2011（4）.

[234] 周立刚. 关于我国食品安全刑法保护的理性思考 [J]. 北方经贸, 2011（8）.

[235] 陈靖, 兰立兵. 我国刑法中食品安全犯罪立法犯罪的立法思考 [J]. 新疆大学学报（哲学、人文社会科学版）, 2012（1）.

[236] 刘雪梅. 监督管理过失犯罪主体的认定方法 [N]. 检察日

报，2009.

[237] 夏勇. 民生风险的刑法应对 [J]. 法商研究，2011 (4).

[238] 刘长林. 从个人权利到社会责任——对我国食品安全法的整体主义解释 [J]. 现代法学，2010 (3).

[239] 高铭暄，陈冉. 监督过失理论在食品监管渎职罪中的理解与适用 [J]. 社会管理创新与刑法变革，中国人民公安大学出版社，2011.

[240] 刘期湘，张斌. 论食品安全监督过失责任 [J]. 法学杂志，2012 (2).

[241] 王海涛. 食品、药品事故中制造商刑事责任认定的难点探讨 [J]. 中国刑事法杂志，2010 (9).

[242] 褚剑鸿. 过失与信赖原则 [J]. （台湾）法令月刊，46 (6).

[243] 李彦. 中国食品安全：在三个层面上被高度关注 [N]. 上海证券报，2007.

[244] 胡晓庆. 对犯罪的经济学分析 [J]. 知识经济，2011 (19).

[245] 高晴. 经济犯罪的经济学分析 [J]. 河北公安警察职业学院学报，2011 (3).

[246] 龚强，雷丽衡，袁燕. 政策性负担、规制俘获与食品安全 [J]. 经济研究，2015 (8).

[247] 马英娟. 走出多部门监管的困境——论中国食品安全监管部门间的协调合作 [J]. 清华法学，2015 (3).

[248] 江岚. 食品安全的风险管控及刑法规制 [J]. 湖北大学学报（哲学社科版），2018 (2).

[249] 龚强，张一林，余建宇. 激励、信息与食品安全规制 [J]. 经济研究，2013 (3).

[250] 徐燕平. 行政执法与刑事司法相衔接工作机制研究 [J]. 犯罪研究，2005 (2).

[251] 方新建，陈金灿，徐玉证. 行政执法与刑事执法的案件信息共享 [J]. 浙江检察，2005 (11).

[252] 原维宁，芦春贤. 行政执法机关移送刑事案件立案监督探析 [J]. 人民检察，2004 (1).

[253] 张志勋. 系统论视角下的食品安全法律治理研究 [J]. 法学论坛，2015 (1).

[254] 谌洪果. 法律实证主义的功利主义自由观：从边沁到哈特 [J]. 法

律科学（西北政法学院学报），2006（4）.

[255] 赵俊甫. 风险社会视野中的刑事推定——一种法哲学的分析 [J]. 河北法学，2009（1）.

[256] 熊丙万. 法律的形式与功能——以"知假买假"案为分析范例 [J]. 中外法学，2017（2）.

[257] 郑成良，张英霞，李会. 中美两国司法理念的比较 [J]. 法制与社会发展，2003（2）.

[258] 郑成良. 论法律形式合理性的十个问题 [J]. 法制与社会发展，2005（6）.

[259] 郝艳兵. 风险社会下的刑法价值观念及其立法实践 [J]. 中国刑事法杂志，2009（7）.

[260] 夏勇. 邓玉娇案件与罗克辛的客观归责理论 [J]. 北方法学，2009（5）.

[261] 龙敏. 秩序与自由的碰撞——论风险社会刑法的价值冲突与协调 [J]. 甘肃政法学院学报，2010（112）.

[262] 王晨光. 食品安全法制若干基本理论问题思考 [J]. 法学家，2014（1）.

[263] 盛丰. 我国食品药品案件行政执法与刑事司法衔接模式重构探析——从食品药品刑事案件移送审查起诉权的角度 [J]. 公安研究，2012（3）.

[264] 郝武. 试论加强和完善对食品安全的管理和立法 [D]. 浙江工商大学，2003（3）.

[265] 卢维理. 保障食品安全的法制问题 [J]. 人大研究，2005（1）.

[266] 韩永红. 美国食品安全法律治理的新发展及其对我国的启示——以美国《食品安全现代化法》为视角 [J]. 法学评论，2014（3）.

[267] 周开国. 食品安全监督机制研究——媒体、资本市场与政府协同治理 [J]. 经济研究，2016（9）.

[268] 周雪光. 运动型治理机制：中国国家治理的制度逻辑再思考 [J]. 开放时代，2012（9）.

[269] 吴湛微，禹卫华. 大数据如何改善社会治理：国外"大数据社会福祉"运动的案例分析和借鉴 [J]. 中国行政管理，2016（1）.

[270] 王新友. 检察机关立案查处事故背后渎职犯罪情况报告解读 [J]. 人民网，2007.

[271] 卢建平.我国食品安全的刑法保护 [J].人民检察, 2017 (3) .

[272] 任晶晶.玩忽职守罪因果关系认定之三步拆解法 [J].人民检察, 2015 (3) .

[273] 吕英杰.监督过失的客观归责 [J].清华法学, 2008 (4) .

[274] 龙在飞,梁宏辉.风险社会视角下食品安全犯罪的立法缺憾与完善 [J].特区经济, 2012 (1) .

[275] 黄晓亮.食品犯罪的行政法基础论析 [J].法学杂志, 2019 (3) .

[276] 舒洪水.食品安全犯罪刑事政策:梳理、反思与重构 [J].法学评论, 2017 (1) .

[277] 欧共体食品安全白皮书.欧盟食品安全标准及法律、法规专集 [J].中国标准化（增刊）, 2003.

[278] 唐华.论欧盟食品安全法规体系及其对中国的启示 [D].北京:对外经济贸易大学, 2006.

[279] 刘苏娜.论食品安全的刑法保护 [D].上海:华东政法大学, 2011.

[280] 任毓佳.论食品安全的刑法保护 [D].长沙:湖南师范大学, 2009.

[281] 蒋冰冰.食品犯罪立法问题研究 [D].上海社会科学院, 2009.

[282] 卓泽渊.法的价值总论 [D].北京:中国社会科学院研究生院, 1999.

[283] 王静.试论刑事司法中的形式合理性与实质合理性 [D].苏州大学, 2010.

[284] 万进福.我国食品安全执法研究 [D].重庆:西南政法大学, 2010.

[285] 崔晓燕.运动式执法的价值与困境——以北京市整治黑车的行动为个案 [D].上海:复旦大学, 2010.

[286] 薛宁远.风险刑法批判误区之检视 [D].重庆:西南政法大学, 2018.

[287] 劳东燕.风险刑法理论的反思 [J].政治与法律, 2019 (11) .

[288] 姜涛.社会风险的刑法调控及其模式改造 [J].中国社会科学, 2019 (7) .

[289] 陈兴良.形式解释论的再宣示 [J].中国法学, 2010 (4) .

[290] 劳东燕.风险社会与变动中的刑法理论 [J].中外法学, 2014

（1）.

［291］于改之，吕小红. 比例原则的刑法适用及其展开［J］. 现代法学，2018（4）.

［292］冯军. 刑法教义学的立场和方法［J］. 中外法学，2014（1）.

英文文献类：

［293］Mcintyre D C. tortfeasor liability for disaster response costs［J］. Fordham Law Review，1987.

［294］Settle A K. Financing disaster mitigation，preparedness，response and recovery［J］. Public Administration Review，1985（Special），101.

［295］H. W. Wilson H W. Class certification in mass Accident cases under Rule23（b）（1）［J］. Harvard Law Review，1983.

［296］Alexy R. A Theory of Legal Argumentation［M］. Oxford：Clarendon press，1989.

后 记

自入刑法学殿，我便心怀对"过失犯罪"研究之情愫。武汉大学读博时，"过失犯罪注意义务"成为我研究的切入点和关注点，由于风险社会的引入与讨论，我关注风险行业数据，采用实证分析方式，产生了对高危行业过失犯罪研究的想法。2010年，我的课题——"高危行业监督过失犯罪研究"有幸被评为国家社科基金项目。该课题以监督过失理论为研究核心，以矿山生产安全和食品安全两大高危行业为典型，做了大量比较研究与实证分析，从理论、立法与司法实践三个层面全面分析监督过失理论在高危行业领域运用的可行性与迫切性，本书便是在此项目的最终成果上做了较大修改与完善而形成的。

首谢恩师。我的合作老师高铭暄先生，儒雅有度，学问渊渊。承蒙先生不弃，忝列门墙，拜师学艺，先生教诲，潜藏于脑，内化于心，念念不忘。本书撰写之时，每有疑惑，经师指津，豁然开朗，常有醍醐灌顶之感，今有小获，皆蒙师之馈也。与本书研究息息相关的还有我的博士生导师李希慧教授，硕士生导师孙昌军教授。何其幸哉，得诸师教诲，引我入学殿之阶，使我能亲聆面谕，感受名师风范，置身其间，耳濡目染，才渐有所悟，今乃有寸进。本书中部分观点的展述，皆得益于诸师潜移默化的影响，师恩伟大，实难报答万一。

再者谢亲。"结发为夫妻，恩爱两不疑。"特别感谢我的妻子刘练军女士，作为课题组核心成员全程参与课题，负责收集与编撰等工作，伴读窗前，一无所怨。于我身后默默支持，让我未有后顾之忧，襄助之功，常系于心。"征夫怀远路，起视夜何其"，妻子的无私付出与鼓励，让我身处逆境时，依旧能无惧风雨、满怀力量。"安危他日终须仗，甘苦来时要共尝"。前途未知，但必定与其携手共进。

同时，我还要感谢本书的编辑、文章老师、颜希晨老师，以及我的硕士研究生宋凡、胡江涛、王子怡、欧阳林鸽、张玲、张余瑛、沈雅婷、孙敏，他们为本书的出版做出了大量细微且重要的工作，得力于他们的积极相助，才使本书顺利出版，在此一并致谢。

最后，因本人学识有限、资料不足以及过失犯罪研究理论中存在诸多争议，所论尚多疏漏，敬请方家指正。

刘期湘
2020 年 10 月 1 日于长沙